DIE DEUTUNG DER TRÄUME & ZEICHEN

D1719372

KAYA

UCM

GEMEINNÜTZIGER VERLAG UND VEREIN

Im deutschsprachigen Raum:
Verlag Universe/City Mikaël (UCM)
Gemeinnütziger Verein
Ch. d'Arche 41A
CH-1870 Monthey
verlag@ucm.ca
Tel. (0041) 24 472 92 17

Internationaler Sitz:
Universe/City Mikaël Publishing (UCM)
Non-profit Organization
51-53, rue St-Antoine
Sainte-Agathe-des-Monts (Quebec)
J8C 2C4 Canada
publishing@ucm.ca

Verwalter: Jean Morissette, Rechtsanwalt

Website UCM: www.ucm.ca
Website KAYA: www.kayadreams.com
Facebook: KAYA (official)

Titel der französischen Version: *Rêves et Symboles – La Matérialisation de la vie*
Titel der englischen Version: *How to Interpret Dreams & Signs*
Deutsche Übersetzung und Revision: Rita Haidu und Lisa Grelot
Mithilfe bei der Übersetzung: Petra Hallenberger
Graphische Gestaltung: Christophe Guilloteau
Design des Umschlags, Illustrationen, Foto: Jimmy Greco, Dominique Grelot, Christophe Guilloteau, Anthony Di Benedetto

1. Auflage: 3. Quartal 2012
Anmeldung der deutschen Version: 3. Quartal 2012
Nationalbibliothek Quebec und Kanada
Nationalbibliothek Deutschland, Österreich, Schweiz
ISBN: 978-2-923654-16-4

Gedruckt in Deutschland, auf Recycling-Papier

© 2007 Französische Version / © 2011 Englische Version
© 2012 Deutsche Version bei Universe/City Mikaël (UCM)
Alle Rechte für die Übersetzung, Verarbeitung oder Reproduktion jeder Art sind für alle Länder vorbehalten.

VORWORT

„Ich hüllte mich jahrelang in Schweigen und fand in meinem einsamen Einsiedlerleben schließlich den seelischen und geistigen Frieden dank der Antworten, die ich entdeckte und die ich mit Ihnen, liebe Leser und Leserinnen, in diesem Buch teile.

Ich widme dieses Buch
Gott und den Engeln, die mich in meinem beständigen, unaufhörlichen Lernprozess immer geführt haben...
meiner lieben Ehefrau und Geliebten Christiane: Ich liebe dich aus ganzer Seele...
meiner Tochter Kasara und meinem spirituellen Sohn Anthony...
dem wunderbaren, lehrreichen Leben, das wir alle hier auf der Erde führen...
dem gesamten UCM-Team, das diese Mission unterstützt und ihre Verwirklichung ermöglicht...
sowie allen Forschenden der Parallelwelten...
Dieses Buch ist für Euch und die kommenden Generationen.

Als Pionier habe ich einen langen und sehr intensiven Weg zurückgelegt, um die verlorenen Antworten und das vergessene Wissen wiederzufinden. Und ich hoffe von ganzem Herzen, dieses Buch wird Ihnen das Verständnis vermitteln, dass die Träume & Zeichen den Anfang bilden und dass sie den ursprünglichen Kode dessen enthalten, was wir sind und werden können. Wir sind alle unter dem Stern der Verwandlung geboren, darin besteht der Sinn des Lebens und der Evolution..."

KAYA

Kaya unterstützt die gemeinnützige Stiftung UCM und sämtliche Einkünfte aus dem Verkauf dieses Buches werden für karitative Zwecke verwendet.

Dieses Buch enthält die Niederschrift von Workshops,
die in verschiedenen Städten rund um
die Welt durchgeführt wurden.

Die Leser werden die Sprache des Buches besser verstehen,
wenn sie sich vor Augen halten, dass es sich um
eine mündlich übermittelte Lehre handelt.

„Das Leben ist ein Prozess ständiger Veränderungen.
Wenn Sie mit Ihrem Leben nicht zufrieden sind, denken
Sie daran, dass Sie es jederzeit ändern können."

KAYA

DIE DEUTUNG DER TRÄUME & ZEICHEN

EINFÜHRUNG IN DIE WORKSHOPS

Ich heiße Sie zu diesem Workshop über die Symbolsprache und die Deutung der Träume & Zeichen herzlich willkommen. Sie können im Verlauf des Workshops einen Traum mitteilen, den Sie gerne interpretiert haben möchten, sowie Fragen stellen bezüglich Ihrer Suche nach Erleuchtung. Für diejenigen unter Ihnen, die zum ersten Mal an unseren Workshops teilnehmen, möchte ich darauf hinweisen, dass diese in aller Einfachheit ablaufen, so als wären wir alle gemütlich in einem Wohnzimmer versammelt, um unsere Erfahrungen auszutauschen.

Was ist der Zweck dieser Workshops über die Träume & Zeichen? Sie sollen uns im Wesentlichen die große Bedeutung der Träume erkennen lassen und uns in die Symbolsprache, die Sprache der Schöpfung, einführen.

Unsere Träume geben uns Auskunft über das, was sich in unserem Leben anbahnt oder bereits im Gange ist. Sie lassen uns wissen, wann ein neues Lernprogramm gestartet wurde. Wir können dieses erkennen, wenn wir am Tag nach einem diesbezüglichen Traum unseren Gemütszustand und unsere Gedanken beobachten. Haben wir zum Beispiel von einer *schönen, sonnigen, blumenübersäten Wiese* geträumt, so werden wir uns am darauffolgenden Tag wohl und erfüllt fühlen und unsere Fähigkeit, Hülle und Fülle zu schaffen, wahrnehmen können. Dagegen werden wir uns arm, beengt und traurig fühlen, wenn wir in unserem Traum *durch die engen, verwahrlosten Gassen eines Armenviertels gewandert sind.* Wir wachen immer in dem Bewusstseinszustand auf, der den Bildern und Ereignissen in unseren Träumen entspricht.

Menschen, die sich der Bedeutung der Träume nicht bewusst sind und auch nicht wissen, wie man diese deutet, glauben gewöhnlich, dass sie grundsätzlich etwas Abstraktes darstellen und nur gelegentlich eine Vorsehung oder Vorahnung widerspiegeln. Doch alle Träume sind voraussehend und werden wahr. Manche Träume verwirklichen sich auf der physischen Ebene, andere auf der emotionalen Ebene oder auf der Ebene der Gedanken, Ideen und Konzepte. Doch eines ist gewiss: Sie werden alle wahr. Außerdem geben uns unsere Träume die besten Antworten auf unsere Fragen. Wie kommt das? Weil die Botschaften und Informationen, die sie uns liefern, direkt und unverfälscht aus unserem Unbewusstsein emporsteigen und somit nicht durch unser bewusstes Sein – die Wünsche, Erwartungen und vorgefassten Meinungen unserer Persönlichkeit – beeinflusst werden.

Das ist der Grund, weshalb uns unsere Träume sehr überraschen können, denn darin kommt alles zum Vorschein: die unbewussten Seiten und die tief vergrabenen Erinnerungen unseres Wesens. Ein Mensch kann ein ruhiges, friedvolles und wohlgeordnetes Leben führen und dennoch gewalttätige Träume erhalten, in denen Leute miteinander kämpfen, Häuser anzünden, Bomben legen, andere misshandeln, foltern oder vergewaltigen.

Wie ist das möglich? Unser Unbewusstsein setzt sich aus verschiedenen Zonen zusammen, in denen Erinnerungen aller Art gespeichert sind: frohe, glückliche, liebevolle, harmonische, aber auch solche der Aggressivität, Eifersucht, Armut, Verzweiflung, Traurigkeit usw. Sie entsprechen unseren Gedanken, Emotionen, Taten und Erlebnissen aus unserem jetzigen Leben und unseren früheren Leben, im weitesten Sinne unserem *ewigen Leben*. Wir haben mit diesen Erinnerungen teilweise in unseren Träumen Kontakt, doch sie können jederzeit auch durch auslösende Elemente in der konkreten Wirklichkeit wachgerufen werden.

Im Laufe unserer Existenz, unserer zahlreichen Leben auf der Erde, haben wir verschiedene Persönlichkeiten entwickelt, die uns als mehr oder weniger bewusste Facetten und Tendenzen unseres Wesens erhalten geblieben sind. Wir haben uns manchmal als Mann inkarniert, manchmal als Frau, haben in verschiedenen Ländern gelebt und alles Mögliche experimentiert, sowohl als einzelnes Individuum als auch als Teil einer Gemeinschaft. Unser Handeln war dabei nicht immer richtig, doch alles, auch das, was wir falsch gemacht haben, hat sich in unserem Wesen eingeprägt. Das erklärt, wieso manchmal Verhaltensweisen in uns durchbrechen können, in denen wir uns nicht wiedererkennen. Unsere Vorlieben, unser Temperament, unsere Talente, unsere Ängste, ja sogar die Art und Weise wie wir „Ich liebe dich" sagen, sind durch unsere vergangenen Erfahrungen bestimmt. Tagein, tagaus schaffen diese Erinnerungen den feinstofflichen, geistigen Rahmen oder Bewusstseinszustand, in dem wir den verschiedenen Lebenssituationen gegenübertreten. Die so erzeugten Bewusstseinszustände können einige Sekunden, einige Minuten, einige Stunden, einige Tage oder mehrere Wochen anhalten und sie offenbaren immer das Vorhandensein von Erinnerungen, die mit der äußeren Situation im Einklang schwingen.

Ein Beispiel: Als Kind haben wir bei unserer Tante immer eine bestimmte Sorte Kuchen zu essen bekommen. Die Atmosphäre in ihrem Haus war nicht angenehm, doch wenn wir den Kuchen ablehnen wollten, sah uns unsere Mutter sehr eindringlich an und wir konnten in ihrem Blick lesen: „Bedanke dich bei deiner Tante, schau sie an, wenn du mit ihr sprichst, und iss deinen Kuchen auf!" Später in unserem Leben werden wir jedes Mal, wenn wir diese Sorte Kuchen essen, Bauchschmerzen bekommen und uns wundern wieso, oder aber eine sehr starke, unerklärliche Abneigung gegen solchen Kuchen empfinden. Das liegt einfach daran, dass der Kuchen ein auslösendes Element geworden ist, durch das in uns die Erinnerungen an die Atmosphäre im Haus unserer Tante wachgerufen werden. Es ist nicht der Kuchen, der uns Bauchschmerzen verursacht, sondern die unbewusst gewordene Erinnerung an die unangenehme Atmosphäre, die wir nicht verdaut haben. Solche Erinnerungen müssen wir transzendieren lernen.

Unser Gedächtnis funktioniert auf sofortigen Abruf. Ein Gegenstand oder eine Person, die wir sehen, ein Duft, den wir wahrnehmen, oder eine Melodie, die wir im Radio hören, rufen in uns eine Flut von Erinnerungen wach, derer wir uns meistens nicht bewusst sind. So kleine, unscheinbare Auslöser können uns in Zustände versetzen, deren Intensität und Reichweite uns oft überraschen, weil sie scheinbar in keinem Verhältnis zu der äußeren Situation stehen.

Wenn wir unsere Träume verstehen wollen, müssen wir uns bewusst werden, dass alle Elemente und Symbole, die sie enthalten, Bewusstseinszustände oder Bewusstseinsfelder darstellen, die Teile unseres Wesens sind. Eine Blume stellt einen besonderen Bewusstseinszustand dar. Sagen wir von einer Person, sie sei schön wie eine Blume, wie eine aufgehende Knospe oder erblühe wie eine werdende Mutter, so wollen wir damit in Wirklichkeit zum Ausdruck bringen, dass sie eine zarte Schönheit ausstrahlt und schöne Gefühle von ihr ausgehen wie ein herrliches *Parfüm*. Wir sind diese Ausdrucksweise von Dichtern und Sängern gewohnt, die schon immer die Symbolsprache verwendet haben, um ihre Gefühle und Gedanken zu äußern. Es handelt sich um die gleiche Sprache, in der auch unsere Träume abgefasst sind.

Wenn ein Traum mit der konkreten, materiellen Wirklichkeit übereinstimmt, so zeugt das davon, dass auch in der physischen Welt und im Wachzustand alles, absolut alles, von einem Bewusstseinszustand ausgehend erschaffen wird. Tatsächlich ist es so, dass die gesamte Schöpfung – vom kleinsten bis zum größten Element im Universum, vom Mikrokosmos bis zum Makrokosmos – sich durch Bewusstseinszustände manifestiert.

Alles, was es gibt – das Universum, die Himmelskörper, unsere Erde, die Elemente, die Farben, die Landschaften, die Naturerscheinungen, das Pflanzen- und das Tierreich, die Länder, die Völker, die Berufe, die Fortbewegungsmittel usw. –, stellt in symbolhafter Weise Bewusstseinszustände dar, die wir in uns tragen. Alles, was wir in der physischen Realität mit unseren körperlichen Sinnen wahrnehmen können, besteht auch auf den metaphysischen, feinstofflichen Ebenen unseres Seins als Bewusstseinsfelder. Die verschiedenen Bewusstseinsfelder und Bewusstseinszustände bilden das Alphabet und den Wortschatz der Schöpfung und sie offenbaren sich uns in Form von Symbolen sowohl in der konkreten Realität wie auch in den Träumen.

Die Forschungen und Entdeckungen der Quantenphysik haben ergeben, dass es im unendlich Kleinen, also jenseits der Teilchen, die wir als Materie bezeichnen, nur Energie gibt, also keine Materie; diese ist folglich eine Illusion. Das, was wir einen Gegenstand, eine Pflanze, ein Tier oder einen Menschen nennen, ist eigentlich eine Zusammenfügung von Schwingungen, Bewusstseinszuständen und Kräften, und manchmal auch von Schwächen.

Die Materie ist also eine Illusion, die jedoch eine gute Portion Intelligenz erfordert, da ja alles, was wir als Materie wahrnehmen, zusammenhält und funktioniert. Der menschliche Körper mit seinen Organen und seinem Stoffwechsel funktioniert, lebt. Die Vegetation pflanzt sich fort: Pflanzen erzeugen Samen, aus denen neue Pflanzen entstehen, die ihrerseits ihrem Erzeuger ähneln. Die Planeten beschreiben ihren Kreislauf um die Sonne in berechenbarer Weise. So hat in dem unendlich großen Feld der Schöpfung, in dem wir Schwingungen und Kräfte als Materie wahrnehmen, alles einen Zusammenhalt.

Da stellt sich die Frage: Wie werden Dinge erschaffen? Wie entstehen Situationen? Aufgrund welcher *Information* sozusagen, denn diese Kräfte und Schwingungen sind notwendigerweise *in Form gebracht*, also *in-form-iert*? Die Erscheinung in Form von Materie oder Materialisierung basiert auf dem Phänomen der *Resonanz*, das überall im Universum beobachtet werden kann und auf dem Prinzip *Gleiches zieht Gleiches an* beruht. Gedanken und Gefühle, die Dankbarkeit zum Ausdruck bringen, ziehen Situationen mit schönen, glücklichen Erlebnissen an; sind sie auf Wohlstand ausgerichtet, ziehen sie in unserem Leben Wohlstand an; sind sie auf Mangel fixiert, ziehen sie folglich Umstände und Bedingungen an, die zu Einschränkungen und Mangel führen.

Es ist eine wohlbekannte Tatsache, dass Gefühle und Emotionen das physisch-konkrete Umfeld beeinflussen. So konnte man zum Beispiel beobachten, dass Zimmerpflanzen, um die sich fröhliche und ausgeglichene Menschen kümmern, besser gedeihen als jene, die von traurigen, ungeduldigen oder gereizten Personen versorgt werden. Dass dies auch für unsere Gedanken und Gefühle gilt, ist inzwischen ebenfalls bewiesen: Das Ergebnis eines Experiments wird durch die Gegenwart eines Beobachters beeinflusst.

Die Schöpfung materialisiert sich stufenweise. Da ist zunächst die Idee für ein Projekt, das wir verwirklichen, materialisieren möchten. Sind die Bedingungen, die für die Realisierung notwendig sind, gegeben, wird das Projekt ausgeführt. Die abstrakte, *immaterielle Idee* ist zu einem konkret sichtbaren *materiellen Gegenstand* geworden. Allen großen Werken und Leistungen der Menschheit ist eine Idee, ein Gedanke vorausgegangen. Der Materialisierungsprozess beginnt folglich in der Welt der Gedanken, setzt sich in der Welt der Gefühle fort – die Begeisterung und der Wunsch, die Idee durchzuführen, die Vorfreude auf das Ergebnis usw. – und tritt schließlich in der konkreten Welt in Erscheinung dank der Handlungen, die der ursprünglichen Idee eine Form geben.

Im Schöpfungsprozess gibt es jedoch noch eine höhere Ebene als die Welt der Gedanken: es ist die *kausale* Ebene, diejenige der Absicht oder des Geistes. Wenn wir etwas wirklich wollen, ist unsere Absicht auf den Gegenstand unseres Wollens ausgerichtet und wir sind uns bewusst, dass wir ihn wollen.

Unser Wesen beherbergt aber auch sehr viele Absichten, die unserem bewussten Sein vollkommen entgehen, welche aber genauso wie die uns bewussten Absichten eine Schöpfungskraft haben. Unsere unbewussten Absichten können aufgrund des Resonanzgesetzes in unserem Leben Situationen und Menschen anziehen, die uns sehr erstaunen. Die Welt des Geistes stellt somit die eigentliche Welt der Ursachen dar.

Unser Geist hat sein eigenes Entwicklungsprogramm, dessen Hauptlinien bereits vor unserer Geburt festgelegt werden und das sich notwendigerweise materialisiert und nur von der Kosmischen Intelligenz abgeändert werden kann. Das ist eine absolute Tatsache, die daraus resultiert, dass unser Lebensprogramm in der metaphysischen Dimension unseres Seins, genauer gesagt in der Struktur unseres Geistes eingeschrieben ist. Dies ist vergleichbar mit einem Computer-Software-Programm, welches dafür sorgt, dass bestimmte Funktionen in bestimmten Momenten durchgeführt werden.

Die Analogie mit einem Computer ist sehr hilfreich, um die Funktionsweise unseres Wesens verstehen zu lernen. Dabei können wir unseren Geist mit der Elektrizität vergleichen, welche die internen Kreisläufe unseres persönlichen Computers entsprechend unserem Programm durchläuft. Parallel dazu können wir unsere Seele mit dem Speicher der Festplatte vergleichen. Unsere Seele ist gewissermaßen das *Heim* unseres Geistes, der sie als intelligente Energie bewohnt und gleichzeitig unseren physischen Körper belebt. Der Geist aktiviert die in der Seele enthaltenen Erinnerungen gemäß unserem Lebensplan. Man kann diesen Prozess mit dem Wirken der intelligenten Energie im Mutterleib vergleichen, die alles, was die Mutter selbst ist, alles, was sie im Laufe ihrer zahlreichen Leben und ihrer gesamten Existenz gedacht, gefühlt und getan hat, in das Entwicklungsprogramm des werdenden Kindes einbringt.

In den verschiedenen Ländern der Erde erforderte die Entwicklung der Hauptstrukturen – Sozialwesen, Wirtschafts- und Rechtssystem usw. – Jahrhunderte und die Geschichte dieser Entwicklung hat eindeutig die heutigen Ereignisse vorbereitet. Ebenso hat jeder Mensch eine Geschichte, die auf der Gesamtheit seiner Erinnerungen und Erfahrungen aufbaut und die Situationen bestimmt, die er gegenwärtig und zukünftig zu durchleben hat.

Die Intelligenz unseres Geistes ist grenzenlos. Alles, was unser Geist tut, tut er mittels Symbolen. Unser Körper ist symbolisch aufgebaut. Ein zu kurzes Bein, eine lange Nase, schwache Nieren, eine empfindliche Leber, alles hat seine Bedeutung. Auch die Entscheidung, an einem Tag Rot zu tragen und am nächsten Blau, hat etwas zu bedeuten. Diese Bedeutungen verstehen wir, wenn wir die Symbolsprache kennen. Wir dürfen niemals vergessen, dass es unser Geist ist, der unseren Körper erschafft, formt, kleidet, bewegt usw. Und es ist auch unser Geist, der alle Situationen kreiert, die in unserem Leben auftauchen.

Wir können den Vergleich mit dem Computer weiterführen. Unser persönlicher Computer hat einen *Internet*-Anschluss, durch den er auf der physischen Ebene mit unzähligen anderen persönlichen Computern Verbindung aufnehmen kann und gleichzeitig an den unendlich großen Lebenden Computer angeschlossen ist, der symbolhaft den Schöpfer oder die Kosmische Intelligenz darstellt. Dank dieser Verbindungen haben wir zu allen in der Schöpfung enthaltenen Informationen und Programmen Zugang, zu allem, was es auf der Erde und im restlichen Universum gibt.

Das Ziel des Geistes in jedem Menschen ist es, kontinuierlich mit der Kosmischen Intelligenz verbunden zu sein, mit IHR zu verschmelzen, da er ganzheitlich danach strebt, seine Himmlische Herkunft wiederzufinden, welche die Qualitäten, Tugenden und Kräfte in ihrer ur-reinen Form beinhaltet: die altruistische, bedingungslose Liebe, die absolute Wahrheit und Gerechtigkeit, die makellose Schönheit usw. Ohne uns dessen immer bewusst zu sein, trachten wir im Grunde unseres Wesens danach, diese Göttlichen Aspekte zu entwickeln und zu integrieren. Wir wandeln dabei auf vielen Pfaden, machen unterschiedliche Experimentiererfahrungen, richtige oder – wenn wir von den Göttlichen Aspekten abweichen – falsche (Egoismus, Neid, Lüge, Hochmut usw.). Diese Verzerrungen führen uns in Engpässe und Sackgassen, weil sie in unserer Innen- und Außenwelt Armut, Einsamkeit, Unwohlsein und Zerstörung erzeugen. Dennoch dienen letztendlich auch diese Umwege nur einem Ziel: das wahre Wissen und die wahre Kenntnis wieder zu finden, was die Tradition als Erkenntnis von Gut und Böse bezeichnet.

Die Weiterentwicklung ist das einzige und alleinige Ziel der Schöpfung. Das Gleiche gilt auch für uns Menschen, ob wir uns dessen bewusst sind oder nicht. Als Mensch wären wir gerne reich und möchten unser Leben ständig verbessern. Wir wollen ein Haus haben und vielleicht auch ein Sommerchalet, ein neues Auto usw. Natürlich können wir all diese Dinge bekommen. Der Schöpfer und unser Höheres Selbst aber betrachten diese Erwerbungen lediglich als Mittel und Wege, um bestimmte Bewusstseinszustände zu experimentieren. Der Besitz eines Sommerchalets vermittelt einen bestimmten Bewusstseinszustand, der Besitz eines neuen Wagens einen anderen und so fort. Die Inszenierung unseres Lebens läuft mit einer gewissen Dynamik ab und innerhalb eines Rahmens, der ihm Zusammenhalt bietet: das Land, in dem wir geboren wurden, die Familie, die wir haben, der Beruf, den wir ausüben usw. Die Bedingungen und Lebensumstände, die sich daraus ergeben, ermöglichen uns die Entwicklung bestimmter Qualitäten und das Experimentieren von Verzerrungen, mit anderen Worten, sie lehren uns die Erkenntnis von Gut und Böse.

Nachdem ein Mensch eine Zeit lang mit den Verzerrungen herumexperimentiert hat, setzt die Kosmische Intelligenz in ihm ein Programm in Gang, das es ihm gestattet, die diesbezüglichen Erinnerungen zur Kenntnis zu nehmen und zu berichten. Anders gesagt, er wird veranlasst, die *Festplatte* seines inneren Computers zu reinigen. Das führt zu Zuständen, die man als Einweihungen oder Depressionen bezeichnet. Es handelt sich im Allgemeinen um schwierige Lebensphasen, in denen der Mensch durch äußere Ereignisse oder innere Blockierungen, oder beides gleichzeitig, aus dem Gleichgewicht geworfen wird. Er hat dann keine andere Wahl, als über sein Leben und dessen Sinn nachzudenken. Es gibt gegenwärtig auf der Erde zahlreiche Menschen, die intensive Einweihungsphasen durchlaufen, da sehr viele inkarnierte Seelen diese Entwicklungsstufe erreicht haben.

Die Erde stellt eine Seinsebene dar, in welcher der Mensch die Bewusstseinszustände der Schöpfung sowohl in ihrer ursprünglich reinen, *engelhaften* Form experimentieren kann, als auch in verzerrter Form, was die menschlichen Fehler, Schwächen und Missetaten ergibt. Insofern ist die Erde eine Schule, in der wir die Folgen unserer Gedanken, Gefühle und Handlungen erkennen und berichtigen lernen.

Der wahre Sinn des Daseins – die Entwicklung der Qualitäten, Tugenden und Kräfte in ihrem ursprünglich reinen Zustand – gibt gleichzeitig auch die Perspektive an, die den Träumen zugrunde liegt. Folglich können wir die wesentliche Bedeutung der Träume nur aus dieser Sicht verstehen. Diese Tatsache kann nicht oft genug hervorgehoben werden. Wenn wir die Botschaften, die wir in unseren Träumen erhalten, analysieren und verstehen wollen, ohne diese Tatsache zu berücksichtigen, werden wir immer fehlschlagen.

Die Entwicklung der Qualitäten und Tugenden ist nicht ein abstrakter, isoliert ablaufender Prozess, sondern im Gegenteil etwas ganz Konkretes; er beinhaltet unter anderem die Freundlichkeit, die Liebe, die Achtung, die Ehrlichkeit, die Integrität. Wenn wir uns in unseren Handlungen, Gefühlen und Gedanken darum bemühen, Qualitäten und Tugenden zu entwickeln, bewegen wir uns unweigerlich auf Glück und Wohlstand zu, weil wir dann freundliche, ehrliche, respektvolle Menschen anziehen, mit denen wir Freundschaften schließen und positive Projekte materialisieren können. Auf diese Weise schaffen wir für uns, unsere Lieben und all unsere Mitmenschen ein harmonisches und gesundes Umfeld.

Indem wir unsere Spiritualität entwickeln und die geistigen Werte zur Grundlage unseres Alltagslebens werden lassen, lernen wir, in göttlicher Weise zu materialisieren, das heißt, Geist und Materie zu vereinen. Dabei müssen wir auch auf die Reinheit unserer Absichten und die Richtigkeit unserer Handlungen achten und sie in Übereinstimmung bringen.

In diesem Prozess stellen die Träume einen wertvollen Schlüssel dar, da sie uns zeigen, was wir in unserem Entwicklungsverlauf lernen und welche Etappen wir zurücklegen müssen, um die Qualitäten, Tugenden und Kräfte zu integrieren. Die Symbole, die wir in den Träumen sehen, sind nicht einfach nur Abbildungen, sondern wahre Sinnbilder für die angelaufenen Lernprogramme. Wer die Computertechnologie versteht, weiß, dass hinter einem Bild oder einer Bewegung auf dem Bildschirm im elektronischen Kreislauf eine ganze Sequenz von verborgenen Vorgängen abläuft. Das Gleiche gilt für die Träume, welche wahrhaftig Antriebskräfte des Lebens sind.

Träume sind der treibende Puls der Schöpfung. Erhält man in der Nacht einen Traum, so wird man am darauf folgenden Tag eine Vielfalt von Situationen und Begebenheiten durchleben, die auf der physischen, emotionalen oder gedanklichen Ebene dem

Traum entsprechen, oder aber der Traum bestätigt und widerspiegelt das, was bereits im Gang ist. Alles, was wir in unseren Träumen sehen, stellt Teile und Aspekte von uns selbst dar, Bewusstseinszustände und Bewusstseinsfelder, die die Wesenszüge unseres Seins ausmachen und die im Traum aktiviert werden. Hier ein Beispiel:

Ein Freund hatte einen Traum erhalten, *in dem er sich in einer Stadt befand, wo Bürgerkrieg und soziale Unruhen herrschten. Er versuchte in seinem Traum die Ordnung zu wahren und den Schaden in Grenzen zu halten, damit der Konflikt sich nicht ausbreitete.* Ich konnte am darauf folgenden Tag in seiner Gegenwart diese konfliktgeladene Energie wahrnehmen. Wenn er mit Leuten sprach, war er viel intensiver als gewöhnlich und er schien überall Konflikte zu sehen. Gleichzeitig konnte man aber spüren, dass er versuchte diese konfliktträchtige Energie im Zaum zu halten. Er arbeitete bewusst an seinen inneren Konflikten und tat dabei sein Bestes. Wenn es ihm auch noch nicht gelang, all die wachgerufenen Kräfte zu meistern, so wird ihm das eines Tages schon gelingen, falls er die notwendige Ausdauer aufbringt und dies in seinem Lebensplan vorgesehen ist, und er wird dann in Harmonie leben können.

Die Träume zeigen uns die verborgene Dimension unseres Seins im Lebensprozess sowie das, was in uns abläuft. Sie führen uns ins Herz unserer Erinnerungen und helfen uns, unsere sowohl positiven wie negativen Erlebnisse und Erfahrungen zu verstehen. Dadurch werden wir auch in die Lage versetzt, den Ablauf des Materialisierungsprozesses zu beeinflussen und zu verändern, denn sobald wir uns bewusst werden, dass zerstörerische Kräfte am Werk sind, können wir diesen Einhalt gebieten, bevor sie sich auf der physischen Ebene manifestieren.

Manchmal messen wir einem Problem zu viel Bedeutung zu. Wir übertreiben, wir sehen das Problem überdimensional. Anstatt das Glas halb voll zu sehen, sehen wir es halb leer und sagen uns: „Oh, es ist nur noch so wenig drin!", während man sich, sieht man das Glas halb voll, eher glücklich fühlt, weil man die noch vorhandenen Ressourcen wahrnimmt. Dadurch dass die Träume uns den Überblick über eine Situation geben, helfen sie uns, unsere Schwierigkeiten zu entdramatisieren und bewusst zu erkennen, dass wir eine Etappe durchlaufen, die Teil eines Gesamtprozesses ist. Dieses Verständnis stellt einen weiteren, bedeutsamen Schritt auf dem Weg zu Weisheit und Erleuchtung dar.

Kein Therapeut kann uns das, was wir durchleben, besser verstehen helfen als unsere Träume. Natürlich haben die Therapeuten ihre Funktion; sie können uns inspirieren und uns einen Weg zeigen. Je besser wir aber unsere Träume verstehen, umso selbständiger werden wir, weil sie uns nicht nur die ablaufenden Programme offenbaren, sondern uns auch erkennen lassen, wie wir darauf in den Tiefen unseres Wesens reagieren. In naher Zukunft werden die Kinder die Symbolsprache erlernen, noch bevor sie in die Mathematik eingeführt werden. Dadurch werden sie den Sinn des Lebens und den Grund ihres Daseins auf der Erde verstehen.

In unseren Träumen können wir auch Antworten auf unsere Fragen erhalten. Diesbezüglich müssen wir uns jedoch ebenfalls bewusst sein, dass die gegebenen Antworten in erster Linie der Entwicklung von Qualitäten und Tugenden dienen, selbst dann, wenn die Fragen materielle Dinge betreffen.

Es sind die Geistigen Führer in den Parallelwelten, die unsere Träume ausarbeiten. Bei diesen Führern handelt es sich um hochentwickelte Wesen, die mit Verantwortungen bezüglich des Lebens auf der Erde beauftragt sind. Sie können in gewisser Weise als Diener des Bewusstseins angesehen werden. Jeder von ihnen erfüllt eine genau definierte Funktion im Rahmen der Himmlischen Regierung. Einige kümmern sich um Gruppen von Seelen, andere um das Klima oder die Lebenszyklen der Pflanzen- und Tierwelt, andere wiederum um die wirtschaftlichen und politischen Vorgänge usw. Ihr Wirken ist immer im Einklang mit der Schöpfung und hat als wesentliches Ziel, die Kreaturen der Schöpfung auf ihrem Weg zum Universellen Bewusstsein zu begleiten.

Die Geistigen Führer organisieren mit großer Genauigkeit, unendlichem Feingefühl und oft auch mit viel Humor die allgemeinen Richtlinien der Ereignisse, die in unserem Leben ablaufen. Sie tun dies immer in der Absicht, uns in unserer Entwicklung zu helfen. Diese verantwortungsvolle Aufgabe ist Teil ihres eigenen Lernprozesses.

Diese Geistigen Wesen sowie ihre Verantwortungen sind hierarchisch organisiert und durch sie gewährleistet Gott die Ausführung seines Schöpfungsplans. Er führt diese Wesen so, wie wir dies mit unseren Kindern tun. In dem Maße, in dem unsere Kinder aufwachsen, übertragen wir ihnen größere Aufgaben, damit sie weiterlernen können. Auf diese Weise baut Gott das Universum auf. Verantwortungsvolle Aufgaben werden Geistigen Wesen anvertraut, die sehr bewusst und ernsthaft an ihrer eigenen Entwicklung arbeiten, wobei die Kosmische Intelligenz sich aber das Recht vorbehält, jeden Augenblick einzugreifen, wie ein guter Vater oder eine gute Mutter dies im Bedarfsfall bei ihren Kindern tut.

Durch das Erlernen der Symbolsprache, die uns die Deutung unserer Träume ermöglicht, sind wir mit Mitteln ausgestattet, dank deren wir uns aktiv an unserer Entwicklung beteiligen können. Deshalb studieren wir in diesen Workshops die Symbolsprache. Durch diese eigentliche Sprache des Bewusstseins sind wir in unserem Streben nach Licht und Erleuchtung alle miteinander verbunden und voneinander abhängig, ob wir uns dessen bewusst sind oder nicht.

Wir denken manchmal, dass Symbole vage und ungenau sind und folglich nur mehr oder weniger oberflächlich gedeutet werden können, weswegen wir ihnen nicht trauen. Diese Ansicht beruht auf der Unkenntnis der Logik und Struktur, die den Träumen zugrunde liegt.

Die Symbolsprache ist sehr präzise. Um ihre Struktur und Logik zu verstehen, genügt es, auf die Logik zurückzugreifen, die wir in der materiellen Welt anwenden. So findet man die Symbolik eines Gegenstandes, indem man sich fragt: „Wozu dient dieser Gegenstand hier auf Erden? Warum wurde er hergestellt? Welchen Geisteszustand ruft er in mir hervor?" Ein Gerichtshof beispielsweise dient nicht dem gleichen Zweck wie ein Wohnhaus, folglich haben sie auch nicht die gleiche symbolische Bedeutung. Ersterer ist ein Sinnbild für Recht und Gerechtigkeit, während Letzteres sinnbildlich auf die Intimität des Familienlebens verweist. Diese logischen Überlegungen können wir auf alles anwenden. So hat Feuer etwa nicht die gleiche symbolische Bedeutung wie Luft oder Wasser, da wir diese Elemente nicht für denselben Zweck verwenden. Genauso stellt ein schön und gepflegt gekleideter Mensch nicht den gleichen Bewusstseinszustand dar wie ein Vagabund in Lumpen. Ebenso wenig ruft ein Krankenhausbett in uns dasselbe wach wie unser eigenes Bett zu Hause.

Die Anwendung dieser vertrauten, gewöhnlichen Logik macht es sogar für ein Kind leicht, die Symbolik jedweden Gegenstandes zu erfassen. Hinsichtlich der Personen, die in unseren Träumen auftauchen, brauchen wir uns nur zu fragen: „Was stellt dieser Mensch für mich dar? Was ruft er in mir wach? Woran lässt er mich denken? Welche Verhaltensweisen und Einstellungen kennzeichnen ihn?" Haben wir kürzlich Neuigkeiten von ihm erfahren, so können wir uns fragen: „Was durchlebt er gegenwärtig? Wie ist seine Lage?" Dabei müssen wir den ersten Gedanken oder das erste Bild festhalten, die spontan in unserem Geist auftauchen. Handelt es sich um einen uns unbekannten Menschen, so analysieren wir alle Elemente, die wir zu seiner Person wahrgenommen haben: Kleidung, Verhalten, Gesichtszüge, Stimmung, das, was er tat, die Rolle, die er in unserem Traum spielte usw.

Wir müssen uns dabei aber bewusst sein, dass alle Personen, die wir in unseren Träumen sehen, Teile von uns selbst darstellen und uns immer Aspekte unseres eigenen Wesens offenbaren. Das ist auch dann der Fall, wenn wir in einem Traum die Seele eines anderen Menschen aufsuchen. Denn es kann in der Tat geschehen, dass unser Geist, während wir schlafen, mit dem Bewusstseinszustand einer anderen Person in Kontakt tritt und in diesen eintaucht.

Sehen wir in einem Traum ein Tier, müssen wir sein Verhalten analysieren. Nehmen wir als Beispiel den Löwen. Er wird als König der Tiere angesehen, weil er kein Beutetier für andere Raubtiere darstellt. Das erklärt seine Ruhe und Gelassenheit. Große Raubkatzen sind im Allgemeinen sehr ruhig und gelassen, weil sie über eine Menge Selbstvertrauen verfügen. Sobald sie etwas brauchen, beschaffen sie es sich. Der Löwe wird oft in Verbindung mit mächtigen Geschäftsmännern erwähnt oder mit Menschen, die ein starkes Charisma haben. Das ist die Art von Energie, die man gewöhnlich mit einem Löwen verbindet, und sie kann positiv oder negativ sein – der Löwe kann ruhig sein und dabei eine große Kraft ausstrahlen oder er kann sich aggressiv verhalten und kraftvoll brüllen.

Wenn wir mit der Symbolsprache arbeiten, müssen wir immer bedenken, dass jedes Symbol positive und negative Aspekte hat. Der Grund, weshalb die meisten Symbolwörterbücher als zu simpel angesehen werden, liegt darin, dass sie diese zweiseitigen Aspekte nicht in Betracht ziehen. Unter einem gegebenen Wort findet man gewöhnlich entweder die positive oder die negative Symbolik. So kann man zum Beispiel lesen, dass ein Tiger die Aggressivität symbolisiert. Natürlich birgt der Tiger aufgrund seiner wesentlichen Charakterzüge ein großes aggressives Potenzial, doch er hat auch eine positive Symbolik, die in der Fähigkeit besteht, eine starke, aggressive Kraft zu meistern. Ferner beschränken sich die meisten Symbolwörterbücher auf psychologische Erklärungen und lassen die spirituellen Gesichtspunkte außer Acht. Das hat zur Folge, dass sie unvollständig sind und den Menschen, die nach einem tiefen Verständnis streben, nicht wirklich helfen können.

Manchmal muss man bei der negativen Symbolik eines Tieres ansetzen, bevor man seine positive Symbolik erkennen kann. Das ist gewöhnlich der Fall, wenn ein Tier kulturbedingt etwas Negativem zugeordnet ist. Wir könnten in einem Traum die giftigste und gefährlichste Spinne sehen und sie würde dennoch etwas Positives versinnbildlichen, wenn sie sich harmlos verhält und am richtigen Platz befindet. Jede negative Kraft, die ruhig erscheint und gemeistert ist, stellt die Transzendenz einer machtvollen Energieform dar.

Nehmen wir als weiteres Beispiel den Pfau: Denkt man an seine Symbolik, so fällt einem als Erstes Eitelkeit und Hochmut ein. Sehen wir jedoch in einem Traum einen schönen, lichtvollen Pfau, so ist dies ein Hinweis, dass wir dabei sind, seine negativen Aspekte zu transzendieren, das heißt, dass wir in unseren Wertvorstellungen das Aussehen wieder auf den richtigen Platz verweisen. Taucht in einem Traum ein schöner, höflicher Bär auf, der zudem noch sprechen kann, so bedeutet dies, dass wir die brummigen, rauen, grobschlächtigen Aspekte unseres Wesens sowie den Hang zur Gefräßigkeit, die in manchen Situationen in Erscheinung treten können, transzendiert haben. Wir sind dabei, gute, raffinierte Manieren zu entwickeln und zu lernen, wie wir unsere triebhaften, instinktiven Bedürfnisse meistern können.

Das bringt uns auf ein wichtiges Konzept, demzufolge den Verzerrungen und Qualitäten ursprünglich die gleiche Energie zugrunde liegt. Der Unterschied besteht lediglich in der Art und Weise, wie wir die Energie verwenden. Wenn wir die reine, ursprüngliche Energie, welche die Qualität darstellt, falsch verwenden und verzerren, erhalten wir die negativen Aspekte. Die Lügen und die

Wahrheit stammen also von der gleichen Kraft ab, wobei im Fall der Lügen die Kraft verzerrt und korrumpiert wird, während sie bei der Wahrheit rein geblieben und richtig verwendet ist. Aus diesem Grund benutzen wir den Begriff *Verzerrungen*, um die menschlichen Fehler und Schwächen zu bezeichnen. Wollen wir beispielsweise nur für uns selbst Wohlstand erzielen, so erzeugen wir im ur-reinen, kosmischen Bewusstseinszustand des Wohlstandes ein Ungleichgewicht. Dadurch, dass wir ihn durch unsere Selbstsucht verzerren, verunreinigen wir seine ursprüngliche altruistische Reinheit.

Die universelle Bedeutung der Symbole ist stufenförmig gegliedert. Es gibt Symbole, die universeller sind als andere. So haben die vier Elemente Feuer, Luft, Wasser und Erde sowie das Pflanzen-, Tier- und Mineralreich eindeutig einen universellen Charakter. Sie sind in allem enthalten, was es auf der Erde gibt. Das gilt generell auch für die Farben, denen wir überall in unserem Blickfeld begegnen und deren Symbolik aus universeller Sicht für jedermann die gleiche ist. Andererseits gibt es Symbole, deren Bedeutung durch die persönlichen, familiären, ethnischen oder kulturgemäßen Erfahrungen bestimmt ist. Unsere Schwester versinnbildlicht beispielsweise nicht dasselbe für alle Menschen, die sie kennen. Für ihre Arbeitskollegen könnte sie ein Beispiel für Professionalismus sein, weil sie als Krankenschwester sehr gewissenhaft ist, während sie für ihren Mann ein Sinnbild für Strenge und Starrheit darstellen würde.

Wir wollen nun sehen, wie man bei der Deutung der Träume vorgeht. Als Erstes muss man wissen, dass ein Traum wie eine Geschichte aufgebaut ist und einen Anfang, eine Mitte und ein Ende hat. Die Einleitung kündigt die Thematik des Traumes an. Dann analysiert man der Reihe nach alle vorkommenden Symbole. Der Szenenablauf zeigt die Entwicklung der Traumgeschichte und lässt uns immer tiefer zur Ursache dessen vordringen, was in der Schlussszene zum Ausdruck kommt.

Nehmen wir ein Beispiel: Wir träumen, *dass uns ein Polizist einen Strafzettel gibt und wir fühlen uns unwohl.* Die Szene wechselt und *wir stehen einem brüllenden Tiger gegenüber.* Dieser Szenenwechsel offenbart uns, dass aggressive Erinnerungen, die wir in uns tragen, der Grund sind, weshalb wir uns in Situationen, in denen für

Recht gesorgt wird, schlecht fühlen. Unsere inneren Rebellen, die gerne folgenlos tun würden, was sie wollen, sind der Grund unseres Unwohlseins, und das kommt durch diesen Szenenwechsel zum Ausdruck.

Enthält ein Traum mehrere Szenen und Elemente, so ist es vor allem zu Beginn unseres Studiums der Traumdeutung hilfreich, die enthaltenen Elemente aufzulisten. Manche Träume sind so komplex, dass man den Eindruck hat, sie würden sich in alle Richtungen bewegen. Indem man die Elemente in einer Liste notiert, kann man sie eines nach dem anderen analysieren, so als würde man sich in Zeitlupe durch den Traum bewegen, um alle Einzelheiten genau zur Kenntnis zu nehmen. Die Einzelheiten sind wichtig, weil sie den Symbolen ihre besondere *Farbe* oder *Nuance* geben.

Wie deutet man ein Symbol? Als Erstes überlegt man, ob das Symbol eine Qualität oder eine Verzerrung darstellt. Da der Sinn der Träume darin besteht, uns bei unserer Entwicklung zu helfen, weisen die darin vorkommenden Symbole positive oder negative Aspekte unseres Wesens auf und stellen somit entweder Qualitäten oder Verzerrungen dar.

Nehmen wir an, wir sehen in einem Traum einen Orkan. Unsere erste Reaktion ist, anzunehmen, es handle sich um die negative Symbolik, da Orkane gewöhnlich alles auf ihrem Weg zerstören. Und das ist auch der Fall, wenn der Orkan in unserem Traum Bäume entwurzelt und Häuser vernichtet. Sehen wir hingegen einen Orkan in unserer linken Hand und fühlen wir uns dabei ruhig und wohl, dann ist seine Symbolik positiv und zudem sehr machtvoll. Der Wind gehört dem Element Luft an und – auf der symbolisch-metaphysischen Ebene – der Welt der Gedanken. Die linke Hand ist ein Hinweis auf die Innenwelt – wie alles, was die linke Körperseite betrifft – und symbolisiert die Fähigkeit, innerlich zu geben, zu erhalten und zu erschaffen. Der Orkan in der linken Hand deutet folglich auf die Meisterung negativer Gedanken im Zusammenhang mit dem Geben, Nehmen und Herstellen in den verschiedenen Lebenssituationen hin.

Hier ein weiteres Beispiel. Taucht in einem Traum eine Heizung oder ein Heizkörper auf, denkt man zunächst an die positive Symbolik, an die Wärme und den Komfort, die sie liefern. Die Fähigkeit zu heizen, erzeugt einen Bewusstseinszustand, den wir mit Wohlsein und Liebe verbinden. Wäre der Heizkörper im

Traum aber mit Graffitis beschmiert, könnte dies enthüllen, dass wir dazu neigen, uns selbst mit zerstörerischen Verhaltensweisen aufzuheizen. In welcher Weise? Wir könnten beispielsweise über andere Länder oder Völker herabsetzende Bemerkungen machen, nichts mit ihnen zu tun haben wollen, ihnen gegenüber antisoziale, zerstörerische Gedanken nähren und uns auf diese Weise *aufheizen*. Das würde in uns einen Bewusstseinszustand hervorrufen, der dem eines einen Angriff planenden Terroristen ähnelt – wenn auch auf einem niedrigeren Niveau.

Um zu wissen, ob die positiven oder die negativen Seiten eines Symbols in Betracht zu ziehen sind, muss man es im Gesamtkontext analysieren und dabei alle damit verbundenen Einzelheiten sowie die übrigen Elemente der betreffenden Traumszene berücksichtigen. Reicht der Kontext nicht aus, um herauszufinden, ob es sich um die positive oder die negative Symbolik handelt, stellt man sich zusätzliche Fragen, wie zum Beispiel: War der Stuhl schön, sauber, solide, bequem? Wo befand er sich? Welche Farbe hatte er? Aus welchem Material war er angefertigt? Oder: Welche Charakterzüge wies jene Person auf? War ihr Verhalten richtig? Wie blickte sie drein? Wie war ihr Gesichtsausdruck? Ging eine gute, schöne Energie von ihr aus? Oder: Wie waren die Pflanzen? Gesund, kräftig oder welk, vertrocknet? Was für Pflanzen waren es und wo befanden sie sich? Oder: War das Tier ruhig, gelassen, sanft, gesund oder aufgeregt, nervös, aggressiv, krank? Und so weiter.

Diese Vorgehensweise, um die positive oder negative Bedeutung eines Symbols bestimmen zu können, ist wesentlich und stellt die erste Etappe dar. Die Arbeit der Analyse und Bewertung muss immer vorgenommen werden, sogar dann, wenn in einem Traum fünfzig Symbole vorkommen. Das Gleiche gilt für unsere Handlungen: Wir müssen sie einzeln analysieren, um ihre Symbolik ausfindig machen und erkennen zu können, ob sie unter die Qualitäten oder die Verzerrungen einzuordnen sind. In gleicher Weise verfahren auch der Kosmische Computer und die Geistigen Führer, und das Ergebnis ihrer Bewertung bestimmt die Situationen, die wir durchleben müssen, um uns weiterzuentwickeln.

Die zweite Etappe besteht darin, zu erkennen, welchem der vier Elemente das Symbol zuzuordnen ist. Gehört es dem Bereich des Feuers, der Luft, des Wassers oder der Erde an? Sehen wir beispielsweise einen fliegenden Fisch, so wissen wir, dass er dem Element Wasser angehört, weil Fische im Wasser leben. Aufgrund der Tatsache, dass er fliegt, ist aber auch die Welt der Luft betroffen. Den Elementen Wasser und Luft lassen sich ebenfalls der Regen und die Wellen auf einem Meer oder See zuordnen, wobei diese Elemente jedoch nicht die gleiche Bedeutung haben wie ein fliegender Fisch.

Was genau symbolisieren die vier Elemente?

Das Feuer versinnbildlicht den Geist und die Lebensenergie. Man kann den Geist insofern mit dem Feuer vergleichen, als er nicht fassbar ist. Das Element Feuer manifestiert sich gewöhnlich als Wärme, Hitze, Energie oder Charisma. Wie wir bereits sahen, ist der Geist die lebende Intelligenz, die alle Ebenen unseres Wesens durchströmt. Er ist im Grunde genommen die ursprüngliche Intelligenz, welche auf der Grundlage unserer Erinnerungen unseren Körper, unsere Gefühle und unsere Gedanken erzeugt. Deshalb sind Bilder und Situationen, die der positiven Symbolik des Feuers zugeordnet werden können – zum Beispiel ein harmonisches Kaminfeuer oder ein Kerzenschein, der schöne Gesichter erleuchtet – ein Zeichen für einen positiv wirkenden Geist, während ein Waldbrand einen Hinweis darstellt, dass die Wirkung unseres Geistes oder die Art und Weise, wie wir unsere Lebensenergie verwenden, negativ und zerstörerisch ist.

Wir haben alle schon die Erfahrung gemacht, wie man in der Gegenwart einer kritisierenden oder aggressiven Person eine negative Energie oder eine Art dunkle Wolke spüren kann, eine Ausstrahlung, als käme sie von einer schwarzen, negativen Sonne. Es ist der Geist der betreffenden Person, den wir in solchen Fällen wahrnehmen. Wir spüren ihr inneres Feuer. Wir können aber auch das positive Feuer eines Menschen spüren, welches seine Augen zum Leuchten bringt, seinem Gesicht Schönheit verleiht und in uns selbst ein Wohlgefühl hervorruft. Dieses Feuer ist ebenfalls der Geist, das Licht, das wir alle in uns tragen.

Die Luft versinnbildlicht die Gedanken. Wind, Rauch, Flugzeuge, Vögel sowie alles, was sich in der Luft befindet, bewegt oder mit ihr zusammenhängt, betrifft folglich unsere Gedanken. Findet in einem Traum eine Szene in einem Flugzeug statt, so bedeutet dies, dass wir auf der Ebene unserer Gedanken dabei sind, etwas zu erzeugen. In bewusster oder unbewusster Weise ist ein Projekt im Entstehen begriffen.

Das Wasser symbolisiert die Gefühle und Emotionen. Flüssigkeiten jeder Art und in jeder Form, Fortbewegungsmittel im Wasser, Pflanzen und Tiere, die im Wasser leben, Naturerscheinungen und -katastrophen, in denen das Element Wasser eine Rolle spielt usw. geben uns Auskunft über unsere Gefühlswelt.

Die Erde symbolisiert die Welt der Handlung auf der feststofflichen Ebene. Die diesbezüglichen Symbole sind sehr zahlreich und vielfältig und sie betreffen immer die Art und Weise, wie wir in der konkreten Wirklichkeit handeln. Die Erdoberfläche ist symbolisch mit unserem bewussten Tun im Alltagsleben verbunden, während das Erdinnere und der Untergrund die in unserem Unbewusstsein abgelagerten Erinnerungen versinnbildlichen, welche unser Handeln und Experimentieren beeinflussen. Wir handeln immer in Übereinstimmung mit dem, was wir sind und waren.

Natürlich kann eine Szene mehrere der vier Elemente aufweisen – das haben wir bereits in einigen der erwähnten Beispiele gesehen. Ihre jeweiligen Bedeutungen müssen dann zueinander in Bezug gesetzt werden. Ein Flugzeug, das zur Landung ansetzt, bedeutet, dass unsere Gedanken dabei sind, sich zu materialisieren, dass wir uns zum Handeln vorbereiten. Der Anblick eines Vogels, der ein starkes Gefühl der Freude in uns hervorruft, in Verbindung mit einem umkippenden Glas Wasser besagt, dass wir schöne, frohe Gedanken haben – die eventuell durch gute Nachrichten hervorgerufen wurden –, aber gleichzeitig die Kontrolle über unsere Gefühle verlieren. Manche Menschen tun sich mit guten Nachrichten schwer, weil sie bewusst oder unbewusst Angst haben, dass schlechte Nachrichten folgen werden. Es ist so, als würden sie im Grunde ihres Wesens glauben, kein Anrecht auf das Glück zu haben.

Wie bereits erwähnt, stellen das Mineral-, Pflanzen- und Tierreich ebenfalls universelle Symbole dar, deren Bedeutung für jeden Menschen dieselbe ist.

Alles, was dem Mineralreich angehört, symbolisiert Erinnerungen, die wir in unserem Unbewusstsein abgelagert haben. Minerale und Gesteine bilden den Boden und gehören dem Element Erde an. Sie haben sich im Lauf der Jahrtausende und Jahrmillionen schichtenweise angesammelt und enthalten allerlei pflanzliche, tierische und sonstige Ablagerungen. Das Studium dessen, was wir im Boden vorfinden, liefert uns Informationen über das Klima sowie die Pflanzen- und Tierwelt der früheren Epochen, ebenso wie Ausgrabungen uns über die Lebensweise vergangener Gesellschaftsformen Auskunft geben. Wenn in einem Traum Steine oder Metalle vorkommen, so sind sie ein Hinweis auf sehr alte Erinnerungen, solide Fundamente der Vergangenheit oder die Fähigkeit, eine Situation zu konkretisieren.

Alles, was dem Pflanzenreich angehört, verweist auf die emotionale Ebene. Das kommt daher, dass Pflanzen größtenteils aus Wasser bestehen – welches die Welt der Gefühle und Emotionen symbolisiert, wie wir weiter oben sahen. Ferner ist Grün, die in der Pflanzenwelt vorherrschende Farbe, auch die Farbe des Herz-Chakras.

Sämtliche Vertreter des Tierreichs sowie die sie kennzeichnenden Teile (Pfoten, Krallen, Flügel, Federn, Pelz, Schnabel usw.) versinnbildlichen die instinktiven Bedürfnisse sowie Verhaltensweisen, die durch den Selbsterhaltungstrieb und den Kampf ums Überleben diktiert sind. Dazu gehören auch verschiedene Angstzustände, die der Mensch in seinem Entwicklungsverlauf transzendieren muss: die Angst vor dem Tod, die Angst vor Schmerz, die Angst vor Mangel, um nur einige zu nennen.

Im Hinblick auf **das Menschenreich** möchte ich als Erstes einen wichtigen Punkt hervorheben: Die Meisterung unserer Instinkte nimmt auf dem Weg der geistigen Entwicklung einen zentralen Platz ein. Noch nicht transzendierte Instinkte versklaven den Menschen und hindern ihn daran, Entscheidungen zu treffen, die seine Weiterentwicklung fördern. Solange wir unsere Instinkte nicht transzendiert haben, manifestiert sich unsere Lebensenergie hauptsächlich über die niederen Bewusstseinszentren, welche im Wesentlichen mit der Materie verbunden sind, und wir funktionieren dann ähnlich wie das Tier, meistens ohne uns dessen überhaupt bewusst zu sein: Wir denken nur an uns selbst und an die Befriedigung unserer Bedürfnisse, ohne uns Gedanken um die anderen zu machen.

Die tierische Dimension unseres Wesens verleiht uns körperliche Stärke, kraftvolle Emotionen sowie ein Verbundenheitsgefühl mit der Erde. Wir sahen vorhin, dass jedes Tier auf der positiven Seite spezifische Qualitäten aufweist. Die Transzendierung eines Tieres bedeutet, dass wir die Stärken, Qualitäten und besonderen Fähigkeiten, die es auszeichnen, integrieren – zum Beispiel schnelle Reflexe, die Leichtigkeit, in Aktion zu treten usw. Die Meisterung der tierischen Dimension äußert sich in einer ausgeglichenen, harmonisch fließenden Lebensenergie, die sowohl die unteren wie auch die oberen Bewusstseinszentren aktiviert.

Die Symbole, die hauptsächlich dem Menschenreich zugeordnet sind, betreffen die Entwicklung der Qualitäten und Tugenden sowie das Erwachen des Bewusstseins. Dazu gehören unter anderem die Liebe, der Altruismus, die Integrität, die Gerechtigkeit. Darin unterscheidet sich der Mensch auch von den vorher erwähnten Reichen.

Das Reich der Geistigen Führer. In unseren Träumen können sehr weise und hochentwickelte Geistige Führer auftauchen. Da es diesen möglich ist, verschiedene Formen anzunehmen, ist es sehr wichtig, unterscheiden zu lernen, ob es sich tatsächlich um einen vertrauenswürdigen, weisen Himmlischen Führer mit positiven Absichten handelt oder um eine Erscheinung der niederen immateriellen Existenzebenen. Letztere könnte den Anschein erwecken wollen, ein Geistiger Führer zu sein, um ihr aufgeblähtes Ego zu nähren, und sie würde eher unser Bedürfnis nach Befriedigung unserer persönlichen instinktiven Wünsche und Gelüste widerspiegeln als ein echtes Streben nach Erleuchtung, Weiterentwicklung und Berichtigung unserer Verhaltensweisen. Denn zu den negativen Aspekten dieses Reichs gehören verschiedenartige Wesenheiten, welche in der Lage sind, Menschen zu beeinflussen, die mit ihnen in Resonanz stehen. Es ist wichtig, zu wissen, dass es im gesamten Universum kein Zufall ist, wenn wir schädliche, übelwollende Kräfte anziehen. Es bedeutet immer, dass wir sie auch in uns selbst tragen.

Das Reich der Engel und Erzengel. Wenn wir von Engeln und Erzengeln sprechen, sprechen wir von hochkonzentrierter Göttlicher Energie, vom Kosmischen Bewusstsein in seiner ursprünglichen Form, von den ur-reinen, unverfälschten Qualitäten, Tugenden und Kräften, welche die verschiedenen Facetten des Schöpfers darstellen. Rufen wir zum Beispiel den Engel der Gerechtigkeit an, so ist das, als würden wir zu unserem Geist, dem Kosmischen Bewusstsein in unserem Wesen sagen: „Bitte, lehr mich, was die wahre Gerechtigkeit ist." Wenden wir uns an den Engel der Geduld, so ist es, als würden wir darum bitten, über die Geduld belehrt zu werden usw. Das Reich der Engel und Erzengel stellt somit eine Manifestierung des Schöpfers dar.

Damit schließen wir unseren Einblick in die Hauptkategorien der Symbole. Auf dieser Grundlage können Sie Ihre Träume in großen Zügen deuten.

Ich erwähnte vorhin, dass es möglich ist, im Traum die Seele eines anderen Menschen aufzusuchen. In der Tat, in dem Maße, in dem wir in unserer Entwicklung voranschreiten, wird es uns gestattet, unseren persönlichen inneren Computer zu verlassen und in das Lebensprogramm anderer Menschen oder das Lern- und Entwicklungsprogramm von Menschengruppen oder ganzer Nationen Einblick zu erhalten. Da die dabei gemachten Entdeckungen ein stark entwickeltes Verantwortungsbewusstsein voraussetzen, erhält nicht jedermann solche Träume. Eines ist jedoch gewiss: Träume dieser Art sollen dem Träumer helfen, bestimmte Dinge, Ereignisse oder Zusammenhänge zu verstehen. Wir werden darauf näher eingehen, wenn sich während eines Workshops ein diesbezügliches Beispiel anbietet.

WORKSHOP
Dies ist der erste Schlüssel

(Teilnehmerin: Ich habe drei kurze, sich wiederholende Träume aus meiner Kindheit, die mich ziemlich stark intrigieren. Im ersten Traum *sitze ich hinter dem Steuer eines Wagens – ich lenke ihn – und mein Vater sitzt neben mir. Wir fahren einen Hügel hinunter und anstatt in einer Kurve der Straße zu folgen, fallen wir einen Abhang hinunter. Ich kann spüren, dass es zwischen meinem Vater und diesem Absturz eine Verbindung gibt. Im zweiten Traum bin ich abermals mit meinem Vater zusammen. Wir nehmen einen Aufzug, ein großes Loch tut sich auf und wir fallen hinein. Im dritten Traum befinde ich mich mit Familienmitgliedern in einem Bauernhaus. Eine Tante ist da und einige Cousins, die ich sehr mag. Das Haus verändert sich und wird düster. Die Anwesenden ziehen sich in den Hintergrund zurück. In der Fassadenwand fehlt ein Stein und ein goldenes Licht strahlt durch das Loch. Ich fühle mich von diesem Licht angezogen, aber es macht mir gleichzeitig auch Angst. Ich nähere mich der Wand, diese fällt in sich zusammen und ein Drachen kommt zum Vorschein.*)

Vielen Dank. Wie alt waren Sie, als sie diese Träume erhielten? (T: Ungefähr fünf, sechs oder sieben Jahre alt.) Und Sie haben jeden dieser Träume mehrmals geträumt? (T: Ja.) Haben Sie in Ihrer Kindheit mit Ihrem Vater Schwierigkeiten durchlebt? (T: Ja, eine Menge. Er war sehr dominant, ich würde sogar sagen, dass er ein Tyrann war. Ich hatte immer Angst, so zu werden wie er, mich ebenso zu verhalten und die gleichen Dinge zu tun.)

Ich verstehe. Das, was Sie gerade gesagt haben „Ich hatte immer Angst, so zu werden wie er, mich ebenso zu verhalten und die gleichen Dinge zu tun", ist sehr interessant. Diese Angst enthüllt, dass Sie die gleiche negative Kraft in Ihrem eigenen Wesen spüren können. Das ist auch der Grund, weshalb es für Sie so wichtig ist, an Ihrer spirituellen Entwicklung zu arbeiten. Der dritte Traum zeigt, dass die Arbeit an diesen Tendenzen in Ihrem Lebensprogramm vorgesehen ist. Die Schwierigkeiten, die Sie durchlebt haben, veranlassten Sie zu beten und nach dem Licht zu suchen.

Im ersten Traum sind Sie es, die den Wagen lenken. Das ist interessant, weil ein fünf- oder siebenjähriges Kind kaum in der Lage ist, dies zu tun. Das weist darauf hin, dass Ihr Bewusstsein bereits im Kindesalter sehr entwickelt war.

Träume, in denen Kinder Dinge tun, die normalerweise von Erwachsenen getan werden, kennzeichnen familiäre Situationen, wo Kinder mit ihren Eltern große Schwierigkeiten durchleben. Diese Kinder müssen häufig lernen, ihr Leben selbst zu lenken, weil ihre Eltern an ihrer Erziehung oder der Beziehung zu ihnen wenig oder kein Interesse zeigen. Doch ebenso wenig, wie ein fünf- oder sechsjähriges Kind imstande ist, einen Wagen zu lenken, ist es imstande, sein Leben allein in die Hand zu nehmen. Dieser sich wiederholende Traum zeigt folglich, dass Sie eine beschleunigte Entwicklung durchliefen, weil Ihre Eltern sich nicht richtig um Sie kümmerten.

Dieser Traum könnte eine positive Symbolik haben – zum Beispiel auf ein großes Führungspotenzial hinweisen –, was hier aber nicht der Fall ist, weil Sie mit dem Wagen den Abhang hinunterstürzen. Doch selbst wenn es ein Traum mit positiver Tendenz wäre, müsste er als eine Warnung gedeutet werden: nämlich davor, vorzeitig erwachsen zu werden.

Unabhängig davon, wie schnell ein Kind lernt, wie viele Dinge es alleine machen kann und wie selbständig es wird, muss es dennoch alle Stufen seiner psychologischen Entwicklung durchlaufen. Dieses Thema stellt in unserer heutigen Gesellschaft ein echtes Problem dar. Kinder werden zu oft von den Eltern vernachlässigt und sich selbst überlassen. Die Grundlage jeder Erziehung – die Vermittlung von wahren Werten – wird dem Fernseher, den Videospielen und den Freunden überlassen. Kleine Mädchen tragen schon mit sieben Lippenstift und Nagellack, um nur eines von vielen Beispielen zu nennen, die aufzeigen, wie sehr die Werte aus den Gleisen geraten sind. Wir müssen unsere Kinder so erziehen, dass sie imstande sind, die Bedeutung der richtigen Werte in ihrem Leben zu erkennen. Das ist ein wesentlicher Punkt und gleichzeitig auch ein Thema, das mir sehr am Herzen liegt. Doch nun zurück zum Traum.

Ein Auto symbolisiert die Art und Weise, wie wir unser Leben auf der sozialen Ebene führen, weil wir es normalerweise verwenden, um zur Arbeit zu fahren, Besorgungen zu erledigen, zu Verabredungen zu gelangen sowie für Freizeitaktivitäten. Mit dem Wagen können wir uns fort- und auf die anderen zu bewegen. Aus allgemeiner Sicht und im weiteren Sinn versinnbildlicht unser Fahrzeug unsere Lebensführung. Sobald wir einen Wagen lenken, stellen wir in gewisser Weise den Geist des Wagens dar, der seinerseits als eine Verlängerung unseres physischen Körpers angesehen werden kann. Es ist wichtig, immer daran zu denken, dass alle Traumelemente und Symbole Teile von uns selbst in Form von Bewusstseinszuständen darstellen.

Aufgrund Ihrer schwierigen Familiensituation haben Sie also schon sehr jung das Bedürfnis verspürt, Ihr Leben selbst in die Hand zu nehmen. Ihr Vater war in zwei Ihrer Träume anwesend. Er versinnbildlicht einerseits die erwähnten Schwierigkeiten – Sie nannten ihn dominant und tyrannisch. Andererseits aber ist der Vater ein generelles Symbol für die Handlung in der konkreten Welt, während die Mutter allgemein die Handlung in der Innenwelt darstellt. Unsere Eltern tauchen in unseren Träumen häufig als Symbole auf. Der Vater ist dabei immer ein Hinweis auf etwas Konkretes, etwas, das mit einer tatsächlichen Situation in der Außenwelt verbunden ist. Die Idee, dass Sie sich um Ihr eigenes Leben kümmern mussten, betrifft folglich nicht nur Ihre innere Welt, sondern auch Ihr Leben in der Außenwelt.

Als Sie den ersten Traum erhielten, versuchten Sie, sich aus dieser schwierigen Situation zu befreien, aus der tyrannischen Atmosphäre, die Sie umgab. Natürlich taten Sie dies mit der Zerbrechlichkeit des Kindes, das Sie noch waren, für das die Familie den einzigen Bezugspunkt und Maßstab darstellte. Deshalb fielen Sie symbolisch gesprochen in den Abgrund. Das Kind, das Sie damals waren, befand sich in großer Not, sozusagen in einem Abgrund, und wollte nicht mehr leben. Es war, als würden Sie ins Nichts versinken. Wenn wir eine Menge Leid erfahren, kommt es vor, dass wir eine innere Leere empfinden. Das offenbart der erste Traum.

Im zweiten Traum sind die Umstände ähnlich, nur versuchten Sie sich diesmal zu erheben, was durch den Aufzug versinnbildlicht wird. Fuhr der Aufzug nach oben? (T: Nein, er fuhr abwärts.) Ah! Dann muss ich berichtigen: Wenn wir uns abwärts bewegen – wie auch in Ihrem ersten Traum, wo sie einen Hügel hinunterfuhren –, symbolisiert dies die Inkarnation in die Materie, und zwar nicht nur im Sinne des Geborenwerdens, sondern allgemein im

Sinne unseres Seins und Handelns in der Materie. Dieser zweite Traum zeigt erneut, dass Sie in großen Schwierigkeiten steckten und nicht wussten, wohin das Leben Sie führen würde.

Diese Art von Träumen kann man auch während der Jugendzeit erhalten, wenn sich das Unterbewusstsein zu öffnen beginnt und man nicht weiß, wohin das führen wird und was man tun soll. Die Ursache liegt in einer mangelhaften oder gänzlich fehlenden Vorbereitung, denn die Eltern müssten ihren jugendlichen Kindern erklären, was auf sie zukommt. Sie sollten damit bereits anfangen, sobald sie sieben Jahre alt sind, und ihnen erklären, dass sich ihr Unterbewusstsein öffnen wird und sich dadurch ihre latenten Kräfte manifestieren können, welche sie aus dem Gleichgewicht werfen und auf verschiedenen Ebenen ihres Wesens Zwiespalte erzeugen werden. Es sind gegenwärtig hier auf der Erde noch sehr wenige Informationen verfügbar, die Eltern helfen können, ihren Jugendlichen auf der metaphysischen Ebene zur Seite zu stehen und ihnen eine verlässliche Führung anzubieten. Man könnte sagen, dass wir uns in diesem Bereich noch in der Steinzeit befinden. Sie waren jedoch zum Zeitpunkt dieser Träume noch keine Jugendliche und ihre familiären Schwierigkeiten erzeugten verständlicherweise in Ihnen ein Gefühl der Leere sowie den Wunsch zu sterben.

Wenn ein Mensch, der eine schwere Kindheit hatte, an seine Vergangenheit zurückdenkt, kommt es oft vor, dass er gegen seine Eltern oder andere Familienmitglieder Groll hegt und sich mit der Rolle des Opfers identifiziert. Er beginnt das Negative zu bekämpfen und dreht dabei sehr bald im Kreise. Es ist jedoch wichtig zu verstehen, dass wir unsere Wunden nur dann wirklich heilen können, wenn wir bereit sind, die Rolle des Opfers aufzugeben. Obwohl Menschen, die eine Therapie durchmachen, gewöhnlich dazu ermutigt werden – das ist inzwischen im Bereich der Psychologie und der Psychotherapie eine allgemein akzeptierte Einsicht –, geht diese Methode nicht weit genug. Warum nicht? Weil sie noch nicht anerkennt, dass niemand zufällig ein Opfer ist oder verletzt wird. Sie lässt die Idee des Karmas und der Göttlichen Gerechtigkeit unberücksichtigt. Die damit verbundenen Aspekte haben wir noch nicht wirklich integriert.

In dem Maße, in dem wir geistig wachsen und mit den in unseren Träumen erhaltenen Informationen arbeiten, lernen wir die Tatsache akzeptieren, dass unsere Eltern Teile unserer Seele darstellen. Was Sie als Kind durch Ihren Vater erlitten, haben Sie selbst in anderen Leben Ihren damaligen Kindern angetan, und deshalb sind Sie nun in einer Familie mit einem schwierigen Vater zur Welt gekommen. Dadurch wurden Sie veranlasst, Ihrem Karma gegenüberzutreten und die innere Arbeit zu leisten, die sicherstellt, dass Sie diese Verhaltensmuster nicht mehr wiederholen.

Wenn wir in bestimmten Situationen ein Opfer waren und die diesbezüglichen Resonanzen nicht bereinigt haben, werden wir irgendwann in die Rolle des Übeltäters schlüpfen und selbst jene Verhaltensweisen zum Vorschein kommen lassen, durch die uns einst andere Menschen verletzt haben. Jeder Psychologe und Psychiater wird dies bestätigen können. Doch die wahren Ursachen liegen viel tiefer: Wir können die Rolle des Opfers durch die des Übeltäters ersetzen, weil Letztere schon in unseren Erinnerungen eingeschrieben ist und nicht berichtigt wurde. Wir treten damit erneut in uns bekannte Bewusstseinszustände ein und werden wieder der Aggressor, der wir einst waren. Oder aber wir bekommen die Aggressivität anderer Menschen zu spüren, was ebenfalls darauf hinweist, dass wir diesbezüglich Resonanzen in uns tragen. Denn ein Mensch, der in diesem oder früheren Leben nie aggressiv war bzw. handelte, kann der Aggressivität anderer Menschen nicht zum Opfer fallen.

Ein Mensch, der als Kind geschlagen wurde und seine Erinnerungen daran nicht verwandelt, so dass er zu innerem Frieden findet, kann sich in Augenblicken des Zorns oder der Verzweiflung dazu hinreißen lassen, seine eigenen Kinder zu schlagen. Das kommt daher, dass sich die erlittene Gewalttätigkeit in seine Seele, seinen Körper sowie in sein Zellgedächtnis eingeprägt hat. Verhält sich ein Vater, eine Mutter oder eine nahestehende Person einem Kind gegenüber gewalttätig, so ruft dies in ihm sehr widersprüchliche Gefühle hervor: Die Liebe und das Bedürfnis nach Liebe vermischen sich mit dem Wunsch nach Rache, dem Bedürfnis nach Kontrolle und vielen anderen Emotionen. Das Kind ist einem Meer widersprüchlicher Gefühle ausgesetzt, in denen es sich verliert, bis es schließlich so weit ist, dass es die Liebe mit gewalttätigem Verhalten gleichsetzt. Später, wenn es als erwachsener Mensch selbst Kinder hat, kann es in einem Anflug von Ungeduld die Kontrolle über sich verlieren und sein Kind schlagen. Selbst wenn ein Mensch schöne Prinzipien der Gewaltlosigkeit und Toleranz vertritt, wird er, solange er seine leidvollen, schmerzhaften Erinnerungen nicht bereinigt hat, unweigerlich dazu neigen, seine gewalttätigen Verhaltensmuster zu wiederholen.

Ein Verhaltensmuster kann latent vorhanden sein, wie ein Virus, und sich erst später in Form einer Krankheit manifestieren, möglicherweise sogar erst in einem zukünftigen Leben. Krankheitsmuster können in unserem Wesen lange Zeit in latentem Zustand bestehen, bevor sie ausbrechen. Es kommt vor, dass wir die Veranlagung für eine Krankheit schon im Kindesalter in uns tragen – weil sie in unsere Gene und unser Zellbewusstsein eingeschrieben ist –, sie aber erst gegen Ende unseres Lebens wachgerufen wird.

Die Wissenschaftler beginnen sich erst jetzt für die immaterielle Dimension des Körpers und der Krankheiten zu öffnen, doch eines Tages werden sie einsehen, dass der Ursprung jeder Krankheit jenseits des Zellgedächtnisses liegt. Die technologischen Fortschritte haben uns in ein Zeitalter eintreten lassen, wo wir uns vorstellen können, dass es mehr gibt als die Materie und die wirkliche Existenz sich nicht darauf beschränkt. Einige der neuesten Entdeckungen werden von Menschen mit einem kartesischen Geist nur schwer akzeptiert, dennoch handelt es sich dabei um Aspekte, die immer schon wahr und reell waren. Es ist eine grundlegende Tatsache, dass wir eigentlich reine Energie sind. Der Geist ist Energie, eine Form von Licht.

(T: Müssen wir, um uns aus der Rolle des Opfers zu befreien, die ungeklärten Dinge mit der betreffenden Person lösen? Zum Beispiel: Muss ich die Beziehung mit meinem Vater klären?)

Als Erstes muss man sich sagen: „Was dieser Mensch mir angetan hat, habe ich in einem früheren Leben ebenfalls einem Menschen angetan. Deshalb musste ich es nun erleiden." Das Konzept der Reinkarnation und des Karmas ist der erste Schlüssel, der uns befähigt, den ersten Schritt zu tun, um loszulassen und wirklich zu verzeihen. Sobald wir anfangen, so zu denken, beginnt der wahre Heilungsprozess, durch den wir uns gleichzeitig auch von unserem diesbezüglichen Karma befreien. Das stellt die Grundlage der inneren Arbeit dar, weil sonst die im Unbewusstsein enthaltenen Erinnerungen unser bewusstes Sein und unseren bewussten Willen, dem anderen zu verzeihen, übertönen.

6

Erst wenn wir zur Erkenntnis gelangen, dass der andere nicht grundsätzlich Schuld hat, das heißt, dass im Wesentlichen wir selbst diejenigen sind, die die Ereignisse in unserem Leben verursachen, sind wir imstande, den Groll im Untergrund unseres Wesens zu verwandeln. Denn Groll und Hader können leise versteckt irgendwo in unserem Unbewusstsein hausen, bis sich eine Überlebenssituation präsentiert, welche die Rachsucht aktiviert und wieder auftauchen lässt. Nachtragende Gefühle treten auch unter dem Deckmantel falscher Konzepte oder negativer Emotionen gegenüber bestimmten Menschen und Situationen in Erscheinung. Auf diese Weise kann man auch den Groll gegenüber einer Vater- oder Mutterfigur von dieser abziehen und beispielsweise auf alle Männer, alle Frauen oder irgendeine Menschenkategorie übertragen, ohne sich dessen bewusst zu sein. Die Verhaltensmuster werden sehr oft von einem Leben ins nächste übernommen.

Viele Menschen tun sich schwer, das Konzept der Reinkarnation zu akzeptieren. Die meisten von Ihnen hier haben es bereits integriert. Es ist Ihnen vertraut, weil Sie durch die Arbeit mit Ihren Träumen immer mehr von den Erinnerungen zu sehen bekommen, die in Ihrem Unbewusstsein abgelagert sind, und eines Tages werden Sie in Ihren Träumen Einblicke in Ihre früheren Leben erhalten. Durch diese außergewöhnlichen Erfahrungen und Offenbarungen lernen Sie die Tiefen Ihres Wesens kennen. Das Konzept der Reinkarnation ist also der erste Schlüssel, der mit einer unvermeidbaren Bewusstseinsöffnung einhergeht. Dies führt zu einem tiefgründigen Verständnis der Symbole und Situationen, die wir in unseren Träumen – den schönen wie den Alpträumen – zu sehen bekommen. Ich selbst verstand lange Zeit nicht, wieso jemand in einer zerrütteten, problematischen Familie zur Welt kam, während ich eine schöne Kindheit ohne größere Schwierigkeiten verbringen konnte. Mit der Zeit und in dem Maße, in dem ich erkannte, dass all unsere Erfahrungen unserer Weiterentwicklung sowie der Entfaltung von Qualitäten dienen, wurde es mir unmöglich, weiterhin anzunehmen, dass wir nur ein Leben haben und alles mit dem Tod aufhört. Das ergäbe einfach keinen Sinn. Diese Erkenntnis bot mir das Sprungbrett zur nächsten Bewusstseinsstufe. Eigentlich ist es reine Logik: Ohne die Reinkarnation ist das Leben nicht gerecht. Es muss eine Göttliche Gerechtigkeit geben, weil sonst nichts wahr ist, nicht wirklich wahr sein kann.

Glaubt man an Gott und die Göttliche Gerechtigkeit, so wird man, ganz gleich welche Schwierigkeiten man durchlebt, sowohl in seinen Träumen als auch konkret wiedergeboren, und zwar nicht nur im nächsten Leben, sondern symbolisch auch in diesem. Allein schon dadurch, dass man sich sagt: „Man hat mir das angetan, weil ich es selbst auch getan habe", hört man auf zu glauben, dass die eigenen Schwierigkeiten durch andere Menschen verursacht werden. Indem man seinen Denkprozess in diese Richtung lenkt, beteiligt man sich bewusst am Evolutionsprozess.

Wir vergeuden so viel Energie, indem wir das Glück in der Außenwelt suchen! Dabei befindet es sich in uns selbst. Wir tragen die Schlüssel dazu in unserem Innern. Der Erste besteht in der Erkenntnis der Gründe von Leid und Elend, im Verständnis, dass sie durch unser Experimentieren verursacht werden. Die Integration des Konzepts, wonach das Leben wie ein Traum ist und auf allen Ebenen existiert, führt uns zur Einsicht, dass eigentlich nichts wirklich dramatisch ist. Das Üble und Böse wird dann seine aggressive oder nach Fäulnis riechende Dimension verlieren und wir werden die Dinge mit einem anderen Bewusstsein wahrnehmen, genauso wie Gott, der Gut und Böse als erzieherische Kräfte verwendet, mit denen wir experimentieren dürfen. Wenn wir dieses Bewusstsein erreicht haben und feststellen, dass uns der Anblick eines Menschen stört, der einem anderen Übles antut, Drogen nimmt oder sonst welche verzerrten Verhaltensweisen aufzeigt, wissen wir, dass wir die gleichen Verzerrungen noch in uns selbst tragen und unbewusst befürchten, wir könnten sie wieder aktivieren.

Die Symbolsprache hilft uns, das Leben wie einen Traum zu verstehen. Damit können wir jede konkrete Situation so analysieren, als wäre sie ein Traum, und dadurch die für die Seele enthaltenen Lehren erkennen. Das führt uns zum Gesetz der Resonanz. Was uns in den Menschen und Situationen unseres Alltags als gut und böse erscheint, offenbart uns die Resonanzen, die wir damit haben, genauso wie in unseren Träumen, wo alle Symbole und Elemente Teile von uns selbst darstellen. Die Anwendung des Resonanzgesetzes beschleunigt unsere individuelle Entwicklung.

Von dem Moment an, wo uns das Verhalten der anderen nicht länger stört, werden wir wirklich lieben, verstehen, zuhören und ihnen nahe sein. Sie können uns dann geradeheraus und in Einzelheiten mitteilen, was sie durchleben, ohne dass uns das Zuhören ermüdet. Sobald wir spüren, dass unsere Energie sinkt, analysieren wir unseren Gesprächspartner und seine Mitteilungen symbolisch, wobei wir uns sagen: „Die Schwierigkeiten, mit denen er in seinem Leben konfrontiert ist, alles, was er mir erzählt, trage ich auch in mir. Ich habe unbewusste Erinnerungen, die damit im Einklang schwingen. Diese wurden durch seine Erzählung aktiviert und verursachen mein Gefühl der Schwere und den Energieverlust."

Eines Tages werden wir eine so umfassende und bedingungslose Fähigkeit zu lieben entwickelt haben, dass wir allein durch unsere Art zuzuhören in anderen Menschen großes Wohlbefinden auslösen können. Wir tun dies immer entsprechend dem Grad unserer Resonanzen. Wir sind alle jederzeit sowohl Lehrer als auch Schüler. Da ist immer jemand, der Hilfe braucht, und so sind wir ständig gefordert, anderen beizustehen und sie zu unterstützen. In der einen oder anderen Weise helfen und unterstützen wir uns unentwegt gegenseitig und dadurch auch uns selbst, weil wir alle Teil eines Ganzen sind. Darin besteht der wahre Sinn des Altruismus.

Der Altruismus ermöglicht uns das Zusammenleben auf der Erde. Der Bäcker macht Brot für alle, der Mechaniker repariert die Fahrzeuge usw. Ob uns dies gefällt und wir uns dessen bewusst sind oder nicht, wir sind alle ständig miteinander verbunden und tauschen Energie aus, genauso wie in den Träumen.

Wir wollen nun zu Ihren Träumen zurückkehren. Würden Sie uns bitte Ihren dritten Traum nochmals erzählen? (T: Ja, gerne. *Ich war auf einem Familienfest. Es begann dunkel zu werden und die Anwesenden gingen weg. In der Frontmauer fehlte ein Stein und ein Licht strahlte durch das Loch. Ich fühlte mich von diesem Licht angezogen, gleichzeitig machte es mir aber auch Angst. Ich näherte mich. Die Steine fielen auseinander, die Mauer brach zusammen und dahinter kam ein Drachen zum Vorschein.*)

Dieser Traum ist sehr wichtig, weil er Ihnen Ihren Lebensweg zu verstehen gibt. Das Haus symbolisiert Ihr intimes Selbst. Die anwesenden Familienmitglieder stellen Teile von Ihnen dar – Charakterzüge Ihrer Persönlichkeit sowie psychologische Aspekte Ihres Wesens. Das Innere des Hauses verdüsterte sich. Dieses Element verbunden mit der Tatsache, dass Familienmitglieder anwesend waren, bedeutet, dass große familiäre Schwierigkeiten ihre innere Welt verdunkeln.

Ein fehlender Stein ließ Sie Licht sehen. Steine gehören dem Mineralreich an, das sehr alte Erinnerungen sowie unser inneres Potenzial symbolisiert, während das Licht die Spiritualität sowie Wissen und Erkenntnis versinnbildlicht. Kommt in einem Traum Licht vor, ist es ein Hinweis, dass ein spirituelles Erwachen oder eine Bewusstwerdung stattfindet, weil wir dank dem Licht sehen können. Dieser Traum offenbart Ihnen folglich, was tief in Ihrem Unbewusstsein existiert.

Die Wand fiel in sich zusammen und ein Drachen kam zum Vorschein. Die Wände eines Hauses symbolisieren die Struktur unseres intimen Selbst. Der Zusammenbruch der Wand in Ihrem Traum besagt, dass sich zu jenem Zeitpunkt eine alte innere Struktur, in der Sie gefangen waren, vielleicht sogar wie in einem Gefängnis, zu verwandeln begann.

Der Drache ist ein sehr machtvolles Symbol, das man praktisch in allen Zivilisationen vorfindet. Etymologisch eng mit der Schlange verwandt, symbolisiert der Drache die Vitalkraft oder Lebensenergie. Gleich der Schlange ist er den Elementen Erde und Wasser verbunden, wird aber auch der Luft zugeordnet, weil er fliegen kann, sowie dem Feuer, weil er fähig ist, Feuer zu speien. In der chinesischen Tradition ist er ein kaiserliches Symbol der Macht und der Entscheidungsfähigkeit. In den Mythen und Legenden wird er oft mit Schlössern, magischen Kräften und Machtkämpfen in Verbindung gebracht. Das ist kein Zufall: Der Drache stellt aufgrund seiner Verbindung zu den vier Elementen das mächtigste Symbol des Tierreichs dar. Er symbolisiert im Positiven das Erwachen und Aufsteigen der *Kundalini*, die Meisterung und Transzendenz der Lebensenergie, in spezifischer Weise auch die Transzendenz der Instinkte im Zusammenhang mit dem Streben nach Macht und Herrschaft.

Die negative Symbolik des Drachens besteht in der Unterwerfung unter den Einfluss der Instinkte und negativen Mächte. Wir müssen uns bewusst sein, dass sich diese machtvolle Kraft aufgrund ihrer Affinität mit den vier Elementen auf allen Ebenen unseres Seins manifestieren kann.

Die Tatsache, dass die Wand vor dem Drachen zusammenfiel, bedeutet das Durchbrechen unterdrückter Gewalt. Dabei handelt es sich nicht nur um die Gewalt, die Sie in den zahlreichen leidvollen Jahren in Ihrer Familie erlebt haben; es betrifft auch Ihre früheren, durch Gewalttätigkeit gekennzeichneten Leben, deren Erinnerungen Sie in Ihrem Unbewusstsein tragen und die durch die Steinwand versinnbildlicht sind. Der Drache dahinter stellt eine sehr große Kraft der Selbstbehauptung dar sowie den Willen, nie wieder solches Leid zu erfahren.

Sie müssen mit der Kraft des Drachens sehr vorsichtig umgehen, weil sie in Ihnen den Wunsch nach Rache sowie die Angriffslust mit der Absicht, andere zu beherrschen, auslösen kann. Denn es waren Ihr Streben nach Macht und die Unterwerfung unter Ihre Instinkte in früheren Inkarnationen, welche die Schwierigkeiten erzeugten, die Sie in Ihrem jetzigen Leben mit Ihrer Familie erfahren haben.

Wir müssen den Tieren in unseren Träumen Beachtung schenken, denn die durch sie dargestellten Kräfte spielen in unserem Leben eine wichtige Rolle. Ist ein Tier hungrig, so kann es aggressiv werden und sich einfach sein Futter holen. Ein Mensch, der seine Instinkte nicht im Griff hat und beispielsweise unbedingt eine Beförderung will, denkt nicht an die anderen, sondern wird alles in seiner Macht Stehende tun, um an sein Ziel zu gelangen. Das kann sehr weit gehen. Manche sind bereit, sich – symbolisch wie konkret – zu entkleiden und zu prostituieren, um einen Job oder einen Vertrag zu bekommen.

Eines ist jedoch gewiss: Was immer wir getan haben – ob wir Prostitution betrieben, Drogen genommen, einen maßlosen Ehrgeiz genährt haben usw. –, wie furchtbar, schrecklich oder entsetzlich es auch sein mag, es ist nicht hoffnungslos oder unabänderlich, denn wir werden immer wieder neugeboren und können unsere Erinnerungen bereinigen. Wer ist noch nie vom richtigen Weg abgekommen? Wer hat noch nie etwas Unrechtes getan, eine schlechte Wahl oder eine falsche Entscheidung getroffen? Wer hat nicht herumexperimentiert? Wir denken manchmal, dass eine entwickelte Seele nur dem Licht entgegengeht und nur das Licht kennt. Das ist jedoch ein Irrtum. Eine entwickelte Seele kennt die Dunkelheit und das Böse, da sie damit experimentiert und Erfahrungen gesammelt hat, aber sie ist nicht mehr bereit, auf diesem Weg weiter zu gehen.

In gleicher Weise sind die Geistigen Führer, die wir manchmal in unseren Träumen sehen, diesen Weg gegangen, den alle Menschen gehen, doch taten Sie dies vor sehr, sehr langer Zeit und nicht unbedingt auf der Erde. Ihre Erfahrung befähigt Sie, anderen Menschen und Wesen bei der Heilung ihrer *Negativität* zu helfen. Die Geistigen Führer haben alles Negative in sich transzendiert. Daraus ergibt sich das wahre Wissen. Darauf beruht die wahre Kenntnis von Gut und Böse. Wenn wir negative Dinge getan haben, ist dies insofern nicht dramatisch, als wir dadurch Erfahrungen sammelten, die sich mit der Zeit zu einer Kraft entwickeln können, welche uns zu Erkenntnis und Verständnis führt und aus der wir sowohl in diesem wie in späteren Leben schöpfen. Sie stellt im Grunde genommen ein positives *Gepäck* dar, das in unserer Seele ruht und uns dem Licht näher bringt.

(T: Wie ist das, wenn man träumt, aufwacht und der Traum weitergeht? Können Sie das erklären? Man träumt nicht mehr wirklich, aber es geht trotzdem im Traum weiter...)

Diese Erfahrung lässt uns erkennen, dass zwischen den Träumen und der Realität keine wirkliche Trennung besteht. Der Wachzustand ist ebenfalls wie ein Traum, in dem lediglich das Zeitempfinden verschieden ist. Es kommt vor, dass man aus einem Traum aufwacht, der nur zwei oder drei Minuten gedauert hat, man aber das Gefühl hat, eine Ewigkeit weggewesen zu sein.

(T: Was aber, wenn der Traum weitergeht? Es ist noch nicht lange her, da wachte ich auf und hörte Geräusche in meinem Zimmer. *Ich hörte es knabbern, so als würden kleine Nagetiere Körner fressen. Ich war noch in meinem Traum, hielt die Augen geschlossen, war aber wach. Ich hatte Angst. Dann sah ich eine Freundin mit ihrer kleinen Tochter. Sie lächelten beide, ein großes, breites Lächeln. Meine Freundin sagte: „Mach dir keine Sorgen." Danach sah ich einen Toten. Meine Freundin war sehr glücklich, weil der Verstorbene ins Licht gegangen war. Dann trat aus meiner Stirn ein Licht heraus, welches aber verzerrt war.* Diesen letzten Teil erlebte ich mit offenen Augen und ich muss sagen, dass mich das sehr beeindruckt hat. Ich würde gerne wissen, ob es sich hierbei um einen Traum handelte.)

Es ist wie ein Traum – es ist dasselbe wie ein Traum. Es handelt sich in diesem Fall um das, was wir einen *Tagtraum* oder *Wachtraum* nennen. Eines Tages werden wir in unserer Entwicklung den Punkt erreicht haben, wo wir unseren gesamten Alltag wie einen Tagtraum empfinden und die Situationen, die wir durchleben, genauso analysieren wie die Träume. Das Gleiche gilt für die Visionen. Es gibt zwischen diesen Zuständen wirklich keine Grenze, mit anderen Worten: Es gibt zwischen der physischen und der metaphysischen Welt keine klare Trennung.

Um diesen Aspekt zu verstehen, hilft es, an Menschen mit psychischen Problemen zu denken. Sie können ihre Augen weit offen haben, etwas sehen, was die anderen nicht sehen und beispielsweise sagen: „Da ist eine Maus", obwohl niemand sonst eine Maus sieht. Sie glauben wirklich, die Maus zu sehen, und sie macht ihnen Angst. Ein anderer sieht einen Bären und rennt davon. Schlafwandler erleben Ähnliches: Sie haben die Augen offen, befinden sich aber in einer parallelen Welt, wo sie auf der Ebene ihres Bewusstseins sehr konkrete Situationen erleben. Das gleiche Prinzip gilt bei Wachträumen, nur erinnert sich die betreffende Person an das Gesehene und Erlebte, während ein Schlafwandler sich an nichts erinnert.

Sie hörten also in Ihrem Traum kleine Nager in Ihrem Zimmer. Das Schlafzimmer versinnbildlicht unser intimes Selbst. Es ist ein sehr intimer Ort, in den wir nicht jedermann einladen. Nagetiere zeichnen sich dadurch aus, dass sie knabbern und nagen. Als Sie diesen Traum erhielten, *nagten* mit Angst und Mangel verbundene Instinkte an Ihren Lebensressourcen.

Dann sahen Sie einen Toten. Wissen Sie, wer es war? (T: Ich sah ihn, er war tot, aber ich kannte ihn nicht. Ich fragte, wer er sei, und erhielt als Antwort, er sei bei einem Bombenangriff ums Leben gekommen.)

Dieser Tote stellt einen Teil von Ihnen dar. Manche Menschen sehen Geister – womit ich nicht sage, dass dies hier der Fall ist –, doch sie wissen meistens nicht, dass diese eigentlich Teile ihres eigenen Wesens widerspiegeln. Sie stellen alte Erinnerungen dar, die diese Menschen in sich tragen und mit denen sie in wahrnehmbaren Kontakt kommen. Aus diesem Grund werden die Geister nur von der betreffenden Person gesehen und sind für andere unsichtbar. Wenn wir Geister sehen, weist dies darauf hin, dass Kräfte in unserem Innern versuchen, uns in Griff zu bekommen. Sie entsprechen mehr oder weniger bewussten Erinnerungen, die uns heimsuchen und oft aus früheren Leben stammen.

(T: Aber sie sind wirklich da.) Richtig. Sie erscheinen, um uns Angst zu machen. Und wir fürchten uns eigentlich vor den Bewusstseinszuständen, die sie darstellen, davor, dass wir wieder in Verhaltensweisen verfallen könnten, die wir früher hatten. (T: Ja, genau! Das stimmt haargenau!) Das erklärt auch das Phänomen der Besessenheit – wobei es diesbezüglich natürlich verschiedene Stufen gibt. In Extremfällen, wo die negativen Erinnerungen sehr intensiv und schwerwiegend sind, können sie von einem Menschen regelrecht Besitz ergreifen.

Ich habe selbst sehr intensive Situationen mit besessenen Menschen erlebt. Sie sind in der Tat von Energien bewohnt – ihre Augen und ihre Energie verändern sich. Das kann äußerst überwältigend und beeindruckend sein. Sie sind imstande, auf sehr überzeugende Weise zu manipulieren, um sich Recht zu geben und ihr Ziel zu erreichen. Sie können sogar bösartig werden, wenn eine böse Persönlichkeit in ihre Hauptpersönlichkeit eindringt.

(T: Würden Sie das bitte ausführlicher erklären? Ich möchte das gerne verstehen.) Der betreffende Mensch hat eine sehr große Menge negativer Erinnerungen in seiner Seele angesammelt, die irgendwann die Form einer Persönlichkeit annehmen und von ihm Besitz ergreifen. Mit anderen Worten: Die Person wird nicht von einem fremden Wesen, sondern von ihrer *eigenen Negativität* besessen.

(T: Das heißt also im Grunde genommen, dass die Person von ihren eigenen Erinnerungen überwältigt wird.) Genau. Erinnerungen gleicher Art ballen sich zusammen und erzeugen im Innern der Person eine Kraft, die in ihrem Bewusstsein eine bestimmte Persönlichkeit entstehen lässt. Genau das passiert bei Schizophrenen. Ein Mensch, der an Schizophrenie leidet, hat mehrere sehr starke Persönlichkeiten, weil er mehrere umfangreiche Speicher voller Erinnerungen angesammelt hat. Er gleitet ständig von einer Persönlichkeit in die andere, weil er Recht haben und seinen dunklen Aspekten entfliehen will, bis er eines Tages seinen negativen inneren Welten nicht mehr entkommen kann.

Schizophrene wollen immer Recht haben. Sie sind Rebellen des Bewusstseins in dem Sinne, als sie den Gedanken, das Böse könnte Teil ihres Wesens sein, vollkommen ablehnen. Darin liegt der Schlüssel zum Verständnis der Schizophrenie. Sobald ein Schizophrener sich betroffen fühlt, weil er – mehr oder weniger bewusst – erkennt, dass er Unrecht hat oder sich nicht richtig verhält, schaltet er auf eine andere Persönlichkeit um, in der wieder alles in Ordnung ist.

Auf diese Weise versteckt er sich hinter seinen verschiedenen Persönlichkeiten, von denen jede ihre eigenen Konzepte und Gefühle hat und die es ihm erlauben, immer ein gutes Gewissen zu haben und Recht zu behalten. Ein Schizophrener kann sich hart und dominant zeigen und dann plötzlich zerbrechlich und verletzbar wirken. Er verändert sich im Handumdrehen, um zu erreichen, was er haben will: Aufmerksamkeit, Zuneigung, Liebe, Anerkennung, Ruhm usw.

Schizophrene sind sehr rebellische Menschen, die perfekt sein wollen und sich selbst als vollkommen betrachten – als schön, nett und die Besten. Und je mehr sie dieses Bild von sich selbst nähren, umso weniger sind sie bereit, ihre negativen Aspekte, ihre Dunkelheit und ihre Schattenseiten zu sehen. Sie projizieren ihre Negativität auf die anderen und haben das Gefühl, die ganze Welt habe sich gegen sie verschworen.

Wir sind alle ein bisschen schizophren, weil jeder von uns eine Vielzahl von Persönlichkeiten in sich trägt, wobei jedoch unsere Hauptpersönlichkeit stark genug ist, um als kontrollierende Zentralkraft zu wirken. Das Studium unserer Träume gestattet es uns, unsere diversen Persönlichkeiten zu erkennen. Dabei bekommen wir Teile von uns zu sehen, die nicht besonders schön sind. Nach manchen Träumen denken wir beim Aufwachen: „Oh, mein Gott! Das kann ich doch nicht sein... so selbstsüchtig, so gewalttätig, so furchtbar!" Man lehnt es ab, sich zu sehen, wie man wirklich ist. Diese Tendenz nennt man schizoid, eine gemäßigte Form von Schizophrenie.

Wenn uns in einem Traum eine gewalttätige Person angreift – die aus symbolischer Sicht einen Teil unseres Wesens darstellt –, können wir sehr leicht in der konkreten Realität die Kontrolle über unsere Hauptpersönlichkeit verlieren und ebenfalls ein solches Verhalten an den Tag legen. Ein Schizophrener könnte sich nach einem solchen Traum mit dem Angreifer – der einem großen Block von aus seinem Unbewusstsein auftauchenden Erinnerungen entspricht – identifizieren und einen Mord begehen.

Deswegen kann man sagen, dass der wesentliche Unterschied zwischen einem sogenannt normalen Menschen und einem Schizophrenen darin besteht, dass Letzterer seine Hauptpersönlichkeit verloren hat. Der Schizophrene hat sich so sehr an den Persönlichkeitswechsel und die Flucht vor der Realität gewöhnt, dass er schließlich seine zentrale Identität, das stabile Heim seines Selbst, verloren hat. Man kann ihn in gewisser Weise einen obdachlosen Vagabunden des Bewusstseins nennen.

Ich habe viel mit Schizophrenen gearbeitet und dabei hat mich dieser Aspekt immer stark interessiert. Ich versuchte zu verstehen, was in diesen Menschen vor sich geht. Die Analyse ihrer Träume zeigt eindeutig, dass ihre Rebellion sie zu extremen Verhaltensweisen führt.

Ein Mensch, der übermäßig isst – ich denke dabei an die Bulimie –, macht in gewisser Weise eine schizophrene Phase durch. Bei einem Anflug von Fresssucht wird er von einer instinktiven, tierischen Energie beherrscht, die stärker ist als sein Gewissen und sein Verstand. Diese Verhaltensdynamik ist die eigentliche Wurzel vieler Arten von Abhängigkeiten: eine sehr starke, tierische, im Unbewusstsein enthaltene Kraft überflutet das Bewusstsein des betreffenden Menschen und drängt ihn zu besonderen Verhaltensweisen.

Ich kenne viele Menschen, denen die Deutung ihrer Träume und Zeichen half, sich selbst von verschiedenen Abhängigkeiten zu heilen, weil sie die verzerrten Aspekte ihres Wesens sowie ihre falschen Verhaltensweisen erkennen und berichtigen konnten. Sie kamen nicht durch andere zu dieser Erkenntnis, sondern durch sich selbst, indem sie ihre Träume analysierten und zur Einsicht gelangten, dass die darin auftauchenden Elemente Teile ihres eigenen Wesens darstellen. Schizophrene sind sehr intelligente Menschen, die einen offenen Geist und ein immenses Potenzial haben. Doch ihre Tendenz, ihrer eigenen *Negativität* zu entfliehen, ist übermäßig entwickelt.

Erst neulich erzählte mir ein Mann einen sehr interessanten Traum, der dieses Thema berührt. Er neigt dazu, sich müde zu fühlen, obwohl man spüren kann, dass er ein sehr großes Potenzial in sich trägt. In seinem Traum *hatte in einem Wald ein Sturm stattgefunden, eine Menge Holz war gefällt worden und lag bereit für eine spätere Verwendung. Er war mit seinem Lastwagen unterwegs, um das Holz zu holen. Auf dem Weg dazu fuhr er in einen Tunnel hinein und hatte einen Unfall; sein Wagen überschlug sich.*

Am Tag nach einem solchen Traum fühlt sich der Träumer sehr wahrscheinlich müde, weil sein Geist in gewisser Hinsicht keine

Nahrung erhielt – symbolisch gesprochen fehlt ihm das nötige Holz, um das Feuer seines Geistes zu unterhalten. Es ist ein großes Potenzial vorhanden, doch innere Blockierungen verhindern, dass das Brennholz zum Herd gelangt. Das bedeutet, dass sich ein Mensch trotz seiner zahlreichen inneren Ressourcen sehr müde und erschöpft fühlen kann, wenn sein Geist keine Nahrung erhält.

Der Traum offenbarte den Grund, warum dieser Mann so leicht müde wurde und zu Unfällen neigte, sowohl im konkreten wie im übertragenen Sinne. Der Tunnel versinnbildlicht das unbewusste Sein und der Lastwagen eine unbewusste Art, zu handeln und sich zu benehmen. Der Traum enthüllte unbewusste Kräfte, die Unfälle verursachten, den Mann am Vorwärtskommen hinderten und ihm den Zutritt zu seinen inneren Ressourcen versagten.

Wir müssen die Erinnerungen bereinigen, die uns daran hindern, unser Leben in schöner Weise aufzubauen und zu entfalten. Sobald sich auf der physischen Ebene Schwierigkeiten einstellen – zum Beispiel in unserer Arbeit, unseren Beziehungen oder anderen Lebensbereichen –, neigen wir gewöhnlich dazu, die Schuld den anderen zuzuschieben: dem Vorgesetzten, dem Partner, der Gesellschaft usw. Dabei widerspiegelt jede Situation Teile von uns selbst, wie in einem Traum.

(T: Ich erhielt, als ich so drei oder vier Jahre alt war, einen Traum, den ich nie vergessen habe. *Ich sah mich davonlaufen und hinter mir war ein Feuer. Ich rannte und rannte, und auch die Tiere rannten, um sich zu retten. Dann wurde ich von einem Elefanten überrannt, der meinen Kopf in den Boden trampelte.* Ich habe mich mein Leben lang erschöpft gefühlt – ich bin von Natur aus eine müde Person. Ich frage mich nun, ob es eine Analogie zu dem vorhin erwähnten Traum gibt.)

Das ist sehr interessant. Mit diesem Traum haben Sie uns einen Schlüssel gegeben. Er zeigt, dass Sie Probleme mit Ihren Instinkten haben. Das Feuer im Traum versinnbildlicht Ihren Geist und zeigt, dass Sie schon als kleines Kind eine sehr starke, intensive Energie hatten. Natürlich hätte sich das symbolisch auch durch leicht aufbrausende Eltern oder sonstige Bezugspersonen mit einem sehr starken Geist manifestieren können, die aber ebenfalls innere Kräfte Ihres eigenen Wesens dargestellt hätten und deren Rolle unter anderem darin bestanden hätte, Sie mit Ihren eigenen gleichartigen Kräften in Verbindung zu bringen.

Dieser Traum entschlüsselt tatsächlich Ihre Tendenz, sich müde zu fühlen, da er zu erkennen gibt, dass Ihre Lebensenergie ständig auf der Flucht vor Ihrem zerstörerischen Geist ist.

Die Tiere stellen die verschiedenen Facetten unserer Vitalkraft dar. Unsere inneren Tiere müssen sich wohl fühlen und in Harmonie leben, denn nur so können sie uns die instinktive Kraft und Energie vermitteln, die wir brauchen, um weiterzukommen. Sie sind bewusstseinsmäßig keine besonders intelligenten Energieformen – es sei denn, wir sehen sie in unseren Träumen reden, denken usw. –, doch die Vitalkraft, die sie darstellen, erlaubt uns zu handeln.

Wir müssen ein Bewusstsein entwickeln, das fähig ist, unsere inneren Tiere zu lenken und zu führen, weil sonst sie es sind, die uns in alle Richtungen treiben. Menschen, die an Bulimie leiden, erhalten oft Träume, in denen sie unersättliche Tiere sehen. Nachdem sie selbst maßlos gegessen haben, fragen sich diese Menschen weinend und voller Bedauern: „Was ist nur über mich gekommen? Wie konnte ich das nur tun?" Man könnte sagen, dass momentan ein gefräßiger Bär sich ihrer Persönlichkeit bemächtigt hat, was bedeutet, dass die durch ihn dargestellte Vitalkraft verzerrt ist. So arbeiten die unbewussten Kräfte in uns. Sobald wir das Tier, das uns an der Nase herumführt, identifiziert haben, können wir mit ihm reden und es zur Ordnung rufen. Und indem wir die mit ihm verbundenen Aspekte und Erinnerungen bereinigen, verhindern wir, dass es uns weiterhin in Situationen treibt, die unseren Körper und unser Leben zerstören.

Manchmal möchten wir diese Energien unterdrücken, doch dadurch würden wir gleichzeitig auch die positiven Teile unserer Lebenskraft und unserer Empfindungen, die sie darstellen, blockieren. Man findet diese Tendenz oft bei Menschen, die alten, orientalischen spirituellen Lehren folgen, welche die Ansicht vertreten, dass die Welt, in der wir leben, keine Bedeutung habe, die Materie eine verlorene Sache sei und wir von beiden so bald wie möglich loskommen müssten, um ins Nirwana einzugehen. Die wahre Spiritualität aber ist diejenige, die sich inkarniert und die wir in allen Alltagssituationen manifestieren können, selbst dann, wenn diese spannungsgeladen sind. Wir sollten dieser Realität nicht zu entfliehen suchen, sondern uns eher darin üben, unsere inneren Kräfte zu meistern und zu verwandeln.

Kommen wir wieder zu Ihrem Traum zurück. Ein Elefant trampelte Ihren Kopf in den Boden. Elefanten sind für ihr gutes Gedächtnis bekannt. Die Tatsache, dass Ihr Kopf zertrampelt wurde, zeigt, dass zu jener Zeit, als Sie drei oder vier Jahre alt waren, Ihr Vater, Ihre Mutter oder eine andere Ihnen nahestehende Person Sie auf der Ebene Ihrer Gedanken zu Boden drückte und niedertrampelte, indem sie Sie beispielsweise nicht zu Wort kommen ließ oder das, was Sie sagten, lächerlich machte. Wir müssen uns jedoch immer bewusst bleiben, dass alles, was um uns herum geschieht, von innen kommt – weil das Metaphysische dem Physischen vorausgeht. Es waren deshalb Erinnerungen, die Bedürfnisse betrafen, Erinnerungen, die mit Ihren tierhaften Aspekten verbunden waren, welche Ihr Leben zerstörten.

(T: Letzte Nacht traf ich eine Entscheidung und bevor ich einschlief, bat ich um einen Traum, der mir zeigen sollte, ob ich die richtige Entscheidung getroffen hatte. Gleichzeitig wollte ich aber nicht zu hören bekommen, es sei nicht die richtige gewesen. Ich fühlte sehr wohl meinen inneren Konflikt. Während der Nacht wachte ich mehrmals auf und sagte zu mir: „Du musst Vertrauen haben! Du musst dem Himmel vertrauen!" – und ich bat um ein Bild. Um ehrlich zu sein, war ich nur teilweise motiviert, eine Antwort zu erhalten! Es war sehr interessant, meinen Widerstand zu beobachten. Ich weiß, dass wir flexibel sein müssen, doch ich fühle mich nicht immer flexibel.)

Es ist wichtig, unseren eigenen Rhythmus zu respektieren. Wenn wir bezüglich einer bestimmten Situation um einen Traum bitten mit der Frage: „Ist es richtig dies oder jenes zu tun?", so aktivieren wir eine Funktion im Kosmischen Computer und erhalten daraufhin durch sein Programm eine Antwort auf unsere Frage. Manchmal ist es aber keine direkte Antwort. Wir bekommen oft zu hören: „Ich habe eine Frage gestellt, doch der Traum, den ich erhielt, hatte mit meiner Frage nichts zu tun." Wir müssen verstehen, dass wir manchmal eine Antwort erhalten, die nur einen Blickwinkel der Frage betrifft. Der Grund dafür ist, dass die Himmlischen Mächte uns veranlassen wollen, an bestimmten Aspekten zu arbeiten, bevor SIE uns eine klare, vollständige Antwort liefern. Das müssen wir akzeptieren lernen. Andererseits ist es aber eine absolute Tatsache, dass es zwischen der gestellten Frage und dem erhaltenen Traum immer einen Zusammenhang gibt.

Es ist vor allen Dingen wichtig zu erkennen, dass das eigentliche Ziel der erhaltenen Antworten darin besteht, uns in unserer Entwicklung zu helfen. Wir müssen auch einsehen, dass die Himmlischen Mächte die Situationen, die wir durchleben, nicht unbedingt genauso sehen wie wir. Für SIE ist die Dimension der Materie nur ein Mittel, um den Göttlichen Plan durchzuführen, während die damit verbundenen Situationen für uns gewöhnlich Stressfaktoren oder aber Gegenstände unseres Ehrgeizes oder unserer Wünsche darstellen. Um die Bedeutung der erhaltenen Antworten zu verstehen, müssen wir immer daran denken, dass das Leben eine Schule ist.

(T: Wir können auch Antworten erhalten, die wir nur schwer hinnehmen können.) Natürlich. (T: Das gibt den Himmlischen Mächten was zu lachen, uns aber ganz und gar nicht.) Ich würde das nicht so sehen. Wir müssen verstehen, dass die Liebe und das Mitgefühl, die Gott und die Geistigen Führer für uns empfinden, einem so hohen Bewusstseinsniveau entsprechen, dass SIE uns nicht lachhaft finden und auch nicht über uns lachen. Außerdem haben SIE ein so hohes Niveau an Weisheit, dass SIE die Bedeutung von Schmerz und Leid verstehen. SIE können deren Ende voraussehen und einplanen, außerdem wissen SIE, dass uns Schmerz und Leid wundervolle Dinge vollbringen lassen. Das vergessen SIE nie; wir aber vergessen es: Wenn wir schwere Dinge durchleben, Schwierigkeiten haben, denken wir immer, dass sie nie enden werden. Doch alles hört irgendwann auf und eine neue Etappe beginnt. Es ist sehr wichtig, dies nie zu vergessen.

Eines Tages werden auch wir uns wie die Geistigen Führer verhalten und wie SIE handeln. Wir werden dann über genügend Weisheit verfügen, um unseren Mitmenschen zu helfen und natürlich auch uns selbst, sobald wir damit beginnen, unser eigenes Leben in Absprache und Übereinstimmung mit dem Himmel zu orchestrieren.

Vor Beginn dieses Workshops teilte mir eine Frau eine Erfahrung mit, die sie bei ihrer morgendlichen Meditation gemacht hatte. *Sie sah sich auf dem Wasser gehen und konnte Eisbrocken sehen.* Das überraschte sie, weil es völlig unerwartet kam. Sie bekam in ihrem meditativen Zustand Teile ihres Selbst zu sehen, die unter emotionaler Kälte leiden. Natürlich entspricht dies nur einem Teil ihres Wesens. Dann *sah sie, wie die Wasserfläche sich öffnete, und –* immer noch in ihrer Meditation – *sie dachte: „Ich bin ein Geist." Das Wasser nahm sofort schöne Farben an und wurde ganz klar, sie konnte tief in das Wasser hinuntersehen.* Durch dieses Erlebnis wurde der Frau gezeigt, dass sie durch die Kraft ihres Geistes in der Lage ist, ihre emotionale Kälte zu verwandeln und sehr reine machtvolle Gefühlszustände zu erfahren.

Das Ganze geschah während einer einfachen Meditation, doch es war sehr reell und vermittelte der Frau die Erfahrung, dass sie ihren Bewusstseinszustand verändern kann. Die Meditation ist wie ein Traum. Alles, was wir beim Meditieren sehen oder erleben, können wir genauso wie unsere Träume mit der Symbolsprache analysieren. Während sie auf dem Wasser ging, hätte sie Gott beispielsweise fragen können: „Was funktioniert nicht in meiner Beziehung zu meinem Mann?" Alle möglichen Symbole hätten als Antwort auftauchen können, um ihr Hinweise zu liefern. Die Meditation ist so machtvoll und gleichzeitig auch so einfach! Wir stellen eine Frage und erhalten eine Antwort aus dem Göttlichen Computer. Eines Tages können wir auf diese Weise regelrecht unsere Bewusstseinszustände vorbeiziehen sehen. Zum Beispiel fragt man sich: „Wie fühle ich mich im Augenblick?" und sieht gleich danach einen schönen, weißen Vogel vorbeifliegen. Man weiß dann sofort, dass er uns in der Symbolsprache die Antwort liefert, die besagt, dass wir gerade schöne spirituelle Gedanken hegen – weil der Vogel der Welt der Luft angehört und folglich die mentale Ebene symbolisiert und seine weiße Farbe die Spiritualität versinnbildlicht. Diese Vorgehensweise ermöglicht es uns, sehr schnell unsere Seinszustände sowie unser Tun und Handeln im Allgemeinen zu analysieren.

Wenn ich jemanden anrufen oder mich irgendwohin begeben muss, sammle ich davor meine Gedanken und frage mich: „Ist es der richtige Moment, um diesen Menschen anzurufen?" oder „Ist es der richtige Augenblick, um mich dorthin zu begeben?" Die Symbole und Zeichen, die ich anschließend als Antwort erhalte, helfen mir meine Entscheidung zu treffen.

Natürlich ist das eine Funktionsweise, die wir im Laufe der Zeit entwickeln und die zu Beginn eine innere Arbeit erfordert, weil sonst unsere Ängste und Bedürfnisse Interferenzen erzeugen. Mehr noch, da unsere hellseherischen Wahrnehmungsfähigkeiten noch nicht entwickelt sind, taucht vor unserem inneren Auge anfangs nichts auf, kein einziges Bild. Um diese Fähigkeiten zu aktivieren und über unsere spirituelle Kraft ständig und unter allen Umständen verfügen zu können, müssen wir jeden Tag meditieren, und zwar nicht nur zwei Minuten lang. Man muss sich darin üben, auf der spirituellen Ebene neutral zu sein. Schafft man es nicht, die Neutralität seines Geistes zu wahren, so entstehen Interferenzen, die den Empfang verzerren. Eine Stimme in unserem Innern könnte beispielsweise beharrlich flüstern: „Aber du willst sie doch anrufen. Sie fehlt dir. Du willst ihr doch sagen, dass du sie liebst..." Die Stimmen der Begehren und der Bedürfnisse nehmen manchmal in unserem Bewusstsein so viel Platz ein, dass wir nicht mehr imstande sind, die Antworten des Himmels zu hören.

Beharrlichkeit bei unserer inneren Arbeit – bei der inneren Loslösung von den äußeren Erscheinungen – und das Verständnis, dass wir ein Lebensprogramm haben, helfen uns eine klare, neutrale Haltung einzunehmen, was zur Folge hat, dass wir die Antworten leichter wahrnehmen. Wenn uns das empfangene Bild überrascht, ist dies ein Zeichen, dass wir uns tatsächlich in einem meditativen Zustand befinden und der Prozess der Rezeptivität aktiviert ist. Überrascht uns das Bild nicht, so kann das bedeuten, dass unser Verstand es erzeugt hat.

Es ist möglich, den Prozess zu Beginn der Meditation zu lenken, indem man ein mentales Bild erzeugt. Man kann zum Beispiel visualisieren, wie man auf eine Tür zugeht und diese öffnet. An einem gewissen Punkt stellt man fest, dass man über die Visualisierung keine Kontrolle mehr hat, und die Bilder, die sich einstellen, können einen sehr erstaunen. Die geführten Meditationen, die wir in unseren Seminaren und Workshops durchführen, sollen den Teilnehmern helfen, den Zustand tiefer Entspannung zu erreichen. Danach sagen wir einen Satz wie: „Schieben Sie nun den Schleier beiseite", „Machen Sie den Fernseher an" oder „Öffnen Sie die Tür" – und jeder der Teilnehmer wird dann das sehen bzw. in einer anderen Weise wahrnehmen, was er braucht, um ein bestimmtes Problem oder eine bestimmte Situation zu verstehen, auf die er sich vor der Meditation konzentriert hat. Auf diese Weise aktivieren wir bewusst eine Funktion im Kosmischen Computer, dessen Programm uns anschließend die Antworten liefert. Man kann diese Übung allein durchführen, mit Freunden oder mit der Familie, wobei eine der anwesenden Personen die anderen durch die Meditation führt und ihnen so hilft, durch ihre Erinnerungen zu reisen und die Antworten des Himmels zu empfangen.

Wie schon erwähnt, müssen wir uns aber immer bewusst sein, dass die erhaltenen Antworten in erster Linie die Entwicklung und Integrierung der Qualitäten, Tugenden und Kräfte in ihrer ursprünglichen reinen Form zum Ziel haben. Stellen wir an die Kosmische Intelligenz beispielsweise die Frage: „Ist dies der richtige Augenblick, um mein Haus zu verkaufen?", so kann SIE beschließen, dass dies eine gute Gelegenheit ist, um uns bestimmte Dinge zu lehren. Folglich werden wir in dem Bild, das SIE uns zu sehen gibt, nicht unbedingt eine direkte Antwort auf unsere Frage erkennen. Wir können der Ansicht sein, dass SIE uns klarer hätte antworten sollen, zum Beispiel durch das Bild eines Immobilienhändlers, der an unserer Tür klingelt und uns seine Visitenkarte überreicht. Warum erhalten wir keine so klaren Antworten? Weil wir durch unsere Ängste, Bedürfnisse, Wünsche und Erwartungen gesteuert sind und unbedingt etwas Bestimmtes erreichen oder tun wollen, ohne dabei vorrangig die Entwicklung der Göttlichen Qualitäten und Tugenden im Auge zu haben.

Das schließt aber nicht aus, dass jede Situation unserem Wachstum dient. Der Weg der spirituellen Entwicklung baut jedoch auf einer Logik auf und der Göttliche Materialisierungsprozess läuft nach einem wesentlichen Prinzip ab: Unsere Absicht muss unser Handeln lenken, nicht umgekehrt, und sie muss auf die Entwicklung der Spiritualität ausgerichtet sein, wobei uns die Materie als Lehrmittel dient.

Zu Beginn ist es wichtig, vorsichtig zu sein, weshalb wir den Bildern, die in unseren Meditationen auftauchen, nicht unkritisch vertrauen dürfen. Wir müssen sachte vorgehen, besonders wenn die Entscheidungen, die wir treffen, große Auswirkungen auf unser Leben sowie das uns nahestehender Menschen haben werden. Hingegen sind die Antworten, die wir in unseren Träumen erhalten, vollkommen verlässlich und wahr, weil ihre Übermittlung nicht durch unsere Ängste und Bedürfnisse beeinflusst wird. Wenn wir an uns arbeiten und ganz ehrlich eine Frage stellen, ist es gewiss, dass wir einen Traum erhalten, der uns erkennen lässt, welches die richtige Entscheidung ist.

Haben wir eine maßgebliche Entscheidung zu treffen oder wollen wir ein bestimmtes Thema oder Problem tiefgründig verstehen, dann sollten wir die Frage mehrere Tage lang wiederholt stellen. In der Nacht wird uns die Kosmische Intelligenz durch einen

Traum antworten, wobei SIE dies jedoch wie gesagt nicht immer in einfacher, direkter Form tut. Manchmal erhalten wir nur eine Teilantwort aus einem bestimmten Blickwinkel heraus. Zum Beispiel könnte uns die Kosmische Intelligenz auf unsere Frage, ob es die richtige Entscheidung sei, uns von unserem Lebensgefährten zu trennen, einen Blickwinkel anbieten, der sich folgendermaßen formulieren ließe: „Du möchtest wissen, ob du deinen Partner verlassen sollst? Wir werden dir zeigen, wieso eure Beziehung so konfliktreich ist, denn er ist nicht der Einzige, der unrecht hat und falsch handelt. Du hast auch etwas damit zu tun und trägst einen Teil der Verantwortung, weil er ja einen Teil von dir selbst darstellt. Wir werden dir zeigen, was du ändern und an dir selbst verbessern musst." Danach könnte SIE uns einen Menschen zeigen, der diese und jene Verzerrungen aufweist. Und wenn wir unsere Frage wiederholen, wird uns in der folgenden Nacht ein weiterer Blickwinkel offenbart.

Wollen wir jedoch Antworten, ohne an uns zu arbeiten, kann die Kosmische Intelligenz Situationen in die Wege leiten, die noch schwieriger sein werden. Warum tut SIE das? Weil wir nur an den Ergebnissen interessiert sind und nicht die notwendige Integrität und Disziplin aufweisen, um die Himmlische Führung anzuerkennen und zu befolgen – anders gesagt, wir wollen nicht die verschiedenen Etappen durchlaufen, die zum gewünschten Ergebnis führen. Das ist vergleichbar mit einem Menschen, der Geld haben möchte, aber nicht arbeiten will. Das ist so, als ob er sich in seiner schönsten Aufmachung bei einer Bank präsentieren und Geld verlangen würde, wobei er zur Antwort bekäme, dass dies so nicht funktioniere. Sind wir aber bereit, zu arbeiten und die Funktionsweise der unendlich großen und weisen Kosmischen Intelligenz mit der erforderlichen Disziplin und Demut zu studieren, werden wir unweigerlich Ergebnisse erzielen. Das ist eine absolute Tatsache.

Wenn man versucht, mit den Träumen Lotto zu spielen, wird man ein richtiges Abenteuer erleben! Die Himmlischen Mächte können dieses so gestalten, dass einem dabei ganz schwindlig wird. SIE können einen Menschen im Handumdrehen reich werden und ihn in großem Wohlstand leben lassen; danach kann er aber mehrere Leben in Armut verbringen müssen, falls er den ihm zur Verfügung gestellten Reichtum vergeudet und missbraucht hat.

Manche Menschen verlangen: „Ich will sofort an dieser Stelle einen Parkplatz haben." Diese Methode kann am Anfang funktionieren und der betreffende Mensch denkt dann, er habe starke magische Kräfte. Doch eines Tages ist es mit der Zauberei vorbei und er findet überhaupt keinen Parkplatz mehr, weil die Himmlischen Mächte beschlossen haben, dass es genug ist und er lernen muss, in respektvoller, freundlicher und liebevoller Art um etwas zu bitten. Wir müssen bedenken, dass wir von Kräften sprechen, die unendlich viel intelligenter sind als wir.

So gehen wir nach unserem eigenen Rhythmus vor und lernen, die richtigen Fragen zu stellen, wie zum Beispiel: „Ist dies oder jenes meiner Entwicklung förderlich?" Dabei ist das angestrebte Ziel das Glücklichsein; die Fähigkeit, mit dem Himmel zu kommunizieren, erlaubt uns in bewusster Weise diesem Ziel ganz konkret entgegenzugehen.

(T: Wenn ich richtig verstehe, geht es darum, unsere Fragen passend zu formulieren. „Ist dies oder jenes richtig und gut für mich?") Genau. „Fördert es meine Entwicklung, wenn ich dies tue? Ist es für die Entwicklung meiner Seele förderlich, wenn ich weiterhin mit meinem Mann zusammenbleibe? Ist es für meine Entwicklung vorteilhaft, dass ich auf diesem Arbeitsplatz bleibe?"

Möchte noch jemand eine Frage stellen oder uns einen Traum mitteilen?

(T: Ich erhielt folgenden Traum. *Ich war mit meinem Mann zusammen. Wir sollten in einem Kloster übernachten und um dorthin zu gelangen, mussten wir einen Park durchqueren, einen ziemlich düsteren Park. Es war Tag, doch es war dunkel. Das Kloster befand sich ganz auf der anderen Seite des Parks, am Ende eines Pfades oder eines Weges. Ich ging durch den Park, betrat das Kloster, kam wieder heraus und kehrte durch den Park zurück. Ich tat dies dreimal. Als ich den Park das dritte Mal durchquerte, war ich eine Schauspielerin und da war auch ein Schauspieler. Wir sollten in einem Stück spielen, aber ich war ganz nackt. Ich sagte zu mir: „Ich muss mir etwas anziehen, zumindest eine Strumpfhose und einen BH – ich muss in die Stadt." Wir mussten ein Pferd besteigen. Ich durchquerte abermals den Park, der ganz dunkel war. Ich hatte ein bisschen Angst, tat es aber trotzdem. Ich ging durch den Park, zog mich an und kam zurück. Dann stieg ich auf das Pferd und ritt davon.*)

Um was für eine Art von Park handelte es sich? (T: Er war voller Bäume und Blumen, ein schöner Park. Es gab rundherum kleine

Hotels und mehrere Häuschen. Ich musste den Weg bis zu seinem Ende gehen, um zum Kloster zu gelangen.) Ihr Ziel war es, zum Kloster zu gelangen, ist das richtig? (T: Ja.)

Das ist ein sehr interessanter Traum, weil er zeigt, dass unser Bewusstsein auf dem Weg der spirituellen Entwicklung oft allerlei Umwege geht. Am Anfang geht es nicht unbedingt in die Tiefe. Ich sage dies, weil Sie in Ihrem Traum eine Schauspielerrolle in einer recht unangenehmen Situation hatten. Es kann durchaus positiv sein, wenn man sich in einem Traum als Schauspieler sieht, das ist jedoch hier nicht der Fall.

Natürlich stellen alle Traumelemente Teile Ihres eigenen Wesens dar. Sie waren mit Ihrem Ehemann zusammen, der Ihren inneren Mann symbolisiert. Der Weg ins Kloster stellt Ihre spirituelle Suche, Ihre innere Reise dar. Diese ist jedoch mit einem oberflächlichen gesellschaftlichen Leben vermischt, was durch die Tatsache versinnbildlicht wird, dass Sie als nackte Schauspielerin auf dem Weg zu einem Kloster waren, rundherum aber kleine Hotels und Häuschen standen.

Sie befanden sich in einem schönen Park. Im positiven Sinn ist ein Park ein Ort, in dem man sich entspannen kann oder den man auch aufsucht, um nachzudenken oder Entscheidungen zu treffen. Da es ein schöner Park war, wollen wir ihn als positives Element einordnen. Sie waren nackt und sollten als Schauspielerin eine Rolle spielen. Das bedeutet, dass Sie hinsichtlich Ihrer Person und Ihrer spirituellen Entwicklung sehr authentisch sind – aus psychologischer Sicht enthüllen Sie sich vor den anderen, spielen gleichzeitig aber auch eine Rolle, zum Beispiel eine Rolle, durch die Sie eine gute Atmosphäre erzeugen wollen oder die die anderen aufheitern soll. Doch das Programm gebietet Ihnen diesmal Einhalt. Es sagt: „Nein, nein, nein! Das Rollenspiel ist für dich vorbei, nun wird es ernst! Wir haben eine tiefgründigere, machtvollere Erfahrung für dich bereit." Sie befinden sich folglich am Anfang eines Lehrgangs zur Förderung Ihrer Weiterentwicklung.

Die Tatsache, dass Sie kleine Hotels und Häuschen auf Ihrem Weg zum Kloster sahen, deutet darauf hin, dass Sie Ihr gesellschaftliches Leben spirituell ausrichten. Dann besorgten Sie sich Kleider und zogen sich an. Generell symbolisiert die Nacktheit die Echtheit, also eine Form von Reinheit. Sie ist ein wichtiges Symbol in unseren Träumen, ein schönes Symbol der Authentizität, wenn es unverzerrt und positiv erscheint. Wenn man sich jedoch an einem unpassenden Ort nackt sieht, handelt es sich um eine Verzerrung. Würden wir in einer Stadt nackt herumlaufen, kämen wir nicht sehr weit, nicht wahr? Das kommt daher, weil die Nacktheit im Menschen verschiedenartige Empfindungen wachruft und seine Bedürfnisse stimuliert. In uns existieren allerlei Kräfte, weshalb wir die Gesetze benötigen. Diese halten unsere Instinkte im Zaum, welche uns sonst in alle Richtungen treiben würden.

Nacktheit am falschen Ort und zur falschen Zeit bedeutet, dass wir uns aus Bedürfnis nach Liebe, Zuneigung und Aufmerksamkeit den anderen gegenüber zu sehr öffnen, darbieten. Und das kann zu Missverständnissen führen. Wir müssen lernen, uns im richtigen Moment zu enthüllen, im richtigen Augenblick zu sprechen und bestimmte Themen – wie die Deutung der Träume und Zeichen, die Spiritualität, die Engel usw. – zu berühren, weil nicht jeder dafür schon bereit ist.

(T: Deshalb erhielt ich diesen Traum, nicht wahr?) Ja, das stimmt. (T: Ich wusste es.) Sie waren dabei, sich zu enthüllen, und da Sie eine Rolle spielten, haben Sie damit etwas übertrieben – Sie haben sich zu sehr hineingehängt, um die Botschaft, die Sie vermitteln wollten, zu unterstreichen. Man gab Ihnen deshalb ein Zeichen, damit aufzuhören.

Als Sie nicht mehr nackt waren und auch nicht mehr schauspielerten, konnten Sie auf ein Pferd steigen. Das Pferd symbolisiert die Kraft der Lebensenergie. Diese müssen wir hier in Bezug zu Ihrem Ziel, das Kloster zu erreichen, setzen. Die Vitalkraft des Pferdes ermöglicht es Ihnen, sich mit großer Willenskraft auf Ihr Ziel zuzubewegen. Diesbezüglich hat dieser Traum in Ihnen gewissermaßen einen *Klick* ausgelöst, durch den Sie in Ihrer Art, sich spirituell zu entwickeln, eine neue Stufe erreichten. Das wurde Ihnen durch diesen Traum vermittelt. Denn die Spiritualität ist nicht mit Teetrinken und Kuchenessen gleichzusetzen.

(T: Zum Thema Pferd und Vitalkraft hätte ich ebenfalls eine Frage. Was bedeutet es, wenn in einem Traum *ein Pferd aus dem Nebel hervortritt, man es aber nicht ganz sieht, sondern nur seinen Kopf, seinen Brustkorb und seine Vorderbeine?*) Das bedeutet, dass man eine große Willenskraft und eine Menge Energie hat, um etwas anzufangen, es aber nicht konkret zu Ende bringt. Ein solcher Traum zeigt, dass der Träumer ein großes Potenzial hat, um voranzukommen, und dass er dies auch intensiv will; seine Vergangenheit aber erschafft alle möglichen Hindernisse, die es ihm verunmöglichen, ganz aus dem Nebel herauszutreten, der sein Leben verschleiert und zu konfusen Situationen führt.

(T: Und was bedeutet es, wenn *das Pferd Flügel am Kopf hat?*) Das ist ein schönes Zeichen. Flügel sind ein großartiges Symbol und ein geflügeltes Pferd stellt die Erhebung der Lebensenergie dar. Da sie sich in diesem Fall am Kopf befanden, weist es auf eine Erhebung auf der gedanklichen Ebene hin. Sie haben ein großes Potenzial, eine Vitalkraft, die eine spirituelle Erhebung auf der Ebene Ihrer Gedanken erzeugt – eine starke Kraft, um Ihre spirituellen Gedanken in die Tat umzusetzen.

(T: Ich habe noch einen anderen Traum, der häufig wiederkommt. *Ich sehe Wasser – ich denke, es ist ein See, aber ich sehe nur das Wasser. Jemand taucht aus dem Wasser auf, aber die Person bewegt sich nicht, und das Wasser ebenfalls nicht.*) Die Gegenwart des Wassers gibt an, dass dieser Traum die Welt Ihrer Gefühle und Emotionen betrifft. Gleichzeitig ist er ein Hinweis auf Trägheit und die Unfähigkeit zu handeln, weil die Person im Wasser bewegungslos war und auch nicht ganz herauskam. Das Wasser selbst bewegte sich auch nicht. Das enthüllt Schwierigkeiten auf der emotionellen Handlungsebene. Sie haben nicht die notwendige Energie, um sich aus einem emotionalen Tief zu befreien.

Damit schließen wir diesen Workshop ab. Ich danke Ihnen herzlich für Ihre aktive Teilnahme und Ihre Rezeptivität.

WORKSHOP

Vorgeplante Ereignisse

(T: Ich habe in der Nacht nach dem Tod von Papst Johannes Paul II. von ihm geträumt. In meinem Traum war er jedoch bei bester Gesundheit. *Da war ein flaches, weißes Gebäude mit einer Tür, auf die sich der Papst zubewegte. Ich ging hinter ihm und rechts von mir folgte ihm ein Mann, der ihn drängte, schneller zu gehen. Ich sagte zu dem Mann: „Sie sehen doch, dass er sehr gut vorankommt. Lassen Sie ihn in Ruhe!" Ich musste dies mehrmals wiederholen, bevor er endlich damit aufhörte. Ich habe den Mann aber nicht wirklich gesehen, sondern nur seine Gegenwart gespürt. Als der Papst das Gebäude betrat, blickte ich zurück – ich sah rund um mich herum. Und im gleichen Augenblick befand ich mich in einem von einer weißen Mauer umgebenen Hof, in dessen Mitte ein großer Tisch stand. Ich ging auf den Tisch zu, an dem eine Frau saß. Es sollte ein Essen mit vielen Leuten geben und die Frau hatte schon Platz genommen. Ich ging zu ihr und sagte: „Konnten Sie nicht warten, bis alle da sind?" Sie sagte nein und begann zu essen. Sie war Chinesin.*) Danke für die Mitteilung dieses Traums. Zur Erleichterung seiner Deutung werden wir zuerst die Schlüsselwörter – die hauptsächlichen enthaltenen Symbole – in der Reihenfolge, in der sie auftauchen, notieren und sie anschließend einzeln analysieren.

Ein Traum ist wie eine Geschichte, ein Roman oder ein Film in dem Sinne, als er einen Anfang, eine Mitte und ein Ende hat. Wir schauen uns in der Regel einen Film nicht an, indem wir ihn in der Mitte beginnen. Wir würden seine Geschichte nur teilweise verstehen, da uns die am Anfang gezeigten und für ein zusammenhängendes Verständnis notwendigen Elemente fehlen würden. Das Gleiche gilt auch für die Träume. Die Symbole sind miteinander verbunden und die Bedeutung jedes einzelnen beeinflusst die Bedeutung der anderen. Natürlich kommt es vor, dass man sich an die eine oder andere Szene nicht mehr oder nicht genau erinnert, und das ist dann nicht weiter schlimm. Die Bedeutung des Traumes lässt sich auch in diesem Fall anhand der übrigen Elemente – die allesamt Teile von uns selbst zu erkennen geben – herausfinden. Was immer wir von einem Traum behalten und verstehen ist wichtig und kann uns nützlich sein.

Während wir die Symbole auf unserer Liste nacheinander analysieren, offenbart sich uns die Logik des Traums und wir gelangen zu einem globalen Verständnis. Idealerweise analysiert man einen Traum, gleich nachdem man aus ihm erwacht, doch man kann die Analyse auch in die Meditationen einbeziehen oder im Tagesverlauf tiefgründig über die enthaltenen Elemente nachdenken. Mit der Zeit und viel Übung wird uns die Traumdeutung eines Tages sehr leicht fallen und wir werden in der Lage sein, Träume genauso leicht zu *lesen* wie ein Buch, weil wir ihre spezifische Sprache, ihren Wortschatz und ihre Regeln verstehen und deuten können. Wir müssen lernen, in metaphysischen Konzepten zu denken, um die Essenz, das Wesentliche eines Charakters, einer Situation, eines Ereignisses oder eines Gegenstandes zu erfassen, denn – wie in der Einleitung erwähnt – alles und jedes stellt einen Bewusstseinszustand oder ein Bewusstseinsfeld dar.

Jede Einzelheit eines Traums ist wichtig, da sie eine Szene oder den gesamten Traum nuancieren kann. Wenn man sich aber an gewisse Details nicht erinnert, so ist das in Ordnung und bedeutet, dass man diese im Augenblick nicht wirklich braucht.

Wir wollen nun die Liste der im Traum enthaltenen Elemente aufstellen. Da ist zuerst das *Selbst*, weil Sie, die Träumerin, im Traum anwesend sind. Das Selbst ist der Teil unseres Wesens, mit dem wir uns am leichtesten identifizieren können. Dann kam der *Papst* vor. War in Ihrem Traum die Idee des Todes in irgendeiner Weise vorhanden? (T: In der konkreten Realität habe ich diesen Traum in der Nacht nach dem Begräbnis des Papstes erhalten. Doch nein, der Begriff des Todes war darin nicht enthalten.) Gut. Der Papst bewegte sich einfach – er ging seines Weges. (T: Ja, und ich fand nicht, dass er traurig wirkte, und ich selbst war auch nicht traurig.) Danke.

Der Papst ging auf ein weißes Gebäude zu, also notieren wir *Ging auf ein weißes Gebäude zu.* (T: Er ging auf die Eingangstür zu.) Ich verstehe. *Ging in Richtung Eingangstür.* (T: Alles war weiß und der Papst trug ein beigefarbenes Gewand.) Also: *war beige gekleidet.* Jedes Detail ist wichtig. (T: Ich hatte ihn schon einmal bei einer öffentlichen Veranstaltung in dieser Kleidung gesehen.) Gut. Dann war da noch ein Mann, der den Papst drängte. *Mann bedrängt Papst. Selbst sagt ihm, damit aufzuhören, weil Papst gut vorankommt, doch Mann hört nicht auf Selbst.* (T: Es schien mir, als ob der Mann dunkel gekleidet war, aber ich sah ihn nicht wirklich, er befand sich zu meiner Rechten.) *Dunkel gekleideter Mann zu meiner Rechten.* Als der Papst das Gebäude betrat, drehten Sie sich um und befanden sich augenblicklich in einem von weißen Mauern umgebenen Hof. Ist das richtig? (T: Ja.) Im Hof stand ein großer Tisch und ein Essen wurde vorbereitet. *Weißer Hof, großer Tisch, Vorbereitung eines Essens.* Dann sahen Sie eine Chinesin, die aß, bevor die anderen ankamen. *Chinesin wartet nicht auf die anderen.* (T: Ich sah die anderen nicht.) Ich verstehe.

Es kommt oft vor, dass im gleichen Zeitraum, wo Ereignisse geschehen, die einen weltweiten Niederschlag finden oder in der internationalen Presse einen großen Widerhall erfahren, manche Menschen davon träumen. Wir erhalten regelmäßig E-Mails aus aller Welt, in denen man uns solche Träume mitteilt. Einige Tage vor dem 11. September 2001 – dem Tag, an dem die *Twin Towers* des World Trade Center zusammenstürzten – träumten viele Menschen von Flugzeugen, die in Gebäude krachten. In manchen Fällen stürzte das Flugzeug im Wohnzimmer der Träumer ab, in anderen Fällen an deren Arbeitsplatz. Es gab eine Menge verschiedener Szenarien im Zusammenhang mit diesem Ereignis.

Wie erklärt sich dieses Phänomen, dass Menschen in ihren Träumen Ereignisse kollektiver Natur sehen, die den auf der Erde tatsächlich stattfindenden Geschehnisse ähneln? Das kommt daher, dass diese Geschehnisse auf der metaphysischen Ebene in Vorbereitung sind, lange bevor sie auf der physischen Ebene in Erscheinung treten, und die gleichen Bewusstseinszustände widerspiegeln sich in den entsprechenden Träumen. Auf der Ebene der Gedanken und Absichten haben die Terroristen den Angriff auf die *Twin Towers* lange vor der konkreten Durchführung geplant. Bedenken Sie, wie lange im Voraus die Planung dieser Ereignisse auf der Ebene der Kosmischen Intelligenz geschehen musste.

Die terroristischen Aktivitäten haben im großen Schöpfungsplan durchaus ihre Funktion. Die Geistigen Führer stellen bestimmten, auf Zerstörung ausgerichteten Menschen Mittel zur Verfügung, weil das Böse eine erzieherische Rolle spielt, genauso wie in unseren Träumen. Natürlich erschaffen sich die Terroristen durch ihre Taten karmische Schulden. Sie werden in späteren Leben schwierige Situationen durchleben müssen, die den von ihnen verursachten ähneln. Das Leben ist ein großes Theater, wo wir alle experimentieren, dadurch lernen und Erfahrungen sammeln. Dabei erzeugen kollektive Zerstörungsakte Karmas, die folgenschwerer sind als solche, die nur wenige Menschen betreffen. Die Personen, die für die Durchführung von Terrorakten ausgesucht werden, tragen so viel Wut und Aggressivität in sich, dass die Geistigen Führer sie lediglich für eine spezifische Tat programmieren müssen und sie sich sofort wie Marionetten in Bewegung setzen. Das kommt daher, dass diese Menschen ihre Entscheidungsmacht auf die in ihrem Wesen massenhaft angehäuften Erinnerungen von Wut und Frustration übertragen haben und bereit sind, die angeballte Energie jederzeit in der Außenwelt explodieren zu lassen, anstatt sie in ihrem Innern zu bereinigen und zu verwandeln. Der Führung eines Menschen zu solchen Taten liegen jedoch immer erzieherische Absichten zugrunde. Obwohl der Lernprozess über den Weg der Konsequenzen sehr schwer sein kann, dient er den Seelen der – nah und fern – betroffenen Personen immer als Lehre, denn das Böse steht immer, überall und in jeder Form im Dienste des Guten.

Sie sahen in Ihrem Traum den Papst. Es handelte sich in diesem Fall um Ihren inneren Papst, weil die Idee seines Todes in Ihrem Traum nicht enthalten ist – obwohl Sie am Vortag in den Nachrichten sein Begräbnis verfolgt hatten. Es ist wichtig, sich auf die tatsächlich im Traum enthaltenen Elemente zu beschränken. Wir wollen nun die Symbolik des Papstes analysieren.

Der Papst ist der spirituelle Führer der katholischen Kirche. Er kann in unseren Träumen als Symbol auftauchen, selbst wenn wir nicht dieser Kirche angehören. Stellt er für uns einen positiven Bezugspunkt dar, so betrifft seine Symbolik unsere geistige Führung. Für die Katholiken ist der Papst normalerweise ein positives Symbol, während er für Nicht-Katholiken oder für Menschen, welche die katholische Kirche aus einer historischen Perspektive betrachten, durchaus ein negatives Symbol sein kann.

Da der Papst für Sie ein positives Element ist, ist seine symbolische Bedeutung diesbezüglich zu deuten: Er stellt Ihre spirituelle Macht und Führung dar, auf die Sie sich stützen, wenn Sie Entscheidungen treffen und in Ihrem Glauben weiterkommen möchten. Der Papst trug in Ihrem Traum ein beiges Gewand. Gewänder in der Art, wie der Papst sie trägt, bringt man oft mit der Spiritualität und öffentlichen Auftritten in Verbindung, weshalb sie eine soziale Bestätigung der spirituellen Ausrichtung versinnbildlichen. Die Farbe Beige ergibt sich aus einer Mischung von Weiß und Braun. Weiß symbolisiert die Spiritualität und Braun das Handeln in der materiellen, irdischen Welt. Die Verbindung dieser zwei Farben stellt folglich die Spiritualisierung der Materie dar – die Entwicklung der Spiritualität in der Materie. Das beige Gewand gibt also der Symbolik, mit der Sie auf spirituelle Weise Ihre Entscheidungen materialisieren, seine Färbung.

Der Papst ging auf die Eingangstür eines weißen Gebäudes zu. Ein Eingang – oder eine Tür, ein Tor, ein Durchgang generell – symbolisiert einen Übergang, in diesem Fall von der äußeren in die innere Welt. Die weiße Farbe des Gebäudes weist erneut auf die Spiritualität hin. Der Papst in Ihrem Traum stellt also sowohl Ihr Führungspotenzial und Ihre Entscheidungskraft hinsichtlich Ihrer spirituellen Entwicklung dar als auch Ihre spirituelle Macht an sich.

Der Traum zeigt, dass diese Teile Ihres Wesens unterwegs sind und einem Übergang, einer größeren Verinnerlichung entgegengehen, durch die Sie eine tiefgründigere, innere Spiritualität integrieren werden.

Der Mann, der in Ihrem Traum den Papst drängte, stellt ebenfalls einen Teil Ihres Wesens dar. Dieser Teil neigt dazu, Sie zu hetzen, damit Sie schneller machen, mehr beten, sich mehr verinnerlichen, das heißt, er treibt Sie an, damit Sie sich schneller entwickeln. Sie sind manchmal mit sich selbst zu hart. Ihr Wunsch, sich weiterzuentwickeln, ist so stark, dass Sie Ihre spirituellen Teile antreiben und drängen. Das kann direkt in Ihrem Verhalten oder aber durch eine Person in Ihrer unmittelbaren Umgebung zum Ausdruck kommen. Wir können durchaus Menschen anziehen, die uns hetzen. Das ist dann ein Hinweis, dass wir mit ihnen Resonanzen haben, denn wir ziehen immer das an, was wir selbst sind.

Sie haben vermutlich in diesem Bereich schlechte Erfahrungen gemacht und die diesbezüglichen Erinnerungen sind in Ihrer Seele enthalten, ob Sie sich dessen bewusst sind oder nicht. Diese bewirken, dass Sie manchmal den Entwicklungsrhythmus Ihrer Mitmenschen nicht genügend respektieren, in denen Sie aber immer Spiegelbildern Ihres eigenen Selbst begegnen.

Ich will dazu ein Beispiel geben. Nehmen wir einmal an, eine Person hat einen übermäßig motivierten Therapeuten oder spirituellen Berater, der allzu sehr darauf bedacht ist, dass sie Fortschritte macht, und es als seine Aufgabe betrachtet, ihr Vorankommen zu gewährleisten. Manche Therapeuten wollen mit einem übertriebenen Enthusiasmus die anderen heilen, ohne jedoch ihre eigene Heilung abgeschlossen zu haben. Stellen Sie sich vor, die besagte Person ist bei ihrem Therapeuten und stellt ihm mehr Fragen als sonst. Er wird ungeduldig und will das Gespräch vorantreiben, weil er der Ansicht ist, die Person müsste gewisse Dinge bereits begriffen haben. Diese und ähnliche Beziehungsdynamiken erleben viele Menschen, meistens ohne sich bewusst zu sein, dass sie sie selbst erzeugen.

Durch diesen Traum wollte die Kosmische Intelligenz Sie darauf aufmerksam machen, dass Sie dazu neigen, andere Menschen zu drängen, damit sie in ihrem spirituellen Werdegang schneller vorankommen. Dadurch ziehen Sie aber auf der anderen Seite, ohne sich dessen unbedingt bewusst zu sein, Menschen an, die Sie in gleicher Weise vorantreiben.

Wir müssen lernen, unsere Autonomie zu entwickeln, und aufhören, anderen unsere Macht zu übertragen. Wir können uns selbst vertrauen und den Himmel um Führung und Antwort auf unsere Fragen bitten. Die Therapeuten haben durchaus ihre Funktion: Sie können uns inspirieren und mit uns ihr Wissen und ihre Erfahrung teilen. Doch müssen wir die von ihnen erhaltenen Informationen kritisch bewerten, verdauen und selbst entscheiden, ob wir sie annehmen oder nicht. Vor allem aber müssen wir unseren eigenen Rhythmus respektieren und die verschiedenen Stufen unserer Entwicklung eine nach der anderen durchlaufen. Wir sollten uns nicht hetzen lassen wie der Papst im Traum.

Gelegentlich treten wir in die Rolle desjenigen, der drängt. Zum Beispiel: Wir möchten, dass unser Sohn mit seiner spirituellen Entwicklung beginnt und sobald wir beabsichtigen, an einem Vortrag oder einem Workshop teilzunehmen, bedrängen wir ihn: „Komm mit! Warum kommst du nicht mit?" Manchmal sprechen wir über die Träume, die Zeichen oder die Engel in zu emissiver Weise, wodurch wir den anderen Angst machen. Wir müssen, wenn wir reden, gleichzeitig auch rezeptiv sein, damit wir wahrnehmen können, wie viel Informationen der andere gerade verkraften und aufnehmen kann.

Ein Traum ist gewissermaßen eine Röntgenaufnahme des Bewusstseins. Dabei ist der Träumer am besten geeignet, die erhaltene „Bewusstseins-Aufnahme" zu lesen, weil diese ja Situationen oder Verhaltensweisen betrifft, die er selbst erlebt hat bzw. manifestiert. Wenn ich einen Traum deute, frage ich die betreffende Person nicht: „Denken Sie, dass diese Deutung richtig ist?" Ich weiß, welche Erfahrung sie durchlebt, weil es im Traum geschrieben steht. Die Kräfte, die diesen kennzeichnen und darin zum Ausdruck kommen, sind in der Person wahrnehmbar. In unserem Traumbeispiel sind Sie, die Träumerin, sowohl der drängende Mann als auch der bedrängte Papst. Das bedeutet, dass Sie manchmal die Antreiberin sind und andere Male die Angetriebene. Sie können die eine oder andere Persönlichkeit Ihres Traums verkörpern, da sie alle miteinander verbunden sind und eigentlich denselben Bewusstseinszustand darstellen.

Ein interessanter Aspekt in diesem Traum ist dadurch gegeben, dass Ihr Selbst zu den drängenden und gedrängten Teilen Ihres Wesens spricht. Das bedeutet, dass Sie sich der Kräfte, die diese Dynamik in Ihnen erzeugen, bewusst geworden sind und mit ihrer Heilung begonnen haben. Außerdem gewähren Sie sich nun die notwendige Zeit, um jede Etappe vollständig zu durchlaufen. Davor hatten Sie vermutlich die Tendenz, mit sich selbst hart zu sein und sich ständig anzutreiben: „Los! Mach schon weiter! Du kommst nicht schnell genug voran!", während Sie nun zu sich sagen: „Ich befolge meinen Rhythmus. Ich nehme mir die Zeit, alle Etappen vollständig, in Ruhe und bewusst zu durchleben." Deshalb forderten Sie den Mann, der den Papst drängte, auf, ihn in Ruhe zu lassen, und Sie hatten Erfolg damit, weil der Mann verschwand.

(T: Ich habe eine Frage. Wie geht man vor, wenn man in seinem Umfeld eine negative Person hat und dieser gerne bei ihrer Weiterentwicklung helfen möchte?)

Ein negativer Mensch ist generell ein verschlossener Mensch. Will man jemandem, der für eine spirituelle Entwicklung nicht offen ist, helfen, so muss man als Erstes die Tatsache akzeptieren, dass er allein den Schlüssel hat, um diese Tür zu öffnen. Denn wenn ein Mensch sich einsperrt, so befindet sich normalerweise das Schloss auf seiner Seite. Wie auch immer: Ist ein Mensch verschlossen, sollten wir nicht versuchen, ihn zu öffnen, ohne seine Seele um

Erlaubnis zu fragen. Andernfalls besteht die Gefahr, dass sich sein Geist noch mehr verschließt. Und selbst wenn uns die Öffnung gelingt, wird sie nicht dauerhaft, sondern nur vorübergehend sein.

Ich will dazu das folgende Beispiel angeben. Ein Bekannter teilt uns mit, dass er gerne den Beruf wechseln würde, aber befürchtet, einen Fehler zu machen, indem er seinen gegenwärtigen Arbeitsplatz aufgibt. Dieser Mensch zeigt sich gegenüber allem, was nicht allgemein anerkannt ist, sehr reserviert. Nehmen wir einmal an, wir selbst halten sehr viel von der alternativen Medizin, und so sagen wir zu unserem Bekannten voller Begeisterung: „Schau mal, ich habe es getan – ich habe meinen alten Beruf aufgegeben, bin Therapeut geworden und die Dinge laufen sehr gut. Das kannst du auch. Du brauchst nur einen Kurs in therapeutischer Massage zu absolvieren und du wirst sehen, damit kannst du anderen helfen." Und wir fahren so voller Begeisterung fort und reden auf unseren Bekannten ein.

Trotz seiner Reserven gelingt es uns, ihn etwas zu öffnen, und in einem besonderen Moment – in einer *positiven* Aufwallung – beschließt er, einen Massagekurs zu belegen. Vier Monate später verlässt er seinen Job. Doch sein Plan funktioniert nicht, er hat nicht die notwendige Begabung, um seine Ausbildung zu beenden. Er verliert sein Selbstvertrauen, ist vollkommen am Boden zerstört und noch verschlossener als zuvor. Von alternativer Medizin will er nichts mehr wissen und ruft sogar einen Verein ins Leben, der sich gegen die Ausübung der therapeutischen Massage einsetzt. Und das alles, weil er für den Wechsel nicht ausreichend vorbereitet war und es nun bitter bereut, seinen Arbeitsplatz aufgegeben zu haben.

Dieses Beispiel ist natürlich ein Extremfall, doch es hilft uns zu verstehen, dass wir den Entwicklungsrhythmus der anderen respektieren müssen. Das gilt auch für den Bereich der Spiritualität. Wir müssen immer den Entwicklungsverlauf unserer Mitmenschen achten. Dies ist eine wesentliche Voraussetzung, um ihnen tatsächlich helfen zu können.

Das Ziel der Spiritualität ist in erster Linie und vor allen anderen Dingen die Entwicklung der Göttlichen Qualitäten und Tugenden. Wenn wir den anderen gegenüber freundlich und liebenswürdig sind, in ihnen immer Teile von uns selbst erkennen und nicht ständig versuchen, ihnen die Spiritualität aufzuzwingen, wird sich keiner bedrängt und angetrieben fühlen. Im Gegenteil, jeder spürt dann, dass er so akzeptiert und geliebt wird, wie er ist.

Habe ich mit einem Menschen zu tun, der für die Träume und Symbole nicht empfänglich ist, dann will ich ihn nicht gewaltsam dafür öffnen, denn dies ist für mich nicht wichtig. Ich achte und liebe jeden Menschen, wie er ist, und kann verstehen, dass jeder in einem ihm eigenen geistigen Rahmen seine Erfahrungen macht und dabei besondere Seelenzustände durchlebt, die von den meinigen verschieden sind. Und das ist in Ordnung. Diese Einstellung befähigt mich, mit jedermann zu kommunizieren, weil ich nicht die Energie eines Menschen ausstrahle, der die anderen überzeugen will, sich zu verändern.

(T: Was aber, wenn ein Mensch sich öffnet und dann wieder verschließt? In einem Moment ist er offen und zugänglich, im nächsten wieder ganz verschlossen.) Natürlich kann ein Mensch uns Fragen stellen und wir müssen ihm die Erfahrungen, die sich aus seiner Öffnung ergeben, dann auch zugestehen. Selbst wenn er sich danach wieder verschließt, ist es wichtig, ihn weiterhin zu respektieren – wir müssen ihn auch dann achten, wenn er sich reserviert verhält. Öffnet er sich, so können wir mit ihm reden und ihm einige Informationen und Perspektiven vermitteln, doch müssen wir damit aufhören, sobald wir spüren, dass er sich wieder zu verschließen beginnt. Wir dürfen nicht zu viel sagen – nur gerade das, was er verkraften kann. Es ist ein Zeichen von Weisheit, jedem seinen eigenen Entwicklungsrhythmus zuzugestehen.

Wir wollen nun auf Ihren Traum zurückkommen. Wir sahen also, dass Sie dazu neigen, Ihren inneren Papst zu drängen, und dass Sie sich dessen bewusst werden. Sie können versichert sein, dass Sie nach der Bereinigung der mit diesem Problem verbundenen Erinnerungen niemand mehr wird drängen oder antreiben können, nicht einmal Sie selbst. Auch werden Sie dann nicht mehr darauf bestehen wollen, dass andere den gleichen Weg gehen wie Sie.

(T: Ich habe in dieser Hinsicht tatsächlich bei mir Änderungen festgestellt. Es ist schon lange her, seit ich das letzte Mal dieses Verhalten hatte. Ich fing damit an, nachdem sich in meinem Leben bestimmte Dinge ereignet hatten.) Aha! Nun nähern wir uns dem Kern der Sache. (T: Ich hätte aber nicht gedacht, dass mein Traum mir das so klar zu erkennen geben würde.) Sie meinen, dass er so offenbarungsreich sein würde? (T: Ja. Bedeutet dies nun, dass ich aufhören muss, über Spiritualität zu reden?) Nein. Sie müssen sich dieser Kräfte nur bewusst sein und sie meistern lernen. Wir müssen nicht darauf verzichten, unsere Erfahrung mit anderen zu teilen, und in das andere Extrem verfallen – das will ich damit nicht sagen. Durch die Bereinigung und Verwandlung der Erinnerungen, die dieses Ungleichgewicht hervorrufen, werden Sie eine neue Art zu kommunizieren entwickeln, durch die Sie die anderen respektvoller behandeln.

Sie haben sich danach im Traum umgedreht. Das führt uns zum Begriff der Vergangenheit, das heißt, zu dem, was sich hinter unserem Rücken befindet und hinter uns liegt. Eine Chinesin saß am Tisch und begann zu essen, ohne auf die anderen zu warten. Dieser Charakterzug zeigt, welcher Art die Erinnerungen sind, die in Ihnen die Tendenz hervorrufen, andere zu drängen.

Wie jedes Land weist auch China positive und negative symbolische Aspekte auf. In diesem Traum kommen die negativen zum Ausdruck, weil die Chinesin nicht auf die anderen Gäste wartete, bevor sie mit dem Essen anfing. In China hat es während sehr langer Zeit einem Großteil der Bevölkerung an materiellen Ressourcen gemangelt. Gegenwärtig erfährt dieses Land auf der materiellen Ebene einen großen Aufschwung. Die materialistische Philosophie als kulturelle Bewegung ist dort jedoch relativ neu. Traditionsgemäß kann China auf ein außergewöhnliches spirituelles Erbe zurückgreifen – die überlieferte spirituell durchtränkte Lebensphilosophie stellt einen großen Schatz dar. Und hat es einmal seine materialistische Phase hinter sich, wird der spirituelle Reichtum seiner Ahnen erneut den ihm zustehenden Platz einnehmen.

Die Chinesin stellt einen Teil Ihrer weiblichen Polarität dar und ihr Verhalten deutet darauf hin, dass dieser Teil Ihres Wesens an Mangel leidet, was Sie dazu drängt, vorschnell zu handeln. Das zeigt auch, wie wichtig es ist, den natürlichen Rhythmus und Verlauf der Ereignisse zu respektieren. Da dieser Teil Ihres Wesens zu große Bedürfnisse und Mängel hat, neigt er dazu, dem natürlichen Verlauf der Dinge zu widerstehen.

Dieses Problem haben sehr viele Menschen und der Traum liefert ein gutes Beispiel dafür, wie unsere inneren Mängel uns veranlassen, die anderen zu drängen und zu etwas zu zwingen. Personen, die durch Mangel gekennzeichnete Erinnerungen in sich tragen, neigen oft dazu, schnell zu essen, schnell zu handeln und dabei einen Mangel an Raffinesse und Feingefühl an den Tag zu legen. Die vorhandenen Erinnerungen erzeugen in ihnen eine zwanghafte Tendenz, die sich sehr gut in ihrem Verhalten erkennen lässt.

Manche Menschen sind zwanghafte Redner und unfähig, anderen zuzuhören oder die Stille zu ertragen. Wenn wir zu viel reden, können wir weder hören, fühlen noch wahrnehmen, was in den anderen vor sich geht, und auch unseren eigenen Bewusstseinszustand nehmen wir dann nicht wahr. Warum sind die Stille und die Meditation für die spirituelle Entwicklung von so grundlegender Bedeutung? Weil sie uns helfen, unser inneres Ich zu hören und wahrzunehmen. Und auch weil wir ruhig sein und nach innen hören müssen, um unsere feinstofflichen Sinne verwenden zu können, die uns befähigen, jenseits der Worte zu hören und jenseits der Bilder und äußeren Erscheinungen zu sehen und zu erkennen. Wenn wir immer zu beschäftigt sind und ständig sagen: „Ich werde nun dies tun und danach jenes...", sind wir nicht rezeptiv genug, um mit unserem inneren Wesen oder anderen Menschen in Kontakt zu treten.

Wir wollen oft Dinge tun, um andere Menschen zu berühren, ohne uns zu fragen, ob sie dafür überhaupt bereit sind. Von unseren drängelnden Kräften angetrieben, nehmen wir uns nicht die Zeit, sie zu beobachten, um zu erkennen, wie weit sie sind. Und so kommt es, dass wir letztendlich die anderen antreiben und hetzen.

Unsere Familie ist sehr oft auf Vortragstournee unterwegs. Wir haben dadurch eine gute Disziplin und eine schöne Harmonie im Bewegungsablauf entwickelt. Ich warte nicht bis zur letzten Minute, bevor ich sage, dass es Zeit ist, abzureisen. Ich hetze und dränge die Menschen um mich herum nicht, indem ich kurzerhand sage: „Ich bin bereit, wir fahren los!" Nein, ich teile ihnen am Vorabend den Zeitpunkt unserer Abreise mit und erinnere sie 10 bis 15 Minuten davor nochmals daran. Dadurch kann sich jeder darauf einstellen und in Ruhe seine Sachen für die Abreise fertig machen. Auf diese Weise fühlt sich jeder wohl und alles verläuft harmonisch.

Genauso verfahre ich auch bei der Arbeit. Wir haben in unserem gemeinnützigen Verein viele freiwillige Helfer, die uns bei der Organisation und Vorbereitung der Vorträge und Workshops unterstützen. Auch hier komme ich nicht im letzten Augenblick mit der

Frage an: „Kann jemand für den morgigen Vortrag einen Saal besorgen?" Wir müssen unsere Projekte gut planen, um ihre schöne, harmonische Durchführung zu gewährleisten und die Beteiligten nicht zu überrumpeln.

Das Drängen sowie die Nichtbeachtung des natürlichen Rhythmus kommen als Thema erneut im Charakter der Chinesin zum Ausdruck, wobei diese Szene auch den Grund für ihr Verhalten liefert: das Gefühl des Mangels. Durch diesen Traum fordert die Kosmische Intelligenz Sie auf, Ihren Rhythmus zu akzeptieren und zu achten, und darauf aufzupassen, die anderen und sich selbst weder zu drängen noch zurückzuhalten.

Jeder Mensch hat seinen eigenen Rhythmus und deshalb sollten wir uns nie mit den anderen vergleichen. Das ist ein sehr wichtiger Punkt. Die Tendenz, Vergleiche anzustellen, ist eine große Verzerrung, weil unserem Verhalten dabei das Gefühl der Eifersucht und des Neids zugrunde liegt. Fortschritte, die auf diese Weise erzielt werden – d.h. indem wir uns selbst drängen und antreiben –, sind nicht dauerhaft, da die Dynamik künstlich ist. Große Veränderungen lassen sich nur erreichen, wenn wir dazu inspiriert sind, sie von Herzen kommen, auf wahrer Erkenntnis aufbauen und unserem eigenen natürlichen Rhythmus entsprechen.

(T: Kann die Tendenz, sich selbst anzutreiben durch verschiedene Situationen hervorgerufen werden? Durch unsere Umgebung, unser Umfeld?) Ja, wobei Sie aber bedenken müssen, dass Ihre Umgebung ebenfalls einen Teil von Ihnen selbst darstellt. Unser Lebensumfeld und die verschiedenen Situationen, die wir erfahren, stellen die manifestierte Form der in unserer Seele eingravierten, unbewussten Erinnerungen dar. (T: Sie meinen, die seit unserer Geburt eingetragenen Erinnerungen?) Auch die in unserer Kindheit gemachten Erfahrungen und Situationen sind durch Kräfte hervorgerufen, die bereits in unserer Seele enthalten und mit den Erinnerungen aus unseren früheren Leben verbunden sind. Ein Traum ist wie eine offene Tür in das weite Feld unserer unbewussten Erinnerungen und das, was er uns zeigt, betrifft nicht nur unser gegenwärtiges Leben.

(T: Ich verstehe. Ich habe vor einigen Jahren eine schwierige Zeit durchgemacht und seither die Tendenz zu drängen entwickelt. Das wird mir erst jetzt allmählich bewusst. Es stimmt, dass ich mich nur schwer bremsen kann.) Man sieht aber, dass Sie versuchen, diese Teile Ihres Wesens zur Vernunft zu bringen: Sie haben dem Mann gesagt, er solle aufhören, den Papst zu drängen, und der chinesischen Frau, sie solle auf die anderen warten und nicht nur an sich selbst denken. Das bedeutet, dass Sie mit diesen drängenden, unvernünftigen und falsch handelnden Teilen Ihres Wesens reden. Dieser Traum bezeugt, dass Sie angefangen haben, an diesen verzerrten Kräften zu arbeiten.

(T: Ich spüre manchmal, wie diese mich zurückhalten. Es ist so, als gäbe es in mir zwei Personen, die sich bekämpfen, und es gelingt mir nicht immer, die Oberhand zu gewinnen. Sobald meine Wachsamkeit nachlässt, fängt alles wieder von vorne an.) Ihre Bemerkung „Es ist so, als gäbe es in mir zwei Personen" ist interessant. Denn die in unseren Träumen auftauchenden Personen verweisen auf die durch sie aktivierten Kräfte in uns. Diese Kräfte erzeugen unsere Realität, die Art, wie wir voranschreiten, sprechen, lieben, handeln usw. Ein Traum ist ein Lebensgenerator und nicht nur eine einfache Anhäufung von trivialen Bildern. (T: Vielen Dank.)

Hat sonst noch jemand eine Frage oder wünscht die Deutung eines Traums?

(T: Kann ich das Mikrofon benutzen?) Selbstverständlich. (T: Als Erstes möchte ich Ihnen danken, dass Sie all dies mit uns teilen. Ich habe in einigen Fällen durch Ihre Lebensgeschichte Erkenntnisse bezüglich der meinigen erhalten. Ferner möchte ich aufgrund meiner Erfahrungen mit gesundheitlichen Störungen und Krankheiten wie die Fibromyalgie und andere bestätigen, dass meine Träume mir, während ich bewegungslos dalag, zeigten, dass ich mich selbst heilen, wieder auf die Beine kommen und laufen konnte. Ich habe daran in den letzten vier Jahren mit verschiedenen Methoden gearbeitet. Ihre Lehre ist neu für mich, denn obwohl ich sehr viel lese, hatte ich von Ihnen noch nichts gehört. Vor etwa zwei Jahren kam mir eines Ihrer Bücher in die Hände, doch ich schloss es wieder und legte es beiseite – wahrscheinlich war es nicht der richtige Moment dafür. Es wäre mir damals noch nicht möglich gewesen, so mit Ihnen zu reden. Ich würde sagen, dass der Weg über die Gesundheit, die Krankheit und den Tod mehrerer Familienmitglieder mich eine große Bewusstseinsöffnung haben erfahren lassen. Mit offenem Herzen habe ich ein Dutzend Menschen in meinem engeren Umkreis sterben sehen und diese Erfahrung hat mich einsehen lassen, dass der Tod einen Schatz an

Lehren darstellt und ganz und gar nicht das Ende ist. Meine Träume haben mir diesbezüglich eine Menge Einsichten geschenkt.

In einem meiner Träume *wurde ich gefragt, ob ich in Frankreich die einzige Person sei, die bestimmte Worte sagte, und ob ich den Mut hätte, diese öffentlich auszusprechen. Man ließ mir die Wahl und ich antwortete: „Ja, ich werde den Mut haben, sie auszusprechen." Dann befand ich mich hoch oben in der Luft und man sagte zu mir: „Gut denn, spring in die Leere." Ich sprang und fand mich auf einer Wolke wieder. Nachdem ich mich durch die Wolke gearbeitet hatte, befand ich mich am Strand eines tobenden Meeres und ich wurde gefragt: „Bist du immer noch sicher oder fängst du an zu zweifeln?" Ich antwortete: „Ich habe keine Zweifel mehr." Daraufhin forderte man mich auf: „Gut, dann geh!" und ich ging auf dem Wasser. Ich setzte einen Fuß aufs Wasser und mein Fuß wurde ein Stern. Ich tat einen Schritt und mein zweiter Fuß sowie meine Hände verwandelten sich in Sterne. Auf diese Weise schritt ich voran. Dann teilte sich plötzlich das tobende Meer, es wurde sehr hell und ich sah einen großen Lichtstrahl. Ganz unvermittelt befand ich mich vor dem Körper meines besten Freundes, der an Leukämie gestorben war. Angesichts dieses toten Körpers, den ich ganz natürlich mit meinen Händen berührte, fragte ich mich: „Hast du immer noch Angst vor dem Tod oder hast du davor keine Angst mehr? Und hast du richtig verstanden, was dir erklärt wurde?" Ich beantwortete meine Frage selbst: „Nein, ich habe keine Angst mehr vor dem Tod." Darauf sagte man zu mir: „Gut, da du nun keine Angst mehr hast, werden wir dir ein Geschenk machen." Das Geschenk war ein strahlendes Licht über dem toten Körper und danach erhob ich mich in die Luft, ich schwebte und sah ein wunderschönes, lichtvolles Wesen, ganz in weiß und mit Bart – es glich sehr stark dem Bild auf einem Ihrer Werke. – Es hieß mich willkommen und führte mich in eine Art Zaubergarten, in dem ich all jene wiederfand, die ich verloren hatte – meine Kinder waren ebenfalls anwesend. Alle waren da, sogar meine verstorbenen Tiere, eigentlich all jene, die ich liebe. Auf einer Seite sah ich das Himmlische Kino sowie die Autoren, welche die Szenen schreiben, die in Raum und Zeit durchlebt werden.*

Ich habe auch eine Menge Humor bezüglich der Dinge, die ich erlebte, denn ich träumte eines Nachts von *Coluche* (ein bekannter, inzwischen verstorbener französischer Komiker). In diesem Traum *rief er mir zu: „Großartig! Die Krankheit des Unsichtbaren! Und nun erschaffe die Behandlung für das Unsichtbare! Los! Hab den Mut zu schreiben!* Und das tue ich nun, ich schreibe. – In meinem zuvor erwähnten Traum, *trug das lichtvolle Wesen Ledersandalen. Es hatte auch eine lederne Tasche, in der sich ein Buch mit der Inschrift „Kassiopeia" befand.* – Ich möchte übrigens sagen, dass ich mich sehr ermutigt fühle, weil all meine Gedanken, alles, was ich in mir trage, wahr wird. Das ist für mich ein sehr wertvolles Geschenk, da ich dank all dieser Träume heute noch am Leben bin und es mir gut geht, obwohl ich mich nach meiner Rückkehr aus dieser Traumwelt jeweils etwas verschoben und fehl am Platz fühle, so als ob ich mich auf einer anderen Wellenlänge befände. Denn nachdem man solche wertvollen Geschenke erhalten hat, muss man erst noch imstande sein, ihnen Ausdruck zu verleihen, sei es durch die Stimme, das geschriebene Wort, eine Kunstform oder sonst wie. Außerdem besteht ihr Sinn auch darin, richtig verstanden zu werden, was, denke ich, nicht immer leicht ist. – *Das Buch war in Leder gebunden und sehr alt. Der lichtvolle Mann sagte zu mir, ich könne es auf die Erde zurückbringen. Ich war darüber sehr begeistert und dachte bei mir: „Natürlich! Das ist das Buch, das ich schreiben muss!"* Ich weiß nicht, was in dem Buch stand, ich sah nur den Titel, doch ich habe einige Anhaltspunkte. Kassiopeia soll sicherlich das Universum symbolisieren. Das ist der Punkt, an dem ich mich gegenwärtig befinde. Es ist wahr, dass meine Schreibarbeit eine bestimmte Wendung genommen hat. Was ich mit all dem sagen will, ist, dass ich durch mein Leben, durch diese Inkarnation, nur eine schöne Botschaft für Sie habe: Der Tod betrifft nur den Körper, die Liebe aber ist ewig. Das war's. Das wollte ich sagen.)

Danke für Ihren Beitrag. Das ist ein sehr interessanter Traum mit einem stark ausgeprägten philosophischen Inhalt.

In einem Traum ist alles symbolisch und die enthaltenen Symbole sind alle miteinander verbunden. Am Anfang des Traums wurden Ihnen Fragen gestellt. Sie wurden zuerst gefragt, ob Sie in Frankreich die einzige Person seien, die sich trauen würde, bestimmte Dinge auszusprechen, was Sie bejahten. Danach begaben Sie sich sozusagen auf eine andere Bewusstseinsebene. Dieser Traumbeginn ist wesentlich, um das Folgende verstehen zu können, denn er vermittelt bewusstseinsmäßig die Idee, dass Sie in ganz Frankreich als einziger Mensch über gewisse Kräfte und Fähigkeiten verfügten.

Ich erhielt zu Beginn meiner spirituellen Entwicklung ebenfalls Träume dieser Art. Sie zeigten mir, dass ich in meinem damaligen Bewusstseinszustand glaubte, auf der ganzen Erde der einzige spirituelle Mensch zu sein, und das restliche Universum als nicht spirituell empfand. Ich erlebte das Erwachen meines spirituellen Selbst – meiner wahren Spiritualität – doch dieses musste erst all die anderen Teile meines Wesens und meines inneren Universums lehren, ebenfalls spirituell zu sein und zu handeln.

Wie jedes Land hat auch Frankreich eine positive und eine negative Symbolik. Die positiven Aspekte dieses Landes sind seine mentale Kraft, d.h. ein stark entwickelter Verstand, die Raffinesse, eine umfassende, breitgefächerte allgemeine Kultur und der Wohlstand –, gibt es dort doch für ein Land, das relativ klein ist, eine Menge Ressourcen und mehrere verschiedene Klimas. Frankreich befindet sich gegenwärtig auf einer privilegierten Achse unseres Planeten.

Die Tatsache jedoch, dass Sie in Frankreich als einzige über solche Kräfte und Fähigkeiten verfügten, ist ein negativer Aspekt, weil Exklusivität generell nicht positiv ist. Die negativen Aspekte dieses Landes bestehen in der Tendenz zu einem übermäßigen Rationalismus, einem extrem kritischen Verstand, einer zu komplex organisierten sozialen Struktur, einer kulturellen Oberflächlichkeit, dem konstanten Streben nach Anerkennung, dem Widerstreben, sich unterzuordnen, dem Mangel an Spiritualität und nicht zuletzt einer wachsenden Tendenz zur Aggressivität.

In Kanada zum Beispiel spürt man im sozialen Bereich viel mehr menschliche Wärme. Natürlich haben auch die Kanadier ihre Fehler und Schwächen, doch die in Frankreich vorhandene Kälte und Aggressivität kommt von einem zu starken kritischen Denken. Überall in der Öffentlichkeit – auf der Straße, in den Geschäften, sogar an den Mautstellen – vermittelt einem die Art, wie die Leute sich grüßen, das Gefühl, als würden sie sich gleichzeitig auch einen Schlag versetzen. Es gibt natürlich Ausnahmen, einschließlich jene Menschen, die an ihrer spirituellen Entwicklung arbeiten. Sie sind gewissermaßen die neue Saat, denn je mehr wir an uns arbeiten, umso mehr entwickeln wir die positiven Kräfte und Aspekte aller Länder. Und das gehört zu den wesentlichen Zielsetzungen unserer Seele.

In diesem Traum werden Sie aufgefordert, an den noch nicht spirituellen Teilen Ihres Wesens zu arbeiten. Danach begannen Sie auf dem Wasser zu gehen. Sie hatten ausreichend Vertrauen und Mut, um auf dem tobenden Meer voranzuschreiten. Das Wasser symbolisiert die Gefühle und Emotionen und das tobende Meer Ihre emotionellen Turbulenzen. Es gelang Ihnen, trotz der Turbulenzen voranzukommen, doch dürfen Sie nicht vergessen, dass unter den 60 Millionen Teilen Ihres Wesens, welche symbolisch die Bevölkerung Frankreichs darstellen, nur ein einziger Teil über diesen Mut und dieses Vertrauen verfügt. Damit sind wir wieder bei der gleichen Idee wie vorhin. Ich erhielt in der Vergangenheit ebenfalls Träume, in denen ich außergewöhnliche, superspirituelle Dinge tun konnte und überzeugt war, die restliche Welt sei weniger weit fortgeschritten als ich. Das erzeugte in mir zunächst ein Gefühl der Überlegenheit, doch irgendwann spürte ich einen Zwiespalt: Ich fühlte mich von den anderen abgetrennt. Ich war zwar spirituell, fühlte aber in mir eine totale Verschiebung zur restlichen Welt, zur ganzen Erde. Wenn ich den Fernseher anmachte, fühlte ich mich unwohl und angesichts dessen, was ich darin zu sehen und zu hören bekam, wie ein totaler Fremdling. Ich hatte das Gefühl, dass mich niemand verstand, dass niemand verstand, wer ich war und was ich durchmachte. Das stimmte mich natürlich sehr traurig.

Gleichzeitig spürte ich das Bedürfnis nach Anerkennung und das frustrierte mich. Es kommt oft vor, dass die Schönheit der Botschaft, die wir übermitteln wollen, uns in Verzerrungen gleiten lässt, ohne dass wir dies bemerken. Ja, wir können sogar die Botschaft selbst verzerren – so schön sie auch sein mag –, wenn wir sie unbedingt und sofort den anderen mitteilen wollen und alles in Bewegung setzen, um dies zu erreichen, ohne zu bedenken, ob es für sie gut oder der richtige Moment ist. Indem wir so handeln, bedrängen wir die anderen Menschen und zwingen ihnen die Dinge auf. Der Weg der spirituellen Entwicklung ist schon sehr anspruchsvoll!

In ihrem Bestreben, spirituelle Botschaften an andere weiterzugeben, können manche Menschen so weit gehen, dass sie ihre Familie zerrütten, ihre Kinder vernachlässigen oder sie sogar verlassen. Ein klassisches Beispiel ist der Mann, der alles aufgibt, um Mönch zu werden, sich irgendwohin zurückzieht und von der Außenwelt vollkommen abtrennt. Das mag für ihn schön und gut sein, doch seine Kinder sind traurig und unglücklich, weil sie ihren Vater nicht mehr sehen und er sich nicht mehr um sie kümmert und für sie da ist. Der Mann denkt, dass er auf diese Weise das Licht erreichen wird. Doch er wird sich in einem späteren Leben erneut um seine vernachlässigte Familie und die verlassenen Kinder kümmern müssen. Weil er der Verantwortung für seine Werke entflohen ist und unfähig war, sein Leben ausgeglichen zu führen, wird er diesbezüglichen Lernerfahrungen ausgesetzt werden. In seinem neuen Leben kann er zum Beispiel als Kind von seinem Vater oder seiner Mutter verlassen werden, und später eventuell auch von seinem Lebensgefährten, um aus eigener Erfahrung zu lernen, dass es nicht richtig ist, seine Kinder und seine Familie im Stich zu lassen.

Obwohl dieses Beispiel nicht direkt Ihren Traum betrifft, zeigt es sehr gut, dass die Verantwortungslosigkeit auf verschiedenen Ebenen unseres Wesens in Erscheinung treten kann, wenn wir Verschiebungen dieser Art durchmachen.

Sie waren also in der Lage, auf dem tobenden Meer zu gehen. Das bestätigt, dass Sie die Fähigkeit erlangt haben, Ihr Gleichgewicht sowie ein hohes Maß an Loslösung und Ungebundenheit zu bewahren, wenn Sie Einweihungen mit intensiven, tobenden Emotionen durchleben. Das hat Sie natürlich innerlich gestärkt und Ihnen Vertrauen in sich selbst sowie in Ihre Selbstheilungskraft vermittelt. Die Tatsache, dass Ihre Füße und Hände sich in Sterne verwandelten, als Sie auf dem tobenden Meer voranschritten, zeigt, dass Ihr spirituelles Selbst sehr machtvoll geworden ist.

Wir müssen uns aber erneut in den Gesamtkontext des Traumes versetzen, der von der Idee ausgeht, dass Sie in ganz Frankreich als einziger Mensch bestimmte Dinge sagen können. Trotz der vielen positiven Aspekte in Ihrem Traum gehört er zu jener Art, die Sektenführer erhalten können oder generell Menschen mit einem kranken Ego, welche mit einer sehr starken Willenskraft spirituelle Botschaften verbreiten wollen. Es ist deshalb wichtig für Sie, sich immer wieder daran zu erinnern, dass noch sehr viele Teile Ihres Wesens umerzogen werden müssen.

Die Art und Weise, wie Sie von dem Buch sprachen und das Wort „verstanden" aussprachen, sowie Ihr Bedürfnis, sich mitzuteilen, ließen mich erfühlen, dass Sie unter dem mangelnden Verständnis der anderen leiden. Ich nahm eine Art Zwiespalt oder Verschiebung wahr, wie man sie empfinden kann, wenn man sich fragt, wie es kommt, dass nicht die ganze Welt spirituell ist, weil man selbst überzeugt ist, dass es so sein müsste. Dieser Traum enthüllt eindeutig einen ideologischen inneren Konflikt hinsichtlich des gewöhnlichen Alltagslebens. Sie erfahren natürlich immer höhere Bewusstseinszustände und entdecken ein großes Potenzial, symbolisiert durch die bereits verstorbenen Menschen, die Sie in Ihrem Traum wiedersahen. Sie versuchen auch einen Teil Ihres Wesens zu heilen, der bewusstseinsmäßig an Leukämie leidet.

Was versinnbildlicht die Leukämie? Es handelt sich um eine Krankheit, die das Blut betrifft. Wenn wir an Blut denken, kommt uns die Farbe Rot in den Sinn, welche dem ersten Chakra zugeordnet ist, dem Energiezentrum der Handlung und der Materialisierung. Leukämie ist eine Form von Krebs und dieser wiederum ist eine manifestierte Form von Anarchie, da in den Krebszellen der genetische Kode durcheinander geraten ist und sich anarchisch umstrukturiert hat. Leukämie ist ein Hinweis, dass eine Anhäufung von alten Erinnerungen in dem betroffenen Menschen eine anarchische Art zu materialisieren erzeugt hat. Sie entspricht einem Reinigungsprozess dieser Erinnerungen, in denen die Person über mehrere Leben hinweg falsche Handlungen und innere Konflikte angesammelt hat, bis sie sich schließlich in Form von Leukämie manifestieren. Man kann ein sehr guter und spirituell sehr offener Mensch sein und dennoch in seinem Innern alte, unbereinigte Erinnerungen abgespeichert haben, die diese Krankheit hervorrufen können.

Es kommt durchaus vor, dass man an einer Krankheit sterben muss, um die im eigenen Entwicklungsprogramm vorgesehene Bewusstseinsöffnung und Loslösung zu erreichen. Angesichts von Krankheit und Tod können wir uns entweder spirituell entwickeln oder dagegen rebellieren. Eine halbherzige Einstellung ist unter solchen Umständen nur schwer beizubehalten, weil wir mit dem Unvermeidbaren konfrontiert sind. Das zwingt uns zu Überlegungen, die man bis dahin nicht angestellt hat.

Nachdem Sie in Ihrem Traum die Hände auf den Körper Ihres toten Freundes gelegt hatten, stiegen Sie auf, Sie schwebten in der Luft. Dies zeigt, dass Sie Zugang zu einer höheren Bewusstseinsebene erlangt haben, die Ihnen eine universelle Vision im Hinblick auf Leben und Tod gestattet. Dann sahen Sie Schauspieler, die Szenarien oder Drehbücher schrieben. Dadurch werden Sie sich bewusst, dass alles organisiert und geplant ist. Man sieht hier, dass Ihr sehr machtvoll gewordenes spirituelles Selbst eine sehr konkrete Öffnung erzeugt. Die Prüfungen die sie durch Krankheit und den Tod geliebter Menschen erlitten, haben Sie sehr eindrucksvolle Erfahrungen durchleben lassen und zur Entwicklung einer starken Spiritualität geführt. Das ist ein sehr schönes, wunderbares Geschenk. Sie müssen nun aber sehr vorsichtig sein, weil Sie dadurch in eine kollektive Dimension eintreten, die neue Verantwortungen mit sich bringt. Ihr Ego ist immer noch am Werk und es kann versuchen, sich den ganzen Verdienst für diesen Entwicklungsprozess aneignen zu wollen. Sie können sogar Gefahr laufen, sich in Ihrem neu entdeckten inneren Universum zu verlieren. Deshalb müssen Sie doppelt vorsichtig und wachsam sein. Der Name *Kassiopeia*, der eine Konstellation bezeichnet, verweist auf die kosmischen Dimensionen und bestätigt die Bewusstseinserweiterung, die Sie gegenwärtig erfahren und sicher auch spüren.

Der Mann, der Ihnen das Buch anbot, trug Ledersandalen und das Buch befand sich in einer Ledertasche und war selbst in Leder gebunden. Das Leder entstammt dem Tierreich und ist folglich mit den Instinkten und den diesbezüglichen Bedürfnissen verbunden. Das enthüllt, dass Ihre Art zu handeln, sich fortzubewegen und Ihr Wissen zu wahren und zu beschützen, in mancher Hinsicht noch von Ihren persönlichen instinktiven Bedürfnissen kontrolliert wird.

Was Coluche betrifft, der Sie ansporte, zu schreiben, so müssen Sie bedenken, dass er – wie alle anderen Traumelemente auch – einen Bewusstseinszustand darstellt. Coluche war ein netter Mensch, der schöne Qualitäten hatte und Frankreich zum Lachen brachte, doch er war kein Geistiger Führer. Es war also kein Lichtwesen, das Sie aufforderte, über die Krankheiten des Unsichtbaren zu schreiben, sondern ein Teil Ihres eigenen Wesens, das mit den Charakterzügen von Coluche Resonanzen hat.

Um diese Charakterzüge genauer ausmachen zu können, braucht man nur die Kommunikationsweise dieses Mannes zu analysieren sowie das, was er über die Medien vermittelte. Sind Sie beim Schreiben durch Ihren inneren Coluche motiviert, können Sie zu Sarkasmus neigen. Aufgrund der Tatsache, dass Sie in Ihrem inneren Frankreich der einzige spirituelle Mensch sind – wie wir anfangs sahen –, könnten Sie sich dazu verleiten lassen, gegen Menschen, die

Sie als nicht spirituell betrachten, sehr hart vorzugehen, was in Ihren Schriften zum Ausdruck käme.

Dieser Traum ist auch deshalb interessant, weil er zeigt, dass in Ihrem Programm auf Verbreitung ausgerichtete Kräfte aktiviert wurden – was dadurch bestätigt wird, dass Sie unter anderem dabei sind, ein Buch zu schreiben. Sie müssen jedoch weiterhin die abgespeicherten Erinnerungen bereinigen, die in Ihrem Wesen Zwiespalt und Verschiebungen erzeugen. Die Buchhandlungen auf der ganzen Welt sind voll mit Büchern, von denen manche schön und gut sind, sehr viele aber eine Menge Verzerrungen enthalten und denen es an Weisheit und Liebe mangelt. Deshalb ist es für einen spirituellen Menschen wichtig, sein Unterscheidungsvermögen zu entwickeln und nicht alles ohne Überlegung zu schlucken. Wenn wir an unsere Mitmenschen Kenntnisse und Wissen weitergeben wollen, müssen wir uns im Bewusstseinszustand der bedingungslosen Liebe befinden. Ist das nicht der Fall, so wirkt das Wissen wie Gift, weil das Wesentliche fehlt, nämlich die Göttlichen Qualitäten. Es reicht folglich nicht aus, das Wissen nur um des Wissens willen zu verbreiten.

Es ist relativ einfach, Arzt, Ingenieur oder Rechtsanwalt zu werden. Es erfordert dafür mehrere Studienjahre, während es mehrere Leben braucht, bevor man gelernt hat, alle Menschen zu achten und liebevoll zu behandeln. Viele Ärzte und Chirurgen sind nicht einmal imstande, die Krankenschwestern, mit denen sie arbeiten, freundlich zu behandeln. Was aber geschieht, wenn ein Haus kein richtiges Fundament hat, sondern vorwiegend eine nette Fassade und schöne Vorhänge vorzeigt? Irgendwann brechen die Mauern ein und das Haus fällt in sich zusammen. Das Gleiche gilt für die Welt des Geistes: Macht ein Mensch keinen richtigen Gebrauch von dem, was der Himmel ihm zur Verfügung stellt, wird er in einem späteren Leben vor dem Nichts stehen – ohne Wohlstand, ohne Diplome, ohne Mittel.

Man hat Ihnen also in diesem Traum Ihre spirituelle Intensität und Ihre Sendekraft gezeigt, gleichzeitig aber auch die Notwendigkeit, weiterhin an der Bereinigung Ihrer Erinnerungen zu arbeiten. Tun Sie dies nicht, werden Ihre Bücher eher eine *lederne*, tierhafte Aura aussenden als eine lichtvolle.

Das Buch *Kassiopeia* stellt das ursprüngliche spirituelle Wissen dar, das Sie nun integrieren lernen, das aber noch nicht in allen

Teilen Ihres Wesens enthalten ist. Da es sich um ein sehr altes Buch handelt, weist es darauf hin, dass die in Ihnen erwachenden Kräfte aus früheren Leben stammen. Es sieht ganz danach aus, als wäre in Ihnen ein Prozess im Gange, durch den Sie erneut das Potenzial, an das Göttliche zu glauben und andere Menschen damit zu erreichen, in Anspruch nehmen wollten. Sie müssen jedoch sicherstellen, dass Sie dabei nicht in alte Formen der Verbreitung verfallen und Kenntnisse sowie Konzepte vermitteln wollen, die Sie selbst noch nicht integriert haben. Es ist wichtig, dass Sie an der Bereinigung Ihres inneren Frankreichs weiterarbeiten, dort eine dauerhafte Harmonie erschaffen und die Fähigkeit entwickeln, in allen Menschen, ob sie nun nett und freundlich sind oder nicht, spirituelle Wesen zu sehen.

Auf dem Weg der spirituellen Entwicklung sind manche Menschen – symbolisch gesprochen – erst im Kindergarten und andere schon in fortgeschritteneren Klassen, doch alle gehen sie in die Schule des Lebens. Ist ein Mensch aggressiv oder gewalttätig, so wird er gewisse Dinge einsehen lernen müssen. Das kann drei, vier oder noch mehr Leben in Anspruch nehmen, doch eines Tages wird er sie verstehen und die damit verbundene Lehre erfolgreich abschließen.

Wir wissen, dass wir die Göttlichen Bewusstseinszustände integriert haben, sobald uns nichts und niemand mehr stört oder bekümmert. Das Gesetz der Resonanz, welches uns das Leben wie einen Traum erklärt, führt uns auf die Autobahn des Wissens und seine Anwendung befähigt uns, eines Tage in allem und jedem sowie in sämtlichen Situationen das Werk Gottes zu sehen.

WORKSHOP
Träume sind parallele Welten

(T: Wenn Sie von Träumen sprechen, in denen wir parallele Welten besuchen, meinen Sie damit, dass wir dabei körperlos funktionieren, d.h. dass wir unsere körperliche Hülle verlassen, um Informationen erhalten zu können? Wie geschieht das?)

Das hängt von der Art der Träume ab, denn es gibt mehrere Traumarten. Allgemein kann man sagen, dass unsere Träume am Anfang nur persönliche Träume sind, die nicht über die Grenzen unseres persönlichen inneren Computers hinausreichen. Gott oder das Kosmische Bewusstsein erschafft für uns virtuelle Räume und Realitäten oder parallele Welten, die manchmal so wirklich erscheinen, dass man denken könnte, man sei auf der Erde. Man sieht Landschaften, hört Vogelgesang, nimmt Düfte wahr usw. Alles wirkt sehr konkret.

Die Kräfte und Energien, denen sich Gott bedient, um diese Szenen zu erschaffen, existieren bereits in uns und sobald das Traumgeschehen zu Ende ist, verschwinden sie, genau so wie sie erschienen sind. Das ist dadurch bedingt, dass wir in unseren Träumen die eigenen Erinnerungen aufsuchen und dabei mit den in uns existierenden Kräften in Verbindung kommen. Im Ganzen gesehen sind diese Träume nicht sehr verschieden von dem, was wir auf der Erde erleben – in der einen wie anderen Realität fahren wir mit dem Experimentieren fort, was uns verschiedene positive wie negative Situationen erfahren lässt, die uns zu erkennen geben, wie wir aller Wahrscheinlichkeit nach werden, wenn wir so oder so handeln, uns so oder so benehmen oder diesen und jenen Aspekt in uns nicht ändern.

Träume sind Antriebskräfte des Lebens. Sie setzen die Programme in Bewegung, die die Abläufe und Geschehnisse unseres Lebens ankündigen. Es ist erstaunlich, was man alles erleben kann nach einem Traum, der zum Beispiel in einer so einfachen Szene besteht wie *ein Licht, das in einem Schlafzimmer erscheint*. Nach einem solchen Traum könnte man unter den persönlichen Sachen seines Partners den Beweis einer Liebesaffäre mit einem anderen Menschen finden. Dadurch ist sozusagen ein Licht in unserem Intimleben aufgegangen, und zwar nicht nur ein schwaches Nachtlicht, keineswegs, es kann sich als ein richtiger Scheinwerfer erweisen! Man beginnt im Lichte dieser Entdeckung nachzudenken und fängt an, die Dinge aus einer anderen Perspektive zu sehen. Man versteht plötzlich, warum man sich schon eine Zeit lang traurig fühlte und sich nicht erklären konnte wieso. Doch nun ist es einem klar: Die Seele hatte die Situation wahrgenommen.

Der Ablauf solcher Träume findet in unserem Innern, in unserer Innenwelt statt, gewissermaßen so, als würde man ein Programm unseres inneren Computers starten.

Man kann in seinen Träumen aber auch die Seele anderer Menschen aufsuchen. Das ist vergleichbar mit einer Netzverbindung, über die man mit dem inneren Computer anderer Personen Kontakt erhält und deren Programme einsehen kann. In einem Traum dieser Art würde man im eben erwähnten Beispiel den Beweis nicht unter den persönlichen Dingen seines Partners finden, sondern ihn in den Armen des anderen sehen, dessen Seele man im Traum aufsucht. Ich muss an dieser Stelle jedoch darauf hinweisen, dass man mit der Annahme, die Seelen anderer aufgesucht zu haben, sehr vorsichtig umgehen sollte, weil man sich in solchen Träumen in den meisten Fällen im eigenen Programm befindet und dabei durch den Beweis bzw. das Bild des Geliebten Einsicht in die eigenen Erinnerungen der Untreue erhält.

Es ist auch möglich, das Programm ganzer Gemeinschaften zu besuchen. Das ist vergleichbar mit einer Internetverbindung, die Zugang zu einer großen Menge Informationen aus aller Welt bietet. Ebenso kann man vom Programm einer Stadt, einer Region oder eines Landes Kenntnis erhalten und, wenn einem der Zugang zum Haupt-Server gestattet wird, sogar das Schöpfungsprogramm einsehen. Es ist nicht notwendig, den Zustand der Erleuchtung erreicht zu haben, um die Seele anderer Menschen zu besuchen. Andererseits kann man in der gleichen Nacht einen Traum erhalten, in dem beispielsweise ein Familienmitglied als Symbol vorkommt und uns Aspekte von uns enthüll, und anschließend einen anderen Traum, in dem man seine Seele aufsucht.

Welchen Sinn ergibt das alles? Wie bereits erwähnt, bleibt man zunächst auf seinen persönlichen Computer und das persönliche Entwicklungsprogramm beschränkt, doch in dem Maße, in dem man die Weisheit und Kenntnis integriert, gewährt uns die Kosmische Intelligenz den Zugang zum Entwicklungsprogramm anderer Menschen oder Menschengruppen. Doch selbst wenn man die Seele einer anderen Person im Traum besucht, tut man dies nicht als reiner Tourist, sondern hat daraus immer auch selbst etwas zu lernen. Diese Erfahrungen tragen zur Entwicklung der Weisheit bei, weil gewisse Dinge, die man dabei erfährt, negative Kräfte in einem wachrufen können. Erkennt man beim Besuch der Seele eines Freundes beispielsweise, dass er negativ über einen denkt, so ist das nicht unbedingt leicht hinzunehmen. Man könnte unter Umständen sogar versucht sein, der Freundschaft ein Ende zu setzen. Stellen Sie sich nur vor, Sie wüssten alles, was Ihre Freunde und Familienmitglieder über Sie denken! Die Gedanken haben eine versteckte Seite – wir sagen nicht jedermann, was wir von ihm halten. Das gilt auch für unseren Partner: So sehr wir ihn auch lieben, es kommt vor, dass er uns auf die Nerven geht – was wir ihm aber nicht unbedingt sagen, sondern uns so benehmen, als wäre alles in Ordnung.

Je weiter man sich entwickelt, um so leichter erhält man die Möglichkeit, in Träumen zu erfahren, was die anderen denken, fühlen, durchmachen oder durchmachen werden. Wenn man mit dem Gesetz der Resonanz arbeitet – also immer auf sich zurückschließt, sobald einen etwas stört –, stellt man oft eine Zunahme der Träume dieser Art fest. Damit diese Haltung zur Gewohnheit wird, sollte man sich eigentlich jedes Mal, wenn man von einer bekannten Person träumt, sagen: „Ah! Sie enthüllt mir diese und jene Aspekte meines eigenen Wesens."

Der Vergleich mit dem Computer und dem Bereich der Informationstechnologie (IT) oder *Informatik* – was der gleichen Wortfamilie wie *Information* und *informieren* angehört – ist sehr hilfreich, um die Welt und Funktionsweise des Geistes zu beschreiben. Die Information verleiht dem Geist Macht. Sie bietet uns die Möglichkeit, erfolgreich zu handeln, zu materialisieren und die Materie zu verwenden. Das Erste, was ein Staatsoberhaupt morgens beim Betreten seines Büros auf dem Stapel der anstehenden Dossiers zu sehen bekommt, ist der Bericht des Geheimdienstes. Dieser informiert ihn über die Geschehnisse, die hinter der Bühne ablaufen und über die sonst niemand Bescheid weiß. Die darin enthaltenen Informationen sind konzentriert, damit er so schnell wie möglich erfasst, was los ist. Das Gleiche gilt für die in den Träumen enthaltenen Informationen: Sie sind konzentriert und enthüllen das aktivierte Programm: seine Vorgeschichte, die Art und Weise, wie es sich gegenwärtig manifestiert, oder das Endergebnis.

Eingeweihten ist manchmal der Blick hinter den Schleier gestattet, wo sie das kollektive Unbewusstsein einsehen und die verschiedenen vorbereitenden Etappen des Materialisierungsprozesses wahrnehmen können, bevor das Ergebnis sich auf der konkreten Ebene manifestiert. Und wenn sie die Erlaubnis dafür erhalten, können sie wie die Geistigen Führer dabei mitwirken.

Wir beginnen also sozusagen in unserem eigenen Labor. Wir beobachten und studieren uns selbst: „Aha! Dieser Sturm im Traum zeigt mir eine gewalttätige Kraft, die ich in mir trage und die sich nun aktiviert. Dieses turbulente, aufgewühlte Wasser gibt mir an, dass ich meine Emotionen überwachen und daran arbeiten muss. Und so weiter." Später, sobald wir eine gewisse Stabilität und Harmonie erreicht haben, beginnen sich unsere spirituellen Kräfte zu entwickeln und wir können dann in manchen Träumen Familienmitgliedern und Freunden helfen.

Möchte nun jemand einen Traum mitteilen oder eine Frage stellen?

(T: Ich erhielt vor ungefähr zwei Jahren folgenden Traum. *Ich musste ein Flugzeug Richtung Kanada oder Quebec nehmen. Das Flugzeug war sehr groß und bestand aus zwei Teilen, einem vorderen und einem hinteren. Ich befand mich zuerst im hinteren Teil, wo es eine Menge Leute gab – richtige Menschenmassen, wie in der Haupthalle eines Flughafens. Ein Flugbegleiter sagte zu mir, ich könne dort nicht bleiben, ich sei gut genug daran gewöhnt und solle nun in den vorderen Teil des Flugzeugs überwechseln. Ich begann nach vorne zu gehen, musste unterwegs aber durch eine schwierige Passage, in der sich im Boden des Flugzeugs eine Art große Luke befand, die eine Menge Licht hereinließ. Um den äußeren Rand herum war der Rahmen ziemlich solide, doch bezüglich der Mitte war ich mir nicht sicher. Eine innere Stimme sagte zu mir: „Du musst aber da hindurch." Mit ein bisschen Hilfe und Ermutigung gelang es mir, auf die andere Seite zu gelangen. Dort konnte man sich hinsetzen und hatte einen herrlichen Blick durch große Aussichtsfenster. Der Blick war wirklich wunderbar. Es war auch ganz offensichtlich, dass die anderen Personen, die dort waren, sich wohler fühlten als ich. Das ist alles, woran ich mich erinnere.*) Das ist in Ordnung. Vielen Dank. Wir werden zuerst die im Traum enthaltenen Elemente auflisten.

Da ist zunächst das *Selbst*, weil Sie selbst im Traum anwesend waren. *Das Selbst muss ein Flugzeug nehmen, ein großes Flugzeug –* das ist wichtig. *Es besteht aus zwei Teilen, das Selbst ist im hinteren Teil, es sind sehr viele Leute anwesend.* Es waren mehr Leute im hinteren Teil als im vorderen, ist das richtig? (T: Oh ja! Im vorderen Teil war kaum einer.)

Jemand von der Kabinenbesatzung sagte zu Ihnen... (T: Er sagte: „Es ist vorne, gehen Sie einfach nach vorne!") War es ein Mann? (T: Ja.) Das ist ein wichtiges Detail. (T: Er war ein bisschen verärgert. Anstatt freundlich und hilfsbereit zu sein, schien er eher sagen zu wollen: „Schau zu, wie du selbst zurechtkommst!" Er hat mir mehr oder weniger direkt gesagt, ich solle schauen, dass ich weiterkomme.) Ich verstehe. *Flugbegleiter war verärgert.*

Dann mussten Sie durch einen Durchgang, um nach vorne zu gelangen. (T: Es war ein bisschen so, wie von einem Zugwaggon auf den nächsten hinüberzusteigen.) Gut. Und im Boden befand sich eine Art Fenster oder Luke? (T: Ja. Ich musste die Luke überqueren oder sie umgehen. Ich fühlte mich nicht sehr sicher und da war eine Menge Licht.) Ich notiere: *Durchgang, Glasluke im Fußboden, Licht, Angst.*

Nach Ermutigungen schafften Sie den Übergang und gesellten sich zu den Leuten, die dies bereits geschafft hatten. *Selbst schafft den Übergang; hat Schwierigkeiten, erhält aber Ermutigungen; andere Leute; herrliche Aussicht.*

Wussten Sie bereits von Anfang an, dass es ein Flugzeug nach Kanada war? (T: Ja, aber ich erkannte es an der herrlichen Aussicht, als ich mich im Teil mit den großen Aussichtsfenstern befand. Ich lebe in Frankreich und für mich stellt Kanada einen immens großen Raum dar, einen endlosen, unbegrenzten Horizont.) Gut.

Wir beginnen mit der Symbolik des Flugzeugs. Da es in der Luft fliegt, ist seine symbolische Bedeutung mit der Welt der Luft verbunden, die ihrerseits die Gedanken versinnbildlicht. Das große Flugzeug stellt symbolisch eine sehr machtvolle, konzentrierte Gedankenform dar, die Sie zum damaligen Zeitpunkt – also vor ca. zwei Jahren – hatten. Sie haben sich seither natürlich verändert. Manche Träume betreffen mehr oder weniger lange Zeitspannen, dieser aber beschrieb Ihre geistige Verfassung an jenem bestimmten Tag. Sie war sehr intensiv und Ihre Gedanken widerspiegelten in symbolhafter Weise eine Reise nach Kanada. Bei einer Flugreise verlässt man den Boden – der das Element Erde symbolisiert –, bewegt sich durch die Luft auf sein Ziel zu und landet schließlich am Zielort wieder auf dem Boden. Auf der Ebene des Bewusstseins bedeutet eine Flugreise, dass man eine konkrete Situation verlässt, sich in Gedanken erhebt und auf einen neuen Teil seines Bewusstseins zubewegt, etwa wie wenn man von einem Kontinent zu einem anderen reist.

In der Sprache des Bewusstseins stellt die ganze Erde einen Teil unseres Wesens dar und wir können in unserem Geist von einem Land zum anderen reisen. Jedes Land symbolisiert einen Bewusstseinszustand mit seinen positiven und negativen Aspekten und wir müssen eines Tages die negativen Aspekte jedes Landes transzendieren und seine wesentlichen Qualitäten verkörpern lernen.

An jenem Tag war Ihr Geist randvoll mit sehr intensiven Gedanken beschäftigt, die in eine Richtung strebten – symbolisch gesprochen in Richtung Kanada. Was das bedeutet werden wir etwas später sehen.

Sie befanden sich zuerst im hinteren Teil des Flugzeugs. Sitzt man in einem Verkehrsmittel vorne, so sieht man, wohin man fährt, und wenn man es außerdem auch noch lenkt, kann man seine Bewegungen kontrollieren und meistern. Wohingegen man im hinteren Teil weniger sieht und mehr oder weniger dem Fahrer oder Piloten ausgesetzt ist. Die vielen Menschen, die sich mit Ihnen im hinteren Flugzeugteil befanden, stellen jene Teile Ihres Wesens dar, die Ihrer Idee, sich nach Kanada zu begeben, folgten.

Der Übergang vom hinteren in den vorderen Flugzeugteil stellt eine Bewegung auf der Ebene Ihres Geistes dar, die eine Veränderung in Ihrer Haltung angibt: Sie geben Ihre Verhaltensweise, durch die Sie einer Idee folgen – wie ein Kind seinen Eltern folgt – auf, um die eines Menschen anzunehmen, der das Verständnis erreicht hat und folglich die Kontrolle über seinen Werdegang und seine Fortschritte übernehmen kann. Diese Szene offenbart einen Einstellungswechsel sowie die Bereitschaft, Ihre Experimentiererfahrungen bewusster zu erleben.

Der Flugbegleiter, der Sie etwas verärgert aufforderte, nach vorne zu gehen, versinnbildlicht einen Teil von Ihnen, der weiß, dass Sie bereit sind, sich auf eine neue Stufe zu erheben, aber der Ansicht ist, dass Sie es nicht schnell genug tun. Das weist darauf hin, dass sich in Ihren Willen, Ihre Verhaltensweise zu ändern, Ungeduld einschleicht und diese sich auf der konkreten Handlungsebene manifestieren wird, weil der Flugbegleiter einen Teil Ihrer männlichen Polarität symbolisiert.

Durchgang, Glasluke, Licht, Angst. An jenem Tag strebten Sie nach einem besseren Verständnis Ihres Lebens und deshalb erfuhren Sie eine Öffnung auf der gedanklichen Ebene. Doch im Augenblick, wo die Öffnung geschah, wurde Ihnen schwindlig, so als würden Sie den Boden unter den Füßen verlieren. Dieses Gefühl stellt sich so manches Mal während einer Einweihung ein, wenn man sich für den Übergang zum nächsten Niveau bereit macht. Man hat liebevolle Gedanken, wünscht sich wirklich seine Weiterentwicklung, sieht aber gleichzeitig auch das Ausmaß der Veränderungen, das die Verwandlung auf der materiellen Ebene mit sich bringen wird – symbolisch gesprochen sieht man durch ein Fester in den Abgrund, was sehr beängstigend sein kann. Man sagt sich: „Es stimmt, ich will tiefgründige Veränderungen in meinem Leben durchführen, dabei wird aber dieses und jenes geschehen, das verunsichert mich und bringt mich aus dem Gleichgewicht."

Die Tatsache, dass sich bereits einige Personen im vorderen Teil des Flugzeugs befanden, bedeutet, dass einige Teile Ihres Wesens diesen Übergang bereits geschafft haben. Sie waren es auch, die Sie ermutigten weiterzugehen, was Ihnen half, die Schwierigkeiten zu überwinden, die Ihre dualistischen Gedanken hervorriefen. Das alles ging an jenem Tag in Ihrem Kopf herum.

Nachdem Ihnen der Übergang gelungen war, hatten Sie einen herrlichen Ausblick. Das bedeutet, dass Sie an jenem Tag nach der Meisterung der Herausforderung den Bewusstseinszustand erkannten, den Sie dadurch erreicht hatten.

Was bedeutet Kanada in der Sprache des Bewusstseins? Ein positiver Aspekt dieses Landes – denn es hat wie alle Länder auch negative Seiten – ist, wie Sie selbst sagten, seine Größe, seine Weite, sowie die Herzenswärme seiner Bewohner. Die Kanadier strahlen mehr Liebe und Wärme aus als die Franzosen, die eher intellektuell ausgerichtet sind und dem Verstand einen großen Platz einräumen. Die Franzosen haben eine größere Allgemeinbildung als die Kanadier und ihre Lebensweise und -gewohnheiten sind raffinierter. Das kann natürlich sowohl positiv wie negativ sein und hängt vom Entwicklungsstand der jeweiligen Person ab. Ich selbst habe eine doppelte Staatsbürgerschaft, ich bin Kanadier und Franzose und liebe beide Länder gleichermaßen.

Eigentlich liebe ich alle Länder der Welt, weil ein Land wie ein Kind ist und man alle seine Kinder liebt. Doch das sollte einen nicht davon abhalten, sie zu bewerten, d.h. ihre Stärken und Schwächen zu sehen, denn je klarer man diese erkennt, umso besser kann man ihnen helfen, ihre Begrenzungen zu überwinden und in ihrer Entwicklung voranzukommen. Das Gleiche gilt für die Länder.

Auf der negativen Seite stellt man in Frankreich die seinen Qualitäten entsprechenden Verzerrungen fest. Viele Franzosen legen so viel Wert auf Kultur und Wissen, dass sie sich darin verlieren und das Leben kompliziert wird, weil der Intellekt abgetrennt vom Herzen funktioniert. Für manche Franzosen kommt es beispielsweise einem Verbrechen gleich, Käse mit Erdbeermarmelade zu essen. (*Lachen*) Das erinnert mich an eine Anekdote, die mir ein Freund eines Tages erzählte. Er ist ein großer Humanist und Philanthrop, der u.a. auch unseren Verein unterstützt. Im Rahmen seiner Arbeit in einem multinationalen Unternehmen ist er häufig auf Geschäftsreise in anderen Ländern unterwegs. Als er während eines Aufenthalts in Paris in einem Restaurant den Kellner um Butter bat, bemerkte er, wie dieser die Nase rümpfte und ihm einen abfälligen Blick zuwarf, so als wäre es etwas Furchtbares, Butter aufs Brot zu streichen, so als wäre diese Gewohnheit allein die Ursache für das Problem der Dickleibigkeit in ganz Amerika. Mein Freund konnte die Vorurteile des Kellners sowie seine mangelnde Offenheit den anderen Menschen gegenüber wahrnehmen.

Natürlich sind nicht alle Franzosen so. Doch solche Verhaltensweisen stellen das negative Gegenstück der Raffinesse dar, die man in diesem Land antrifft. Man findet sie vor allem bei Menschen, die anderen Kulturen gegenüber einen verschlossenen Geist haben.

Man stellt in Frankreich auch eine Menge Aggressivität fest, viel mehr als in Kanada. Hier im Elsass aber hat man das Gefühl, in einem anderen Land zu sein, und ich sage das nicht, um Ihnen zu schmeicheln. Das Elsass ist in gewisser Weise eine Art Mischung aus Frankreich, Deutschland und der Schweiz. Der Aspekt der *Struktur*, den die Bewohner dieser Region entwickelt haben, erzeugt eine vom restlichen Frankreich sehr verschiedene Energie. Die kollektive Geschichte – das historische *Gepäck* – hat die Elsässer zur Entwicklung dieser Struktur veranlasst, denn ihre Vorfahren haben ziemlich schwierige Situationen und Zeiten durchlebt. In Augenblicken großer Not ist man gezwungen, sich gut zu organisieren, und das hat im kollektiven Bewusstsein der betroffenen Menschen tiefgründige Verwandlungen bewirkt. Ein solcher Mensch würde zum Beispiel, bevor er anfängt das eine oder andere zu kritisieren, erst einmal überlegen und sich sagen: „Wir können uns glücklich schätzen mit dem, was wir haben, denn wir könnten ebenso gut gar nichts haben." Man stellt auch einen positiven deutschen Einfluss fest, der in den Bemühungen, die negativen Auswirkungen des Krieges zu transzendieren und aus den Fehlern und Erfahrungen zu lernen, zum Ausdruck kommt.

Man kann ein Land oder eine Region mit einer Person vergleichen: Sie haben ein Unbewusstsein, eine Mentalität und gewisse individuelle Kennzeichen, die aus den gemachten Erfahrungen hervorgegangen sind. Das kollektive Gedächtnis erschafft ein Egregor, d.h. einen Erinnerungsspeicher in Form einer intelligenten Energie, welche die Menschen des betreffenden Landes, der betreffenden Region oder Stadt in sich tragen. Das Vorhandensein dieser Egregors sowie ihre Beschaffenheit spielen eine wichtige Rolle bei der Wahl des Ortes und des Zeitpunkts einer Inkarnation. Jeder Mensch hat im Laufe seines Lebens bestimmte Erfahrungen zu machen und bestimmte Bewusstseinszustände zu bereinigen, um gewisse Schwächen transzendieren und die in seinem Programm vermerkten Stärken entwickeln zu können. Man wird deshalb immer in dem Land und in der Gegend geboren, wo die notwendigen Bedingungen und Umstände gegeben sind. Die Kosmische Intelligenz entscheidet: „Diese Seele wird sich in Indien inkarnieren, jene in diesem afrikanischen Land, jene in Australien usw."

Jemand, der hyperstark strukturiert und übermäßig starr ist, könnte sich beispielsweise in einem neuen Leben in Afrika inkarnieren, wo das soziale Leben eher einen Mangel an Struktur und Organisation aufweist. Er wird lernen müssen, entspannter zu leben, wobei er aber gleichzeitig seine in früheren Leben erworbene Fähigkeit zu strukturieren und zu organisieren in den Dienst seiner Mitmenschen stellen und ihnen helfen kann, ihrerseits diese Qualität zu erwerben. Natürlich wird er sich eine Zeit lang hin- und hergerissen fühlen, da seine früheren, nun unbewusst gewordenen Persönlichkeiten ihm ständig sagen: „Hier ist alles durcheinander, alles steht Kopf. Es muss dies getan werden, dann jenes, nachher jenes...", während seine neue Persönlichkeit erwidert: „Ist schon gut. Hast du gesehen, wie schön dieser Vogel ist?" (*Lachen*) Sein ganzes Leben hindurch wird dieser Mensch versuchen, den Zwiespalt in seinem Innern zu lösen, und dabei die positiven Aspekte Afrikas integrieren.

Eines Tages müssen wir in der Lage sein, uns sowohl die Betrachtung der Natur zu gönnen als auch in unserem Leben für Struktur und Ordnung zu sorgen. Der Grundgedanke dabei ist, den Punkt zu erreichen, wo wir die Qualitäten aller Länder und Kontinente in unserem Bewusstsein integrieren und dadurch einen freien, universellen Geist entwickeln.

(T: Würden Sie uns bitte die positiven und die negativen Aspekte der Schweiz und Deutschlands nennen?) Selbstverständlich. Die Schweiz vermittelt einem, wo immer man sich in diesem Land auch befinden mag, das Gefühl des Wohlstands. Sie ist eines der wenigen Länder der Welt, wo Geld so gehandhabt wird, als wäre es nichts weiter als Papier und Zahlen. (T: Das kommt daher, weil es das Geld anderer Leute ist.) Das stimmt, aber ich beziehe mich hier auf den positiven Aspekt des Reichtums und Wohlstands, die ja Göttliche Qualitäten darstellen. Doch Sie haben Recht, die Verzerrung dieser Qualität ist in der Schweiz ebenfalls stark verbreitet.

Die positiven und die negativen Aspekte eines Landes entspringen ursprünglich der gleichen Quelle, insofern als eine ins Extrem getriebene Qualität sich zwangsläufig in eine Verzerrung verwandelt.

Die Schweiz ist ein neutrales Land, denn sie bezieht politisch keine Stellung. Trotzdem nimmt sie das Geld vieler Menschen auf, deren Aktivitäten nicht immer *rein und makellos* sind – worauf Sie sich mit Ihrer Bemerkung vorhin wahrscheinlich bezogen. Es ist eine wohlbekannte Tatsache, dass die Praxis der Nummernkonten zur Tarnung einer Menge illegaler Aktivitäten dient. Das erweckt den Anschein, als könnten die Probleme der gesamten Welt – denen oftmals furchtbare Handlungen zugrunde liegen – unter dem Deckmantel der Neutralität einfach unter den Teppich gekehrt werden. Will man nach außen das Bild der Reinheit projizieren, ohne innerlich den Zustand der Reinheit erreicht zu haben, so entwickelt man, um glaubwürdig zu wirken, eine gewisse starre Haltung.

Weitere Merkmale der Schweiz sind die Sauberkeit und Ordnung. Ich konnte diese Aspekte bei meiner Frau Christiane beobachten, die Schweizerin ist. Sie war am Anfang so sehr auf Ordnung und Sauberkeit bedacht, dass sie nirgendwo das geringste Staubkorn oder den kleinsten Fleck duldete. Sie streifte sogar ihre Pantoffeln über, wenn es gar nicht notwendig war. Sollten Sie jemals bei uns zu Hause vorbeikommen, werden Sie die schweizerische Sauberkeit vorfinden. (*Lachen*)

Was Deutschland betrifft, so sind die positiven Aspekte dieses Landes die Struktur, die Disziplin, die Sorgfalt und die Achtung von Gesetz und Ordnung – allesamt großartige Qualitäten, welche eine Gewähr für Standfestigkeit, Kontinuität und Dauerhaftigkeit sind.

Auf der negativen Seite findet man dort die Tendenz zu einer extremen Strukturierung, welche Starrheit und damit verbunden emotionale Probleme erzeugt. Wenn manche Deutsche Alkohol trinken, lassen sie oft das Fass überlaufen, werden maßlos, überschwänglich und geraten außer Rand und Band – sie verlieren völlig ihre Struktur! Wie erklärt sich das? Das kommt daher, dass die zur Aufrechterhaltung einer unnatürlichen Struktur notwendige Energie nicht durch die Göttlichen Qualitäten – die Liebe, die Herzlichkeit, die Sanftheit, das Mitgefühl usw. – getragen ist und somit unweigerlich Blockierungen und extreme Verhaltensweisen hervorruft. Sobald die Schleusen geöffnet werden, brechen die zurückgehaltenen Kräfte los und das Resultat ist in den meisten Fällen nicht besonders positiv.

Auch die Landessprache bzw. die Landessprachen widerspiegeln die Qualitäten und Verzerrungen des betreffenden Landes. Die deutsche Sprache z.B. ist sehr wohl strukturiert und genau, sie kann aber auch zu direkt und schneidend wirken, während die französische Sprache sanfter klingt, poetischer ist, im Negativen aber die Neigung zu Arroganz und Überheblichkeit erkennen lässt.

(T: Ich habe einen Traum, dessen Deutung ich gerne erfahren würde, doch bevor ich ihn mitteile, möchte ich berichten, was ich vor etwa sechs Monaten erlebt habe. Ich wurde Zeugin eines Angriffs: Eine Gruppe von Männern griffen eine Frau an und ich eilte ihr zu Hilfe. Nach diesem Ereignis fing ich an, Alpträume zu erhalten, in denen sehr oft mein Leben in Gefahr war und ich getötet wurde. Ich versuchte diese Erlebnisse, die verborgene Erinnerungen in mir wachgerufen hatten, zu verstehen und das hat natürlich meine spirituelle Entwicklung gefördert. Während dieser Zeit beschloss ich, mir ein Buch über die Spiritualität zu besorgen, und kaufte schließlich Ihr Buch. Es war das erste Mal, dass ich ein Buch von Ihnen las, ich bin also ein Neuling auf dem Gebiet.

Ich hatte mit der Lektüre begonnen, als ich einen Traum erhielt, der eigentlich eher ein Alptraum war, doch meiner Ansicht nach ein superschöner Alptraum: *Ich war ein Herz, ein sehr großes Herz, das einer Valentinstag-Schokoladeschachtel glich; es war flach, nicht rund wie ein Herz normalerweise ist. Zu meiner Linken befand sich ein Scharfschütze. Ich konnte ihn nicht sehen, aber ich nahm all seine Gedanken wahr, weshalb ich wusste, dass er auf mich schießen würde, bis ich tot war, denn er wollte um jeden Preis meinen Tod. Er schoss mehrere Male auf mich und jedes Mal, wenn eine Kugel mich traf, trat an der Einschlagstelle ein Lichtstrahl aus mir heraus, anstatt ein Loch in meinem Körper zu verursachen. Je öfter er schoss, umso höher stieg ich auf, wie ein Flugzeug, das beständig an Höhe gewinnt und immer schneller fliegt. Ich fühlte mich glücklich und vollkommen erfüllt.* Es war das erste Mal, seit ich der Frau geholfen hatte, dass meine Ermordung in mir das Gefühl der Befreiung hervorrief. Ich fühlte mich sehr wohl, als ich aus diesem Traum erwachte. Ich dachte: „Ah! Mein Engel hat mir gerade eine Antwort geschickt." Doch ich würde gerne Ihre Deutung dieses Traums erfahren.) Gut. Vielen Dank.

Das ist ein sehr interessanter Traum, der die schöne innere Arbeit bestätigt, durch die Sie Ihr Bewusstsein erhöht haben.

Erlebt man eine bestimmte Situation, so weist es darauf hin, dass man mit ihr Resonanzen hat. Ist man Opfer eines Angriffs, so bedeutet es, dass man in früheren Leben in der Rolle des Angreifers gehandelt hat. Fühlt man sich dazu berufen, einem anderen Menschen zu helfen, so hilft man eigentlich einem Teil von sich selbst, der durch die betreffende Person dargestellt wird. Es gibt keinen Zufall. Die Frau, der Sie halfen, erntete, was sie gesät hatte. So will es das universelle Gesetz der Göttlichen Gerechtigkeit, das absolute Gültigkeit hat.

Ihr Eingriff, um die Frau zu retten, hat in Ihnen Erinnerungen an Angreifer-Opfer-Situationen wachgerufen. Jeder Mensch trägt solche Erinnerungen in sich, da die Geschichte der Menschheit voller Gewalttätigkeit ist.

Es muss für Sie nach diesem dramatischen Ereignis sehr schwer gewesen sein. Sie haben gewiss allerlei Erschütterungen durchlebt – was Ihre zahlreichen *gewalt-vollen* Alpträume bestätigen –, bevor Sie diese Erfahrung verstehen und die durch die entsprechenden Erinnerungen hervorgerufenen Spannungen freisetzen konnten.

Das Herz in Ihrem Traum stellt einen Teil von Ihnen dar. Es symbolisiert die Liebe, genauer gesagt, Ihre Art zu lieben. Der Scharfschütze stellt ebenfalls einen Teil von Ihnen dar, der Ihnen zu erkennen gibt, dass aggressive Erinnerungen in Ihrem Leben die Liebe zerstören.

Die besagte Frau wurde in der physischen Wirklichkeit angegriffen, während Sie zuerst Zeuge dieses Angriffs waren und danach Angriffe in Ihren Träumen erlebten, also auf der metaphysischen Ebene durch die Begegnung mit Ihren unbewussten Erinnerungen. Der Vorteil dieser Art der Gegenüberstellung mit unseren Erinnerungen besteht darin, dass man sie an der Wurzel – auf der kausalen Ebene – bereinigen kann und somit nicht ihre Auswirkungen in der konkreten Wirklichkeit zu erleiden hat. Hätten Sie sich einfach damit begnügt, der Frau beizustehen, und die Angreifer kritisiert und als widerlichen Abschaum abgetan, ohne dem Erlebnis auf den Grund zu gehen, hätten Sie auf der Ebene Ihrer unbewussten Erinnerungen nichts geregelt. Das menschliche Gericht hätte die Übeltäter verurteilt und vermutlich eingesperrt, Sie aber hätten hinsichtlich der Entwicklung Ihrer Seele keine Fortschritte gemacht.

Dieser Traum zeigt, dass tatsächlich eine Weiterentwicklung stattgefunden hat. Ihre Fähigkeit zu lieben verwandelt sich und wird stärker. Hatte Ihr Körper die Form eines Herzens? (T: Ich selbst war das Herz.) Hatten Sie einen Kopf, Arme...? (T: Nein, ich war nur ein großes rotes Herz.) Ich verstehe. Das gibt zu erkennen, dass Ihre gesamte emotionale Ebene betroffen war. Ein interessanter Punkt ist die Tatsache, dass Ihre innere Arbeit Sie gewisse Dinge erkennen ließ. Sie erkannten: „Der Angriff auf diese Frau hat mich entrüstet. Das bedeutet, dass ich ebenfalls aggressive Teile in mir habe." Diese Einsicht brachte Sie mit Ihren eigenen Erinnerungen der Aggressivität in Verbindung. Der Traum aber zeigt, dass Ihre Fähigkeit zu lieben stärker als die noch in Ihnen vorhandenen aggressiven Kräfte geworden war.

Haben Sie auf die in Ihren Alpträumen erlittenen Angriffe aggressiv reagiert? Hatten Sie Angst? (T: Nein. Mein Leben war zwar in Gefahr, doch es geschah immer etwas, das mich rettete. Ich erinnere mich, dass die Frau, als ich ihr zur Hilfe kam, von ungefähr 10 jungen Männern mit Stöcken und Flaschen angegriffen wurde. Die Engel müssen mitgeholfen haben, weil es mir gelang, die Angreifer aufzuhalten. Wenn ich im Nachhinein darüber nachdachte, fiel es mir schwer zu glauben, dass ich sie tatsächlich gemeistert hatte. Ich sagte mir: „Das war nicht ich, die das vollbrachte." Andererseits bin ich mir bewusst, dass es in mir eine Menge Aggression und unterdrückte Wut geben muss, um der Aggressivität von 10 Männern entgegentreten zu können.) Das ist richtig.

Sie stellten sich der Situation und erhielten die notwendige Kraft und Stärke, um sie zu bewältigen. Hätten Sie in Ihren Träumen, wo Ihr Leben bedroht war, Angst zu sterben gehabt, so würde es bedeuten, dass Sie das Konzept der Göttlichen Gerechtigkeit noch nicht integriert haben. Die Tatsache aber, dass das Herz in Ihrem Traum auf die erlittene Aggression mit Lichtstrahlen reagierte, zeigt sinnbildlich, dass Sie das Verständnis erreicht haben, und bestätigt Ihre tiefgründige innere Arbeit. Ein solcher Traum manifestiert sich auf der konkreten Ebene dadurch, dass man aufhört, auf Gewalt mit Gewalt zu reagieren. Ist ein Mensch uns gegenüber nicht nett, so kann man Alchemie betreiben. Man schließt auf sich selbst zurück und sagt sich: „Aha! Dieses Verhalten gibt mir was zu erkennen. Ich werde es in mir bearbeiten und verwandeln." Indem man so verfährt, entwickelt man die wahre Liebe und lernt ihre Macht kennen.

Das Herz in Ihrem Traum ähnelte einer Schachtel Schokolade. Das weist auf eine Form von Liebe hin, bei der man die anderen mit Süßigkeiten und süßen Aufmerksamkeiten verwöhnt, während Ihre Fähigkeit zu lieben nun tiefer reicht und spiritueller ist. Die Öffnung, die Sie auf der emotionalen Ebene erfuhren, hat Ihr Herz verwandelt: Es kann nun Licht ausstrahlen und das ist wunderbar!

(T: Je öfter der Mann auf mich schoss, umso höher stieg ich auf.) Kann man in einem Traum fliegen, so weist das auf eine Erhebung des Bewusstseins hin. Es kann u.a. auch angeben, dass man seine engelhafte Fähigkeit, die Parallelwelten zu bereisen, wiederentdeckt. Auf einer mehr erdbezogenen Ebene bedeutet das Fliegenkönnen die Fähigkeit, einen hohen Bewusstseinszustand beizubehalten, selbst wenn man von negativen Energien umgeben ist.

(T: Ich habe noch einen Punkt, den ich gerne ansprechen möchte: Jemand sagte mir, ich hätte dadurch, dass ich die Frau rettete, in ihr Karma eingegriffen. Der Angriff sollte ihr als Lehre dienen und mein Eingreifen habe ihr geschadet, weil sie dadurch ihr Karma nicht erfahren konnte. Ich erwiderte darauf: „Vielleicht war mein Eingreifen aber auch ein kleines Licht, durch das sie erfahren sollte, dass es die Liebe in dieser Welt doch noch gibt.") Genau, das ist richtig.

(T: Soll man in solchen Situationen eingreifen oder nicht? Die Frau würde ohne mein Dazwischenkommen wahrscheinlich tot sein – zumindest hat mir das die Polizei gesagt. Sollen wir in solchen Fällen einfach dastehen und zusehen, wie jemand ermordet wird?) Nein, im Gegenteil. Natürlich gibt es für solche Situationen kein festes Rezept, doch in den meisten Fällen, wo wir in der Lage sind, etwas zu tun, um dem anderen zu helfen, ist es unsere Pflicht einzugreifen.

In diesem Beispiel haben Sie durch die Rettung der Frau – die einen Teil Ihres Wesens darstellt – eigentlich auch sich selbst gerettet.

Eines Tages werden die Begriffe „die anderen" und „die Fremden" nicht mehr in unserem Wortschatz und Bewusstsein enthalten sein und wir werden in jedem Menschen einen Teil von uns selbst erkennen. Natürlich könnten wir, wenn wir diese Logik kategorisch durchziehen, beim Anblick der Nachrichten im Fernsehen versucht sein zu sagen: „Ich werde dem Diktator in diesem oder jenem Land den Garaus machen." Wir könnten Lust haben, Kreuzzüge zu unternehmen, um anderen Menschen zu helfen – Ursachen dafür gibt es in unserer Welt wahrlich mehr als genug. Das würde aber einer anderen Dynamik entsprechen. Ergibt sich jedoch eine solche Situation in unserer unmittelbaren Nähe und ist es uns möglich, dem anderen zu helfen, so müssen wir es tun. Es ist falsch zu glauben, man würde dadurch mit dem Karma des anderen in Konflikt geraten. Hätte diese Frau tatsächlich ein schwereres Karma zu erleiden gehabt, so wären Sie erstens nicht gerade in diesem Augenblick an eben dieser Stelle aufgetaucht, und zweitens wäre es Ihnen nicht in den Sinn gekommen, einzugreifen, und Sie hätten nicht die Kraft aufgebracht, die Frau zu retten. Generell sei gesagt, dass man sich selbst ein folgenschweres Karma erschafft, indem man dort, wo man helfen könnte, seine Hilfe nicht anbietet.

(T: Ich hatte schon eine gute Weile an meiner spirituellen Entwicklung gearbeitet, doch waren mehrere Schubladen verschlossen geblieben. Dieses Ereignis half mir, in meine Tiefen vorzudringen und die Schubladen nicht nur zu öffnen, sondern auch ihren Inhalt genau durchzusehen.) Ich verstehe. Sie wurden mit dieser Situation konfrontiert, weil in Ihnen noch aggressive Kräfte vorhanden waren. Wenn Ihr Streben nach Liebe und Gerechtigkeit auch größtenteils noch unbewusst ist, so setzte es sich doch durch und beendete die gewalttätige Situation. Dabei mussten Sie die Angreifer gar nicht bekämpfen. Durch die Weisheit Ihrer weiblichen Gegenwart und das Licht, das Sie wie in Ihrem Traum ausstrahlten, gelang es Ihnen, die negativen Kräfte zu entwaffnen.

(T: Eigentlich habe ich schon physisch eingegriffen, um ihre Waffen zu ergreifen, obwohl ich es selbst kaum glauben kann, dass ich die Männer entwaffnen konnte. Ich kann mich an gewisse Einzelheiten des Geschehens gar nicht erinnern. Ich muss diese Woche vor Gericht erscheinen und das wird gewiss eine sonderbare Zeugenaussage ergeben. Es war so, als wäre ich gar nicht körperlich dort gewesen. Vermutlich war es mein Schutzengel.) Das ist richtig. Sie befanden sich während des Angriffs der Frau in einem sehr hohen Bewusstseinszustand und Ihr Traum zeigt, dass Sie nun dabei sind, dieses hohe Niveau der Liebe und des Mitgefühls dauerhaft zu integrieren.

Sie müssen sich aber auch bewusst bleiben, dass es zwischen diesem Angriff und Ihnen eine karmische Parallele gibt, denn man begegnet einer solchen Situation nicht zufällig. Sie sollte Ihnen etwas zu erkennen geben, eine Lehre vermitteln. Es ist tatsächlich so, als hätten Sie sich selbst entwaffnet, als hätten Sie die aggressiven und angriffswütigen Teile Ihres eigenen Wesens entwaffnet. Das Erlebnis einer solchen Erfahrung auf der physisch-konkreten Ebene ist äußerst beeindruckend; sie löst sehr starke Gefühle und Empfindungen in einem aus und die gemachte Erfahrung gräbt sich tief ein. Die Verteidigung eines anderen Menschen erfordert viel Mut und dieses Beispiel gibt zu erkennen, dass der Mut nicht nur den Männern gegeben ist, sondern auch den Frauen.

(T: Ich habe das Ganze gut überstanden und ich glaube, dass mir meine spirituelle Öffnung dabei sehr geholfen hat, denn die letzten Monate waren sehr schwer.) Das kann ich mir gut vorstellen. Die Begegnung mit Ihren aggressionsgeladenen Erinnerungen ließ Sie machtvolle Dinge durchleben – das zeigt auch die Tatsache, dass in Ihren Alpträumen ständig Ihr Leben in Gefahr war. Sie haben Erinnerungsspeicher geöffnet, in denen seit wer weiß wie vielen Leben aggressive, gewalttätige Handlungen abgelagert wurden.

(T: Ich finde das, was Sie sagen, sehr bezeichnend, denn mein Exmann war gewalttätig. Nun gehört er einer Organisation an, die gegen die Gewalttätigkeit an Frauen ins Feld zieht.) Da haben Sie einen schönen Beweis dafür, dass der Bereinigungs- und Verwandlungsprozess Ihres inneren Mannes im Gang ist.

Während des Angriffs haben Sie in positiver Weise erfahren, wie sich der Mut in Ihnen manifestieren kann, und im Anschluss daran stiegen aus Ihrem Unbewusstsein noch nicht bereinigte Erinnerungen der Gewalttätigkeit auf, die in Form von Alpträumen zum Ausdruck kamen. Wir können manchmal spüren, wie positive Mut-, Kraft- oder Machtströmungen uns durchqueren, wenn der Himmel uns metaphysische Energien schickt, die unseren physischen Körper befähigen, fast übernatürliche Taten zu vollbringen.

(T: Ich habe auf jeden Fall zwei wichtige Lektionen aus dieser Erfahrung gelernt. Als Erstes verstehe ich nun besser, was es bedeutet, Mitgefühl zu haben. Als ich die Idee akzeptierte, dass ich diese Gewalttätigkeit auch in mir selbst trug, sagte ich mir: „Ich habe kein Recht, diese Männer zu verurteilen, da ich einst ebenso handelte. Sie sind auf ihrem Entwicklungsweg eben noch nicht weiter." Und zweitens verstehe ich nun den Sinn der Prüfungen als Lernerfahrungen besser – ich weiß heute, dass diese Erfahrung meiner Weiterentwicklung diente. Trotz der Schwierigkeiten, die ich in den letzten Monaten durchlebte, ist im Grunde genommen alles vollkommen positiv. Ich sage mir heute, dass das Leben mich in diese und jene Situation versetzt, weil *Es* der Ansicht ist, dass ich bereit bin, einen Schritt weiterzugehen. Folglich ist eigentlich alles positiv. Es ist eine Schule. Und es hilft mir wirklich sehr, meine Erlebnisse mitteilen zu können.) Das, was Sie sagen, ist nicht nur sehr schön, sondern auch sehr weise.

Sobald wir das Gesetz der Störung – welches ein Teilaspekt des Resonanzgesetzes ist – verstehen und jedes Mal, wenn uns etwas stört, auf uns selbst zurückschließen, können wir in der Tat sehr hohe Bewusstseinszustände erreichen. Die Anwendung des Resonanzgesetzes hilft uns in außerordentlicher Weise bei der Bereinigung unserer verzerrten Erinnerungen.

Das, was Sie sagten, ist so schön, weil die Erde tatsächlich eine Schule ist. Wir befinden uns hier ausschließlich, um zu lernen. Eines Tages müssen wir das Sterben lernen, denn die Erfahrung und Transzendenz des Todes gehört zu unserem Schicksal. Wir verbringen ein Leben auf der Erde, kommen hier mit unserem Gepäck und unseren – positiven wie negativen – Erinnerungen aus früheren Leben an und nehmen sie, weiter angereichert, erleichtert oder erschwert, in unser nächstes Leben mit.

Wir sind bereits am Ende dieses Workshops angelangt! Wie schnell die Zeit verfliegt, wenn man sich wohlfühlt! Ich danke Ihnen allen von ganzem Herzen für Ihre Teilnahme und Ihre Mitteilungen.

WORKSHOP
Die Symbolsprache der Träume ist sehr genau

(T: Ich würde gern die Deutung eines Traum erhalten. Meine Träume haben immer mit Wasser zu tun, ich denke, das steht im Zusammenhang mit der Arbeit an meinen Emotionen. In meinem Traum *befand ich mich in meinem Wagen. Ich verließ Montpellier, um nach Aix-en-Provence nach Hause zu fahren. Aber ich passte nicht auf und fuhr stattdessen nach Nizza. Dort angekommen stellte ich fest, dass ich in Wirklichkeit gar nicht in Nizza selbst war, sondern in einer kleinen Bucht am Meer, umsäumt von Pinien und einer kleinen Straße. Die Bucht war sehr ruhig und es gab dort zwei große, massive Felsen von 2 bis 3 Tonnen, die beide mit einer feinen Rostader umrandet waren. Ich saß in meinem Auto und sagte mir: „Ich werde diese kleine Straße nehmen." Dann fuhr ich auf der kleinen Straße die Bucht entlang und schaute dabei aufs Wasser. An einer Stelle stieg das Meer an und schwappte bis auf die Straße hoch, aber nicht sehr stark. Ich würde sagen, die Straße stand vielleicht 10 cm unter Wasser. Daraufhin drehte ich ruhig um und fuhr zu meinem Ausgangspunkt in der Bucht zurück. Es war merkwürdig, denn ich spürte, dass ich mich gleichzeitig auf einer Straße und auf einem Gehweg befand, und überall war Wasser. Auf dem Parkplatz angekommen, schaute ich aufs Wasser in der Bucht, das wieder ruhig und klar geworden war. Dann sah ich im Wasser Stufen, die nach unten führten. Es waren schöne Stufen, ein bisschen wie sehr breite, antike römische Stufen. Ich schaute mich um und fühlte mich wohl.* Ich hatte das Gefühl, als wollten die Himmlischen Mächte, dass ich irgendwohin nach unten ginge.)

Danke für die Mitteilung dieses Traums. Sie leben in Aix-en-Provence in Frankreich? (T: Ja.) Waren Sie sich im Traum darüber bewusst, dass Sie in Aix leben? (T: Ja, völlig.) Gut. Was stellen die Städte Montpellier und Aix für Sie dar? (T: Ich bin Vertriebsleiterin, und sie gehören zu meinem Arbeitsgebiet.) Ich verstehe. Also repräsentieren Montpellier und Nizza vor allem Ihre Arbeit für Sie? (T: Ja.)

In den Träumen ist die Symbolsprache sehr präzise. Wir müssen uns immer auf das Wesentliche konzentrieren und aufpassen, ein Symbol nicht zu missdeuten oder zu extrapolieren. Da Nizza und

Montpellier also für Ihre Arbeit stehen, wissen wir von vorneherein, dass dieser Traum die Einstellung gegenüber Ihrer Arbeit betrifft.

Beginnen wir also mit der Interpretation. Zuerst befanden Sie sich in Ihrem Wagen. Was bedeutet das Auto? Wofür benutzen wir es? Wir können damit zur Arbeit fahren, Einkäufe erledigen, Freunde besuchen usw. Im Allgemeinen befinden wir uns im sozialen Umfeld, wenn wir es benutzen. Deshalb zeigt uns das Auto und unser Fahrstil, wie wir uns im Leben benehmen und auf andere Menschen zubewegen. Wir müssen ein Symbol immer auf uns selbst beziehen und uns dabei bewusst sein, dass es einen Bewusstseinszustand oder ein Bewusstseinsfeld darstellt.

Es ist klar, dass dieser Traum in Bezug zu Ihrer Arbeit in der Materie und der konkreten Welt steht, ansonsten hätten Sie sich irgendwo anders befunden und Ihnen wären nicht die Symbole Nizza und Montpellier gezeigt worden. Sie wären einfach irgendwo an der Küste gewesen, oder aber ein anderes Symbol hätte sich auf einen sonstigen Lebensbereich bezogen, zum Beispiel auf eine emotionale oder familiäre Situation. Dieser Traum betrifft eindeutig den Teil Ihres Lebens, der Ihre Arbeit und Ihre konkrete Arbeitsweise beinhaltet, denn es gibt hier kein weiteres Symbol, das in eine andere Richtung weisen würde. Ein Traum kann in viele Richtungen zeigen und viele verschiedene Aspekte ans Licht bringen, doch in diesem hier ist alles auf die Arbeit konzentriert.

Sie verließen Montpellier, um nach Hause nach Aix zu fahren. Der Wunsch, nach Hause zu fahren, bedeutet, dass wir uns nach innen wenden möchten, um Erholung zu finden. Sie jedenfalls waren unaufmerksam und fuhren statt nach Aix nach Nizza. Hierbei handelt es sich um eine Fehltat[1], denn im Normalfall sollte man dort ankommen, wo man hin möchte. Dies bedeutet, dass Sie bei der Arbeit manchmal dazu neigen, Ihr Privatleben zu vergessen, das hier durch Ihre Heimatstadt symbolisiert wird. Sie sind immerzu auf Ihre Arbeit und Ihre Handlungen in der Außenwelt konzentriert, was Sie davon abhält, zu sich zu finden, sich zu erholen und neue Kraft zu schöpfen.

Sie sahen zwei große Felsen. Was stellt ein Felsen dar? Steine und Felsen gehören dem Mineralreich an, weshalb sie dem Unbewusstsein

---

1 - Der Begriff *Fehltat* umfasst die Idee eines Ausrutschers, Fehlers, Missgeschicks, Schnitzers, Versehens, Vergessens, einer Unterlassung, jede Art Handlung oder unterlassene Handlung, die nicht richtig, nicht in Harmonie mit dem Göttlichen ist.

sowie unbewussten Erinnerungen an vergangenes Handeln entsprechen. Sie versinnbildlichen ebenfalls die Basisstruktur unseres seelischen Unterbaus und die Erinnerungen generell.

Eine Rostader umrandete jeden der Felsen, so als ob sich alte, eingerostete Erinnerungen in Ihrer Art zu arbeiten ausdrückten und Sie Ihre Arbeit in einer eingerosteten Dynamik angingen. Sieht man ein rostiges Fahrzeug, denkt man sofort an Zerfall und Zersetzung. Das betrifft nicht unbedingt Ihre gegenwärtige Arbeit – das Ergebnis Ihrer Arbeit –, denn dieser Gedanke taucht im Traum nicht auf; doch Ihre Arbeitsweise wird von alten Erinnerungen beeinflusst, die symbolisch gesehen verrostet sind. Denkt man an Rost, so denkt man an etwas, das der Kraft der Elemente überlassen wurde und erodiert ist.

Da sich die Szene in einer Bucht abspielt, stellen Emotionen einen Kernpunkt dar, sogar starke Emotionen, da das Meer anstieg und Wasser die Straße überflutete. Starke Gefühle behindern Ihre Arbeit und schaffen Blockierungen. So können Sie sich zum Beispiel mitten in Nizza sagen: „Ach, mir steht es bis hier! Ich hab' genug davon, immer nur zu arbeiten, arbeiten, arbeiten!", so als ob Sie aufgrund der alten emotionalen Erinnerungen, die Ihre Energie *erodieren* und verbrauchen, Ihre Lebendigkeit verlören und eine große Müdigkeit Sie überkäme.

Dann kehrten Sie in die Bucht zurück, wo das Wasser ruhig und klar war und Sie Stufen sahen, die ins Wasser hinab führten. Das ist sehr positiv, denn es besagt, dass die Himmlischen Mächte Sie veranlassen wollen, in Ihre emotionale Welt einzutauchen, um Ihre die Arbeit betreffenden Gefühle zu verwandeln. Deshalb sahen Sie die Stufen, die ins Wasser hinunter führten.

Es waren alte Stufen, Sie sagten römischen Stils, was bedeutet, dass Sie diesen Weg in Ihr emotionales Unbewusstsein bereits gegangen sind. Das heißt, Sie verfügen über ein gehöriges Potenzial, das Ihnen die Bereinigungsarbeit erleichtern wird. Sie werden letztendlich eine neue Art und Weise entwickeln, konkret zu arbeiten, und einen neuen Weg finden, sich zu äußern, denn Sie sind dabei, eine neue Sichtweise der Dinge zu verinnerlichen. Im Augenblick befinden Sie sich in einem Bewusstseinszustand, in dem Sie einen neuen Sinn in Ihrer Arbeit finden möchten, sowie eine motivierendere Arbeitsweise. Dies erklärt Ihnen der Traum.

(T: Werden sich die Dinge und Situationen langsam *entrosten?*)
Ja, genau das wird passieren, aufgrund der Stufen am Ende des
Traumes. Das durch den Rost versinnbildlichte Problem besteht
in der Tendenz, nichts zu tun, sondern die Dinge einfach ihren
Lauf nehmen zu lassen. So war das auch bei Ihnen. Jetzt treten
Sie in eine Phase ein, wo Sie in Ihre alten emotionalen Erinne-
rungen eintauchen, die Ihre Energie *erodieren* und zum Verrosten
bringen. In dem Maße, in dem Sie diese Erinnerungen bereinigen,
werden Sie die Dinge in einem anderen Licht sehen und in Ihrer
Arbeit eine neue Bedeutung und neue Beweggründe finden. Ihr
Leben wird an Sinn gewinnen.

Diese *rostige* Art zu arbeiten findet man bei vielen Menschen.
Wenn wir die spirituelle Bedeutung unserer Arbeit nicht finden
und die Spiritualität nicht in unsere Arbeitsweise integrieren,
kommt unweigerlich der Moment, wo wir uns müde fühlen. Unge-
achtet der Art unserer Arbeit – selbst wenn wir sie mögen – haben
wir nach 10 oder 15 Jahren das Gefühl, unseren Job in- und aus-
wendig zu kennen: all seine Facetten, alle Feinheiten, Ecken und
Winkel, und wir verlieren unsere Begeisterung.

Ohne spirituelle Basis arbeiten wir aus einer Unsicherheit heraus,
aus Ehrgeiz und Habgier, verrosten innerlich langsam und treffen
letztlich auf Blockierungen. Wir fühlen den Druck, arbeiten aber
in dieser Dynamik weiter, ein bisschen so wie ein Workaholic, der
nie genug Ressourcen und Geld hat und immer in der Angst lebt,
zu wenig zu haben.

Andererseits können wir ein Zugehörigkeitsgefühl zur Firma entwickeln, das nicht auf gemeinsamen spirituellen Werten beruht,
sondern tatsächlich eine emotionale Abhängigkeit darstellt, als ob
das Geschäft zu unserem Lebenssinn geworden wäre.

Aber selbst wenn es eine Verzerrung darstellt, wegen des Geldes
oder aus Abhängigkeit eine Arbeit zu wählen, so bleibt immer
noch ihr erzieherischer Wert, denn wir lernen bei jeder Arbeit
weiterhin über uns selbst und unser Leben. Dennoch müssen wir
irgendwann die spirituelle Bedeutung des Arbeitens integrieren,
die in der Entwicklung von Qualitäten und Tugenden besteht.
Wenn wir dann einen Kunden anlächeln, tun wir es nicht, um einen Verkauf abzuschließen, und sind wir nett zu einem Kollegen,
so nicht, um einen Vorteil zu erlangen.

Wir sollten uns auch die Frage stellen, wen und was wir mit unserer Arbeit unterstützen, und falls nötig die Stelle wechseln und einen anderen Weg suchen, um unseren Lebensunterhalt zu verdienen und unsere Spiritualität zu fördern, denn manche Stellen, Produkte und Dienstleistungen sind sehr verzerrt. Eine positive, gerechte und unsere Mitmenschen inspirierende Arbeit – dies sollte unsere Motivation sein.

Jedenfalls bewirken wir durch unsere Gedanken, Gefühle, Gesten und Handlungen bei der Ausübung einer Arbeit eine ständige Verwandlung unseres Bewusstseins. So weit zu diesem Thema.

(T: Vor kurzem habe ich von meiner 91-jährigen Großmutter geträumt, was ich noch nie getan hatte. *Ich befand mich in einem Einkaufszentrum, wo Leute waren, die ich kannte, das heißt, mir war bewusst, dass ich sie kannte, aber ich habe sie nicht wirklich erkannt. Ich schaute mir einiges an, aber ich wollte nichts. Ich sah verschiedene bunte Halsketten, die ich hübsch fand, aber ich kaufte keine. Dann ging ich zu meiner Großmutter, die auf einer kleinen Holzbank saß, und fragte sie: „Möchtest du irgendetwas?", und sie antwortete: „Ich würde wirklich gern die kleinen Schuhe kaufen, die ich dort drüben gesehen habe, denn ich habe sie am Geburtstag meiner Mutter getragen, als ich vier war. Aber ich habe nur zwei Euro, und sie kosten drei." Da öffnete ich meinen Geldbeutel und gab ihr einen Euro, um die Schuhe zu kaufen, ein Paar kleiner, weißer Schuhe mit Streifen.* Das ist alles.)

Es ist möglich, dass Sie in diesem Traum die Seele Ihrer Großmutter besuchten. Um herauszufinden, ob es sich um einen solchen Traum handelt, möchte ich Ihnen folgende Fragen stellen: Ist Ihre Großmutter spirituell offen? Ist sie *erwacht*? (T: Ja, auf jeden Fall. Sie misst dem Wesen der Dinge sehr viel Bedeutung bei. Wenn wir in den Supermarkt gehen und ich ihr etwas schenken möchte, sagt sie jedes Mal: „Mich interessiert nichts mehr, ich möchte einfach nur noch mit dir glücklich sein." Sie ist eine großherzige Frau.) Vielen Dank.

Einerseits ist es möglich, dass Sie ihre Seele besuchten. Wenn ich aber andererseits über den ersten Teil des Traumes nachdenke, wo Sie entschieden, nichts zu kaufen – Sie selbst trafen die Entscheidung, nichts zu kaufen, was Ihren inneren Abstand zeigt –, glaube ich, dass der Traum nicht Ihre Großmutter selbst betraf. (T: Ich hatte Geld für sie, damit sie sich etwas kaufen konnte, und ich kaufte nichts für mich selbst.) Gut, also ist es ein Traum des ersten Typs, das heißt, in dem alle Symbole nur Teile von Ihnen darstellen.

Die Szene spielt in einem Einkaufszentrum, wo man gewöhnlich hingeht, um Einkäufe zu erledigen. Die positive Symbolik eines Einkaufszentrums ist durch die Tatsache gegeben, dass man dort Waren in Hülle und Fülle und aus aller Welt vorfindet. Auf der negativen Seite stellt es Materialismus und Oberflächlichkeit dar, beides Bewusstseinszustände, die man sehr deutlich an einem solchen Ort spürt. Die Menschen, die ihre Zeit in Einkaufszentren verbringen, kennen meist die heilige Bedeutung des Wohlstandes nicht und sind nur daran interessiert, ihre eigenen Bedürfnisse zu befriedigen, ohne jegliches Bewusst-Sein bei der Produktwahl und ihrem Konsumverhalten. Sie fragen sich zum Beispiel nicht, ob das Produkt umweltfreundlich ist, ob die Hersteller- oder Vertriebsfirma gute Werte vertritt, wie sie ihren Gewinn verteilt, wie sie ihre Ressourcen managt – mit oder ohne Abfall – usw. Ich stelle mir immer solche Fragen, wenn ich einkaufe, und schaue, ob in den Waren, die ich besorge, tierische Nebenprodukte enthalten sind, ob sie umweltfreundlich sind und ich sie wirklich brauche.

In Ihrem Traum haben Sie die Produkte lediglich angeschaut, ohne sie kaufen zu wollen, was bedeutet, dass Sie ein gewisses Maß an innerer Zufriedenheit erlangt haben. Sie empfinden keinen Drang nach Kompensierung durch materielle Güter. Dieser Traum ist Ausdruck eines Gleichgewichts und einer Stabilität in Bezug auf die Materie.

Sie schauten sich hübsche Halsketten an. Halsketten, aber auch Anhänger, Ringe und andere Schmuckstücke stehen je nach Kontext für das Gefühl der Allianz und der Zugehörigkeit zu einer Sache, einem Ideal, einer Person usw. Die Schmuckstücke, die wir tragen, stellen ein Ideal oder Ziel dar sowie den Weg oder die Philosophie, die wir gewählt haben, um dieses Ziel zu erreichen. Ich persönlich trage ein Schmuckstück, und es stellt für mich etwas sehr Wichtiges dar. Legt man einem Hund ein Halsband an, um zu zeigen, zu wem er gehört, gibt man ihm damit eine Identität. Das Gleiche gilt für uns Menschen, nur dass es sich in diesem Fall um die Zugehörigkeit zu einer Philosophie, einer Weltanschauung oder um die Identifizierung mit einem Gefühl handelt.

Trägt jemand zum Beispiel ein Schmuckstück in Herzform, gibt dies zu erkennen, dass ihm Liebe und Zuneigung wichtig sind und dies sein Weg ist, es auszudrücken. Taucht als Symbol kein eindeutiges Bild auf, wie z.B. Perlen oder Edelsteinen, verwendet man zur Deutung die Symbolik der Farbe oder des Materials, aus dem der Schmuck gemacht ist. Trägt jemand beispielsweise eine Perle, so zeigt dies, dass dieser Mensch auf der Suche nach reinen Gefühlen ist und die Negativität umzuwandeln sucht. Eine Anstecknadel in Form eines Kartenspiels enthüllt über die Person, die sie trägt, dass sie gewinnen will und ihr Schicksal kontrollieren möchte. Ein Mann, der einen Anhänger in Form eines Boxhandschuhes trägt, kämpft gern und schätzt Konkurrenzdenken sowie Auseinandersetzungen.

Menschen, die viele verschiedene Schmuckstücke gleichzeitig tragen, drücken damit alle möglichen Zugehörigkeitsgefühle aus. Sie sind Gefangene der Materie und ihnen fehlt eine klare Zielsetzung, sie sind zerstreut und unausgeglichen. Jede Übertreibung, in welcher Form auch immer, signalisiert eine innere Leere und enthüllt einen Mangel in den tiefsten Schichten unseres Wesens.

Kommen wir zu Ihrem Traum zurück. Sie sind danach zu Ihrer Großmutter gegangen, und als Sie sie nach ihren Wünschen fragten, wollte sie die kleinen weißen Schuhe haben. Ihre Großmutter stellt einen Teil von Ihnen dar. Die positive Symbolik unserer Vorfahren ist Weisheit oder das Streben danach.

Idealerweise ist das Alter ein Lebensabschnitt, wo der Mensch eine Bestandsaufnahme seines Lebens macht und an die folgenden Generationen den Wunsch nach spiritueller Entwicklung weitergibt, wodurch es eine sehr schöne Lebensphase darstellt.

Jedoch ist es für unsere Großeltern und älteren Verwandten oft wichtiger, auszugehen, sich Veranstaltungen anzusehen oder Karten zu spielen. Oftmals haben Personen dieser Generation große Mängel auf der materiellen und sozialen Ebene erlebt oder mussten sehr jung schon viel Verantwortung tragen. Deshalb versuchen sie später, wenn ihnen Mittel und Wege zur Verfügung stehen, die ihnen entgangene Jugend zu leben. Manche werden auch im Alter krank. Je weiter entwickelt ein Mensch ist, desto mehr Weisheit erreicht er im Alter. Solche Menschen erfreuen sich oft auch einer besseren Gesundheit.

In traditionellen Gesellschaften waren alte Menschen die Weisen des Dorfes, die andere berieten, inspirierten und ihren Familien und Freunden halfen. Diese Tradition ist in unserer Zeit verloren gegangen, aber sie wird wiederkommen. Die älteren Menschen unserer Zeit sind durch den Überfluss ganz verwirrt und neigen zu Verschwendung oder sie lassen sich durch oberflächliche Aktivitäten zerstreuen.

Die Neuen Kinder aber entwickeln andere Werte. Was sie wirklich inspirieren wird, ist die metaphysische Bedeutung des Lebens. Man braucht nur an das Umweltbewusstsein der jungen Menschen zu denken. Sie möchten ihre Seele und ihre innere Erde reinigen und werden dabei gleichzeitig auch die Folgen der Experimentiererfahrungen ihrer Eltern berichtigen. Eine Generation entwickelt sich immer auf der Grundlage dessen, was ihnen ihre Vorgänger hinterlassen haben. Dieses Erbe mag negativ erscheinen, ist aber letztendlich positiv, denn negative Situationen führen zu Erkenntnis und Bewusstwerdung. Selbst wenn die Menschheit schwere Zeiten durchleben muss, werden diese Schwierigkeiten eine neue Lebensweise und neue Schwingungen hervorbringen.

Kommen wir zum Traum zurück. Ihre Großmutter stellt Ihre weise und erfahrene Seite dar, und sie wollte kleine, weiße Schuhe. Schuhe versinnbildlichen die Art und Weise, wie wir unsere Fähigkeit voranzukommen stärken und was wir beim Vorrangehen ausstrahlen, welche Energie in der materiellen Welt von uns ausgeht. Weiß symbolisiert die Spiritualität, was aufzeigt, dass Sie sich in spiritueller Weise vorwärtsbewegen und manifestieren möchten.

(T: Als ich aufwachte, fragte ich mich fasziniert: „Warum war es für sie so wichtig, diese weißen Schuhe zu bekommen? Was war so besonders am Geburtstag ihrer Mutter?")

Es bedeutet, dass sie symbolisch gesprochen *in ihre Mutter eintauchen wollte.* Die Mutter steht immer für den inneren Aspekt der Dinge, deshalb wollte derjenige Teil in Ihnen, der spirituell handeln möchte, sich nach innen wenden, dort eintauchen. Sie wollten die Spiritualität integrieren, in Ihre innere und auch in die äußere, materielle Welt einfügen, denn Sie befanden sich in einem Einkaufszentrum. Daher wird der von Ihnen angestrebte Bewusstseinszustand – dargestellt durch die Schuhe – nicht unbedingt zur Umsetzung in der konkreten Handlung dienen, sondern in Ihrem Inneren zum Tragen kommen sowie in der Weisheit, die Sie Ihren materiellen Bedürfnissen gegenüber entwickeln.

Ihr Traum zeigt, dass Sie bereit sind, in einer wirklich tiefgründigen, intensiven Weise den Weg der spirituellen Entwicklung zu gehen, ihn zum Mittelpunkt Ihres Lebens zu machen. Soweit zu dieser Deutung.

(T: Ich wüsste gern, was es bedeutet, von verstorbenen Menschen zu träumen. Über 40 Jahre lang habe ich nicht von meinem Vater geträumt, aber jetzt habe ich von ihm geträumt. *Es ging ihm gut, er war bei guter Gesundheit und gut gekleidet.* Was bedeutet das?)

Es ist uns durchaus möglich, die Seele verstorbener Menschen zu besuchen. Aber Ihr Vater ist wahrscheinlich schon wiedergeboren, da sein Tod 40 Jahre zurückliegt. In Ihrem Traum stellte er einen Aspekt Ihres Selbst dar, und zwar die konkrete Handlung. Deshalb hatten Sie am Tag nach diesem Traum wohl viel Lebenskraft und Energie, die Sie handeln und etwas unternehmen ließen.

(T: Gilt das Gleiche für die Mutter? Denn ich habe auch von meiner Mutter und meiner verstorbenen Schwester geträumt.) Wie wir vorhin schon sahen, stellt die Mutter das Innere, die Innenwelt dar. (T: Und die Schwester?) Es kommt darauf an, was sie für Sie bedeutet. (T: Meine Schwester starb vor langer Zeit. Ich liebte sie sehr. Sie war wie eine Mutter für mich. Sie war 10 Jahre älter als ich. Meine Mutter war nicht wirklich meine Mutter, meine Schwester übernahm die Mutterrolle für mich.) Gut, ich verstehe. Ein solcher Traum zeigt, dass Sie sich um Ihre Innenwelt kümmern, ruhig nachdenken, sich trösten, anstatt sich vorwurfsvoll an die Stirn zu schlagen. An diesem Tag fühlten Sie wahrscheinlich so viel Trost und Zuwendung, als sei Ihre Schwester an Ihrer Seite.

Sie könnten aber auch ihre Seele besucht haben. Denn je mehr wir mit den Träumen arbeiten, desto häufiger erhalten wir Träume, in denen wir die Seele unserer Mitmenschen besuchen. Doch bei jedem Traum müssen wir die Symbole zunächst auf uns beziehen und sie als Teile von uns selbst betrachten. Wenn die Ereignisse einige Tage später bezeugen, dass wir auch die Seele der im Traum gesehenen Person besucht haben, dann und nur dann wissen wir, dass die Symbole nicht ausschließlich Teile von uns darstellen. Auf jeden Fall wird uns ein Traum nur geschickt, damit wir etwas über uns selbst begreifen, auch wenn wir dabei die Seele eines anderen Menschen besuchen. Denn in die Parallelwelten wird man nicht als einfacher Tourist eingelassen.

Träumt man von einem verstorbenen Menschen, so gilt das Gleiche: Entweder stellt er einen Teil des Träumers dar oder dieser war wirklich in Kontakt mit der Seele des Verstorbenen. Und selbst in diesen außergewöhnlichen Fällen symbolisiert er gleichzeitig einen Teil des Träumers. Normalerweise geschieht dies aber nur, wenn die Person vor relativ kurzer Zeit gestorben ist (drei Jahre oder weniger). Meistens handelt es sich bei einem Verstorbenen, den man im Traum sieht, jedoch um einen Geistigen Führer, der Transfiguration betreibt. Er hat die Erscheinung eines Menschen angenommen, den der Träumer kennt und der ihm Vertrauen einflößt, denn dies ist wesentlich, um die durch den Traum vermittelte Nachricht verstehen und empfangen zu können.

Wenn Verstorbene im Traum zu uns kommen, wurde ihnen die Erlaubnis dazu erteilt, denn im Normalfall sind sie nicht stark genug, um in die metaphysischen Sphären im Umkreis der Erde einzutreten. Auf dieser Ebene ist unser Planet nämlich nicht sehr lichtvoll. Bekanntlich ist die Erde auf der materiellen Ebene sehr verschmutzt, aber auf der metaphysischen ist es noch weit schlimmer! Ich kann Ihnen versichern, dass die Wesen aus den Parallelwelten keine Ferien auf unserem Planeten machen.

Mit Parallelwelten sind bewohnte Welten außerhalb der irdischen Dimension gemeint, die aber dennoch erdnahe Regionen umfassen, welche die Absichten des menschlichen Denkens enthalten.

Auf der Erde herrscht sehr viel konkret greifbare Gewalt. Stellen Sie sich vor, wie viel aggressive Energie es erst recht auf der Ebene der menschlichen Gedanken und Absichten geben muss, die alles andere als erholsam sind. Nach dem Gesetz der Resonanz, das in allen Welten wirksam ist, werden die am weitesten entwickelten Personen am wenigsten von ihren Besuchen in den Parallelwelten beeinflusst. Dadurch dass sie in sich selbst ruhen, ist ihr Geist nicht auf die Befriedigung von Bedürfnissen aller Art ausgerichtet, noch wird er von ungelösten Problemen abgelenkt.

(T: Ich träume manchmal von meinem Kind. Ich nehme an, es stellt einen Teil von mir dar, aber ich kann mir vorstellen, dass wir auch die Seele unserer Kinder besuchen.)

Natürlich können wir auch die Seele unserer Kinder besuchen. Aber wie ich schon sagte, ist es ratsam, den automatischen Reflex zu entwickeln, den Traum zunächst auf sich zu beziehen und zu denken: „Das Kind stellt mein Werden dar und einen lernenden Teil von mir. Seine symbolische Bedeutung im Traum soll mich veranlassen, an diesem Teil zu arbeiten, oder aber mich all seine guten Qualitäten in mir spüren lassen." Beobachtet man anschließend das Verhalten des Kindes und seine Erlebnisse, so kann man erkennen, ob man tatsächlich seine Seele besucht hat oder nicht.

Wenn man intensiv an sich gearbeitet und das Wesentliche der Bewusstseinsbereinigung vollbracht hat, ist es sehr viel einfacher zu bestimmen, um welchen Traumtyp es sich handelt. Man kann dies mit der Reaktion vergleichen, sobald man ein Kind schreien hört. Eine intuitive Mutter ist sehr wohl in der Lage zu unterscheiden zwischen einem Kind, das wegen nichts schreit, und einem, das weint, weil es etwas braucht. Dennoch können Angst und Unsicherheit die Wahrnehmung beeinflussen. Beim ersten Kind vertraut man noch nicht unbedingt seiner Intuition und kann bei jedem Weinen in Panik geraten. Beim zweiten ist man nicht mehr so ängstlich und kann schon besser sein wahres Befinden einschätzen.

Dasselbe gilt für die Träume. Eines Tages können wir beurteilen, um welche Art Traum es sich handelt. Aber wenn wir weise handeln wollen, beziehen wir den Traum immer auf uns selbst, was uns vor Machtgefühlen und falscher Einschätzung bewahrt. Wir besuchen auf jeden Fall einen Teil unseres eigenen Wesens, selbst in den Fällen, wo wir die Seele eines Mitmenschen aufsuchen, denn alles im Universum ist auch ein Teil von uns.

(T: Ich habe einen immer wiederkehrenden Traum, der verschiedene Formen annimmt, aber mehr oder weniger das gleiche Thema behandelt. Dies ist jedenfalls mein Eindruck. *Ich bin entweder nackt oder habe mich verirrt und bin von mir unbekannten Menschen umgeben. Ich versuche mit ihnen zu sprechen und sie zu fragen, wo ich bin und in welche Richtung ich gehen muss, um meinen Weg zu finden, aber sie verstehen mich nicht. Manchmal kann ich in diesen Träumen ihre Gleichgültigkeit förmlich spüren, als ob sie mich gar nicht hören würden. –* Natürlich wache ich dann mit einem starken Gefühl der Unsicherheit auf. *– Andere Male komme ich irgendwo mit dem Auto an und kann es später nicht mehr finden. Es geht immer um den Eindruck, sich verirrt zu haben, nicht die gleiche Sprache zu sprechen und nicht verstanden oder gehört zu werden, als ob es sich um ein anderes Land oder einen anderen Pla-*

neten handeln würde.) Danke. Ich verstehe. Am Tag nach solchen Träumen erlebt man gewöhnlich Bewusstseinszustände, die den Träumen entsprechen.

Nacktheit im Traum kann sowohl positiv als auch negativ sein. Sie kann Gelöstheit in der Intimität darstellen, Reinheit, Reinigung, Authentizität und Wohlbefinden. Damit sie aber positiv ist, muss der Ort, an dem man sich nackt bewegt, angebracht sein.

(T: Aber in diesen Träumen fühle ich mich nicht gut.) Sie fühlen sich nicht gut… Befinden Sie sich in der Stadt? (T: Ja.) Sich nackt in der Stadt zu zeigen, ist negativ zu deuten, denn es ist kein angemessener Ort dafür. Es aktiviert Liebesbedürfnisse und kann Aggressionen auslösen, denn die meisten Menschen sind von ihren Instinkten gesteuert. Es deutet auf eine tiefe Diskrepanz zwischen dem Intimleben und dem Socialleben hin, die unbewusst eine provokative und rebellische Haltung schafft, hervorgerufen durch einen umfassenden Mangel an Liebe und ein Bedürfnis nach der Aufmerksamkeit der Mitmenschen. Außerdem ist der betreffende Mensch anderen gegenüber zu offen, da er zu viel aus seinem intimen Leben preisgibt, um Aufmerksamkeit und Anerkennung zu erlangen – was in diesem Traum allerdings nicht der Fall ist. Ein solcher Mensch ist zu exzentrisch und hat den Wunsch, von allen geliebt zu werden.

Gleichgültigkeit im Traum verweist auf Erinnerungen, die den Stempel der Gleichgültigkeit in Bezug auf unser wahres Wesen tragen. In Ihren Träumen rührt die Gleichgültigkeit von Erinnerungen her, die Sie in Ihrem Innern bergen: Sie besuchen Teile von sich, die Sie nicht anerkennen. Es fehlt Ihnen an Selbstvertrauen, und diese Teile zeigen sich gleichgültig gegenüber der Veränderung und Weiterentwicklung, die Sie zurzeit erleben. Entweder sind Sie sich dieser Aspekte Ihres Wesens schon bewusst geworden oder sie werden Ihnen durch Ihre Mitmenschen widergespiegelt. Zum Beispiel könnte sich ein Familienmitglied Ihnen gegenüber gleichgültig zeigen. Sie arbeiten an Ihrer spirituellen Entwicklung und Ihre Mitmenschen verstehen Sie manchmal nicht, so als sprächen Sie eine andere Sprache. Es kann zu Meinungsverschiedenheiten kommen, wobei Sie spüren, wie sich Klüfte zwischen Ihnen und den anderen auftun. An Tagen nach derartigen Träumen ist dieses Gefühl deutlich verstärkt. Sie erleben dann entweder konkrete Situationen in Bezug auf das Thema der Gleichgültigkeit oder diese spielen sich in Ihrem Innern ab – oder beides, je nachdem, ob im Traum Männer oder Frauen in Erscheinung treten. Doch letztendlich wollen Sie immer zu viel Aufmerksamkeit von gleichgültigen Menschen, was durch Ihre Nacktheit im Traum verdeutlicht wird.

Dies ist auf frühere Leben zurückzuführen, in denen Sie Ihrer Arbeit, Ihrem gesellschaftlichen Leben und dem Ausgehen zu viel Bedeutung beimaßen, und dadurch die Menschen in Ihrem Umfeld vernachlässigten, wodurch Sie sich diesbezügliche karmische Lasten erschufen. Sie legten vielleicht gewissen Menschen gegenüber auch eine hochmütige Haltung an den Tag, weshalb Sie jetzt dieser Gleichgültigkeit begegnen. Denn letztendlich ernten Sie nun, was Sie gesät haben. Dies bekommen Sie in Ihren Träumen zu sehen.

Natürlich sind solche Träume Einweihungsträume und viele Menschen erhalten sie zu Beginn ihres Entwicklungsweges. Sobald sich das Bewusstsein öffnet, stellt man fest, dass man sich nicht mehr auf der gleichen Wellenlänge wie die restliche Gesellschaft befindet, und man nimmt dann alles – Menschen, Dinge, Situationen usw. – anders, intensiver wahr. Man entwickelt eine Transparenz und Authentizität, die mit der Umgebung nicht im Einklang schwingen. Authentizität ist etwas sehr Positives, doch wenn man an ungeeigneten Orten und bei unpassenden Gelegenheiten zu authentisch ist, geschieht dies aus einem zu starken Wunsch nach Anerkennung.

Zum Beispiel möchte man seine Erfahrungen mit anderen teilen, die aber dafür noch nicht bereit sind. Man wird zum Spiegel für sie und jenen Teil in ihnen, der sich verbessern und verändern möchte. Sie werden dadurch zu Fragen und Gedanken angeregt, wobei sie aber nicht unbedingt den gleichen Entwicklungsstand erreicht haben und sich deshalb von einem abwenden.

(T: In manchen dieser Träume *weiß ich nicht einmal mehr, wer ich bin, zumindest empfinde ich es so. Ich suche nach Anhaltspunkten, die mir dabei helfen sollen, herauszufinden, wer ich bin, aber ich kann keine finden.*) Ja, ich verstehe, genau so ist das. Wenn Sie diese Träume erhalten, fühlen Sie sich nicht mehr im Synchronismus mit der Wirklichkeit, ein bisschen verschwommen und undeutlich, als hätten Sie Ihre Mitte verloren, d.h. Ihren himmlischen Ursprung, Ihre Göttlichkeit. Dieses Phänomen ist bei Menschen auf dem Weg der Erkenntnis häufig anzutreffen. Zu Beginn ist dieser Weg eher ein Zeitvertreib, doch wenn sich das Tor zum Unbewusstsein wirklich öffnet, wird es ernst. Dann ist es durchaus normal, sich verloren zu fühlen und nicht länger zu wissen, was man tut und wer man ist.

(T: Bei dieser Sichtweise ist neu für mich, dass es ein Teil von mir selbst ist, der meine Göttliche Natur nicht anerkennt, und nicht etwa ein anderer Mensch. Ein Teil von mir beachtet nicht, wer ich wirklich bin.) Genau, in diesen Träumen stellen alle Personen Teile von Ihnen dar. Wenn einige davon Ihnen gegenüber eine gleichgültige Haltung einnehmen, dann weil Sie sich selbst gegenüber gleichgültig verhalten.

Bei den Träumen müssen wir alle Symbole auf uns beziehen. Damit geben wir uns die Möglichkeit, unsere entsprechenden Erinnerungen zu bereinigen und uns tiefgründig zu verändern.

Sucht man im Traum nach einer Richtung, so bedeutet es, dass man nach einem Weg sucht, dem man folgen kann, der einem hilft, sich selbst zu finden. Dies ist der Sinn solcher Träume und sie bringen einen dazu, sich existentielle Fragen zu stellen: „Wer bin ich? Was tue ich hier? Warum bin ich hier? Wozu leben wir?" Diese Fragen sind jedoch erst der Anfang des spirituellen Werdegangs, während man nach und nach die Antworten sucht und findet.

(T: Gestern erhielt ich während des Mittagsschlafs einen Traum. Im ersten Teil war ich lediglich Zeuge des Geschehens und im zweiten Teil handelte ich selbst. *Ich konnte eine etwa 22- oder 23-jährige Frau sehen, die zur Arbeit fuhr. Sie hielt an einer Bäckerei, um ein Croissant zu kaufen. In der Bäckerei wurde sie von einer plumpen, stark geschminkten Bäckerin mit einem honigsüßen Lächeln begrüßt. Der Vater der jungen Frau betrat den Laden. Er war groß mit ergrautem Haar und ganz klar erkennbar ein Charmeur. Ohne Zeit zu verlieren, begann er mit der Bäckerin zu flirten, machte ihr viele Komplimente, um ihr zu schmeicheln. In diesem Moment ging die Bäckerin in den hinteren Teil des Geschäfts. Die junge Frau begann, ihrem Vater auf den Kopf zu schlagen, während sie gleichzeitig sagte: „Ich hab genug von dir. Hör auf damit! Verschwinde! Was tust du nur? Du hältst mich davon ab zu leben, ich habe es so satt!" Dann kam die Bäckerin zurück.* – Bis dahin war ich nur Zuschauerin. – *Plötzlich stand ich außerhalb der Bäckerei.* – Von diesem Moment an war ich Handelnde im Traum. – *Da befand sich eine Theke, über welche die Bäckerin das Essen reichen konnte, und sie gab mir ein Sandwich* – es war kein Croissant –, *an dem eine Kette befestigt war. Ich nahm es, war aber sehr erstaunt über die Kette. Sie sah mich an und fragte: „Denken Sie, dass Ihr Vater ein vertrauenswürdiger Mensch ist?", denn sie war von ihm hingerissen. Da fühlte ich mich sehr bewegt und plötzlich erfüllt von Liebe und Mitgefühl für diesen Vater. Ich hätte die Hoffnung der Frau leicht zerstören können; es wäre einfach gewesen zu antworten: „Nein, überhaupt nicht, er ist ein Schuft. Er hat mit seinem Leben nichts angefangen, er lebt auf Kosten anderer und hat mich verlassen." Stattdessen sagte ich: „Hören Sie, ich kann Ihnen nichts dazu sagen. Leben Sie, was Sie mit ihm zu leben haben, und Sie werden sehen."* Im Schlaf konnte ich das Mitgefühl körperlich spüren. Das ist alles.) Danke für diesen Traum.

(T: Entschuldigung, ich wollte noch sagen, dass mein Vater im konkreten Leben das Gegenteil dieses Mannes ist: Er ist sehr pflichtbewusst, fast zu sehr. Er glaubt an Selbstaufopferung, Pflicht usw., wohingegen der Mann im Traum ein Wüstling war. Er sah auch nicht aus wie mein Vater, und die junge Frau nicht wie ich. Ich konnte ihr Gesicht, ihre Haare und alles andere gut sehen, aber erkannte sie nicht.) Danke, ich verstehe.

Mit diesem Traum wurde Ihnen eine schöne und lehrreiche Botschaft gesandt. Zuerst waren Sie in der Rolle des Beobachters und wurden anschließend in die Szene integriert, damit Sie verstehen, dass alle Elemente des Traums Teile von Ihnen darstellen.

Auf dem Weg der spirituellen Entwicklung ist es normal, im Traum Szenen zu sehen, die nicht sehr positiv sind, doch wir müssen immer daran denken, dass wir nicht nur das sind, was wir sehen, sondern auch sehr schöne Teile in uns tragen. Das ist sehr wichtig. Und wir sollten keine Angst vor den uns gezeigten Szenen haben. Das Studium und die Analyse der Träume & Zeichen gestattet die tiefgründige Bereinigung unserer Erinnerungen, denen wir in Träumen und Alltagssituationen begegnen und die wir im Laufe der Zeit verwandeln können.

Zu Beginn ist die Frau mit dem Wagen unterwegs zur Arbeit. Hatte dieser eine bestimmte Farbe? (T: Er war türkisfarben.) Alle Details eines Traumes sind wichtig, und jedes Element enthält Informationen, die in die tiefere Bedeutung des Traumes hineinführen. Diese Farbe war kein Zufall. Sie ist eine Mischung aus Blau und Grün. Blau symbolisiert die Kommunikation, denn es ist die Farbe des Kehlen-Chakras, und Grün steht mit dem Herzen in Verbindung. Folglich stellt Türkis die Kommunikation mit der Dimension der Liebe dar. Deshalb symbolisiert das türkisfarbene Auto die Art und Weise, wie Sie Liebe vermitteln, wenn Sie sich auf Ihre Mitmenschen zubewegen und mit diesen austauschen.

Die junge Frau wollte ein Croissant kaufen. Nahrung im Traum steht immer für etwas, das uns Lebensenergie gibt. Sie fühlten also ein Bedürfnis nach Energie.

Dann kam der Vater mit seinem verführerischen Verhalten dazu. Der Vater steht normalerweise für die Art und Weise, wie wir uns in der konkreten Welt manifestieren. Die Himmlischen Mächte wollten also, dass Sie Erinnerungen im Zusammenhang mit der Verführung bereinigen. Wenn Sie etwas möchten, können Sie bewusst oder unbewusst versucht sein, Ihre Verführungskünste einzusetzen. Wenn Sie zum Beispiel ein Croissant bestellen, könnten Sie dies in einem zuckersüßen Ton tun: „Könnte ich (*Seufzer*) bitte ein Croissant bekommen?" (*Lachen*) Fragen Sie nach etwas, mag sich ein Hauch von Verführung in Ihren Ton einschleichen, um den Vorgang zu beschleunigen und zu garantieren, dass Sie schneller bedient werden. An diesem Teil Ihres Wesens arbeiten Sie im Augenblick, was man daran sieht, dass die junge Frau ihrem Vater auf den Kopf schlägt und ihm bedeutet, aufzuhören – auch wenn dieses Benehmen zu erkennen gibt, dass Sie noch dazu neigen, etwas rau und hart mit gewissen Teilen Ihres Wesens umzugehen.

Nicht nur der Vater, sondern auch die Bäckerin zeigte sich von der verführerischen Seite, denn sie war ganz Lächeln und stark geschminkt. Da es sich um eine Frau handelt, geht es nicht mehr nur um Ihr äußeres Verhalten, sondern auch um eine innere Einstellung, die Ihre Gefühle und emotionalen Beziehungen färbt. Dieser Traum bezeugt, dass Sie sich zu einem ernsthaften spirituellen Weg verpflichtet haben. Es ist kein Anfängertraum, da er Sie zu grundlegenden psychologischen Erkenntnissen führt.

In einem gewissen Ausmaß existiert der Hang zur Verführung in fast jedem von uns. Brauchen wir etwas, werden wir honigsüß und lächeln, doch sobald wir haben, was wir wollen, kümmern wir uns nicht mehr um den anderen. Dieses Verhalten zeigt sich vor allem beim Einkaufen. Jemand möchte eine Information, um einen Artikel zu finden, und sobald er die Antwort hat, dreht er sich auf dem Absatz um und verschwindet. Die Frage scheint mit Liebe gestellt, doch in Wirklichkeit ist davon keine Spur. Auf mentaler Ebene sagt er sich: „Ich bezirze dich ein bisschen, damit du mir gibst, was ich brauche." So war es in etwa auch in diesem Traum.

Oft erweckt ein verführerisches Verhalten Erwartungen bei den Mitmenschen, was zu Problemen und Missverständnissen führen kann. So fragt man sich zum Beispiel verwundert: „Wie kommt es, dass dieser Mensch in mich verliebt ist? Ich habe um nichts gebeten, ich habe nichts getan, um das zu provozieren." Der Grund liegt im bewussten oder unbewussten verführerischen Verhalten ihm gegenüber, sodass er darin eine Botschaft sieht und denkt, man wolle ihm näherkommen oder sogar intim werden. Das ist Ihnen sicherlich auch schon passiert.

Dann reichte Ihnen die Bäckerin ein Sandwich mit einer Kette, was bedeutet, dass Sie alles, was Sie den Mitmenschen an Energie geben, gleichzeitig zurückhalten. Das kann man manchmal bei Menschen beobachten, die für eine Dienstleistung bezahlen, zum Beispiel in einer Autowerkstatt, wenn sie das Geld zur Bezahlung geben, es innerlich aber festhalten. Das erkennt man nicht unbedingt im äußeren, konkreten Verhalten, sondern eher auf der energetischen Ebene. Manchmal bemerke ich diese Dynamik auch auf unseren Tourneen. Befindet sich beispielsweise eine Person in diesem Bewusstseinszustand am Büchertisch, warte ich ab, bis sie mit sich selbst im Klaren ist und ihre Entscheidung getroffen hat, sodass sie sich nicht bedrängt fühlt.

Diese Dynamik kann mit derjenigen gewisser Kampfsportarten verglichen werden, wo man bewusst die vorhandenen Kräften aufeinander wirken lässt, was wir in unserer Gesellschaft nicht lernen. Wenn jemand Nein sagt, meinen wir, ihn zu einem Ja überzeugen zu müssen. Warten wir hingegen ein wenig ab und sagen: „Ich werde darüber nachdenken", ist die Energie des Gegenübers entschärft. Genauso verhält es sich bei Gesprächen, wenn wir sagen: „Ach ja, da hast du vielleicht Recht, lass' mich darüber nachdenken". Der andere fühlt sich entwaffnet, denn er wollte eigentlich unbedingt Recht haben. So mag er zu sich sagen: „Er denkt darüber nach. Hm, wie ist es mit mir, war ich im Recht, das zu sagen?" Nach einer Weile sagen wir: „Ich denke, wir können auf diese Weise vorgehen." Und man hat den anderen für sich gewonnen, ohne dass er das Gesicht verliert: „Ja, es macht Sinn, was du sagst. Ich hab auch darüber nachgedacht und ich denke, so können wir es in Zukunft machen."

Auf diese Weise können wir sehr eigensinnige Menschen mit Weisheit und Feingefühl entwaffnen und sie durch Liebenswürdigkeit und Sanftmut Einsicht gewinnen lassen, wozu wir uns die nötige Zeit nehmen sollten. Wie bei einem Baum, der noch keine Früchte trägt, warten wir auf den richtigen Moment, denn es macht keinen Sinn, etwas erzwingen zu wollen. Und so gedulden wir uns, bis der andere sich gefasst hat und empfänglich geworden ist.

Die Kette sollte Ihnen also zu zeigen, dass Sie manchmal beim Geben gleichzeitig Dinge zurückhalten. Sie besuchen jetzt diese Erinnerungen, um sie zu bereinigen.

(T: Am Ende bat mich die Bäckerin, ihr die Wahrheit über diesen Mann zu sagen, der sie eindeutig betört hatte. Ich sagte ihr aber nicht, was ich wusste, sondern ließ sie es selbst erleben. Gleichzeitig spürte ich großes Mitgefühl und viel Liebe für diese beiden Menschen.)

Dieses Verhalten ist positiv, denn je weiter wir uns entwickeln, desto weniger greifen wir in das Leben unserer Mitmenschen ein. Mit dem Zugang zur metaphysischen Dimension erhalten wir sehr viele Informationen über unsere Mitmenschen. Würden wir diese direkt nutzen, um ihnen zu sagen, was sie tun sollen, würden sie entweder Abstand von uns nehmen oder ihre Autonomie verlieren, ihre Fähigkeit, selbständig ihr Leben zu bestimmen. Jeder Mensch muss seinen Weg selbst finden. Wenn wir mit jemandem über Spiritualität sprechen, muss er dazu bereit sein und empfänglich für das wahre Wissen und die wahre Erkenntnis.

Meine Frau Christiane und ich interpretieren Träume und beantworten grundlegende Fragen, aber wir spielen niemals das *Kristallkugelspiel* mit den Menschen, die sich an uns wenden. Wir erkennen, wenn jemand gerade in einer bestimmten Situation experimentiert, und wissen, in einigen Jahren wird er dieses oder jenes Problem erleben. Alle Schwierigkeiten, die man durchlebt, sind karmisch bedingt, weshalb jeder aus seinen Erfahrungen lernen und seinen eigenen Weg wählen muss. Wenn die Zeit reif ist, erhält der Mensch Zugang zu seiner spirituellen Dimension. Sind wir in unserer Entwicklung weiter fortgeschritten, liegt es an uns, mit der gegebenen Klugheit unseren Mitmenschen dann das Werkzeug an die Hand zu geben, wenn wir spüren, dass es für sie der richtige Moment ist. Manche mögen sagen: „Meine Schwägerin ist krank. Ich möchte doch nur, dass sie sich spirituell weiterentwickelt! Ich rufe die Engel für sie an, damit sie gesund wird." Wenn wir dann fragen, ob die Schwägerin denn spirituell arbeite, antworten sie: „Nein, sie ist überhaupt nicht offen dafür." In solchen Fällen erwidere ich: „Warum also versuchen Sie ihr die Krankheit wegzunehmen? Sie muss ihre Erfahrungen mit dieser Prüfung und den diversen Krankenhausaufenthalten machen."

Eines Tages verstehen wir, dass manche Menschen über die Welt der Konsequenzen lernen müssen. Wir begreifen, dass es Teil des Lebensprogramms einer Person sein kann, einen Doktor aufzusuchen, auf einer Warteliste zu stehen, beunruhigt zu sein und Angst zu haben, und dass sie sich durch diese Erfahrung weiterentwickeln wird. Diesbezüglich sehen wir auch das Beten aus einer anderen Perspektive.

In Genf wandte sich vor kurzem eine Frau an mich, um mit mir zu sprechen. Ihr Exmann war erst 57 Jahre alt und sehr krank. Sein gesamtes Leben war durch die Krankheit durcheinandergebracht worden. Er war nie spirituell gewesen, in dem Sinn, bewusst einem spirituellen Weg zu folgen. Aber als er den Ernst seiner Krankheit begriff, beschwor er seine Exfrau, für ihn zu beten – nur dass er selbst natürlich nicht betete oder an Gott zu glauben begann.

Daraufhin begann sie ohne Unterbrechung für seine Heilung zu beten, so intensiv, dass sie ganz erschöpft war und Ringe unter den Augen hatte. Sie erzählte mir: „In den letzten fünf Monaten habe ich nichts anderes getan, aber es geht ihm nicht besser, sondern eher schlechter. Ich fühle mich jetzt entmutigt, denn ich bete, ohne dass es zu einem Ergebnis führt." Weiter sagte sie, sie habe eine Passage in einem meiner Bücher gelesen, wo darauf hingewiesen wird, dass wir unbedingt um Erlaubnis bitten müssen, bevor wir für jemanden beten, denn wir könnten sonst den von Gott für die Person geplanten Weg stören. Bei diesem Gedanken fühlte sie sich gar nicht wohl, und sie war auch nicht sehr glücklich darüber, diesen Absatz gelesen zu haben. Deshalb erklärte ich ihr, wie ich selbst dieses Thema verstehen gelernt hatte.

Schon in jungen Jahren sah ich das Beten als etwas Heiliges an, das man nicht ständig benutzen sollte, um Alles und Nichts zu erbitten. Ich war mir bewusst, dass darin eine Kraft, eine Macht lag, die es zu respektieren galt. Mit der Zeit erkannte ich auch, dass wir, wenn wir um etwas bitten und es sich nicht erfüllt, irgendetwas nicht verstanden haben. Ich sagte dann zu mir: „Wenn Gott entschieden hat, mein Gebet nicht zu erhören, so deshalb, weil die betroffenen Menschen bestimmte Dinge selbst durchstehen müssen."

Da fragte die Frau: „Wenn jemand Sie bittet, für ihn zu beten, was machen Sie dann?" Ich spürte, dass sie nicht sehr glücklich war. Ich antwortete: „Ich empfange diesen Menschen und wende mich direkt und ohne Umschweife an die Himmlischen Mächte: ‚Möge Euer Wille geschehen. Ihr wisst besser als ich, was gut für diese Seele ist.'" Sie entgegnete: „Und das ist alles? Ich weiß, dass Sie über große Kräfte verfügen, und Sie tun keine Göttliche Arbeit damit? Das ist so gemein!" (*Lachen*)

Sie war sichtlich in ihrem Glauben erschüttert, deshalb sagte ich zu ihr: „Schauen Sie, seit fünf Monaten beten Sie nun, meinen Sie nicht, der Himmel hat Sie gehört? (*Lachen*) Stellen Sie sich nur mal vor, Sie hätten die Nummer des Präsidenten der Vereinigten Staaten und würden ihn bis zu 60 Mal am Tag anrufen, um ihn immer um dasselbe zu bitten, so wie Sie es gerade mit dem Himmel tun…" Sie unterbrach mich: „Oh, es ist sogar noch öfter." (*Lachen*) „Der Präsident würde irgendwann zu seiner Sekretärin sagen: ‚Blockieren Sie bitte diese Leitung!' Bei den Himmlischen Mächten funktioniert es ungefähr genauso: Sie haben Ihr Gebet gehört, Sie brauchen es nicht ständig zu wiederholen. Wenden Sie sich nach innen und lassen Sie die Himmlischen Mächte ihre Arbeit tun. Im Moment ist es so, als würden Sie ununterbrochen an der Haustür klingeln." (*Lachen*)

Das brachte sie einen Moment aus dem Gleichgewicht, doch nach ein paar Augenblicken sagte sie: „Wenn ich Ihnen so zuhöre, denke ich, dass es Sinn macht. Aber ich muss zugeben, dass ich begann, wütend zu werden und mein Vertrauen in das Gebet zu verlieren, bevor ich mit Ihnen sprach." Ich antwortete ihr: „Es kann sein, dass es für Ihren Exmann gut ist, weiterhin krank zu sein und vielleicht sogar an dieser Krankheit zu sterben." Und sie vertraute mir an: „Stellen Sie sich nur vor: Er hat *mich* gefragt und nicht seine neue Frau." (*Lachen*)

In dieser Bemerkung konnte man ihre emotionale Abhängigkeit erkennen. Obwohl sie nicht mehr mit ihrem Exmann zusammenlebte, fühlte sie sich dadurch geehrt und aufgewertet, dass er sie um Hilfe bat. Es war eindeutig, dass sie sich in einer karmisch bedingten Situation befand. Doch irgendwann hat es bei ihr *Klick* gemacht.

Eines Tages verstehen wir, dass wir im Angesicht Gottes und des Göttlichen Plans demütig bleiben müssen und aufhören sollten, das Schicksal herauszufordern.

Wenn ich einen kranken Menschen sehe, weiß ich, dass seine Krankheit einen tieferen Sinn hat. Ich weiß, dass es der Weg ist, den Gott für richtig befunden hat, um seine Weiterentwicklung zu fördern. Deshalb heiße ich die Krankheit willkommen, selbst wenn es sich um einen mir nahestehenden Menschen handelt. Natürlich verstehe ich, dass die Himmlischen Mächte Gnade walten lassen können, indem Sie einem kranken Menschen durch Ärzte oder Heiler eine zweite Chance zugestehen. Aber der erste wirkliche Schritt zur Heilung – selbst wenn wir einen Arzt aufsuchen – ist, die Krankheit zu akzeptieren, sie tiefgehend zu analysieren und zu verstehen, dass sie von einer Anhäufung von Erinnerungen herrührt, die wir selbst geschaffen haben. Tun wir dies nicht, wird sie immer und immer wiederkommen, in einer anderen Form als der behandelten oder sogenannt geheilten. Wir müssen das Böse nicht bekämpfen, sondern es verwandeln. Das ist auch das Prinzip der Perle: Die Auster nimmt das Sandkorn an, anstatt es eliminieren zu wollen. Sie umgibt es mit einer Substanz, die es schließlich in etwas sehr Wertvolles verwandelt. Manchmal wollen wir eine Krankheit mit allen Mitteln bekämpfen und es kommt uns nicht in den Sinn, dass es weiser wäre, dem Übel ins Gesicht zu sehen und es zu verwandeln. Durch die Meditation können wir die Kraft unseres Geistes nutzen, um uns selbst zu heilen. Empfinden wir in einem Körperteil Schmerzen, so konzentrieren wir uns darauf und lassen unsere Selbstheilungskräfte ihr Werk tun. Das kann ich aus eigener Erfahrung sagen, habe ich doch mit dieser Methode Wunder erlebt. Natürlich ist die Heilungskraft gemindert, wenn Teile von uns nicht daran glauben. Durch das Experimentieren mit unserem Geist werden wir uns seiner Kraft und Macht allmählich bewusst.

Dem Geist wohnen unendliche Kräfte inne. Wenn eine Krankheit in unserem Lebensplan vorgesehen ist, wird unsere Lebensenergie früher oder später den Auftrag erhalten, eine Krankheit zu produzieren. Wollen wir dieses Programm abwenden, müssen wir eine sehr intensive und kraftvolle spirituelle Arbeit durchführen. Wir müssen begreifen: Genesung und Krankheit hängen von unserem Lebensplan ab, den wir durch unsere spirituelle Arbeit ändern können. Krankheiten und Schwierigkeiten entsprechen dem, was wir sind und zu berichtigen haben. Die Himmlischen Mächte spielen nicht herum und haben Spaß dabei, uns eine Krankheit zu schicken. Wir dürfen nicht wütend werden und fragen: „Warum habt Ihr mir das angetan?" Tun wir es dennoch, werden Sie antworten: „Du hast die Krankheit selbst hervorgerufen. In einem früheren Leben hast du dies und jenes getan. Nun musst du diese Haltung noch einmal anschauen und die Konsequenzen in der konkreten Realität durchleben, um sie zu transzendieren." So einfach ist das. Es ist das Gesetz des Karmas. Wenn es um seine Anwendung geht, fragt Gott nicht nach unserer Meinung.

In unseren Träumen können wir die Haltungen und Einstellungen sehen, welche die Krankheit verursacht haben. Wenn wir noch nicht träumen, analysieren wir das Problem mit der Symbolsprache. Hat jemand z.B. entzündete Beine, so deshalb, weil er sich lange Zeit dadurch in verzerrter Weise vorwärtsbewegt hat, dass er andere herumkommandierte, besser sein wollte als sie, ungeduldig war usw. Oder aber er hat sich selbst gezwungen, oberflächlich so zu handeln, als ginge es ihm gut. Hat jemand einen Hirntumor, ist seine Denkweise und folglich auch sein Leben schlecht organisiert, und dies schon seit mehreren Inkarnationen. Und so weiter.

Die Symbolik ist sehr präzise und logisch. Unser Körper ist das Abbild unserer Geistes, das heißt, der Art und Weise, wie wir ihn verwenden, weshalb alle Teile unseres Körpers – unsere Nase, unsere Ohren, unsere Haare, unsere Augen, unser Mund, usw. – eine symbolische Bedeutung haben. Für Stoffwechselabläufe und biologische Prozesse gilt das Gleiche. Sie stellen allesamt Bewusstseinszustände und Bewusstseinsfelder dar. Manche Teile unseres Wesens sind so angefüllt mit negativen Erinnerungen, dass unser innerer Computer an einem gewissen Punkt aussteigt. Dann haben wir keine Wahl, als die Festplatte zu reinigen. Dasselbe gilt für unser Zuhause. Gewisse Menschen leben in einem Umfeld voller Bilder, Bücher und Nippes, die Traurigkeit, Angst und Aggressivität ausstrahlen; dies bezeugt, dass die Bewohner die entsprechenden Verzerrungen in sich tragen, denn sonst würden sie die Dekoration ändern.

Mit unserer Entwicklung verändern wir auch ganz natürlich unser Umfeld. Wir bereinigen es, streichen alles in schönen Farben und behalten so wenig Gegenstände wie möglich, damit die Atmosphäre friedlich und entspannt ist, denn durch die Anhäufung unnützer Objekte beschweren wir uns auch auf der Ebene unseres Bewusstseins. Die Tendenz, an den Dingen festzuhalten, führt zu Leber-, Verdauungs-, Arthritis- oder sonstigen Gesundheitsproblemen. Genauso halten wir an unseren Kinder fest, aus Angst, es könnte ihnen etwas passieren, oder an unserem Partner, weil wir Angst haben, alleine zu leben, materielle Unsicherheit verspüren usw. Kein Problem ist rein körperlicher Natur.

Die körperliche Ebene ist die letzte Etappe, wo der Materialisierungsprozess in Erscheinung tritt. Falsche Gedanken, Ängste und verzerrte Verhaltensweisen häufen sich in einer *Abteilung* unseres Bewusstseins an, und irgendwann bildet sich die Krankheit, weil das *Negative* sich angestaut hat. Was das *Positive* anbelangt, so ist es von Natur aus fließend und kennt keine Begrenzungen. Es leuchtet und erleuchtet die Menschen. Seine Bewegung bewirkt das Gute, die Schönheit und die Harmonie, die wir erleben.

Plant die Kosmische Intelligenz für jemanden eine Krankheit, so geschieht dies im Bewusstsein der Göttlichen Liebe und Weisheit. Die beste Parallele dazu ist die Erziehung unserer Kinder. Wenn wir ihnen beispielsweise etwas verbieten: Tun wir es, weil wir sie lieben oder weil wir sie nicht lieben? Wir tun es, weil wir wissen, was gut für sie ist. Möchte das Kind etwa nur Kuchen essen, greifen wir ein, denn unser Bewusstsein ist weiter entwickelt als seins, und wir wissen, dass es auch etwas anderes essen muss, um gesund zu bleiben. Natürlich ist Kuchen ebenfalls gesund, vor allem, wenn er aus gesunden Zutaten zubereitet ist, aber die Ernährung muss ausgewogen sein. Haben wir es mit der Dickköpfigkeit eines Kindes zu tun, sagen wir zu ihm: „Geh' auf dein Zimmer und denk zehn Minuten nach." Tut das Kind etwas Schlimmeres, können wir ihm zum Beispiel für einige Tage die Benutzung des Computers verbieten.

Aus genau denselben erzieherischen Gründen hat die Kosmische Intelligenz manchmal für jemanden eine Krankheit oder eine andere

Prüfung zu aktivieren. Dadurch werden diese positiv – eigentlich führen alle Prüfungen zu etwas Positivem. Wir brauchen nur Menschen zu fragen, die eine schwere Prüfung durchlebt haben: „Wie sehen Sie heute das Erlebte?" In 98% der Fälle werden sie antworten: „Ich wäre nicht der Mensch geworden, der ich heute bin, wenn ich das alles nicht erlebt hätte." Das ist die klassische Antwort.

Natürlich ist das nicht so offensichtlich, wenn man mittendrin steckt – sei es in einer Krankheit, einer Scheidung oder einer anderen Schwierigkeit. Doch wir sollten uns sagen, dass das Böse aus erzieherischen Gründen besteht und Prüfungen ein Übergang zu einem besseren Dasein und zu größerer Weisheit sind. Wir können uns sagen: „Ich befinde mich im Prozess der Bereinigung meiner Erinnerungen, der Wiedergutmachung und des Aufbaus meiner Seele."

Eines Tages werden wir die negative Sichtweise der Prüfungen transzendieren und diese als positiv betrachten können. So werden wir die Glückseligkeit erfahren.

Damit endet unser heutiger Workshop. Herzlichen Dank für Ihre Teilnahme.

WORKSHOP
Seelenzustände

Ich möchte diesen Workshop mit einer schönen Geschichte beginnen, die mir mein Freund Jean-François mitteilte. Er ist Musiker und manchmal tauchen in seinem Kopf einfach so Lieder auf. Das verstehe ich sehr gut, weil ich auch Musiker bin und Botschaften durch Lieder erhalte. So geschieht es beispielsweise manchmal, dass in dem Moment, wo eine Person auf mich zukommt, in meinem Kopf ein Lied zu spielen anfängt – hin und wieder sind es nur einige Zeilen oder Worte. Das Lied beschreibt dann entweder den Bewusstseinszustand, in dem sich der betreffende Mensch befindet, oder aber das Gesprächsthema, das sich mit ihm anbahnen wird. Manchmal gibt es auch meinen eigenen Bewusstseinszustand wieder oder fordert mich auf, meine momentane Denkweise zu überwachen.

Eines Morgens sagte Jean-François zu seiner Frau: „Ich weiß nicht warum, doch das Lied *Forever Young* (Für immer jung) geht mir im Kopf herum", worauf seine Frau erwiderte: „Aha! Das bedeutet glückliche Langlebigkeit!" (*Lachen*) Sie erzählte, dass seine Reaktion, als es in ihm klickte und er sich bewusst wurde, dass das Lied seinen Seelenzustand widerspiegelte, wirklich sehenswert war.

Beginnt ein Mensch beispielsweise spontan zu singen *Ich kann nicht leben, wenn es ohne dich zu leben bedeutet,* so offenbart er dadurch seine emotionale Abhängigkeit, weil es sonst keinen Grund gibt, warum sein Unbewusstsein plötzlich in seinem Kopf dieses Lied in Gang setzen würde. Beobachten wir in solchen Augenblicken unsere Stimmung, unsere Gefühle und unseren Seelenzustand, so erkennen wir, dass das Lied den Bewusstseinszustand beschreibt, in dem wir uns gerade befinden. Das Gleiche gilt, wenn wir an jemanden denken und plötzlich ein Lied in unserem Kopf auftaucht. Es widerspiegelt unseren momentanen Gemütszustand. Dabei handelt es sich um eine Form von Mediumnität oder feinstofflicher, paranormaler Wahrnehmung, die man mit Weisheit und dem Bewusstsein ihres heiligen Sinns verwenden muss, genauso wie die Bilder, die man beim Meditieren zu sehen bekommt. Als in Jean-François' Kopf an jenem Morgen das Lied *Forever Young* anlief, strahlte er eine bestimmte Energie aus. Hätte es in seinem Kopf *I'm just a Gigolo* (Ich bin nur ein Gigolo) gesungen, wäre seine Energie eine völlig andere gewesen und seine Frau hätte gewiss nicht an glückliche Langlebigkeit gedacht. (*Lachen*) Die Melodie, die in Jean-François angeklungen war, gab seinen Seelenzustand wieder, eine Energieessenz, die er gleich dem Duft einer Blume ausstrahlte.

Möchte jemand eine Frage stellen oder uns einen Traum mitteilen?

(Teilnehmer: Als ich mich heute am frühen Morgen auf den Weg nach Hause machte, um dort etwas zu holen, sah ich ungefähr zwei Kilometer von meinem Haus entfernt einen kleinen Bären alleine über den Weg trotten. Ich hatte das Gefühl, dass er seiner Mutter folgte, die wohl schon den Weg überquert hatte Der Anblick des Bären ließ mich spontan an seine Symbolik in der indianischen Tradition denken: die Introspektion, die Innenschau. Ich wüsste gerne auch *Ihre* Deutung dieses Zeichens.)

Um die Symbolik eines Tieres – in diesem Fall des Bären – zu verstehen, analysiert man sein Verhalten. Fällt es einem schwer, die positiven Aspekte eines Tieres zu erkennen, beginnt man mit seiner negativen Symbolik und kehrt diese anschließend um. Ebenso verfährt man, wenn man Schwierigkeiten hat, die negativen Kennzeichen eines Tieres auszumachen: Man analysiert seine positiven Merkmale und schließt davon ausgehend auf die entsprechenden Kehrseiten zurück.

Das Auftauchen des Bären war ein positives Ereignis, da er harmlos war und es keine Probleme gab. Außerdem handelte es sich um ein junges Tier.

Ein allgemein bekannter Aspekt des Bären ist seine Gefräßigkeit. (T: Er mag sehr gerne Honig.) Sehr richtig. Das ist Ihnen als Bienenzüchter sehr wohl bekannt. Der Honig ist ein natürlicher Zucker und sehr süß. Er wird von den Bienen produziert, deren positives Hauptmerkmal emsiges Arbeiten ist. Die Biene arbeitet, um Süße zu erzeugen, während der Bär diese einfach nimmt. Er ist bereit zu zerstören, um seine stark ausgeprägten Bedürfnisse zu befriedigen. Ist ein Bär hungrig oder fühlt er sich bedroht, kann er ausgesprochen aggressiv und sogar gefährlich werden.

Ich kenne Peter und weiß, dass er intensiv an seiner Vitalkraft, seiner Lebensenergie, arbeitet. Die Operation, der er sich neulich unterziehen musste, veranlasste ihn, intensiv an sich zu arbeiten, wodurch er hohe Bewusstseinsebenen erreichen konnte. Sein Gesundheitsproblem hat seine Weiterentwicklung sehr stark gefördert und es ist wunderbar, das zu beobachten.

Die Tatsache, dass es sich um einen jungen Bären handelte, ist ein Hinweis auf die Jugend, die jugendliche Energie und folglich die Aktivierung der Lebenskraft vorwiegend in den ersten zwei Energiezentren oder Chakren. Diese hängen mit dem Geruchs- und dem Geschmackssinn zusammen, die im Bären – wie in den meisten Tieren – stark entwickelt sind. Der Bär wird instinktiv durch diese zwei Sinne angetrieben, weshalb wir in seinem Fall auch sofort an Gefräßigkeit und Gier denken.

In uns Menschen ist der Geruchssinn ziemlich verkümmert. Er könnte stärker ausgeprägt sein, doch die Kosmische Intelligenz hat sein volles Funktionieren in uns eingeschränkt, weil es unsere Denkfähigkeit begrenzen würde. Denn erst wenn wir die Energie der ersten beiden Chakren transzendiert und ein hohes Bewusstseinsniveau erreicht haben, sind wir imstande, einen hochentwickelten Geruchssinn zu handhaben. Andernfalls würde die Welt der Gerüche in uns sehr machtvolle – zu machtvolle – Kräfte der Anziehung und Abstoßung in Gang setzen und wir würden uns wie Tiere verhalten. Eine Frau mit einem sexuell stark anregenden Geruch würde von Männern verfolgt werden und umgekehrt. Deshalb sah sich die Kosmische Intelligenz gezwungen, das vollständige Funktionieren dieses Sinns in uns zunächst einmal einzuschränken, um uns die Entwicklung der Denkfähigkeit und den Aufstieg der Lebenskraft in die höheren Energie- und Bewusstseinszentren zu ermöglichen.

Es ist interessant zu beobachten, wie wir im Laufe unserer Weiterentwicklung in zunehmendem Maße erneut über all unsere Sinne verfügen lernen und sie uns als Wegweiser dienen und bei unserer Lebensführung helfen. Wie funktioniert das? Unsere Sinne werden nach und nach ausgeprägter und aktivieren sich, sobald wir sie brauchen. So kann man zum Beispiel in einer Situation plötzlich einen bestimmten Geruch wahrnehmen oder bestimmte Töne hören, etwa wenn sich uns ein übelwollender Mensch nähert. Das ist so, als würde man seinen feinstofflichen Geruch oder seine feinstoffliche Schwingung verstärkt wahrnehmen. Die Arbeit an uns selbst bewirkt, dass wir die körperlichen Sinne allmählich sublimieren und transzendieren, während wir gleichzeitig die feinstofflichen Sinne und die metaphysischen Fähigkeiten des Hellsehens, Hellhörens, Hellriechens und Hellfühlens aktivieren und in den Dienst unserer Entwicklung stellen können.

Je weiter entwickelt ein Mensch ist, umso schneller gelingt es ihm, die in ihm vorhandenen Kräfte zu meistern und über sein Potenzial voll zu verfügen. Die Wahrnehmung über die Sinne ist Teil unserer menschlichen Natur, denn über sie sind wir mit der Materialität verbunden. Ist die Funktion eines Sinnes gestört – z.B. durch Taubheit, Blindheit usw. –, so bedeutet dies, dass entsprechende verzerrte Erinnerungen nicht bereinigt und berichtigt worden sind. Ebenso ist das Gefühl der Unbehaglichkeit und des Unwohlseins, welches in einem Mensch durch die Wahrnehmung einer Situation oder eines Ereignisses in seinem Umfeld ausgelöst wird, ein Hinweis, dass er an der Bereinigung der entsprechenden Erinnerungen arbeiten muss.

Der Verlust eines Sinnes ist sehr bedeutungsvoll. Menschen, die blind werden oder eine Brille tragen müssen, haben durch diese Einschränkung etwas zu lernen. Jede Abweichung von der Perfektion weist auf eine Verzerrung hin. Der Übergang von einer perfekten Sehfähigkeit zur Blindheit erfolgt kontinuierlich. Probleme mit den Augen – oder einem anderen Sinnesorgan – sind keine göttliche Bestrafung, sondern ein Lernmittel, denn wir selbst erschaffen unsere Beschränkungen.

In unserer heutigen Gesellschaft tragen sehr viele Menschen eine Brille oder Kontaktlinsen. Das kommt daher, dass wir in jungen Jahren nicht gelernt haben, das Wesentliche zu sehen und unsere Sehfähigkeit richtig zu gebrauchen. Wir verwenden unsere Sehkraft sehr häufig nur, um unsere Grundbedürfnisse und unsere materiellen Wünsche zu befriedigen. Wir wollen so viele Dinge, dass unsere Augen ständig übermäßig und in falscher Weise beansprucht sind. Manche Menschen verbringen enorm viel Zeit vor dem Bildschirm eines Computers mit Dingen, die weder wichtig noch wesentlich oder entwicklungsfördernd sind. Andere lesen massenweise und völlig unkritisch alles Mögliche zusammen. Solche Verhaltensweisen bewirken eine falsche Erziehung und Ausrichtung des Augenlichts. Um unser Sehvermögen zu verbessern, müssen wir unsere Augen regelmäßig und bewusst schließen, was aus symbolischer Sicht bedeutet, dass wir meditieren und nach innen sehen lernen, um das Leben von einem metaphysischen Standpunkt aus wahrzunehmen – dem Standpunkt der Schöpfung.

Unsere Sinne sind lebendig und ihr Gesundheitszustand gibt an, was wir in und an uns zu bearbeiten haben. Führen wir diese Arbeit durch, wird sich ihr Zustand verbessern, die erfahrenen Schwierigkeiten werden in etwas Positivem münden und wir werden das Potenzial, das in unseren Sinnen ruht, zurückgewinnen.

Während einer Frankreichtournee sprach ein Mann mit mir über seine Augenprobleme. Er war ziemlich erschüttert, weil man ihm gesagt hatte, er werde wahrscheinlich erblinden. Dieser Mann war seit 25 Jahren Therapeut. Ich fragte ihn, ob er mit mir darüber sprach, um die symbolische Bedeutung seines Zustandes zu verstehen, und er nickte. Ich sagte zu ihm: „Sie haben sehr viel Zeit damit zugebracht, zu beobachten, was in den anderen vor sich geht. Haben Sie sich aber auch die Zeit genommen, in sich selbst zu sehen, sich selbst zu beobachten und zu analysieren?" Er antwortete: „Nein. Ich verstehe, was Sie meinen... Doch was kann ich tun?" Ich erwiderte darauf: „Sie erleben nun die Folgen, die Sie veranlassen sollen, Korrekturen vorzunehmen, wobei deren Manifestierung auf der körperlichen Ebene manchmal viel Zeit erfordern kann. Um an dem Punkt anzugelangen, an dem Sie sich heute befinden, haben Sie sehr wahrscheinlich das gleiche verzerrte Verhalten über mehrere Leben hinweg wiederholt. Die Kosmische Intelligenz hat Sie in diese Situation versetzt, um Sie zu einer tiefgründigen Einsicht und Innenschau zu veranlassen, damit Sie sich selbst besser kennen und verstehen lernen. Sie haben gut von Ihrer Fähigkeit Gebrauch gemacht, die anderen zu erkennen, zu analysieren und ihnen zu helfen, doch Sie haben es vernachlässigt, gleichzeitig auch in sich selbst durch eine ständige Erneuerung für Ausgleich zu sorgen. Dadurch haben Sie in gewisser Weise Ihre Batterie vollkommen aufgebraucht. Durch Ihre gegenwärtige Situation will die Kosmische Intelligenz Sie anregen, in sich selbst klar sehen und Kraft schöpfen zu lernen."

Alle blinden Menschen müssen in sich selbst gehen und in sich hineinsehen lernen, sie haben keine andere Wahl. Mehr noch, sie werden durch ihre Blindheit dazu geführt, ihre anderen Sinne stärker zu entfalten – ihre Fähigkeit zu hören, zu riechen, zu fühlen. Das hilft ihnen, eine tiefgründige Wahrnehmung zu entwickeln.

Sind wir mit körperlichen Schwierigkeiten – welcher Art sie auch sein mögen – konfrontiert, so können wir dank der symbolischen Analyse ihre Bedeutung erfassen, denn sie haben sehr wohl einen Sinn. Die Schöpfung ist so perfekt und so einfach! Die Funktionsweise des menschlichen Körpers ist sehr komplex, doch sobald man die Symbolik oder Essenz eines Problems erfasst hat, ist dieses sehr leicht zu verstehen.

Dank unseren Augen sehen wir. Auf der Ebene des Bewusstseins erlauben sie uns ein unterscheidungsfähiges Sehen und Wahrnehmen. Dank den Ohren hören wir und lernen folglich auch verstehen und gehorchen. Die Nase ermöglicht uns das Riechen, das mit dem Element Luft und symbolisch mit der Welt der Gedanken verbunden ist – was sich auch in Ausdrücken wie *etwas wittern, jemanden nicht riechen können* widerspiegelt. Dank den Geschmackspapillen auf der Zunge schmecken wir, was symbolisch die Welt der Gefühle betrifft, sowie die Art, wie wir uns ernähren und mit dem Geschmack experimentieren. Auch diesbezüglich gibt es mehrere Ausdrücke, die auf die symbolische Bedeutung rückschließen lassen: *einen guten oder schlechten Geschmack haben, über Geschmack lässt sich streiten, etwas ist eine Geschmacksache.* Die Haut ist mit unserer Fähigkeit zu spüren, zu berühren und berührt zu werden verbunden und auf der Ebene des Bewusstseins mit der Feinfühligkeit, der Empfindsamkeit und der Liebe.

Jeder unserer Sinne hat nicht nur eine körperliche Funktion, sondern auch eine tiefere, metaphysische Bedeutung. Funktioniert folglich auf der physisch-konkreten Ebene ein Sinnesorgan nicht mehr richtig, so kann man den wahren Grund dafür nur herausfinden, indem man die metaphysische Bedeutung des Problems untersucht. Das Gleiche gilt für alle Organe und Funktionen unseres Körpers. Haben wir Magenprobleme, so ist der Bewusstseinszustand des *Verdauens* in Frage gestellt – es ist ein Hinweis, dass wir bestimmte Dinge nicht verdaut haben oder uns damit schwertun. Ein Prostataproblem betrifft die Fähigkeit des Ausscheidens und der Reinigung sowie die Sexualität. Die Nieren beziehen sich auf die Fähigkeit zu filtern, wobei die linke Niere die Filterung in unserer inneren Welt betrifft und die rechte Niere diejenige hinsichtlich der äußeren Welt. Das Herz versinnbildlicht die Gefühle und die Motivation, denn es pumpt und gewährleistet die Blutzirkulation, symbolisch das Strömen der Lebenskraft.

Diese Vorgehensweise hilft uns, die tiefere Bedeutung eines körperlichen Problems herauszufinden. Indem man die Funktion des betroffenen Organs identifiziert und seine Entsprechungen auf den anderen Ebenen unseres Seins analysiert, vermeidet man falsche oder unvollständige Diagnosen und Schlussfolgerungen. Denn jede Manifestierung auf der physisch-körperlichen Ebene erfolgt in Übereinstimmung mit den metaphysischen Funktionen, welche eigentlich Bewusstseinszustände darstellen und als übergeordnete Funktionen der Schöpfung angesehen werden können.

Denkt man beispielsweise an ein Unternehmen, so ist das Wesentliche das, was es tut oder produziert. Eine Bäckerei erzeugt Brot. Wie groß sie auch sein mag, wie viele Zweigstellen und Lieferwagen sie auch haben mag, ihr Sinn und Zweck besteht im Wesentlichen im Brotbacken. Alles Übrige ist nur Zubehör, Mittel zum Zweck. Das Gleiche gilt für unseren Körper. Wollen wir die Symbolik eines Organs oder Gewebes herausfinden, müssen wir uns fragen: „Wozu dient es? Welche Funktion erfüllt es im Wesentlichen?" Seine hauptsächliche Funktion offenbart uns seine symbolische Bedeutung und seinen tieferen, wesentlichen Sinn.

Hat jemand eine Frage?

(T: Ich erhielt letzte Nacht folgenden Traum: *Ich befand mich mit meinem Lebensgefährten in einem Wagen und wir waren auf der Rückreise in die Schweiz. Er sagte zu mir: „Ich verlasse dich." Ich antwortete ihm: „Tatsächlich? Hast du eine andere Frau kennengelernt?", was er bejahte. Darauf erwiderte ich: „Wenn das so ist, werde ich mein Haus verkaufen müssen", und ich bat ihn, das Haus zu verkaufen. Er rief eine Immobilienagentur an und die Person, die ihm antwortete, fragte ihn: „Was werden Sie mit Ihren Schränken machen?" Ich blickte von einer anderen Ebene auf mein weit entferntes Haus und dachte: „Ich habe dieses Haus sowieso nie gemocht." Immer noch in meinem Traum war das Haus dann verkauft und ich war weg. Am Ende des Traums war ich dabei, an der Ecke eines großen, grauen Gebäudes sehr kleine und hässliche Bäume zu pflanzen.*)

Danke. Ich werde Ihnen zuerst einige Fragen stellen, da es auf den ersten Blick für diesen Traum zwei mögliche Deutungen gibt. Leben Sie mit diesem Mann gegenwärtig zusammen? (T: Ja.) Wie steht es um Ihre Beziehung? Verläuft alles gut? (T: Es ist ziemlich ruhig.) Ruhig... ich verstehe. (T: Ich möchte hinzufügen, dass ich mit „ruhig" meine, dass es zwischen uns sehr viel Respekt gibt.

Der Respekt ist eigentlich der Hauptaspekt in unserer Beziehung.) Gut. Ist eine Trennung möglich? Ist sie in Betracht zu ziehen? (T: Im Augenblick nicht, aber vielleicht in der Zukunft.) Ich verstehe. Wir werden also beide Deutungsmöglichkeiten betrachten.

Als Erstes werden wir den Traum als Ganzes auf Sie selbst beziehen und Ihren Partner als Teil Ihres Wesens betrachten. In Ihrem Traum haben Sie ganz eindeutig Erinnerungen aufgesucht, die durch einen Mangel an Langlebigkeit gekennzeichnet sind – diese ist in Ihrer Beziehung nicht vorhanden. Das Traumbeispiel ist also eng mit dem Thema des heutigen Workshops und der diesbezüglichen inneren Arbeit verbunden. Die Anwesenheit und das Verhalten Ihres Partners im Traum sollen Sie eine Verzerrung erkennen lassen, die Sie daran hindert, eine glückliche, langlebige Paarbeziehung zu erleben. Es bedeutet, dass Sie Erinnerungen in sich tragen, die den Keim der Trennung enthalten.

Werden Sie sich tatsächlich trennen? Das ist möglich, denn wenn die im Traum gezeigten Erinnerungen nicht bearbeitet und bereinigt werden, können sie konkrete Wirklichkeit werden. Dies kann aber auch erst in mehreren Jahren oder in einem späteren Leben geschehen. Sie könnten beispielsweise Ihr ganzes Leben mit Ihrem jetzigen Partner verbringen, weil auf der materiellen Ebene alles vorhanden ist – ein Haus, ein Wagen usw. Ihre Beziehung könnte gleich einem ungeschriebenen, unausgesprochenen Abkommen weiterbestehen und von außen gesehen wie eine dauerhafte Paarbeziehung aussehen. Und in einem späteren Leben würden Sie erneut eine fruchtlose Verbindung eingehen, die Ihnen abermals die Erfahrung einer erfüllenden Partnerschaft und einer glücklichen Langlebigkeit versagen würde – genauso wie Ihre jetzige Beziehung. Der Traum zeigt ferner, dass Sie in sich auch den Keim der Untreue tragen, weil Ihr Mann Sie für eine andere Frau verließ. Das deutet darauf hin, dass Sie in Ihren Erinnerungen, Gedanken und Emotionen die Treulosigkeit unterhalten. Sie wünschen sich ein anderes Liebesleben, ohne jedoch zu versuchen, Ihr jetziges zu verbessern.

Wir wollen uns nun die Traumsymbole im Einzelnen ansehen. Ihr Mann stellt einen wesentlichen Teil Ihres inneren Mannes dar. Es ist durchaus möglich, dass Sie in einem oder sogar mehreren früheren Leben, in denen Sie als Mann inkarniert waren, Ihre damalige Lebensgefährtin verließen. Sie tragen in Ihrem Gepäck diesbezügliche karmische Lasten, was durch das Verhalten Ihres Mannes in Ihrem Traum zum Ausdruck kommt. Werden wir von einem anderen Menschen verlassen, so ist dies immer ein Zeichen, dass wir in uns Erinnerungen tragen, die sowohl die Erfahrung des Verlassens als auch die des Verlassen-Werdens betreffen – es sind immer beide komplementären Aspekte vorhanden, welche die entsprechende Verzerrung erzeugen.

Sie forderten Ihren Mann auf, Ihr Haus zu verkaufen. Das Haus symbolisiert generell die persönliche und familiäre Intimität. Da Sie beide darin leben, widerspiegelt es unter anderem auch die Intimität Ihrer Beziehung. Die Tatsache, dass Sie es verkaufen wollten, bedeutet, dass Sie den Wunsch haben, Ihrer Partnerschaft ein Ende zu setzen, um eine neue Etappe beginnen zu können. Sie sagten in Ihrem Traum, Sie hätten dieses Haus eigentlich nie gemocht. Das ist ein Hinweis, dass in diesem Bereich Arbeit auf Sie wartet, denn es ist unnatürlich, das, was wir in unserem Inneren sind und darstellen, nicht zu mögen. Dies bestätigt auch, dass Sie sich in der Intimität Ihrer Beziehung nicht glücklich fühlen, was vermutlich in Ihnen Frustrationen verursacht. Es wäre wichtig, sich mit Ihrem Mann darüber auszusprechen, damit Sie eines Tages für eine glückliche Verbindung frei sein können. Der Traum legt im Wesentlichen die emotionalen Probleme dar, die Sie in Ihrer Beziehung durchleben.

Als Ihr Mann die Immobilienagentur anrief, wurde er gefragt, was Sie mit Ihren Schränken zu tun gedachten. Dies verhilft zu einem besseren und tiefgründigen Verständnis Ihrer Situation. Wozu dienen Schränke? Was ist ihr Zweck? Sie dienen der Aufbewahrung von allerlei Dingen, die man im Alltag oder gelegentlich braucht, oder als Andenken aufbewahrt. Bei einem Hausverkauf leert man gewöhnlich alle Schränke, wobei man gleichzeitig ihren Inhalt aussortiert und sich von dem trennt, was man nicht mehr benötigt oder zu einer Last geworden ist. Die Frage, was Sie mit den Schränken vorhatten, deutet darauf hin, dass der Himmel Sie zur Klärung und Bereinigung Ihrer Erinnerungen auffordert sowie all dessen, was Sie angesammelt haben und Ihr Leben in der Zukunft belasten könnte. Es ist, als würde die Kosmische Intelligenz Ihnen damit sagen wollen: „Gut, du willst dich von diesem Haus, das du nicht magst, trennen, doch zuvor musst du einen gründlichen Reinigungsprozess vornehmen für alles, was du darin – in deinem inneren Haus – angesammelt hast. Von einer Beziehung und einer

Schwierigkeit zur nächsten hast du im Laufe der Zeit – im Laufe deiner Leben – eine Menge altes, unnützes und überflüssig gewordenes Zeug zusammengetragen. Der Moment ist nun gekommen, um dich um dessen Entsorgung zu kümmern."

In der folgenden Szene zeigte man Ihnen, warum Sie diese Bereinigung durchführen müssen: Sie pflanzten hässliche Bäumchen. Das bedeutet, dass Sie sich in negativer Weise verwurzeln, weil Sie sich an Ihre Erinnerungen und negativen Erfahrungen klammern, anstatt die Schwierigkeiten und Prüfungen zu verwenden, um in Ihnen eine wirkliche Verwandlung durchzuführen. Das hat zur Folge, dass Sie gegen Ihre Umgebung und das Leben auf der Erde einen Groll entwickeln und sich Ihren Mitmenschen gegenüber unfreundlich verhalten. Das ist vielleicht ein bisschen stark ausgedrückt, aber Sie verstehen sicher, was ich meine. (T: Ja, ich verstehe sehr gut. Vielen Dank.)

Sie pflanzten die hässlichen Bäumchen entlang eines grauen Gebäudes. Wie alle Farben kann auch das Grau, abhängig vom Kontext, positive oder negative Aspekte aufzeigen. Da es in diesem Traum in Verbindung mit hässlichen Bäumen auftaucht, sind die negativen Aspekte in Betracht zu ziehen. Die Farbe Grau ergibt sich aus einer Mischung von Weiß und Schwarz – d.h. von Gut und Böse in der Sprache des Bewusstseins. Auf Ihr Verhalten und Ihre Einstellung bezogen bedeutet dies, dass diese manchmal positiv und gut und manchmal negativ und böswillig sind, und Sie deshalb nicht wirklich einem Neustart entgegenstreben können. Indem Sie so Ihr Leben aufbauen, bewahren Sie auch jene Dinge und Aspekte, die Sie daran hindern, eine glückliche Langlebigkeit zu erfahren. Sie werden erneut einen Mann mit negativen Aspekten anziehen, wenn Sie Ihre eigene Negativität und Ihre eigenen Verzerrungen nicht verwandeln. Das bringt diese Szene zum Ausdruck.

Wenn wir etwas beenden – z.B. umziehen oder unser Haus verkaufen –, gibt es Dinge, die wir bewahren sollten, und andere, die wir entsorgen müssen.

Endet etwas ungut, müssen wir uns die Mühe machen, herauszufinden, wodurch das schlechte Ende verursacht wurde, und dann in uns die entsprechenden Aspekte und Resonanzen verwandeln. Andernfalls werden wir die gleichen Schemata wiederholen und ähnliche Situationen erneut anziehen. Ein Verkauf ist eine Form von Recycling; an sich also etwas sehr Positives, doch wenn wir uns nicht die Zeit nehmen, die Schränke und Schubladen zu leeren und ihren Inhalt auszusortieren, ist der Recyclingprozess unvollständig.

Es ist im konkreten Leben nicht unbedingt notwendig, umzuziehen, um ein neues Leben zu beginnen. Wir können im gleichen Haus wohnen bleiben und an uns selbst arbeiten. Es reicht aber nicht aus, einfach einige Erinnerungen zu beseitigen, sondern wir müssen schon der Struktur unserer Innenwelt auf den Grund fühlen, und zwar in allen Bereichen und auf allen Ebenen.

Die Umzugsgewohnheiten in Europa und im Quebec sind sehr verschieden. Die Europäer ziehen nicht sehr häufig um, so dass ein Haus sehr lange – manchmal jahrhundertelang – im Besitz derselben Familie bleibt und somit vom Leben mehrerer Generationen zeugt. Im positiven Sinn ist dies ein Zeichen von Kontinuität und im Negativen kann es mangelnde Flexibilität bedeuten und ein Hinweis sein, dass man sich schwertut, Veränderungen zu akzeptieren und dem Neuen mit Mut, Vertrauen und Liebe entgegenzugehen.

Ein Umzug kann uns sehr gut tun und er besagt immer, dass wir in gewisser Weise einen Bewusstseinswandel durchleben. Im Quebec sieht man manchmal das andere Extrem: die Tendenz, sich als nicht normal zu betrachten, wenn man nicht alle zwei Jahre die Wohnung oder das Haus wechselt. (*Lachen*)

Ich selbst bin in meinem Leben mindestens 15 Mal umgezogen. Das ist zu viel des Guten und gibt zu erkennen, dass in meiner Familie diesbezüglich ein Ungleichgewicht besteht. Durch zu häufiges Umziehen geht den betreffenden Familien der Sinn für Erbe und Tradition ab und sie entwickeln nicht ausreichend das Bewusstsein, auf dem bereits Erworbenen aufzubauen. Dem damit einhergehenden Aspekt der Verwurzelung wird im Quebec nicht viel Wert beigemessen. Der Umzug fördert gleichzeitig die Anpassungs- und die Veränderungsfähigkeit und im Idealfall sollte man sich sowohl angesichts der Kontinuität als auch angesichts des Wandels wohlfühlen.

Kommen wir auf Ihren Traum zurück. Zum Abschluss der ersten Deutungsmöglichkeit kann man sagen, dass Sie darin Erinnerungen aufgesucht haben, die unter mangelnder Langlebigkeit leiden.

Aus dieser Perspektive kündigt der Traum Ihnen folglich nicht an, dass Ihr Mann Sie für eine andere Frau verlassen wird, sondern zeigt Ihnen einfach, dass Sie den Keim der Trennung in sich tragen. Sie strahlen eine diesbezügliche Energie aus, so als müssten Sie die Erfahrung der Trennung machen. Und falls diese ebenfalls im Lebensprogramm Ihres Partners vorgesehen ist, wird sie sich auch konkret ereignen.

Der Traum zeigt ganz klar, dass Sie aufgrund Ihrer negativen Erfahrungen dazu neigen, noch mehr Negativität zu erzeugen. Sollte es deshalb zu einer Trennung kommen, ohne dass Sie die notwendige innere Reinigung durchführen, werden Sie sich unweigerlich deprimiert fühlen. Aus diesem Grund ist es an der Zeit, die durch mangelnde Langlebigkeit und fehlende Kontinuität in der Paarbeziehung markierten Erinnerungen zu bearbeiten und zu verwandeln.

Was fördert die Langlebigkeit einer Beziehung? In erster Linie ist das Vertrauen – im umfassendsten Sinn – das Hauptelement. Ich habe zum Beispiel in mein Leben mit meiner Frau Christiane vollkommenes Vertrauen, wobei dieses nicht so sehr sie als Mensch betrifft, sondern Gott. Ich vertraue ganz und gar darauf, dass Gott für mein Leben – für meine Leben – immer genau das vorsieht, was für mich und meine Entwicklung am besten ist. Ich habe auch durch einen Traum erfahren, dass Christiane die Frau meines Lebens ist.

Christiane hat das gleiche Gottvertrauen wie ich. Außerdem haben wir das selbe Lebensziel: die Entwicklung der Qualitäten und Tugenden. Ich weiß, dass ich mich richtig verhalten und richtig handeln muss, um schöne und gerechte Erfahrungen zu machen. Indem wir uns beide bemühen, im Einklang mit den Kosmischen Gesetzen zu leben und zu handeln, sind wir uns bewusst, dass sich dadurch eine sehr starke, harmonische Verbindung zwischen uns aufbaut. Wir haben auch an der Harmonisierung unserer inneren und äußeren Polaritäten gearbeitet – Christiane als Frau und ich als Mann. Das hat dazu geführt, dass wir nun in unserer Beziehung eine wahrhaftige Komplementarität und eine wunderbare Stabilität erleben sowie ein tiefes, umfassendes gegenseitiges Verständnis und eine echte Kommunikation.

Ich kann mich über die Jahre hinweg an keinen einzigen Augenblick erinnern, wo wir verschiedener Meinung gewesen wären.

Wir erhalten Träume, die übereinstimmen und aufeinander abgestimmt sind. Natürlich haben wir dieses Niveau der Harmonie und des gegenseitigen Verständnisses nicht ohne Weiteres erreicht, sondern wir haben beide – sowohl individuell wie auch zusammen – intensiv daran gearbeitet.

Inzwischen haben wir die Spiritualität so stark in unser Leben integriert, dass unser Vertrauen und unsere Zuversicht vollkommen geworden sind. Taucht in unserem Leben ein Mensch mit verzerrten Absichten auf, so erhalten wir diesbezüglich Zeichen oder sehen in unseren Träumen sein Kommen voraus. Das Gleiche gilt natürlich auch für Menschen mit ehrlichen, reinen Absichten. Wir erkennen den Bewusstseinszustand der betreffenden Person und wissen, was für eine Dynamik sie einbringen wird.

Die Fähigkeit, das Leben in allem und jedem zu *lesen* ist Teil dessen, was das Göttliche ausmacht. Man beschränkt sich nicht darauf zu denken: „Gott ist derjenige, der sich um alles kümmern wird" – nein, es geht viel weiter. Man wird fähig zu erkennen, wie das Leben sich aufbaut und wohin es strebt. Und dadurch, dass man in einer Paarbeziehung mit dem anderen austauscht und teilt, entsteht zwischen den Partnern eine feste Verbindung oder gar eine Verschmelzung.

Der erste Schritt, um eine Paarbeziehung zu bereinigen, besteht in der Anwendung des Resonanzgesetzes. Tritt eine Unstimmigkeit auf, so sagt man sich: „Ich fühle mich nicht wohl, weil mein Partner nicht nett zu mir war, doch er stellt einen Teil von mir dar, also bedeutet es, dass Teile von mir sich auch noch so verhalten." Danach sprechen wir uns freundlich mit ihm aus, wobei wir bewusst unsere Worte wählen, um die Angelegenheit nicht zu dramatisieren und die Harmonie wiederherzustellen.

Manchmal rät uns die Weisheit: „Wart eine Weile, lass ihn sich erst durch sein Jogging abreagieren – oder zwei- oder dreimal seinen Kopf am Türrahmen anstoßen und dadurch rezeptiver werden." Hat unser Partner kein offenes Bewusstsein, so müssen wir es natürlich vermeiden, ihm im zweiten Fall zu sagen: „He! Weißt du, warum du dir den Kopf angestoßen hast?" – das würde in ihm vermutlich die Stimmung eines wütenden Löwen erzeugen. (*Lachen*)

Wir müssen lernen, uns mehr durch unsere Gefühle als durch unsere Macht auszudrücken. Sind wir in der Lage, gefühlvoll zu sprechen und dem anderen zu sagen: „Weißt du, das, was du vorhin zu mir gesagt hast, hat mich verletzt", so ist dies bereits ein Anfang. Unser Partner mag darauf erwidern: „Ich verstehe, doch ich hatte meine guten Gründe, es zu sagen." – „Ich kann deine Gründe anerkennen, doch versuch bitte, sie in Zukunft freundlicher zu formulieren, damit sie nicht verletzen." Indem man so spricht, schafft man eine günstige Atmosphäre, um die Tür für einen wahren Dialog zu öffnen. Worte, die mit dem Herzen ausgesprochen werden, haben die Macht, Veränderungen zu bewirken. Das Schlimmste, was wir tun können, wenn der andere seine Dosis erreicht hat und ihm der Kragen platzt oder er sich über eine Situation, ein Problem oder eine Schwierigkeit außerhalb der Beziehung beklagt, ist, in den gleichen *Bewusstseinsstrahl* einzutreten wie er. Wir hören dann am besten nur zu, während er berichtet. Anschließend können wir bemerken, dass die betroffenen Menschen gewiss daraus etwas zu lernen haben. Das verändert und entspannt die Atmosphäre, wobei es den anderen gleichzeitig das Ganze in einem neuen Licht sehen lässt.

In unserer Gesellschaft haben manche Persönlichkeiten eine Stellung inne, die ihnen die Macht verleiht, das kollektive Bewusstsein, d.h. das Bewusstsein der Massen zu beeinflussen – ich denke dabei insbesondere an Politiker, Medienschaffende und natürlich auch an Eingeweihte, welche die Fähigkeit erworben haben, auf der Ebene der feinstofflichen, unsichtbaren Welten zu handeln. Wenn auch die meisten Menschen nicht auf diese Art Einfluss nehmen können, so ist es doch uns allen gegeben, im Familien- und Freundeskreis unseren Einfluss auszuüben. Dabei müssen wir aber immer bedenken, dass unsere Aufgabe in erster Linie darin besteht, uns selbst kennen und verwandeln zu lernen. In dem Maße, in dem wir in unserer spirituellen Entwicklung vorankommen, können wir unsere Erkenntnisse und Erfahrungen mitteilen – sie durch unsere Gedanken und Gefühle zum Ausdruck bringen –, was nach und nach auch Veränderungen in unserem Umfeld sichtbar werden lässt.

Kommunizieren wir hingegen nicht mit den Menschen um uns herum, werden wir mit der Zeit in unserer Beziehung zur Außenwelt eine große Verschiebung verspüren. Auch in der Paarbeziehung müssen wir fähig sein, durch die Kommunikation mit dem Partner die auftauchenden Unebenheiten zu begradigen. Hat man in einer 20-jährigen Ehe nie über die angehäuften Probleme gesprochen, wird man irgendwann den Punkt erreichen, wo man sich zusammen nicht mehr wohl fühlt. Man muss in diesem Fall ganz von vorne beginnen. Mit Freundlichkeit und Verständnis löst man das erste Problem – was die Dinge ein bisschen durchrüttelt und auflockert –, danach das zweite usw. Man erkennt dadurch, woran man wirklich ist, und die Beziehung kann wiederaufleben oder aber das Leben führt uns neuen Wegen zu. Hat man eine Lernerfahrung abgeschlossen, so ändert sich unsere Lage unweigerlich – das ist absolut!

Endet hingegen eine Beziehung unschön und in Bitterkeit, wird man den gleichen Lernprozess in seiner nächsten Beziehung wieder aufnehmen müssen. Natürlich versucht man, sich nicht mit dem gleichen Typ Mensch einzulassen, doch so verschieden er auch scheinen mag, man erkennt früher oder später, erneut in die alten Verhaltensmuster geraten zu sein, eben weil man den Kreislauf noch nicht geschlossen hatte.

Manche Menschen wechseln ihre Partner so oft wie ihr Hemd. Sie nehmen sich nicht die Zeit, das Durchlebte zu analysieren, und finden sich im Handumdrehen in den Armen eines anderen wieder. Bevor man eine neue Beziehung eingeht, muss man die alte richtig und vollständig beenden. Zunächst geht man den Dingen in sich selbst auf den Grund und wenn der andere für einen wahren Dialog offen ist, diskutiert man sie auch mit ihm gründlich aus. Fühlt man sich in der Zwischenzeit zu einem anderen Menschen hingezogen, so zwingt man sich, die Kontrolle zu wahren, und wartet, bis der Trennungsprozess endgültig abgeschlossen ist. Indem man der Reihe nach vorgeht und keine Stufen überspringt, schließt man den Kreislauf in korrekter Weise. Und das Leben kann anschließend dafür sorgen, dass man dem richtigen Partner begegnet. Bevor man eine Beziehung eingeht, sollte man auf jeden Fall den Himmel fragen: „Ist dieser Mensch der Entwicklung meiner Seele förderlich? Ist er für mich der richtige Lebensgefährte?" Man bittet um einen diesbezüglichen Traum und wenn man nicht sofort einen erhält, beziehungsweise den erhaltenen nicht versteht oder er uns nicht eindeutig erscheint, wiederholt man seine Bitte, falls notwendig, mehrere Tage hintereinander und beharrlich auf seine Frage konzentriert. Denn das Zusammenleben mit einem anderen Menschen ist nicht auf die leichte Schulter zu nehmen.

Auf diese Weise werden die Neuen Kinder vorgehen. Anders als die Generationen vor ihnen, werden sie nicht von einem Partner zum nächsten wandern, da sie über einen gut funktionierenden inneren GPS verfügen. Sie werden sich durch ihre Träume und die Zeichen führen lassen und so viele Schwierigkeiten vermeiden.

Die spirituelle innere Arbeit und die im Alltagsleben angewandte Spiritualität sind für eine positive, gesunde Paarbeziehung wesentlich und unumgänglich. Ich selbst habe mich dank der Einweihungsarbeit, die ich durch das Studium meiner Träume und das Verständnis der Zeichen über die Jahre durchführte, vollständig verwandelt. Zwischen meiner männlichen und meiner weiblichen Polarität herrschte anfangs ein starkes Ungleichgewicht. Ich war sehr introvertiert und sprach sehr wenig. Ich drückte mich durch die Musik aus, nicht durch die Sprache. Meine Intuition, meine Sensibilität und meine Rezeptivität waren gut entwickelt, doch das wirkte sich eher gegen mich aus, weil ich dadurch die negativen Resonanzen, die ich mit den anderen hatte, intensiv wahrnahm, was meine Kommunikationsfähigkeit blockierte. Meine Beziehung zu den Frauen war nicht leicht: Ich zog immer den superdynamischen, unternehmerischen – also emissiven – Typ an, was dazu führte, dass ich mich in der weiblichen Rolle wiederfand, während die Frau die männliche Rolle übernahm.

Man sieht häufig Paare, in denen der eine sehr viel spricht und der andere überhaupt nicht. Manchmal ist es der Mann, der ständig spricht und die Frau nicht zu Wort kommen lässt, weil er jedes Gespräch beherrschen will und immer Recht haben muss. In diesem Fall kann die Frau sich sagen: „Also gut. Mein innerer Mann ist immer stark auf Draht und beansprucht sehr viel Raum! Ich werde ihn bereinigen, indem ich innerlich an mir arbeite. Denn um einen solchen Mann als Partner angezogen zu haben, muss ich in einem früheren Leben auch schon einmal ein dominierender Mann gewesen sein. Und nun erlebe ich die Kehrseite der Medaille, doch von diesem Karma will ich mich befreien. Ich werde wieder anfangen zu sprechen und mich ausdrücken, dabei aber darauf achten, dass ich es nicht in einer dominierenden, rechthaberischen Weise tue, sondern mich bemühe, die richtigen Worte im richtigen Augenblick zu sagen." Indem wir so vorgehen, stellen wir das Gleichgewicht zwischen unserer männlichen und unserer weiblichen Polarität wieder her.

Zu emissive Personen ziehen Partner – und generell Menschen – an, die mit der Emissivität Schwierigkeiten haben. Ein Mensch, dem es an Emissivität mangelt, hat in der Regel Angst, sich auszudrücken, weil er eine Menge durch Aggressivität gekennzeichnete Erinnerungen in sich trägt. Auch hat er über die Jahre – und manchmal über mehrere Leben hinweg – seinen Ärger und seine Wut darüber, dass sein Partner ihn nicht zu Wort kommen lässt und immer unterdrückt, in seiner Seele angestaut und sich damit abgefunden, in Schweigen gehüllt dahinzuleben. Er hat eine Art Stabilität – ein wenn auch ungesundes, fragwürdiges und unstabiles Gleichgewicht – gefunden und sagt sich: „Ich verhalte mich einfach ruhig und sage nichts, dadurch bleibt alles gut."

Mit der Zeit aber übernimmt er die Meinungen und Ansichten seines Partners, beginnt, wie er zu denken, und glaubt schließlich, diese seien richtig und der andere habe Recht. So verliert er allmählich seine eigene Persönlichkeit. Das geschieht, weil sich die Partner im Grunde genommen ähneln und sehr starke gemeinsame Resonanzen haben, ob sie sich dessen bewusst sind oder nicht. In einer solchen Partnerdynamik finden sich jene Menschen wieder, die in früheren Inkarnationen ihrem Lebensgefährten keinen Platz eingeräumt haben.

Wie können wir dies wieder ins Lot bringen? Indem wir uns bewusst verwandeln. Haben wir die Tendenz, zu viel zu reden, beginnen wir damit, uns im Zuhören zu üben und den anderen zum Sprechen zu ermutigen. Selbst wenn seine Ansicht nicht immer richtig ist, sollten wir ihn nach seiner Meinung und seiner Sicht der Dinge fragen. Und fällt es ihm schwer, sich auszudrücken, dann dürfen wir nicht ungeduldig oder verärgert reagieren. Nachdem er 20 Jahre lang darauf verzichtet hat, seiner Meinung Ausdruck zu geben, können wir nicht von ihm erwarten, so ohne Weiteres einen Standpunkt zu vertreten – das wäre einfach zu viel verlangt. Wir müssen ihm die Zeit lassen, sich umzuerziehen und das Sprechen sowie die Emissivität neu zu erlernen. Dabei sollten wir immer auch bedenken, dass wir am Entstehen dieser Dynamik mitbeteiligt waren.

Das Gleiche gilt für die sexuelle Beziehung zwischen den Lebensgefährten. Es gibt eine Menge sexueller Tabus und in den intimen Beziehungen zwischen Mann und Frau kommen sehr viele unbewusste Erinnerungen zum Ausdruck! Sehr häufig funktioniert in diesem Bereich überhaupt nichts. Manchmal muss einer der Partner an eine andere Person denken, um überhaupt etwas zu empfinden. Deshalb ist es so wichtig, immer nach dem Wesentlichen zu suchen: der Authentizität und der wahren Kommunikation. Wir müssen damit beginnen, für den anderen und die Beziehung schöne Absichten zu nähren, und es ablehnen, in unserer Beziehung – symbolisch gesprochen – täglich *Fastfood* zu essen. Sobald wir die wesentlichen Punkte ansprechen, müssen wir natürlich damit rechnen, dass unsere inneren Tiere aufwachen und zu brüllen anfangen, insbesondere wenn sie sehr lange in schlafendem Zustand gehalten worden sind. Es ist dann unerlässlich, sich die Zeit für ihre Umerziehung zu nehmen und die wachgerufenen Kräfte meistern zu lernen. Das Schöne an den Träumen ist, dass sie uns unter anderem zeigen, wie sich diese Kräfte in unserem Alltagsleben äußern.

Stagniert eine Beziehung, so deshalb, weil es die Partner so wollen. Sie haben oft Angst, etwas zu sagen, das die Beziehung erschüttern könnte, die sie um eine falsche Struktur herum aufgebaut haben. Sie leben mit dem Eindruck, dass sie in sich zusammenstürzen würde, sobald sie etwas Wahres von sich geben, oder aber sie selbst müssten sich in den Tiefen ihres Wesens ändern. Was für den Einzelmenschen gilt, gilt auch für die Paarbeziehung: Man muss kontinuierlich an sich arbeiten und die notwendigen Veränderungen vornehmen, um das Glück zu erleben.

Der beste Weg, eine Beziehung zu verbessern und sich selbst in ihr zu einem besseren Menschen zu entwickeln, besteht darin, mit dem Partner freundlich, liebenswürdig und zärtlich umzugehen und für ihn bedingungslos das zu tun, was wir freudig auch von ihm annehmen würden. Handelt man im Bewusstsein, dass man das, was man für seinen Partner tut, eigentlich auch für sich selbst tut, weil er ja einen Teil von uns darstellt, so wird im Laufe der Zeit unser Spiegelbild so positiv, dass er versuchen wird, es uns gleichzutun. Auf die Liebenswürdigkeit und Freundlichkeit, die wir ausstrahlen, wird er mit der gleichen Art von Energie antworten wollen.

Es kommt jedoch vor, dass der andere sich nicht ändern und verbessern möchte, weil er noch nicht bereit ist, den Dingen auf den Grund zu gehen. In diesem Fall fährt man mit der Bereinigung seiner eigenen Erinnerungen fort, bis man den Punkt erreicht, wo man mit dem Partner keine Resonanzen mehr hat, oder anders gesagt, wo man nicht mehr die gleiche Wellenlänge hat und auf der gleichen Frequenz schwingt. Man ist dann am Entweder-

Oder-Punkt angelangt. Hat man sodann das Gefühl, eine Trennung sei unumgänglich, muss man den Mut aufbringen, seine eigene Entwicklung ohne den anderen fortzusetzen, was für manche Menschen die wichtigste Herausforderung ihres Lebens darstellen kann.

Wir haben bei Paaren, die an sich und ihrer Beziehung mit den Träumen und Zeichen gearbeitet haben, wahre Wunder beobachtet. Aber natürlich sahen wir auch solche, die den Weg der Trennung gehen mussten.

Um das Richtige zu tun, muss man an sich selbst arbeiten. Es ist sehr wichtig, dies zu verstehen. Man sieht häufig Menschen, die ihre Partnerschaft aufrechterhalten wollen, ohne sich tiefgründig in Frage zu stellen. Sie erreichen früher oder später den Punkt, wo sie sich sehr unwohl fühlen, weil sie nicht authentisch sind, Dinge tun, die nicht echt sind, und mit dem Partner nicht über wichtige, wesentliche Sachen reden können. Andere sagen sich: „Jeder von uns hat seine eigenen Aktivitäten, Interessen und Freunde – das stört mich nicht." Obwohl sie zusammenleben, führen sie eigentlich zwei verschiedene, parallele Leben, ohne sich wirklich zu begegnen und Gemeinsamkeiten zu pflegen.

Kommen wir auf Ihren Traum zurück. Betrachtet man ihn als einen Traum der zweiten Kategorie – in dem Sie mit der Seele Ihres Mannes in Kontakt waren –, so würde die Kosmische Intelligenz Ihnen dadurch mitteilen wollen, dass Sie für eine Prüfung vorbereitet werden – für die tatsächliche Trennung von Ihrem Mann. Sollte es wirklich dazu kommen, sollten Sie sich daran erinnern, keine hässlichen Bäume zu pflanzen. Sie werden an sich selbst arbeiten müssen, da diese Prüfung Sie sonst sehr tief in die *Negativität* versinken lassen kann. Man hat Ihnen sehr wahrscheinlich diesen Traum geschickt, um Sie vor Ihrer negativen Tendenz zu warnen, da Sie nun für solche Botschaften empfänglich sind. Es steht jedoch in Ihrer Macht, diese Tendenz zu verwandeln.

Kommt es zu einer Trennung, so müssen Sie wissen, dass sie in Ihrem Lebensplan von der Göttlichen Intelligenz vorgesehen war. Dieses Verständnis wird Ihnen helfen, nicht in die Negativität zu versinken und sich stattdessen zu sagen: „Es ist nun für mich an der Zeit, mein Leben zu erneuern, in ein neues Heim umzuziehen und eine andere, wahre Intimität in der Paarbeziehung zu entwickeln.

Nach einem solchen Traum kann man auch dazu neigen, den Partner zu beschuldigen und ihm die Verantwortung für unsere Wunden und unser Unwohlsein zuzuschieben. Es ist jedoch wichtig, neutral zu bleiben und an sich selbst zu arbeiten – an unserem inneren Mann bzw. unserer inneren Frau, denn die mangelnde Langlebigkeit ist auf jeden Fall in uns selbst enthalten.

Wendet sich ein Mann einer anderen Frau zu, so deshalb, weil in der Beziehung etwas fehlte. Einer der Partner kann sich aufgrund verzerrter Bedürfnisse unangemessen benehmen und falsch handeln, oder aber beide Partner haben es zugelassen, dass sich in ihnen dem anderen gegenüber Gleichgültigkeit und Gefühlskälte einstellte.

Wenn ich Menschen empfehle, bei der Analyse ihrer Träume immer auf sich selbst zurückzuschließen und an sich zu arbeiten, erwidern sie oft oder sagen sich: „Das ist alles schön und gut, und das tue ich auch. Doch was ist mit meinem Partner? Muss er das nicht auch tun?" Eine solche Einstellung hält uns oft davon ab, einen Schritt nach vorne zu machen. Wenn wir hingegen den ersten Schritt tun und damit als Beispiel vorangehen, erzeugen wir eine liebevolle, freundschaftliche Dynamik. Dadurch dass man selbst versucht, ein besserer Mensch zu werden, bemüht man sich bei allem, was man für den anderen tut, um die richtige Einstellung und eine ehrliche Absicht, sowie um das Bewusstsein, dass man sich dabei in erster Linie an seinen inneren Mann oder seine innere Frau wendet. Mit diesem Vorgehen hilft man dem anderen, sich ebenfalls zu verwandeln.

(T: Ich habe einen Traum, dessen Deutung ich gerne hören würde. *Ich konnte das Gesicht meiner Schwester sehen. Ich habe sie nicht wirklich erkannt, doch ich wusste, dass es meine Schwester war. Teile ihres Gesichts waren in Schatten gehüllt. Sie sagte zu mir: „Lies dieses Buch, Anna. Lies es. Sie folgt ihren Prioritäten. Sie folgt ihren Prioritäten. Sie folgt ihren Prioritäten." – Sie sagte das dreimal. – Dann lächelte sie, doch es war eine Art gezwungenes Lächeln.*)

Was stellt Ihre Schwester für Sie dar? (T: Sie hat mich mit den Worten „Wir beide sind so verschieden, dass es besser ist, wenn wir uns nicht mehr sehen" aus ihrem Leben verbannt.) Und wie sehen Sie diese Verschiedenheit? (T: Sie ist konservativer als ich.) Ich verstehe.

Im Falle einer Konfliktsituation mit einem anderen Menschen müssen wir zunächst bedenken, dass wir zum Teil dafür mitverantwortlich sind, und folglich die Situation auf uns zurückführen. Das bedeutet jedoch nicht, dass wir dem anderen seinen Teil der Schuld abnehmen. Jedem Konflikt liegt ein Mangel an Weisheit zugrunde. Man kann beispielsweise mit einem Menschen zu weit gegangen sein und den Punkt erreicht haben, wo er sich uns gegenüber verschließt. Etwas ist in die Beziehungsdynamik geglitten – gewöhnlich eine negative Resonanz – und das Verhältnis hat aufgehört, harmonisch zu sein.

Sie haben in diesem Traum einen Teil von sich zu sehen bekommen, einen Teil Ihrer weiblichen Polarität. Ihre Schwester forderte Sie auf, ein Buch zu lesen, und sie wiederholte dreimal: „Sie folgt ihren Prioritäten". Dies deutet darauf hin, dass Sie beharrlich sind und dazu neigen, anderen etwas aufdrängen zu wollen. Das ist äußerlich jedoch nicht unbedingt erkennbar – der Traum weist eher auf eine innere Haltung hin als auf ein konkretes Benehmen, weil als Sinnbild Ihre Schwester, also ein weibliches, die Innenwelt symbolisierendes Element verwendet wurde.

Dieser sich aufzwingende Teil Ihres Wesens hat auch konservative Züge, welche Sie in Ihrer Schwester erkennen und durch sie dargestellt werden. Das besagt, dass Sie manchmal sehr konzentriert und beharrlich versuchen, das, woran Sie glauben und was Sie inspiriert, anderen aufzuzwingen und beispielsweise darauf bestehen, dass sie ein bestimmtes Buch lesen oder sich einen bestimmten Vortrag anhören.

Ihre Schwester erwähnte im Traum den Namen Anna. Hat dieser für Sie eine bestimmte Bedeutung? Kennen Sie jemanden mit diesem Namen? (T: Nein. Ich habe das Gefühl, dass es der Titel des Buches war.) Gut. Nichts ist Zufall, alle Symbole in einem Traum sind am Aufbau seiner Bedeutung beteiligt und wichtig. Anna ist ein weiblicher Vorname. Würde es sich um einen männlichen Vornamen handeln, so wäre die Bedeutung verschieden: Er würde auf Ihre männliche Polarität hinweisen und angeben, dass Sie konkret andere dazu drängen, gewisse Dinge zu tun und sich in bestimmter Weise zu verhalten. Da es sich jedoch um einen weiblichen Vornamen handelt, betrifft es vorwiegend Ihre Tendenz, anderen Menschen Ihre Lebensphilosophie und inneren Einstellungen aufzudrängen.

Es ist aber wichtig, sich vor Augen zu halten, dass Sie nicht nur wie dieser Teil Ihres Wesens sind, sondern auch schöne Seiten haben. Durch diesen Traum wollte man Sie jedoch auf Ihre Tendenz aufmerksam machen, anderen Menschen Dinge aufzuzwingen.

Das Gesicht Ihrer Schwester lag teilweise im Schatten. War es die rechte oder die linke Seite? (T: Das variierte je nach dem Blickwinkel und der Art, wie sie ihr Gesicht wendete. Gleichzeitig war aber auch ihr ganzes Gesicht im Schatten, so als ob sich die Lichtquelle hinter ihr befände.)

Das Schatten- und Lichtspiel auf dem Gesicht stellt Stimmungsänderungen und wechselhafte Seelenzustände dar. Das Gesicht gibt generell Auskunft über den geistigen und seelischen Zustand eines Menschen und lässt erkennen, ob er sich gut oder unwohl fühlt, froh oder traurig ist, Angst oder Wut empfindet usw. Andere Körperteile geben ebenfalls Ausschluss über die Geistes- oder Seelenzustände eines Menschen, das Gesicht aber bringt diese in konzentrierter Weise zum Ausdruck, insbesondere die Augen, welche die Seele und die Gefühle einer Person widerspiegeln.

Ihre Schwester hatte ein gezwungenes Lächeln. Das bedeutet, dass in Ihrem durch diesen Traum wiedergegebenen Seelenzustand die Schwingung eines erzwungenen Lächelns enthalten war. Dies wiederum gibt an, dass die Art und Weise, wie Sie anderen Menschen bestimmte Dinge präsentieren, etwas Erzwungenes enthält. Wir zwingen uns oft zu einem Lächeln, wodurch wir den anderen ebenfalls ein Lächeln abzwingen. Ich konnte diese Tendenz an Ihrer Art heraushören, wie Sie bei der Schilderung Ihres Traums *Lies es* sagten.

Sie müssen vorsichtig sein, wenn Sie über Dinge reden, die Sie begeistern, weil Sie sich manchmal dazu verleiten lassen, in Ihren Mitteilungen die sehr konservative Seite Ihrer Schwester herauszukehren, und zwar insofern, als Sie, wenn Sie von etwas überzeugt sind und daran glauben, nicht mehr die Situation und den Standpunkt des anderen sehen, sondern annehmen, dass das, was Sie inspiriert, auch den anderen inspirieren wird. Sie könnten beispielsweise auch mit dem Buch *Die Deutung der Träume & Zeichen* in der Hand zu jemandem sagen: „Lies das! Das ist gut für dich!" und dabei auf der energetischen, metaphysischen Ebene gleichzeitig eine Energie ausstrahlen, die besagt: „Los, wach auf! Fang endlich an, an dir zu arbeiten!" Selbst wenn Sie dem anderen helfen wollen und das, was Sie ihm vorschlagen, gut ist, würden Sie ihm gegenüber durch ein solches Verhalten einen Mangel an Respekt bekunden. Starre, zu konservative Aspekte in Ihrer Haltung würden Sie daran hindern, das innere Wesen des betreffenden Menschen wahrzunehmen und zu erkennen, was er tatsächlich braucht und was tatsächlich gut für ihn ist. Er könnte z.B. einen der Spiritualität gegenüber vollkommen verschlossenen Lebensgefährten haben und dessen Reaktionen befürchten.

Es ist nicht richtig, starrsinnig an einer Idee oder einer Sichtweise festzuhalten. Ein spiritueller Mensch sollte fähig sein, sich an seine Mitmenschen anzupassen, sie als sich entwickelnde Wesen erkennen und im Gespräch mit ihnen wahrnehmen, was sie bereit sind zu hören und aufzunehmen, und was nicht.

Durch diesen Traum will die Kosmische Intelligenz Sie veranlassen, die Art und Weise, wie Sie etwas darstellen und anderen mitteilen, zu verbessern. Sie beschrieben Ihre Schwester als konservativ, doch es ist vermutlich eben dieser Aspekt ihres Wesens, der sie befähigte wahrzunehmen, wann Sie in Ihre Worte zu viel Überzeugungskraft legen. Sie ähnelten sich dann und Ihre Schwester konnte die Schwingung dieser Ähnlichkeit, ihre Resonanz, spüren. Beide haben Sie eine konservative Tendenz, wenn auch nicht im gleichen Bereich. Während Sie spirituell sind, kann sie materialistisch sein oder eine extrem religiöse Geisteshaltung ausweisen.

Es ist wichtig, in Ihren zwischenmenschlichen Beziehungen rezeptiver zu werden. Bevor Sie jemandem eine Philosophie vorschlagen, sollten Sie sich fragen: „Wo ist dieser Mensch *zu Hause*? In welchem *Land*, d.h. in welcher Mentalität und Geisteshaltung lebt er?" und anschließend seine Art, sich zu kleiden, sein Benehmen, die Menschen, mit denen er sich abgibt, usw. analysieren.

Sieht man beispielsweise eine Frau, deren Haare mit Haarspray übersättigt sind, so kann man daraus auf eine starre Denkweise schließen, was uns jedoch nicht davon abhalten sollte, sie gleichfalls zu lieben. Angesichts einer anderen, die zu viel Schminke aufgetragen hat und sich dahinter gewissermaßen wie hinter einer Maske versteckt, weiß man, dass sie zu Oberflächlichkeit neigt. Solche Informationen geben uns, schon bevor wir mit ihnen reden, zu verstehen, dass wir ihnen gewisse Dinge zu ihrer Person nicht enthüllen können, weil wir auf Widerstand stoßen würden. Wir müssen in solchen Fällen sanfter und nicht so direkt vorgehen. Der Traum zeigt Ihre Tendenz, zu direkt zu sein. Das kann mit manchen Menschen gut funktionieren, andere aber dazu bringen, sich zu verschließen. So viel zur Deutung dieses Traums.

Hat sonst noch jemand eine Frage oder wünscht die Deutung eines Traums?

(T: Macht es auch nichts, wenn es sich um einen gewalttätigen Traum handelt?) Natürlich nicht. Sie können ganz frei sprechen, wir werden mit dem Herzen zuhören. (T: Der Traum setzt sich aus zwei Teilen zusammen. *Am Anfang des Traums war ich mit meinem Onkel zusammen* – der von Beruf Ingenieur war und vor ungefähr 12 Jahren gestorben ist – *sowie einem seiner Kollegen, der in der Dekorationsbranche arbeitet. Während ich Letzteren ansah, wurde er plötzlich alt und war mit Schminke überdeckt. Er trug purpurrote Wimperntusche und wirkte dadurch nicht mehr authentisch. Die Szene wechselte und ich fand mich als Nazisoldat in einem Konzentrationslager wieder, wo ich die Gefangenen fotografierte. Die Idee war, dass jene, die sich als Iren verkleideten – sich also in Grün anzogen, grüne Hüte trugen usw. – nicht getötet wurden. Ein älterer Mann, der keine Verkleidung trug, protestierte. Ich hatte aber das Gefühl, dass eigentlich ich sprach, als er protestierte. Ich wusste, dass wir den Mann erschießen würden, und das wollte ich nicht. Er tat mir sehr leid, aber ich konnte es nicht verhindern, mir zu sagen: „Ach, er ist 80 Jahre alt, wir werden einfach sagen, dass wir ein Foto für seine Familie machen" – und dann schoss ich ihm ins Herz. Die Frau des Mannes erschien auf der rechten Seite und ich erschoss sie ebenfalls. Im Hintergrund dieser Szene und über all den erschossenen Leichen sah man den Abdruck einer schwarzen Hand.* Damit endet dieser Traum, doch ich habe seither weitere Träume erhalten, in denen drei mir nahestehende Menschen starben oder erschossen wurden.)

Danke. Was stellt Ihr verstorbener Onkel – der Ingenieur – für Sie dar? (T: Er war intelligent, doch ein Weichling, den man leicht überrollen konnte und der sich von seiner Familie kontrollieren ließ. Er war mein letzter Verwandter väterlicherseits. Mein Vater starb, als ich noch sehr klein war.)

Und der Dekorateur – was stellt er für Sie dar? (T: Er ist ein sehr kompetenter Mann, der gegenwärtig aber eine tiefe Depression, einen intensiven *Burn-out* durchmacht.) Ich verstehe. Dieser Traum ist sehr interessant, weil er Ihnen erlaubt, Ihrer männlichen Polarität auf den Grund zu gehen und in Ihnen vorhandene Kräfte und Verhaltensweisen enthüllt, die Sie in früheren Leben, wo Sie als Mann inkarniert waren, entwickelt haben. Sie waren nicht unbedingt ein Nazisoldat oder ein jüdischer Gefangener, doch Sie haben durch konkrete Erlebnisse die Bewusstseinszustände erfahren, die in diesem Traum zum Ausdruck kommen.

Beginnen wir die Analyse mit dem Symbol des toten Onkels, dem Ingenieur. Es ist möglich, dass uns Verstorbene in unseren Träumen aufsuchen. Das geschieht gewöhnlich gleich nach ihrem Tod oder kurze Zeit danach und hat immer einen Grund: Sie erscheinen, um uns eine Botschaft zu übermitteln, selbst wenn sie nicht sprechen. Dabei ist alles, was ihr Erscheinen betrifft – die Art der Bekleidung, die Farben, die Stimmung, die in ihrem Umfeld enthaltenen Elemente usw. – als Teil der Botschaft anzusehen. Dieser Onkel stellt einen Teil von Ihnen dar. Ein Ingenieur symbolisiert die Art und Weise, wie wir unser Leben aufbauen. Es gibt in diesem Beruf eine Menge Spezialisierungen – für Gebäude, Straßen, Kanalisationen bzw. in der Chemie, der Computerwissenschaft usw. Die Spezialisierung Ihres Onkels wird uns folglich weitere Aufschlüsse über seine symbolische Bedeutung geben. (T: Er war während des Zweiten Weltkriegs Ingenieur in der Rüstungsindustrie und arbeitete in einer Bombenfabrik.)

Das ist für das Verständnis des Traums eine sehr wertvolle Information. Ihr Onkel symbolisiert in Ihnen verborgene Erinnerungen, die Konflikte schüren. Gleichzeitig widerspiegelt er auch passive Aspekte Ihres Wesens, die keinen Widerstand leisten und sich von den anderen kontrollieren lassen. Diese beiden Arten von Erinnerungen erzeugen in Ihnen widersprüchliche Bewusstseinszustände und Verhaltensweisen – die Tendenz zu Konfrontationen und Konflikten einerseits und die Passivität andererseits. Das behindert Ihre Weiterentwicklung und Ihre Fähigkeit zur Selbstbehauptung. Wir werden sehen, in welcher Weise.

Obwohl diese Verhaltensweisen als widersprüchlich erscheinen, sind sie im Grunde genommen komplementär. Die eine manifestiert sich auf der Ebene unseres bewussten Seins, während die andere im Unbewusstsein enthalten ist: Die Passivität äußert sich konkret, während die Tendenz, Konflikte zu schüren, im Verborgenen agiert. Ein Mensch, der sich passiv verhält und es nicht wagt, sich selbst zu behaupten, trägt in seinem Unbewusstsein Erinnerungen von früheren Leben, in denen er seine Macht missbraucht hat. Er kann zum Beispiel andere Menschen stark eingeschüchtert haben und erlebt als Konsequenz nun in seinem gegenwärtigen Leben seinerseits die Einschüchterung und den Verlust seines Selbstvertrauens, denn seine Seele erinnert sich sehr wohl an die schädlichen und schmerzhaften Folgen der vergangenen Konflikte. Sie haben also in diesem Traum diesbezügliche Erinnerungen aufgesucht.

Wir sprachen gestern über Ihre Tochter, die ein sehr intensives und schon weitentwickeltes Kind ist. Sie haben Schwierigkeiten, in Ihrer Beziehung zu ihr Autorität auszuüben. Wieso ist das so? Weil Sie sich beim Ausüben Ihrer Autorität vor sich selbst und Ihrem eigenen Verhalten fürchten. Sie versuchen dies auszugleichen, indem Sie mit Ihrer Tochter übermäßig sanft umgehen, wenn Sie eigentlich von Ihrer Autorität Gebrauch machen müssten.

(T: Das stimmt haargenau. Ich habe Angst, aggressiv zu werden, wenn ich ihr gegenüber eingreife. Ich spüre, wie meine Stimme sich ändert und Aggressivität in mir hochsteigt.)

Deshalb verhalten Sie sich Ihrer Tochter gegenüber passiv. Sie ist erst vier Jahre alt und beginnt schon, sich zu Hause sehr dominant zu verhalten und die Kontrolle übernehmen zu wollen. Sie benimmt sich wie ein kleiner Boss, der alles entscheiden will. Sie als Mutter befürchten dermaßen, sich ihr gegenüber zu streng und zu autoritär zu verhalten, dass Sie es vorziehen, ihr ihren Willen zu lassen.

Der zweite Mann in Ihrem Traum – der Dekorateur – versinnbildlicht die Art und Weise, wie Sie in Ihrem Leben Stimmungen erschaffen. Sein Gesicht bedeckte sich mit Make-up, wie das einer Frau. Dies besagt, dass der ihm entsprechende Teil Ihres Wesens, der eigentlich emissiv sein sollte, weibliche Charakterzüge an den Tag legt, was auf Probleme im Zusammenhang mit der männlichen Polarität hinweist: Das Potential Ihres inneren Mannes ist blockiert.

Sie sagten ferner, dieser Mann mache gegenwärtig eine Depression durch. Eine Depression manifestiert sich, wenn sehr schwere Erinnerungen einen niederdrücken und gefangenhalten. Sie hindert einen am Vorwärtskommen auf der konkreten Ebene. Der betroffene Mensch ist mehr oder weniger bewusst in Kontakt mit den in seinen Erinnerungen enthaltenen Kräften, er fühlt sich verloren und dreht bewusstseinsmäßig im Kreise, weil er nicht weiß, wie er sich aus diesem Zustand befreien kann. Sie wurden durch diesen Traum in Kontakt mit sehr alten Kräften gebracht, die nicht unbedingt mit den Nazis zu tun haben, wohl aber dem gleichen Bewusstseinsfeld angehören.

Die übrigen Traumelemente zeigen, warum Ihre Tochter Sie überfahren kann, warum Sie ihr die Kontrolle geben und nicht eingreifen, wenn es notwendig wäre.

(T: Ich denke auch nicht, dass es mit den Nazis oder einem früheren Leben während der Nazizeit zu tun hat, weil sonst die Iren nicht vorhanden gewesen wären. Der Traum sollte mir nur die Essenz, das Wesentliche enthüllen.) Das ist richtig. Man hat Ihnen einen wichtigen, in Ihnen vorhandenen Bewusstseinszustand zu erkennen gegeben und dafür als Symbol einen der größten Völkermorde der Menschheitsgeschichte verwendet.

Der Rüstungsingenieur förderte durch seine Arbeit den Krieg, war aber selbst ein passiver Mann. Er wirkte bei der Vorbereitung der Waffen mit, doch er war unfähig, diese selbst zu verwenden. Dahinter stecken bestimmte Erinnerungen, die mit der Dynamik des aggressiven Opfers zu tun haben. Angesichts dieses Ingenieur-Onkels könnte man versucht sein zu sagen: „Oh, er ist so lieb und nett, solch ein guter Onkel! Warum nutzt ihn jeder aus?" Bekäme man aber seine unbewussten Erinnerungen zu sehen, so würde man erkennen, dass er in früheren Leben andere Menschen ausgenutzt hat. Man sieht manchmal Leute, die einen Minderwertigkeitskomplex haben und die, sobald sie eine Person vor sich haben, die schwächer ist als sie, diese auf der konkreten oder intellektuellen Ebene unschön und herablassend behandeln. Sie können beispielsweise einer Verkäuferin in einem Laden unfreundliche, grobe oder sogar verletzende Worte sagen. Ein solches Verhalten entdeckt man manchmal sogar überraschend bei Menschen, die man gut zu kennen glaubt.

In diesem Traum besuchten Sie also Erinnerungen unterdrückter Gewalt, was auch erklärt, wieso die Gefangenen glücklich aussehen mussten, so als hätten sie Spaß an der Sache. Es wurde von ihnen alles Mögliche verlangt: sich zu verkleiden, zu lächeln, so tun, als ob, und Ähnliches mehr. Derartige Kräfte können sich auch in Ihrer Familie manifestieren. Sie könnten beispielsweise spaßige

Situationen hervorrufen, einfach um den Mangel an wahrer, tiefer Freude zu vertuschen. Dabei würden Sie sich sagen: „Ach, was haben wir doch für einen Spaß!", tief in Ihrem Innern aber gäbe es keine echte Freude. Sie würden sich nicht wirklich freuen können, weil die Situation unecht wäre.

Die Gefangenen mussten sich in Grün verkleiden, die Farbe des Herz-Chakras, also auch der Liebe. Doch eben weil es sich um Verkleidungen handelte, konnte die Liebe nicht echt sein. Außerdem schossen Sie als Nazisoldat dem alten Mann, der nicht mitmachen wollte, ins Herz und die anderen Gefangenen, die sich nicht verkleiden wollten, wurden ebenfalls erschossen. Das bedeutet, dass Sie trotz Ihrer netten, sanften Art, mit der Sie den Eindruck erwecken wollen, alles sei Bestens, sehr heftig und abfällig reagieren können, sobald die Dinge nicht so verlaufen, wie Sie es gerne hätten – zum Beispiel wenn Ihr Mann sich nicht so benimmt, wie Sie es von ihm erwarten. Das ist wirklich ein sehr interessanter Traum, in dem sich gewiss viele Menschen wiedererkennen werden.

Wenn man als Frau in seiner Innenwelt eine solche Dynamik beherbergt, kann es geschehen, dass man einen passiven oder sogar femininen Mann anzieht. Die männliche Polarität der Frau ist blockiert und das spiegelt sich in der Außenwelt in den Charakterzügen des Partners. Sobald man sich aber bereit fühlt und der richtige Augenblick gekommen ist, hat man die Möglichkeit, die der Beziehung zugrunde liegenden Parameter zu ändern. Man kann dann um Träume bitten, die zu erkennen geben, was man ändern muss und wie man es am besten tut.

Indem Sie mit Ihren Träumen und den unbewussten Erinnerungen, die sie Ihnen enthüllen, arbeiten, lernen Sie, die enthaltenen Kräfte zu meistern und Ihre Autorität in gerechter Weise auszuüben.

Die Anwesenheit Ihrer Tochter in Ihrem Leben soll Sie lehren, Ihre männliche Polarität zu reaktivieren und richtig zu verwenden. Sie müssen das, was dieser Traum Ihnen über Sie enthüllt, nicht nur verstehen, sondern auch berichtigen, da Ihre Tochter Ihnen sonst endlose Probleme bereiten wird. Wenn unsere Kinder in Schwierigkeiten geraten, zermartern wir uns selbst auch und fühlen uns unwohl. Ihre Tochter ist erst vier Jahre alt und schon ein kleiner Boss. Doch Sie und Ihr Mann haben noch Jahre vor sich, um ihr

Verhalten zu berichtigen, eben weil sie noch so jung ist. Vielen Dank, dass Sie uns dies mitgeteilt haben.

(T: Ich bin heute morgen aus folgendem Traum aufgewacht: *Ich befand mich am Start eines Autorennens. Wir mussten einem bestimmten Parcours folgen, der in einer Schule endete. Ich wusste, dass am Zielpunkt die Teilnehmerliste sowie die Stoppuhren fehlten, und so bot ich mich an, diese dorthin zu bringen, damit die Ankunftszeiten gestoppt werden konnten. Ich dachte, ich würde schnell dort ankommen, weil ich vorhatte, eine Abkürzung zu nehmen. Ich startete. Unterwegs gelangte ich auf eine experimentelle Farm und verstand nicht, wieso – ich dachte, ich hätte mich verfahren. Wie auch immer, ich musste durch die Ställe hindurch und bemerkte, dass die Tiere vernachlässigt waren. Sie sahen schwach und krank aus, und überall lag Kot herum. Die Tiere taten mir leid. Ich schaffte es, mich durch den Stall durchzuarbeiten, indem ich auf der linken Seite ging. Dabei musste ich auch über Tierleichen steigen. Draußen angelangt sah ich einen schneebedeckten Abhang, eigentlich war es eine Skipiste. Ich sagte zu mir: „Nun weiß ich wieder, wo ich bin", und begann zu laufen. Ich rannte und kam gut voran. Als ich mich unterwegs einmal umdrehte, sah ich, dass mir ein junges Kalb folgte. Ich dachte: „Ich werde es abhängen", schien aber keinen Vorsprung zu gewinnen, denn es lief genauso schnell wie ich. Es war sauber und sah nett aus. Mit jedem Schritt sank es im Schnee ein, war aber stark genug, mir dennoch zu folgen. Ich selbst schwebte über dem Schnee. Ich sagte mir: „Ich werde es mitnehmen. Es verdient es, mir zu folgen, weil es sich selbst aus dieser Situation befreit hat." Gleichzeitig war ich mir aber nicht sicher, ob ich das wirklich tun sollte, da ich nicht sah, wie ich es im Wagen unterbringen konnte. Ich nahm das Kalb schließlich doch mit und beendete das Rennen.*)

Ich verstehe nun, wieso Ihre Frau Sportlehrerin ist. (*Lachen*) Da ist eine Menge Kraft und *Power* am Werk. Dieser Traum ist in der Tat sehr interessant, weil er bestätigt, dass in Ihnen eine sehr machtvolle Lerndynamik angelaufen ist.

Der Zielpunkt des Rennens war eine Schule. Taucht in einem Traum eine Schule als Symbol auf, so weist dies darauf hin, dass ein Lernprozess auf der Ebene des Bewusstseins stattfindet. Sie hatten heute Morgen beim Aufwachen vermutlich den starken Wunsch zu lernen. Ein großer Wissensdurst ist in Ihnen erwacht und der Traum hat dieses Erwachen ausgelöst.

In diesem Traum ist reichhaltig Lernmaterial enthalten. Er zeigt Ihnen ganz genau, woran Sie zu arbeiten haben. Als Erstes gibt er zu erkennen, dass Sie mit einem Wettkampfgeist lernen – das zeigen der Rennwagen sowie die Tatsache, dass Sie sich wegen der Stoppuhren Gedanken machten. Es handelt sich dabei um eine Verzerrung – Sie wollen sehr schnell vorwärtskommen und alles wissen. Wir haben alle irgendwo in unserem Unbewusstsein einen oder mehrere Rennwagen geparkt und startbereit, doch das wahre Wissen erwirbt man nicht auf diese Weise. Man kann es nicht in Hochgeschwindigkeit tanken. Der Brennstoff für den Lernprozess ist nicht die Geschwindigkeit. Die spirituelle Entwicklung ist eine tagtägliche Angelegenheit. Wir sollten nicht alles sofort wissen wollen und uns auch nicht schneller vorantreiben, als dies unserem natürlichen Rhythmus entspricht, sondern uns bei jeder Etappe über das freuen, was wir lernen können.

Eine Haltung wie die in Ihrem Traum hat man gewöhnlich am Anfang der spirituellen Entwicklung. Sie beginnen mit dem Studium Ihrer Träume und schon kann man bei Ihnen schöne Bewusstseinsöffnungen feststellen. Sie müssen aber verstehen, dass dieser Prozess stufenweise abläuft, und sich die Zeit lassen, ihn Schritt für Schritt zu gehen.

Sie haben eine große Lernbereitschaft, wenn Sie auf die anderen zugehen. Das sieht man im Traum daran, dass Sie mit einem Rennwagen in eine Schule unterwegs sind. Sie setzen sich Herausforderungen und Ziele und wollen es schaffen, diese so schnell wie möglich zu erreichen. Es ist jedoch offensichtlich, dass Sie Teile von sich zum Vorankommen zwingen, was all ihre Lebenskraft aufbraucht. Das enthüllen die kranken, schwachen und toten Tiere, welche ebenfalls Teile Ihres Wesens darstellen.

Die Tiere symbolisieren unsere Instinkte und andere Aspekte der Lebensenergie. Die im Traum vorgekommenen Tiere waren nicht gut versorgt: Sie waren vernachlässigt, schmutzig, einige waren krank, andere tot. Das bedeutet, dass Sie zu Ihren inneren Tieren sehr hart sind. Sie haben angefangen zu meditieren und wenn Sie dabei in sich Verzerrungen oder gewisse Bedürfnisse wahrnehmen, neigen Sie dazu, diese zu verleugnen, zu unterdrücken oder sich ihretwegen zu bestrafen. Sie schlagen sich mit der Hand vor den Kopf und sind mit sich selbst sehr hart. Auf diese Weise zerstören Sie die durch die Tiere versinnbildlichten Aspekte Ihrer Lebenskraft.

Diese Tendenz kann man bei Menschen, die an ihrer spirituellen Entwicklung arbeiten, häufig feststellen. Tauchen in ihren Träumen misshandelte Tiere auf, so weist dies darauf hin, dass sie einen Verlust ihrer Lebenskraft erfahren, die sie aber brauchen, um voranzukommen. Denn die Kraft der Tiere hilft uns weiterzukommen. Unsere inneren Tiere vermitteln uns körperliche Stärke, schnelle Reflexe und sichere Instinkte, die unser Überleben gewährleisten. Anfangs setzen wir sie natürlich vor allem ein, um unsere persönlichen Bedürfnisse zu befriedigen, doch sobald wir bewusst an unserer spirituellen Entwicklung arbeiten, beginnen wir auch mit der Umerziehung dieser Kräfte, damit sie sich in richtiger und wohlwollender Weise manifestieren.

In der Hoffnung dieses Ziel – die Meisterung der tierischen, instinktiven Kräfte – schneller zu erreichen, ignorieren oder misshandeln manche Menschen ihre inneren Tiere und glauben, dadurch ihre Entwicklung zu beschleunigen. Manche unterziehen sich einem wochenlangen Fasten. Der Therapeut, den ich anfangs erwähnte und dem vorausgesagt wurde, dass er möglicherweise erblinden würde, hatte ebenfalls vor, 30 Tage lang zu fasten. Seine sehr starken Instinkte drängten ihn in das andere Extrem hinein. Er fragte mich, was ich vom Fasten hielt. Ich antwortete ihm, dass es wie alles andere auch ein Experimentierterrain darstelle. Danach teilte ich ihm meine diesbezüglichen Erfahrungen mit.

Ich selbst hatte zu einer gewissen Zeit mit dem Fasten experimentiert, um mehr zu träumen. Ich fastete schon, ich weiß nicht wie lange, als ich einen Traum erhielt, der mir zu erkennen gab, dass es nicht richtig war und das Fasten nicht die Anzahl meiner Träume erhöhen würde. Das war klar. Und tatsächlich, ich träumte nicht mehr als sonst. Ich erhielt bereits 50 bis 60 Träume pro Nacht, was mir genug Material und Informationen zu bearbeiten gab. Trotzdem wollte ich mehr, ich zählte meine Träume und trat dabei gegen mich selbst in Wettstreit. Es ist normal, am Anfang in Extreme zu verfallen, doch irgendwann hört man mit solchen Verhaltensweisen auf.

Ein sehr interessanter Aspekt in Ihrem Traum ist der Kontrast zwischen der großen Kraft, die der Rennwagen symbolisiert, und dem erschöpften Zustand der Tiere. Das lässt annehmen, dass Sie sich innerhalb einer Gruppe sehr dynamisch, leistungsfähig und willensstark fühlen, Sie aber ohne soziale Stimulierung Ihre Willenskraft verlieren und Schwierigkeiten haben, sich in Bewegung zu setzen.

Sie haben also in diesem Traum Erinnerungen aufgesucht, die durch die Härte gegen Sie selbst gekennzeichnet sind. Als Sie aus dem Stall herausgelangten, setzten Sie Ihre Reise in Richtung Schule fort. Ein Kalb rannte hinter Ihnen her. Das Positive daran ist, dass es – im Gegensatz zu den anderen Tieren – gesund war. Da ein Kalb ein noch sehr junges Tier ist, lässt es einen gleichzeitig auch an die stillende Mutter denken. Es verweist uns folglich auf die Notwendigkeit, unsere Instinkte zu nähren, damit sie stark und kräftig werden und für den Erhalt einer ausgewogenen Lebenskraft in uns sorgen können. Die Tatsache, dass es sich um ein junges Tier handelte, kündigt auch eine Erneuerung Ihrer Lebensenergie an.

Wenn man Tiere hat, muss man sich jeden Tag um sie kümmern. Sie wissen das sehr gut, weil Sie auf einer Farm aufgewachsen sind. Eine Farm erfordert täglichen Unterhalt und das kann eine schöne Erfahrung sein, wenn man es gut und richtig macht. Der Zustand einer Farm verweist folglich auf die Wichtigkeit, regelmäßig für einen Ausgleich unserer inneren Kräfte zu sorgen, und vor allem mit unserer Lebenskraft keinen Missbrauch zu treiben. Die Tatsache, dass es sich um eine experimentelle Farm handelte, bedeutet, dass Sie in diesem Bereich experimentieren. Sie verstehen und meistern Ihre Lebenskraft und Ihre Instinkte noch nicht ganz. Ihre Lebensgefährtin – die einen wichtigen Teil Ihrer inneren Frau darstellt – ist Sportlehrerin, was bestätigt, dass Sie dabei sind zu lernen, wie man seine Lebenskraft ausgleicht und harmonisch verwendet.

Durch das Symbol des Kalbs, dem es gelang, Ihnen zu folgen, zeigte man Ihnen, dass Sie Zugang zu einer neuen Energie haben und sich Ihre Vitalität neu belebt. Es sind in Ihnen nicht länger gegensätzliche Kräfte am Werk, d.h. Ihre Vitalkraft einerseits und sie schlecht behandelnde Kräfte andererseits. Sie können nunmehr ganz über die durch das Kalb versinnbildlichte positive Energie verfügen.

Dieser Traum enthüllt auch, dass ihr Wettkampfgeist sehr stark entwickelt ist. Wenn man so weit kommt, mit einem Kalb um die Wette zu rennen, hat man ein echtes Problem. Es handelt sich dabei um eine Verzerrung, die man häufig im Milieu des Sports und des Körpertrainings vorfindet. In den Sporthallen und Fitness-Zentren hebt man Gewichte und lässt die Muskeln spielen, damit – symbolisch gesprochen – die herumlaufenden Hennen und Hähne uns bemerken und bewundern. An solchen Orten zieht so mancher eine Show ab.

Der Wettkampfgeist drückt Sie nieder. Das erkennt man daran, dass das Kalb bei jedem Schritt tiefer in den Schnee einsank. Trotzdem schaffte das Tier es, Ihnen weiter zu folgen. Sie hingegen glitten schwebend über den Schnee, was zeigt, wie stark Ihr Wille voranzukommen ist. Der Schnee symbolisiert im Positiven die Transzendenz der emotionalen Kälte. Ihr Drang, weiter zu kommen und Fortschritte zu machen, ist so machtvoll, dass er Ihnen das Gefühl der Leichtigkeit vermittelt und Sie sich sogar in einem Umfeld, wo Gefühlskälte herrscht, wohlfühlen können. Das verleiht Ihnen großes Selbstvertrauen. Man erlebt dieses Gefühl – als ob man Flügel hätte – auch, wenn man Sport treibt, sich körperlich betätigt und mit ganzem Herzen dabei ist. Doch man kann das Erlebnis hoher Bewusstseinszustände auch haben, indem man beispielsweise beim Training über seine Träume nachdenkt und aufhört, unbedingt gewinnen und der Beste sein zu wollen. Sobald man einen Sport mit der Absicht betreibt, innerlich zu wachsen, und jede Anstrengung der persönlichen Entwicklung widmet, erreicht man die wahren Höhen.

Doch kommen wir auf das allgemeine Thema des Traumes zurück, welches in einem großen spirituellen Erwachen – einer umfassenden Bewusstseinsöffnung – besteht und durch den Kontakt mit der hier vermittelten Lehre hervorgerufen wurde. Diese spricht Sie sehr stark an und entflammt Ihren Lernwillen. Sie müssen dabei aber Ihren Wettkampfgeist überwachen sowie Ihre Tendenz, schneller vorankommen zu wollen, als dies Ihrem persönlichen Rhythmus entspricht. Es ist auch wichtig, Ihre Autonomie zu entwickeln und den Punkt zu erreichen, wo Ihre spirituelle Motivation aus Ihnen selbst kommt anstatt vom Kontakt und den Beziehungen zu Dritten. Auf dem Pfad der spirituellen Entwicklung ist jeder mit sich selbst unterwegs, deshalb sollten wir nicht an unserer Weiterentwicklung arbeiten, um die anderen zu beeindrucken. Am Anfang mag man versucht sein, den spirituellen Typ herauszukehren: man gibt zu erkennen, dass man meditiert, Yoga treibt – man hält sich für *cool* und für *in*! Auf unser „Ich mache Yoga!" erhält man zunächst ein beeindrucktes „Oh ja!?" und kommt sich dadurch sehr wichtig vor. Doch nachdem man es zwei- oder dreimal angebracht hat, bleibt die Wirkung aus. (*Lachen*)

Ähnlich ist es, wenn man von einer Reise nach Hause zurückkehrt. Die Familie und die Freunde empfangen einen ganz begeistert und froh, Umarmungen und Küsse werden ausgetauscht. Aber schon einige Stunden später oder am nächsten Tag ist es so, als wäre man gar nicht weggewesen – man ist wieder ein gewöhnlicher Mensch geworden. Wie erklärt sich das? Es hängt damit zusammen, dass die Idee des Reisens in uns einen bestimmten Bewusstseinszustand auslöst. Manche Menschen lässt sie daran denken, wie müde sie sind und wie sehr sie sich nach ihren Ferien sehnen. Während sie den Reiseerzählungen der Heimgekehrten zuhören, spüren sie ihre eigenen Bedürfnisse, die durch die Schilderungen und die verbreitete Atmosphäre wachgerufen werden. Das beeindruckt sie, weil sie gerne das Gleiche erleben würden. Das ist auch der Grund, weshalb sie die Heimkehrenden so offen empfangen.

So viel zur Bedeutung dieses Traums. Damit sind wir am Ende dieses Workshops angelangt. Ich bedanke mich ganz herzlich für Ihre Aufmerksamkeit und die mitgeteilten Träume und Erlebnisse.

WORKSHOP

Vom menschlichen Wörterbuch zum Himmlischen Wörterbuch

Der Titel dieses Workshops lautet: *Vom menschlichen Wörterbuch zum Himmlischen Wörterbuch.* In seinem Verlauf werden wir tiefgründig einige Symbole analysieren, die sowohl in unseren Träumen und Meditationen vorkommen können als auch im Alltagsleben in Form von Zeichen, denn alles im Universum ist ein Symbol und stellt ein Bewusstseinsfeld oder einen Bewusstseinszustand dar.

Vom menschlichen Wörterbuch zum Himmlischen Wörterbuch. Dieser Titel ist sehr passend, da er angibt, wie wir in diesen Workshops vorgehen: Wir beginnen mit der Bedeutung, die ein Wort im gewöhnlichen, alltäglichen Sprachgebrauch hat und ergänzen diese dann mit den entsprechenden metaphysischen Aspekten.

Das erste Wort auf der Liste, die wir für diesen Workshop vorbereitet haben, ist *Unfall.* Im Wörterbuch ist dieser Begriff im Wesentlichen folgendermaßen definiert: *Unglück oder Missgeschick, das Verletzungen oder den Tod hervorrufen kann; unvorhergesehenes Ereignis oder Geschehen ohne ersichtliche Ursache.*

Wie können wir nun von dieser Definition die metaphysische Bedeutung des Wortes ableiten, welche den Bewusstseinszustand erkennen lässt, den das Wort *Unfall* beinhaltet? Zunächst einmal, indem wir die positiven und negativen Aspekte seiner symbolischen Bedeutung untersuchen, wie wir das mit allen Symbolen tun, die in unseren Träumen vorkommen.

Da wir mit diesem Wort im Allgemeinen etwas Negatives verbinden, beginnen wir in diesem Fall mit den negativen Aspekten. Diese gehen ganz klar aus der genannten Definition hervor: Es handelt sich um etwas Unvorhergesehenes, das verletzen kann. Unfälle verursachen Schaden, Verletzungen und manchmal auch den Tod. Wenn wir in einem Traum einem Unfall beiwohnen – oder jemanden von einem Unfall berichten hören –, so können wir davon ausgehen, dass sich in unserem konkreten Leben oder in unserer Innenwelt Prüfungen oder Einschränkungen anbahnen.

Und welche positiven Aspekte kann ein Unfall haben? (T: Er stoppt uns.) Ja, und was sonst? (T: Er hilft uns bestimmte Dinge bewusst wahrzunehmen.) Richtig. Das ist der wesentliche positive Aspekt eines Unfalls und darin liegt auch der Grund, weshalb Unfälle passieren.

Erlebt ein Mensch mit einem gewöhnlichen Bewusstsein und einer vorwiegend materiellen Sichtweise einen Unfall, so denkt er im Allgemeinen, es handle sich um einen Zufall und er habe einfach Pech gehabt. Ein Mensch mit einem spirituellen Bewusstsein wird sich dagegen fragen: „Wieso habe ich diesen Unfall erlebt? Was bedeutet er?" Er analysiert alle mit dem Unfall zusammenhängenden Aspekte, um seine tiefere Ursache und seine wesentliche, metaphysische Bedeutung zu ergründen. Wenn man so vorgeht, kann ein Unfall einen wichtigen Prozess der Bewusstwerdung auslösen, wie das vorhin richtig festgestellt wurde.

Ein Unfall bewirkt immer ein inneres Wachsen. Wir sind uns dessen nicht unbedingt bewusst und meistens auch nicht bereit, es zuzugeben, solange wir mitten in den Folgen stecken, vor allem nicht, wenn diese schwerwiegend und weitreichend sind. Im Anschluss daran erkennen wir aber gewöhnlich, dass der Unfall hilfreich war und uns wachsen ließ. In manchen Fällen kann es jedoch Jahre dauern, bis wir zu dieser Einsicht kommen und zugeben, dass der Unfall eine Öffnung geschaffen hat. Er kann uns gezwungen haben, den Arbeitsplatz zu wechseln oder die Art und Weise, wie wir das Geld und unsere Zeit verwenden usw. Manche Menschen, die durch einen Unfall behindert wurden, sind nach einiger Zeit in der Lage zu sagen: „Ohne diesen Unfall wäre ich nie der Mensch geworden, der ich heute bin. Ich habe so vieles daraus gelernt!"

Die Geistigen Führer nutzen solche Geschehnisse, um in einer Person neue Horizonte zu öffnen. Somit ist der positive Aspekt eines Unfalls die Bewusstwerdung. Natürlich gibt es auch Menschen, welche die Lehre ihres Unfalls nicht integrieren können, entweder weil ihr Bewusstsein noch nicht genügend entwickelt ist oder weil sie die Lehre nicht erkennen wollen und der Bewusstwerdung Widerstand leisten. Manche nutzen ihre schwierige Lage sogar aus, um Mitleid zu erwecken und diverse Vorteile zu erzielen.

Der direkteste Weg, um die tiefere Bedeutung eines Unfalls zu erfassen, besteht darin, seine Symbolik zu analysieren, so als hätten wir ihn in einem Traum erlebt. Ein Flugzeugabsturz bedeutet nicht das Gleiche wie ein Autounfall oder ein Schiffsunglück. Ein Schiff weist auf die emotionale Ebene hin: Die betroffene Person hat in ihren Erinnerungen bestimmte Emotionen angehäuft und die Zeit ist gekommen, um diesen Bereich ihres Wesens zu bereinigen. Ein Flugzeugunglück betrifft unsere Art zu denken, und ein Autounfall die Art und Weise, wie wir uns auf die anderen zubewegen.

Ein Schiffsunglück kann generell als die Materialisierung einer Menge emotionaler Unfälle angesehen werden. Was versteht man unter einem emotionalen Unfall? Nehmen wir einmal an, wir sind in einem Supermarkt und suchen dort nach einer Dose Bohnen. Wir fragen kurz angebunden einen Angestellten in einer der Reihen: „Wo sind die Bohnenkonserven?" und er antwortet: „Sie befinden sich am Ende dieser Reihe auf der rechten Seite." Wir haben zwar unsere Antwort, doch gleichzeitig haben wir auch einen emotionalen Unfall verursacht. Wir ziehen mit unseren Bohnen ab und hinterlassen einen Angestellten, der sich wie ein Wurm fühlt, wie ein Fußabstreifer, den wir benutzt haben, um unsere Information zu erhalten, dem wir als Mensch aber keinerlei Beachtung schenkten.

Oder unser Kind fragt uns: „Kommst du mit mir spielen?" und wir antworten ihm: „Siehst du nicht, dass ich beschäftigt bin? Ich habe keine Zeit für Spiele!" Klack! Wir haben es niedergemacht, im Keim erstickt: Wir haben einen emotionalen Unfall verursacht. Wir erzeugen emotionale Unfälle jedes Mal, wenn wir einen anderen Menschen mit einem mangelhaften Bewusstsein und Respektlosigkeit behandeln. Durch solche Verhaltensweisen sammeln sich in unserer Seele bestimmte Erinnerungen an, die sich eines Tages in unserem Leben materialisieren werden.

Ein Unfall auf der gedanklichen Ebene kann zum Beispiel ganz einfach darin bestehen, dass wir einen anderen Menschen kritisieren. Diese Art von Unfall stellt den absoluten Rekord dar! Müsste jedes Mal, wenn ein Mensch einen anderen kritisiert, ein Unfallbericht ausgefüllt werden, so würde es einen ständigen Mangel an Formularen geben! (*Lachen*) Wir sind uns sehr oft dem Einfluss unserer Gedanken nicht bewusst und so projizieren wir negative Energien auf die Menschen, deren Verhalten uns nicht passt oder die nicht so sind, wie wir sie gerne hätten. Indem wir uns geistig weiterentwickeln, hören wir auf, solche Gedankenpfeile auf unsere Mitmenschen abzuschießen. Natürlich werden wir sie weiterhin bewerten und zwischen gut und böse, richtig und falsch unterscheiden; wir werden uns nicht am Denken hindern, doch unser Verhalten wird verständnisvoll sein und vor allen Dingen werden wir wissen, dass die Aspekte, die uns bei den anderen stören, verzerrte Teile unseres eigenen Wesens widerspiegeln.

(T: Wenn wir emotionale Unfälle mit unseren Kindern verursacht haben, können wir dann ihre Seele um Verzeihung bitten, zum Beispiel abends, während wir meditieren? Oder wenn wir uns bewusst werden, was wir getan haben, können wir dann zu unserem Kind sagen: „Es tut mir leid. Ich habe mich vorhin dir gegenüber nicht richtig verhalten. Ich entschuldige mich."?) Ja, genau das müssen wir in solchen Fällen tun.

Ein solches Verhalten zu entwickeln ist eines der schönsten Geschenke, die wir uns selbst machen können. Wenn wir unseren Müll und unsere Abfälle in dem Maße aufräumen, wie wir sie produzieren, bereinigen wir unser negatives Karma fortlaufend. Wird uns aber erst im Nachhinein bewusst, dass wir den Angestellten im Supermarkt wie einen Wurm behandelt haben, geht uns das Licht erst in dem Augenblick auf, wo wir schon in unserem Wagen sitzen und plötzlich einsehen: „Ach, ich war wieder einmal so sehr nur auf mich bezogen und dachte nur an meine Bedürfnisse...", dann können wir uns an die Seele der Person wenden und ihr sagen: „Es tut mir leid. Mein Verhalten vorhin war nicht richtig." Natürlich kann man in solchen Fällen nicht einfach zurückgehen, um sich persönlich zu entschuldigen. Die betroffene Person ist es wahrscheinlich gewohnt, so behandelt zu werden, und es ist vermutlich in ihrem Lebensprogramm vorgesehen, dass sie lernen muss, solche Verhaltensweisen zu transzendieren.

Wir wenden uns also an ihre Seele und sagen zu dieser: „Meine Art, mit dir zu sprechen vorhin, war nicht nett und das tut mir leid. Ich werde das künftig besser machen. Ich werde mich ständig verbessern." Die Seele des anderen erhält die Nachricht automatisch, wie per E-Mail, in Form einer Energieübertragung. So kann man vorgehen, wenn man mit dem anderen Menschen nicht unmittelbar sprechen kann, oder im Falle eines Kindes, das noch zu jung ist. Ist es aber alt genug, um verstehen zu können, selbst wenn es erst zwei oder drei Jahre alt ist, können wir zu ihm sagen:

„Es tut mir leid, ich habe nicht richtig mit dir gesprochen. Meine Energie war nicht schön, obwohl das, was ich sagte, berechtigt war." Wenn eine Mutter oder ein Vater – denn Väter sind auch betroffen – so zum Kind spricht, fühlt sich dieses glücklich und geachtet.

Manche Menschen sind zu ihren Freunden netter als zu ihren Kindern oder den geliebten Menschen um sie herum. Sie sind ihren Freunden und Bekannten gegenüber respektvoller und streifen sich beim Umgang mit diesen weiße Handschuhe über. Man kann das sehr gut bei zufälligen Begegnungen beobachten, zum Beispiel in einem Laden. Jemand ist mit seinem Kind beim Einkaufen und sie treffen dabei auf Freunde. Ein begeistertes Gespräch setzt sich zwischen den Erwachsenen in Gang: „Oh, ja, wir waren in den Ferien. Es war wirklich wunderbar! Wir haben eine herrliche Zeit verbracht. Und ihr? Wie geht es euch?" Das Kind zupft den Vater oder die Mutter am Gewand, weil es gerne weitergehen möchte, und erhält dies zur Antwort: „Hör auf, du kleine Pest! Siehst du nicht, dass wir uns unterhalten?" Sie setzen ihr Gespräch fort: „Ja, also. Wenn ihr etwas braucht, ruft einfach an oder kommt vorbei. Ich habe eine Menge Zeit." Das Kind hört das und erinnert sich traurig, dass seine Eltern nie Zeit haben, um mit ihm zu spielen, weil sie ständig mit anderen Dingen oder Leuten beschäftigt sind. Es kommt sehr oft vor, dass man das Wesentliche übersieht.

Wir müssen als Erstes dafür sorgen, dass es uns selbst gut geht, damit wir in der Lage sind, uns um das Wohlergehen unserer Familie zu kümmern – um unseren Lebensgefährten und unsere Kinder. Erst danach sollten wir den Kreis erweitern und andere miteinbeziehen. Denn wenn es Probleme im engeren Kreis gibt, in uns selbst oder in unserer Familie, wirken sich diese auch im weiteren Kreise aus. Man sieht so manche Geschäftsleute, die voller Hast zur Arbeit, zu Besprechungen, zu abendlichen Veranstaltungen usw. eilen und sich nie Zeit für Partner und Kinder nehmen. Und wenn sie eines Tages erfahren, dass ihr Sohn Drogen nimmt und ihre 13-jährige Tochter schwanger ist, wundern sie sich und fragen sich, wie das geschehen konnte. Die Antwort ist ganz einfach: Dadurch dass sie in ihrem Leben nicht für Gleichgewicht sorgten, haben sie auch das Leben ihrer Kinder aus dem Gleichgewicht gebracht, die – symbolisch gesprochen – ihre Werke und ihre Zukunft darstellen. Ihr Unternehmen floriert und macht Gewinn, doch von ihren Familien können sie nicht das Gleiche sagen. Dieser Zustand wird sich früher oder später in der einen oder anderen Weise auch auf ihre Firma niederschlagen. Der Sohn, der sie eines Tages übernehmen soll, kann sein Erbe in Zigaretten, Drogen, Alkohol, Barrunden usw. draufgehen lassen. Dieser Fall ist typisch. Im Extremfall warten die Kinder sogar ungeduldig auf den Tod der Eltern, um an das Erbe heranzukommen.

Wenn wir uns folglich nicht um unsere Werke kümmern, wenden sich diese gegen uns. Das ist normal, es ist die natürliche Auswirkung des Kosmischen Gesetzes der Wirkung und Gegenwirkung sowie der Kosmischen Gerechtigkeit. Das zeigt uns, wie wichtig es ist, dass wir uns um unsere Lieben kümmern. Wenn wir unser Leben auf soliden Grundlagen aufbauen wollen, müssen wir uns selbst kennen, uns richtig benehmen, das Rechte tun und auf das Wohl unserer Familie bedacht sein. Von einem solchen Fundament ausgehend können wir dann auch in der Außenwelt in richtiger und gerechter Weise arbeiten und wirken. Durch unser Beispiel inspiriert, werden unsere Kinder ebenfalls anderen helfen und sich freudig daran beteiligen, ein harmonisches, gesundes Leben aufzubauen, das eine positive Auswirkung und Ausstrahlung auf die Gesellschaft hat.

In unserer Familie sind diese Prinzipien heilig. Wir gehen abends immer in Frieden zu Bett und wir achten darauf, auch immer in Frieden und Harmonie auseinanderzugehen, sei es für einige Stunden, Tage, Wochen oder länger. Sobald eine Unstimmigkeit auftaucht, klären wir sie; emotionale Unfälle, die sich hin und wieder ergeben, werden sofort behandelt. So verhalten wir uns auch mit den Menschen außerhalb unseres engeren Familienkreises. Eine solche Vorgehensweise erzeugt in unseren Leben auf allen Ebenen Wohlstand und Wohlbefinden.

Ein Kind, das in einem solchen Umfeld aufwächst, wird im Jugendalter weiterhin ein gutes Verhältnis zu seinen Eltern haben. Wenn in der Vergangenheit Eltern etwas sagten, konnten die Kinder nicht dagegen reden. Ob sie Recht hatten oder nicht, die Eltern übten ihre Autorität aus und gaben dem Kind gewöhnlich keine Erklärungen ab. Doch heute stehen die Dinge anders. Die Neuen Kinder wollen wissen, was ihre Eltern in sich tragen, welches ihre bewussten und unbewussten Gefühle und Absichten sind; außerdem können sie die Wahrheit erfühlen.

Es ist gut, unserem Kind zu sagen, wenn wir uns nicht wohl fühlen. Natürlich brauchen wir ihm nicht alles zu erklären. Nach einem Alptraum, der nichts für Kinderohren ist, können wir die Einzelheiten weglassen und einfach sagen: „Da war ein aggressives Monster in meinem Traum und das war gar nicht angenehm, ein richtiger Alptraum. Ich fühle mich nicht besonders gut, ich spüre immer noch die Aggressivität des Monsters, deshalb muss ich heute aufpassen. Wenn du merkst, dass ich aggressiv reagiere, dann sag es mir bitte, einverstanden?"

Sie können sicher sein, dass das ihrem Kind gefallen wird. (*Lachen*) Im Laufe des Tages könnte es beispielsweise zu Ihnen sagen: „Wie du vorhin zu mir gesagt hast, ich solle meine Spielsachen aufräumen, da habe ich das Monster erkannt." Jedes Mal, wenn wir unser Kind in die Dynamik unserer inneren Arbeit mit einbeziehen, wird es sehr gerührt sein, weil es mit unserer inneren Welt in Berührung kommen kann, unsere Authentizität spürt und sich auf der geistigen Ebene mit uns ebenbürtig fühlt. Wir benehmen uns immer so mit unserer Tochter Kasara. In unserer Familie entscheiden nicht grundsätzlich die Eltern, sondern das, was richtig und recht ist. Wenn Kasaras Idee richtig ist, befolgen wir sie, ist sie falsch, befolgen wir sie nicht, doch wir erklären ihr, warum wir es nicht tun. Wir benutzen diese Situationen, um ihr Lehren zu vermitteln.

Auf diese Weise versucht das Kind sich ständig zu verbessern und gute Ideen hervorzubringen. Wir selbst müssen dabei aber immer als gutes Beispiel vorangehen. Wann immer wir erkennen, dass wir unserem Kind etwas erlaubt oder versprochen haben, was nicht richtig ist, müssen wir darauf zurückkommen und zu ihm sagen: „Ich habe dir vorher gesagt, dass du das darfst, doch inzwischen habe ich erkannt, dass dies nicht richtig, nicht gut für dich ist, deshalb muss ich nun nein sagen." Oder: „Ich habe dir gesagt, dass wir das gemeinsam unternehmen werden, doch es ist etwas dazwischengekommen. Wir werden das ein anderes Mal tun." Unsere Versprechen aber müssen wir halten, denn das Kind erinnert sich. Wenn wir unsere Versprechen nicht einhalten und nicht auf das Gesagte zurückkommen, ist es normal, dass nach fünfzig Mal das Vertrauen vertan ist. Ich habe meine Versprechen an Kasara immer respektiert und das hat über die Jahre zwischen uns ein großes Vertrauen geschaffen. Wenn ich ihr etwas verspreche, hängt sie nicht an mir herum und bohrt, um zu wissen, wann genau ich das Versprochene tun werde; sie vertraut meinem Wort.

In einer Paarbeziehung ist das genauso: Das gegenseitige Vertrauen baut auf Beweisen auf. Wir müssen aufrichtig und vertrauenswürdig sein, weil die Dynamik in engen Beziehungen sehr stark ist. Wie wesentlich das ist, zeigt sich auch darin, dass das Vertrauen zwischen den Partnern zerstört ist, und meistens für immer, wenn der eine untreu wird oder sonst wie falsch handelt.

Wir müssen deshalb emotionale Unfälle so gut wie möglich vermeiden und falls uns das nicht immer gelingt, sollten wir die notwendigen Berichtigungen sofort vornehmen. Auf diese Weise entwickeln wir harmonische Beziehungen. Es ist ein Irrtum zu glauben, dass es keine Folgen hat, wenn wir zu unserem Kind sagen: „Ich habe nun keine Zeit, geh fernsehen!" oder: „Hör auf, mich zu belästigen, geh auf dein Zimmer!" Die Folgen unseres Verhaltens zeigen sich, wenn das Kind 25 oder 30 Jahre alt ist, in der Art und Weise, wie es seinerseits seine emotionalen und beruflichen Beziehungen lebt. Tut es sich in seinen Beziehungen schwer, so deshalb, weil wir ihm die Grundlagen für eine gute Beziehung und richtiges Verhalten nicht vermittelt haben; wir haben ihm das Wesentliche nicht vorgelebt. Manchmal konnten wir es einfach nicht, weil wir es selbst nicht von unseren Eltern erfahren haben. In diesen Fällen muss man akzeptieren können, dass wir das zu erleben hatten, dass dies so in unserem Lebensprogramm vorgesehen war.

Solange wir immer unser Bestes tun, brauchen wir nichts zu bedauern. Wenn wir geistig erwachen und unser vergangenes Leben überdenken, können wir dazu neigen, bestimmte Dinge, die wir getan oder gesagt haben, zu bedauern, oder meinen, wir hätten besser dieses getan, jenes gesagt, oder geschwiegen. Doch genau das sollten wir vermeiden und uns stattdessen sagen: „Ich habe zu jener Zeit mein Bestes getan mit dem Wissen und Verständnis, das ich damals hatte. Heute ist mein Bewusstsein weiter entwickelt, folglich kann ich mein Verhalten ändern und mit meinen Enkelkindern und allen Menschen in meinem Leben anders umgehen, ich kann anders mit ihnen reden und sie anders behandeln." Das ist sehr wichtig, denn die beste Weise – die tiefgründigste und eigentlich einzig richtige Weise –, das Vergangene wiedergutzumachen, besteht darin, sich selbst zu verbessern. Indem wir unsere Erkenntnisse und unser neues Bewusstsein in Taten umsetzen, lenken wir unser Leben in eine neue Richtung.

Die Vergangenheit holt uns in der Form des Karmas ein: die Fehl-taten, die wir begangen haben, führen uns in schwierige Situati-onen, die karmischen Folgen unseres Tuns. Doch brauchen wir das Karma nicht zu fürchten, weil wir aus unserem Fehlverhalten lernen können. Unser Ziel, keine negativen Gedanken und Ge-fühle mehr zu haben, uns immer richtig zu benehmen und recht zu handeln, erreichen wir schrittweise, indem wir es uns zur Ge-wohnheit machen, uns selbst zu analysieren und unsere Fehltaten sowie unsere gedanklichen und emotionalen Unfälle zu berichti-gen, gleich nachdem sie sich ereignet haben. Diese Arbeit müssen wir tagtäglich tun.

Wir verwenden für unsere Körperpflege – Duschen, Baden, Zäh-neputzen usw. – jeden Tag eine bestimmte Zeit, nehmen wir ein-mal an 45 Minuten. Wenn wir ebenso viel Zeit unserer Selbstana-lyse und unserer inneren Reinigung widmen, entwickeln wir uns sehr schnell weiter, denn in 45 Minuten kann man so einiges in sich regeln, man kann große Lehren aus den kleinen Ereignissen und Unfällen ziehen, die sich in unserem Alltagsleben ereignen. So viel zum Wort *Unfall*.

Wir wollen nun das Wort *Geschenk* analysieren. Unsere Wörter-bücher definieren ein Geschenk generell als *etwas, was man je-mandem gibt, ohne eine Gegenleistung zu erwarten*. Manchmal ist dieser Definition hinzugefügt: *etwas, was einem anderen Men-schen Freude macht oder Vergnügen bereitet*. Wenn wir jemandem etwas schenken wollen, so investieren wir eine bestimmte Menge Zeit und Energie, um das Geschenk auszusuchen, zu kaufen oder anzufertigen. Anders gesagt, wir bieten dem anderen als Präsent etwas von unserer Präsenz, wir sind für ihn präsent, während wir uns Gedanken über ein passendes Geschenk machen, dieses an-fertigen oder besorgen.

Das französische Wort für Geschenk ist *cadeau*, welches das Wort *eau* (Wasser) enthält, das die emotionale Ebene symbolisiert. Und was übermitteln wir, wenn wir jemandem ein Geschenk machen? Was bleibt nach dem Schenken, von der überreichten Sache abge-sehen, übrig? (T: Ein Gefühl.) So ist es. Es bleibt das Gefühl, so-wohl bei dem, der schenkt, als auch bei dem, der das Geschenk er-hält. Und dieses Gefühl währt viel länger als das Geschenk selbst.

In der englischen Sprache kann das Wort für Geschenk *present* in zwei Teile zerlegt werden: *pre-sent*. In diesem Fall weist die Vorsilbe *pre-* auf die Absicht hin, die dem Kauf des Geschenkes oder seiner Erzeugung vorausging und die dem Geschenk auch im Nachhinein anhaftet. Der Schenkende fühlt gewissermaßen voraus, was dem anderen Freude bereiten würde oder was er brauchen könnte.

In der deutschen Sprache geht der Ursprung auf das Wort *schenken* zurück, das von der Geste des Einschenkens herrührt, was ebenfalls auf die emotionale Ebene hinweist. Durch Verallgemeinerung ist später die Bedeutung von *darreichen* entstanden, woran sich dann die Vorstellung anschloss, dass es umsonst geschieht.

Welches sind die positiven Aspekte des Schenkens? Natürlich die Freude, die man empfindet, wenn man etwas gibt und etwas erhält. Wenn man ein Geschenk bekommt, fühlt man sich so, als würde man eine Auszeichnung empfangen. Es ist, als ob der Himmel mit uns zufrieden wäre und uns dies durch eine andere Person zum Ausdruck bringen würde. Wir erhalten gewöhnlich ein Geschenk, weil wir uns eine Anerkennung verdient oder eine schöne, freundschaftliche, familiäre oder sonstige Beziehung gepflegt haben.

Worin besteht die negative Symbolik eines Geschenkes? Ein negatives Geschenk ist ein Geschenk, das uns auf der psychischen Ebene an den Geber bindet; es ist ein Geschenk, das an Bedingungen und Erwartungen gebunden ist, ja möglicherweise sogar mit bösen Absichten gegeben wurde. Was als Geschenk erscheint, ist eigentlich eine Forderung oder eine Falle; der Schenkende erwartet dafür eine Gegenleistung und durch diese Erwartungshaltung stiehlt er dem anderen auf subtile Weise Energie.

(T: Ich kann dazu ein Beispiel geben. Eine Freundin hat einen Geschenkgutschein für eine Maniküre erhalten. Es wurden ihr falsche Fingernägel aufgesetzt, doch danach musste sie jede Woche auf eigene Kosten wieder hin. Sie nannte es ein vergiftetes Geschenk und das sagt alles.) Das kommt daher, dass die Person, die ein solches Geschenk überreicht, sich dessen sehr oft nicht bewusst ist; andernfalls hätte sie ein ernsthaftes Problem.

(T: Da sind auch die sogenannten Bestechungsgeschenke.) Ah! In der Tat, das sind immer vergiftete Geschenke. (T: Die Menschen, die diese anbieten, sind sich sehr wohl bewusst, was sie tun.) Das stimmt. Das ist Manipulation und sie haben darum herum ein ganz logisches System aufgebaut, das ihr Tun rechtfertigen soll. In ihrem Gedankensystem ist ihr Verhalten richtig.

(T: Man hört auch Leute, die manchmal über ein Kind sagen: „Dieses Kind ist wirklich kein Geschenk.") Wenn wir das zu einem Kind sagen, so bringen wir damit zum Ausdruck, dass das, was es gerade tut, oder sein Benehmen generell uns keine Freude bereiten, dass sie uns nichts Gutes bringen. Solche Worte sind für die Seele des Kindes sehr verletzend. Wir sollten nie so etwas zu einem Kind sagen – und auch nicht, wenn wir von einem anderen Menschen reden. Geschenke sind in den Augen der Kinder so wichtig! Sie symbolisieren die Großzügigkeit, die Freude usw. Außerdem sind Kinder die schönsten Geschenke, die wir überhaupt erhalten können.

Es gibt andere Ausdrücke, die man oft hört, welche man aber besser nicht verwendet. Zum Beispiel: Im Quebec hört man oft *Tasse-toi!* In den französischsprachigen Gebieten in Europa kennt man diesen Ausdruck nicht. *Tasse-toi* entspricht den deutschen Ausdrücken *Weg da! Aus dem Weg! Verzieh dich!* Das sind alles sehr negative Ausdrücke, die auch dann ihre emotionale Last tragen, wenn die Person, die sie verwendet, nicht absichtlich ein negatives Gefühl hineinlegt.

Durch die Verwendung solcher Ausdrücke schafft man emotionale Unfälle, denn Worte sind sehr machtvoll. In dem Maße, in dem wir uns weiterentwickeln, werden wir uns der tiefgründigen und weitreichenden Auswirkung der verwendeten Ausdrücke und Wendungen bewusst und werden diese sehr sorgfältig auswählen. Auch das trägt zu besseren Beziehungen mit den anderen bei.

Solange uns die metaphysische Bedeutung der Wörter nicht bewusst ist, nehmen wir passiv alle möglichen Ausdrücke in unserem Wortschatz auf. Dadurch durchtränken wir uns mit den verschiedenen Verzerrungen, die im kollektiven Bewusstsein enthalten sind. Es ist eine Tatsache, dass wir die Menschen *lesen* können, indem wir ihre Wortwahl sowie die Ausdrücke, die sie verwenden, analysieren.

Wir fahren mit dem Wort *Chamäleon* fort. Ein Chamäleon ist ein Reptil, das die Fähigkeit besitzt, seine Farben zu wechseln, um sich zu tarnen und mit seiner Umgebung zu verschmelzen. Dieses Wort bezeichnet im übertragenen Sinne Menschen, die ständig ihr Verhalten und ihre Meinung wechseln, um sich den äußeren Umständen anzupassen. Die negative Symbolik dieses Tieres ist der Mangel an Beständigkeit und Stabilität, sowie das Bestreben, alles zu tun, um anderen zu gefallen oder wie sie zu sein.

Seine positive symbolische Bedeutung besteht in der Fähigkeit, sich in sein Umfeld zu integrieren und allen Situationen anzupassen. Befindet sich das Chamäleon zwischen grünen Blättern, so tarnt es sich mit einem grünen Blattmuster, liegt es auf einem braunen Stein, wird es braun, und auf weißem Sand nimmt es eine weiße Farbe an. Dadurch symbolisiert es die Begabung, in seiner Umwelt aufzugehen und auf der sozialen Ebene unsichtbar zu werden – der betroffene Mensch zeichnet sich durch Bescheidenheit und eine große Rezeptivität anderen gegenüber aus.

Taucht in einem Traum ein Chamäleon auf, so muss man es im Gesamtkontext analysieren: War es schön, ruhig, sanftmütig oder hässlich, aufgeregt und aggressiv? Waren seine Farben froh, leuchtend, lichtvoll oder grell, düster, fade? Befand es sich am richtigen Platz? Denn sieht man ein Symbol, selbst ein sehr schönes, nicht an seinem natürlichen Platz, in seinem naturgegebenen Umfeld, so muss man seine negative Symbolik in Betracht ziehen. Befindet sich das Chamäleon beispielsweise in unserem Büro, so bedeutet es, dass wir dazu neigen, die anderen zu imitieren, und bemüht sind, nicht aufzufallen.

Eine vollständige und tiefgründige Traumdeutung setzt voraus, dass wir alle im Traum aufgetauchten Elemente berücksichtigen und sie sowohl einzeln wie auch in Bezug zueinander hinsichtlich ihrer positiven und negativen Aspekte analysieren, so wie wir es nun gerade tun.

Eine Frau hat mich heute Nachmittag gefragt, ob die Bedeutung eines Symbols für jeden Menschen die gleiche ist. Ich gab ihr als Antwort ein einfaches Beispiel an: *den Sonnenschirm*. Es geht im Wesentlichen darum, die Essenz eines Symbols zu erkennen, denn diese ist unabhängig vom Ort, wo wir uns befinden – Europa, Kanada, USA, Japan, Afrika usw. –, immer dieselbe. Ein Sonnenschirm erfüllt für jedermann den gleichen Zweck: Er schützt uns vor der Sonne, genauso wie ein Regenschirm uns Schutz vor dem Regen bietet.

Der Sonnenschirm ermöglicht es uns, die Menge Sonne zu dosieren, der wir uns aussetzen wollen. Die Sonne symbolisiert das Göttliche Licht, das Ur-Feuer, den Geist und die Lebensenergie. Wir wissen alle, dass es ohne Sonne auf der Erde kein Leben gäbe. Das Gleiche gilt für den Geist und die Lebensenergie: Ohne sie wäre unser Körper nicht belebt. Der Geist belebt die Materie, genauso wie das Licht und die Wärme der Sonne das Leben auf der Erde nährt. Die Materie kann in gewisser Weise als das Kind des Geistes angesehen werden.

Kommen wir auf den Sonnenschirm zurück: Er symbolisiert im Positiven die Fähigkeit, die Menge und Intensität der Energie, die wir von unserer eigenen Lebensquelle sowie von unserem Geist und anderen Menschen erhalten, angemessen auszugleichen.

Die negative symbolische Bedeutung des Sonnenschirms ist durch die Angst vor den kollektiven Energien gegeben. Man erkennt sie daran, dass ein Mensch die anderen meidet, weil er Angst vor den Energien hat, die sie auf ihn übertragen könnten. Dies entspricht auf der metaphysischen und geistigen Ebene der Tendenz, das Himmlische Licht, den Göttlichen Geist oder Schöpfer vermeiden, ihm entfliehen oder sich vor ihm verstecken zu wollen.

In den vergangenen Jahrzehnten hat die Kraft der Sonnenstrahlen, die die Erde erreichen, sehr stark zugenommen. Dieses Phänomen der Intensivierung entspricht auf der metaphysisch-spirituellen Ebene der Tatsache, dass das Innenleben der heutigen Menschen sehr viel intensiver ist als in früheren Zeiten. Man denke nur an die Neuen Kinder und die große Zahl der Menschen, die derzeit bewusst an ihrer Entwicklung arbeiten und dabei intensive Einweihungen durchleben. In gleicher Weise haben in den letzten Jahrzehnten auch im konkreten Leben die menschlichen Aktivitäten in allen Bereichen kontinuierlich zugenommen. Manche Menschen haben heute Angst, sich der Sonne auszusetzen. Die Sonne tut uns grundsätzlich gut, doch muss man sich bewusst sein, dass dabei, wie in allem, ein Zuviel genauso schädlich sein kann wie ein Zuwenig. Es ist eine Frage des Gleichgewichts. Wir müssen lernen, unsere Lebensenergie zu meistern und richtig zu verwenden.

Um die positive oder negative Symbolik eines Sonnenschirms in einem Traum oder in einer Situation des konkreten Lebens zu erkennen, muss man den gesamten Kontext analysieren und abwägen. Befindet sich eine Person unter dem Sonnenschirm, so beobachtet und analysiert man ihr Verhalten und Benehmen. Ist es ruhig, entspannt und kontemplativ, so kann es im Zusammenhang mit dem Sonnenschirm auf Weisheit und Ausgeglichenheit hinweisen. Erweckt die Person hingegen den Eindruck, als würde sie sich unter dem Sonnenschirm ängstlich vor dem Licht verstecken, so könnte man darin die bewusste oder unbewusste Absicht erkennen, sich vor einer bestimmten Wahrheit verstecken zu wollen, oder das Bedürfnis nach übermäßigem Schutz, weil die betreffende Person in ihrem Innern eine zerstörerische Energie trägt, vor der sie unbewusst Schutz sucht.

So können wir selbst die Bedeutung der Symbole, die in unseren Träumen auftauchen, entschlüsseln. In der Sprache des Bewusstseins stellen die Symbole eine reine Logik dar. Bei unserer Analyse müssen wir die Reihenfolge respektieren, in der die verschiedenen Symbole und Elemente auftauchen, und diese erst nach ihrer individuellen Deutung zueinander in Bezug setzen, um eine Synthese auszuarbeiten. Es versteht sich von selbst, dass dies Übung erfordert, weil es sich um ein recht komplexes Unterfangen handelt. Nehmen wir das folgende kurze Traumbeispiel: *Ich spazierte durch einen Wald, da saß ein Papagei auf einem Baum und ich sah meinen Schwager auf mich zukommen.* Wir müssen also die Symbolik des Spaziergangs, des Waldes, des Papageis, des Schwagers sowie die allgemeine Atmosphäre des Traums analysieren und dabei festlegen, ob diese jeweils positiv oder negativ ist. Danach verbinden wir die Bedeutung der einzelnen Elemente miteinander, um die Gesamtdeutung zu erhalten. Indem wir so vorgehen, können wir die Bedeutung der Träume und die in ihnen enthaltenen Botschaften verstehen.

(T: Kann dabei die persönliche Empfindung einen Unterschied darstellen? Zum Beispiel: Ich mag Papageien sehr, doch ein anderer Mensch mag sie vielleicht überhaupt nicht, folglich wäre die symbolische Bedeutung für ihn eine ganz andere.) Absolut. Das würde die positive oder negative Bedeutung des Symbols beeinflussen. Wir sollten uns aber nicht nur darauf verlassen, ob wir ein Symbol mögen oder nicht. Nehmen wir beispielsweise einen Baum: Auf den ersten Blick ist er positiv, denn jeder mag Bäume. Doch ein Baum kann auch negativ sein, etwa wenn er düster, unheilvoll und bedrohlich wirkt, extrem wuchert, entwurzelt oder abgestorben ist, uns zu erschlagen droht usw. In gleicher Weise genügt es nicht, Papageien zu mögen, damit ihre Symbolik positiv ist. Würde sich zum Beispiel in einem Traum unser geliebter Papagei aggressiv verhalten, so wäre seine symbolische Bedeutung keineswegs positiv.

Eines Tages werden wir in unserer Entwicklung den Punkt erreichen, wo wir alle Tiere, alle Dinge, alle Charakterzüge, kurz, alles, was es gibt, lieben können, weil wir wissen, dass sie Teile der Schöpfung sind, darin ihren Platz haben und ihre Funktion erfüllen; wir werden dann keine negativen Resonanzen mehr damit haben. Natürlich bleiben die positiven und die negativen Aspekte weiterhin bestehen und wir müssen sie in unseren Abwägungen und Beurteilungen berücksichtigen, um die Träume und Zeichen richtig zu deuten.

Ein sanfter, netter Papagei würde einen positiven Bewusstseinszustand darstellen. Der Papagei könnte sogar sehr intelligent und gebildet sein: Er könnte uns mitteilen, was er von sich aus gelernt hat, anstatt nur einfach wiederzugeben, was ihm beigebracht wurde, oder aber er könnte wie ein Kind durch Wiederholung und Nachahmung lernen. In einem Traum ist alles möglich. Gäbe der Papagei Unsinn oder hässliche Sachen von sich, so würde dies symbolisch auf Verzerrungen, einen Mangel an Bewusstsein und die Unfähigkeit, selbst zu denken, hinweisen. Papageien sind nicht immer angenehm. Manche wurden durch den Menschen trainiert, andere Leute zu beschimpfen, und so manch einer findet das lustig. Dabei ist es das keineswegs und kommt der Verwendung von Ausdrücken gleich, deren tiefgründige, metaphysische Bedeutung wir nicht verstehen.

Wenn wir ein solches Verhalten sehen, können wir höflich lächeln, sollten es aber vermeiden, die betreffenden Menschen in ihrem verzerrten Betragen zu bestärken. Denn jedes Mal, wenn wir angesichts eines Fehlverhaltens komplizenhaft mitlachen, ermutigen wir die Person, das Getane oder Gesagte zu wiederholen.

Es kommt vor, dass ein Kind absichtlich Saft verschüttet oder etwas auf den Boden wirft und die Eltern daraufhin mit einem breiten Lächeln oder aus vollem Halse lachend zu ihm sagen: „Nein, das darfst du nicht machen!" Wie können wir erwarten, dass das Kind sein Tun nicht wiederholt, hat es doch auf der feinstofflichen Ebene registriert: „Mach weiter! Mach das noch einmal! Du bist in einer Live-Show! Zeig uns mal, was du sonst noch kannst, damit wir lachen können!" Das Kind fühlt sich ermutigt und wird zeigen wollen, wozu es fähig ist. Und Sie können sicher sein, dass es, einmal erwachsen, sein Verhalten nicht ändern wird. Clownhaftes oder schlechtes Benehmen mit der Absicht, die Aufmerksamkeit auf sich zu lenken, ist gewöhnlich in der Kindheit erlernt und hatte das elterliche Verhalten als Vorbild.

Wir müssen sehr aufpassen, um bei einem Kind keine verzerrten Verhaltensweisen zu ermutigen, sonst tragen wir zu deren Vervielfältigung bei. Kinder experimentieren mit Wörtern, Gesten und Seelenzuständen, und wir müssen sie darin liebevoll und weise führen, indem wir ihnen klar zu verstehen geben, wann das, was sie tun oder sagen, richtig und wann es falsch ist. Dabei sollten wir keine unterdrückende Haltung einnehmen. Wenn man nein sagen muss, so kann man das auch in einem schönen, aber bestimmten Tonfall tun. Ist dagegen unser Nein nicht klar und entschieden, so spürt das Kind unsere innere Dualität, sogar dann, wenn diese uns selbst nicht bewusst ist, und es wird unsere Grenzen immer und immer wieder testen. Das Erste, was ein Kind wahrnimmt, noch bevor es sprechen kann, ist unsere Absicht und es kann sehr klar zwischen einem schwachen, zaghaften, einem mittelstarken und einem bestimmten, resoluten Nein unterscheiden. Es nimmt alle Nuancen unserer Jas und Neins wahr. Ist das Nein nicht entschieden genug – weshalb das Kind in der Folge bestraft werden muss –, wird es mit der Zeit aufhören, seinen Gefühlen und Empfindungen zu vertrauen, und zunehmend seinem rationalen Verstand Glauben schenken, der dadurch allmählich die Führung übernimmt.

Kinder sollten schon in jungen Jahren in die metaphysische Dimension des Lebens eingeweiht und auch später in der Schule darin unterrichtet werden, genauso wie in Mathematik und Grammatik. Dies müsste eine erzieherische Priorität darstellen. Integriert ein Kind die metaphysischen Konzepte, wird es verstehen, dass seine Gefühle echt sind und dass die Erwachsenen diese bestätigen. So kann es sich Richtlinien festlegen und von diesen ausgehend seine innere Welt aufbauen. Die Eltern spielen eine bedeutende Rolle in diesem Lernprozess, wenn sie zum Beispiel mit dem Kind über ihre eigenen Verhaltensweisen, Reaktionen und Gefühle sprechen.

Das Verhalten der Kinder kann uns manchmal verwundern. Es kommt vor, dass ein Kind zu Hause sehr leicht zornig reagiert oder sogar aggressive Wutanfälle manifestiert, sobald ihm etwas nicht passt. Befindet es sich hingegen bei anderen Leuten, benimmt es sich ganz lieb und brav. Das kommt daher, weil es zuhause an die Jas und Neins seiner Eltern gewöhnt ist, während es mit fremden Menschen seine üblichen Anhaltspunkte und Richtlinien nicht verwenden kann. Sobald es sich jedoch einige Male in diesem neuen Umfeld aufgehalten hat, wird es wissen, was es sich leisten kann und was nicht, und man kann sicher sein, dass es davon Gebrauch machen wird.

Wir senden unpräzise Informationen und Botschaften aus, wenn unsere Absichten unklar sind, weil sie von unseren unbewussten Erinnerungen beeinflusst werden. Sind beispielsweise in einer Mutter unbewusste Erinnerungen von unbefriedigten Bedürfnissen vorhanden, so kann sie in einer Situation, wo sie ihrem Kind ein Eis versagen muss, auf der metaphysischen Ebene gleichzeitig unbewusst eine Energie aussenden, die ihm mitteilt: „Ich habe zwar Nein gesagt, doch ich könnte selbst eine Riesenmenge Eis verschlingen! Ach, was gäbe ich darum, in ein Flugzeug zu steigen und mich irgendwo an einem Strand in die Sonne zu legen!“ Das Kind nimmt diese unbewusste Botschaft und die damit verbundenen Emotionen wahr. Seine Mutter hat äußerlich Nein gesagt, doch innerlich ein ganz lautes Ja geschrien. Durch solche Situationen werden Kinder verwirrt, weil sie auf der metaphysischen, feinstofflichen Ebene etwas wahrnehmen, das nicht mit dem übereinstimmt, was auf der physisch-konkreten Ebene gesagt wird. Erhalten sie dagegen klare, übereinstimmende Botschaften, so fällt es ihnen leichter, diese zu akzeptieren.

Ich erlebe diese Dynamik häufig mit den Kindern meiner Schwester, meiner Nichte Ariel und meinem Neffen Gabriel. Meine Schwester arbeitet intensiv an sich und vollzieht dabei eine schöne innere Entwicklung, doch sie trägt in ihrem Unterbewusstsein noch Erinnerungen, in denen allerlei Bedürfnisse enthalten sind. Dadurch ist sie nicht immer in der Lage, ihren Kindern klare Botschaften zu vermitteln, wenn sie nein sagen muss. Und ihre Kinder sind bereits so weit entwickelt, dass ihrer Mutter nichts anderes übrig bleibt, als ständig an sich zu arbeiten.

Wenn ich bei ihnen bin und Ariel sich nicht richtig benimmt, brauche ich nur zu sagen: „Ariel, das reicht!“, und sie hört sofort damit auf. Ich musste meiner Schwester auch sagen, dass sie diesbezüglich mir gegenüber kein Konkurrenzverhalten annehmen solle, weil ihre Kinder mir so vollkommen natürlich gehorchen. Da ich bereits sehr lange und tiefgründig an meinen bewussten und unbewussten Bedürfnissen gearbeitet habe, ist die Energie, die ich ausstrahle anders als diejenige meiner Schwester, und die Kinder reagieren folglich verschieden auf mich. Wenn ich Nein sage, ist es ein echtes Nein und das Kind spürt die Kraft und Entschiedenheit, die hinter dem Wort steht. Ich richte mich dabei nicht nur an sein Verhalten oder seine Gedanken, sondern an sein ganzes Wesen. Seine Seele hört das Nein ebenfalls und das Kind beruhigt sich.

(T: Ich habe mich im Beispiel mit dem Eis wiedererkannt. Was aber, wenn ich mir bewusst bin, dass ich eine Unmenge Eis verschlingen könnte, und mein Sohn mich eine halbe Stunde vor dem Mittagessen um ein Eis bittet. Was tue ich dann?) Es ist immer eine Frage der Authentizität, wie ich vorhin sagte. Wann immer Sie zu Ihrem Kind nein sagen müssen, können Sie hinzufügen: „Mama ist nicht perfekt. Vielleicht ist mein Nein nicht fest genug, es ist aber wichtig, dass du es verstehst und respektierst." Es wird wirken, weil Kinder Echtheit brauchen und jenseits der gewöhnlichen Sinne wahrnehmen. Natürlich können Sie das nicht zu einem noch sehr kleinen Kind sagen. Bevor Sie Ihr Nein aussprechen, ist es gut, einen tiefen Atemzug zu holen, der Ihnen dabei hilft, sich zu zentrieren und innerlich zu sammeln. Auf diese Weise wird Ihr Nein so authentisch wie möglich klingen und außerdem werden Sie dadurch mit Ihrem Kind auch leichter einen Kontakt auf der seelischen Ebene herstellen können.

Wir wollen nun mit einem anderen Begriff fortfahren: mit dem Wort *Glatze*. Eine Glatze wird gewöhnlich als unangenehm empfunden, deshalb beginnen wir mit ihrer negativen Symbolik.

Das Wort *Glatze* bezeichnet laut Definition das teilweise oder vollständige Fehlen der Kopfhaare und sie tritt häufiger und intensiver bei Männern als bei Frauen auf. Das ist kein Zufall. Es kommt daher, dass Frauen gewöhnlich gefühlvoller sind und ihre starke emotionale Kraft mehr verwenden als Männer, welche eher kopfgesteuert funktionieren und sich vorwiegend auf Logik und Verstand verlassen. Diese unterschiedliche Funktionsweise hängt mit der männlichen und der weiblichen Polarität zusammen.

Bei einem Menschen, der eine Glatze hat, ist der Intellekt besonders aktiv. Intellektuelle haben oft eine Glatze oder schütteres Haar. Ihre übermäßig aktiven geistigen Fähigkeiten schaffen eine Verschiebung, ein Ungleichgewicht zwischen ihrem Verstand und ihren Gefühlen, was eine mangelnde Ernährung der Haarwurzeln zur Folge hat. Aus dieser Sicht symbolisiert die Glatze einen Mangel auf der emotionalen Ebene. Der Mensch, der seine Haare verliert, hat diesbezüglich etwas zu verstehen; er muss sich der Verschiebung und des Ungleichgewichts bewusst werden, die er zwischen seinem Verstand und seiner Gefühlswelt geschaffen hat.

Man kann jedes Phänomen, jede Erscheinung auf der physischen Ebene symbolisch analysieren und dadurch seine metaphysische Bedeutung erkennen. Das gilt auch für unseren feststofflichen Körper, dessen Erscheinungsbild wiedergibt, wie wir im Laufe unserer verschiedenen Leben gedacht, gefühlt, geliebt und gehandelt haben.

Obwohl Glatzköpfigkeit auch erblich bedingt sein kann, sind die Gene nicht die eigentliche Ursache. Um zu verstehen, wieso sie ihre Haare verlieren, forschen manche Menschen in ihrer Vergangenheit nach und begründen ihre Glatze dann beispielsweise durch die Aussage: „Mein Großvater hatte eine Glatze, die Haare meiner Mutter waren auch sehr ausgedünnt usw." Es ist verständlich, so vorzugehen, weil diese Einflüsse reell sind, doch die seelische, metaphysische Verwandtschaft der Gene wirkt stärker als die physische, da sie es sind, die unsere körperliche Struktur bestimmen. Sonst müsste man sich auch fragen, wieso ein Kind eher die Haarstruktur seines Vaters erbt, der bereits in frühen Jahren anfing, seine Haare zu verlieren, als die seiner Mutter, in deren Familie alle sehr kräftiges und dichtes Haar haben.

Menschen, die eine Glatze haben, müssen den Gefühlen in ihrem Leben einen größeren Platz einräumen und ihr emotionales Potenzial entwickeln, einschließlich der Fähigkeit, zu kommunizieren und ihre Gefühle mitzuteilen. So viel zur negativen Symbolik der Glatze.

Im Positiven symbolisiert das Akzeptieren der Glatze oder die bewusste Wahl der Glatzköpfigkeit die Transzendierung des Ungleichgewichts zwischen den Gedanken und Gefühlen. Männer, die eine Glatze haben, entwickeln oft eine Menge Komplexe. Sie können Angst haben, ihre Männlichkeit zu verlieren, was ihr Selbstvertrauen untergräbt. Natürlich ist diese Vorstellung falsch. Auch Frauen können in ihrem Selbstwertgefühl leiden, wenn ihr Haar dünn wird und anfängt, stellenweise auszufallen. Insofern besteht der positive oder transzendierte Aspekt der Glatze darin, sich selbst unabhängig von seinem Aussehen akzeptieren zu können.

Wir denken oft, Schönheit sei eine physische Angelegenheit. Dem ist aber nicht so. Ein Eingeweihter kann die Schönheit erkennen, die ein Mensch, selbst wenn er dick oder unförmig ist, auf der energetischen Ebene ausstrahlt. Andererseits wird er aber auch die seelischen Verzerrungen in einer Person wahrnehmen, die von Menschen mit einem gewöhnlichen Bewusstsein als sehr schön oder gut aussehend betrachtet wird. Das kommt daher, dass ein Eingeweihter jenseits der äußeren Form die Seele eines Menschen erkennen kann.

Das geht noch weiter. Es ist sogar möglich, die Schönheit im Innern eines Menschen wahrzunehmen, der schöne Träume erhalten hat. Sein Geist kann in der Tat so viel Schönheit ausstrahlen, dass diese gewissermaßen seinen Körper in den Hintergrund treten lässt.

Wir können unsere körperlichen Nachteile symbolisch analysieren und darüber meditieren. Dadurch werden uns mit der Zeit die Zusammenhänge klar und wir können die entsprechenden Erinnerungen bereinigen und verwandeln, denn die körperlichen Züge sind immer das Ergebnis von angesammelten Erinnerungen, die unseren Experimentiererfahrungen entsprechen und sich genauso wie Ablagerungen auf dem Meeresgrund verdichtet haben. Wenn wir den Punkt erreicht haben, wo wir mit den Folgen unseres Tuns konfrontiert werden, so bedeutet dies, dass die Zeit dafür gekommen ist. Die Schwierigkeiten, denen wir begegnen, ergeben sich meistens nicht nur aus unserem jetzigen Leben, sondern aus mehreren Leben.

Wir wollen nun das Wort *Leiche* analysieren. In einem gewöhnlichen Wörterbuch ist eine Leiche als *Körper eines toten Menschen (oder eines toten Tieres)* definiert.

Sehen wir uns nun die metaphysische Dimension dieses Symbols an. Welches sind die negativen Aspekte einer Leiche? Wir verwenden üblicherweise nicht dieses Wort, um eine tote Person zu bezeichnen. Wir sagen beispielsweise nicht: „Die Leiche meiner Großmutter befindet sich im Sarg." Wir würden in diesem Fall eher von Leichnam oder vom toten Körper sprechen. Das Wort Leiche wird in der Regel verwendet, wenn es sich um einen gewaltsamen Tod handelt, verursacht durch Angriff, Überfall, Kriegsverbrechen usw.

Worin besteht nun die positive Symbolik einer Leiche? Natürlich kann eine Leiche unser Mitgefühl erwecken. Wir können für das

Lebewesen – sei es Mensch oder Tier –, das einen gewaltsamen Tod erlitten hat, Mitleid empfinden. Doch dieser positive Aspekt ergibt sich aus der Transzendierung des negativen Aspekts. In welcher Form könnte die Transzendenz eines gewaltsamen Todes zum Ausdruck kommen? (T: Eine symbolisch positive Leiche könnte beispielsweise in einem Traum als strahlend und lichtvoll erscheinen.) Sehr richtig. Und das würde darauf hinweisen, dass der Träumer bezüglich seiner mit gewaltsamen Toden verbundenen Erinnerungen ein größeres Verständnis entwickelt. Es würde darauf hindeuten, dass sich in ihm ein Prozess in Gang gesetzt hat, durch den er in seinem Unbewusstsein bestimmte Dinge aussortiert und bereinigt.

Die Transzendenz der negativen Symbolik dieses Wortes könnte beispielsweise auch in einer Traumszene mit sehr vielen Leichen zum Ausdruck kommen, bei deren Anblick wir kein Unbehagen oder Unwohlsein mehr empfinden, sondern friedvolle Gelassenheit, Liebe und Mitgefühl für die Toten. Eine solche Traumszene könnte gleichzeitig aber auch einer unserer schlimmsten Alpträume sein, weil wir angesichts all der Leichen auch die erlittene Gewalttätigkeit und die Schmerzen nachempfinden würden. Der positive Bewusstseinszustand eines solchen Traumerlebnisses macht aus symbolischer Sicht den ganzen Unterschied aus.

Eine Leiche in einem Traum kann mit einem Ikon, dem graphischen Symbol auf einem Computerbildschirm verglichen werden. Ein Klick darauf öffnet eine Hauptdatei, die mit vielen Nebendateien verbunden ist, in denen Tausende von Erinnerungen enthalten sind, welche alle gleichzeitig wachgerufen werden. Der Träumer fühlt sich angegriffen, er sieht, wie seine Kinder und seine Eltern vor seinen Augen getötet werden, sein Haus angezündet wird usw. Oder aber er sieht sich selbst als der gewalttätige Angreifer und Übeltäter. Nach einem Traum, in dem Leichen vorkommen, ist man am nächsten Tag von einem intensiven Todesgefühl durchtränkt. Doch derartige Träume erhält man sehr selten. Man muss spirituell schon sehr weit entwickelt sein, um die Transzendierung solcher Erinnerungen in unseren Träumen zu durchleben. Die Kosmische Intelligenz lässt uns verschiedene Etappen durchlaufen, bevor SIE uns einer so intensiven inneren Arbeit zuführt. Eines ist jedoch gewiss: In dem Maße, in dem wir uns weiterentwickeln, werden wir auch fähig, in die kollektiven Erinnerungsspeicher einzutreten. Die Begegnung mit den dort enthaltenen Erinnerungen erfahren wir dann als Einweihungen, aus denen wir gestärkt hervorgehen. Wir müssen jedoch nicht unbedingt einen Traum mit Leichen erhalten, um uns in dem dadurch versinnbildlichten Bewusstseinszustand zu befinden. Wir brauchen dazu nur den Fernseher anzumachen oder uns Kriegsfilme anzuschauen. Der Anblick von Körpern und Fahrzeugen, die in Stücke zerfetzt werden, kann in uns Unwohlsein oder sogar Übelkeit hervorrufen. Sobald wir aber den durch eine Leiche ausgelösten Bewusstseinszustand transzendiert und die diesbezüglichen Erinnerungen bereinigt haben, erschüttern uns derartige Anblicke in Sendungen und Filmen nicht mehr. Wir bewahren unsere innere Ausgeglichenheit und Stabilität, weil wir die Kosmischen Gesetze des Karmas und der Reinkarnation verstehen und wissen, dass die betroffenen Menschen sowie all jene, die solche Filme produzieren, Lernetappen durchlaufen.

Natürlich spreche ich hier nicht von Gleichgültigkeit oder Gefühllosigkeit, genauso wenig wie von jenen Menschen, die absolut kein soziales Gewissen haben und sich am Bildschirm Massenmordszenen ansehen können, während sie essen – wir wissen alle, dass sehr viele Menschen dazu imstande sind. Es handelt sich dabei um Personen, die innerlich abgeschaltet sind, so dass sie das Leid anderer Menschen unberührt lässt. Entzöge man diesen Menschen ihren materiellen Wohlstand, würden augenblicklich aus ihrem Unbewusstsein Kräfte aufsteigen und ihr Leben in sehr kurzer Zeit in ein großes Chaos verwandeln. (T: Wie kann man das transzendieren?) Wir können innerlich an uns arbeiten, während wir fernsehen.

Wie viele Menschen war auch ich am Anfang meiner spirituellen Entwicklung etwas puritanisch. Ich schaute nicht mehr fern und las keine Zeitungen mehr, weil ich mich nicht mit den in den Medien aufgezeigten Verzerrungen beschmutzen wollte. Nach einer Weile bemerkte ich, dass ich keine Freunde mehr hatte, dass ich überhaupt niemanden mehr sah. Ich fühlte mich auf meinem spirituellen Weg wohl, alles schien schön und gut, doch ich war praktisch ein Einsiedler geworden. Ich hatte mich selbst von sehr vielen Quellen abgeschnitten. Als mir dies klar wurde, hatte ich bereits eine umfangreiche innere Arbeit geleistet, die Spiritualität tief in meinem Wesen verwurzelt und fühlte mich bereit, wieder mit der Außenwelt Kontakt aufzunehmen und am sozialen Leben teilzuhaben. Ich fühlte mich wie ein kleines Kind, das die Welt neu entdeckt. Ich schaltete den Fernseher ein und sah mir an, was in der Welt vor sich ging.

Das, was ich sah, löste in mir sehr oft eine starke Betroffenheit aus und ich durchlebte alle möglichen Seelenzustände. Weil ich die Fähigkeit, mich zu verinnerlichen, entwickelt hatte, war ich mir sehr wohl bewusst, was in mir vorging. Deswegen schaltete ich, wenn ich etwas sah, das mich störte oder bekümmerte, den Ton ab, schloss die Augen und meditierte über die Resonanzen, die ich mit dem Gesehenen hatte. Sobald ich mich besser fühlte, öffnete ich die Augen und drehte die Lautstärke wieder an. Durch diese Vorgehensweise entdeckte ich unglaublich viel über mich und meine unbewussten Erinnerungen. Ich tat das Gleiche mit DVDs. Jedes Mal, wenn mich etwas störte oder aus dem Gleichgewicht brachte, drückte ich auf den Pause-Knopf und meditierte, wobei ich gleichzeitig das Gesehene symbolisch analysierte. Kam ich in meinem Verständnis nicht mehr weiter, weil einfach zu viele Symbole zu schnell in Bewegung waren, drückte ich wieder auf den Pause-Knopf.

Ich habe auf diese Weise sehr lange und sehr intensiv an mir gearbeitet, um meine Erinnerungen zu bereinigen, so dass ich nun keine Angst mehr habe, durch irgendetwas oder irgendjemanden beschmutzt zu werden. Wenn ein Mensch auf mich zukommt, damit ich ihm einen Traum deute, und er zu husten anfängt, dann sage ich mir innerlich nicht: „Oje! Bleib mir vom Halse, sonst wirst du mich mit deiner Grippe anstecken und ich werde sie nachher auf meine Familie übertragen!" Nein, ich sage mir vielmehr: „Wenn sich der Virus auf mich überträgt, werde ich ihn verwandeln, und falls mir das nicht gelingt, so habe ich daraus etwas zu lernen." Diese Einstellung macht es mir möglich, den betreffenden Menschen in seiner Suche nach Verständnis zu begleiten. Anstatt vor ihm zurückzuweichen, kann ich angstlos in sein Energiefeld eintreten und ihm mitfühlend und liebevoll helfen, wie ich das für mein eigenes Kind tun würde.

Wir müssen den im Fernseher gezeigten Bildern, Szenen und Geschehnissen mit der gleichen Einstellung begegnen. Wenn wir uns die Nachrichten anschauen, sollten wir die Seelenzustände analysieren, die sie in uns hervorrufen, und nach deren Ursachen forschen. Während wir uns auf diese Weise selbst studieren und analysieren, erkennen wir auch, dass die von den gesehenen oder gehörten Ereignissen betroffenen Menschen daraus etwas zu lernen haben.

(T: Als ich neulich fernsah, wurde von einer Bombenexplosion berichtet und man sah eine Menge Leichen herumliegen. Ich sagte mir: „Das schau ich mir besser nicht an." Doch transzendieren bedeutet nicht ignorieren, nicht wahr?) Transzendieren bedeutet unter anderem, dass man versucht zu verstehen, warum etwas geschieht. Die Menschen, die diesem Bombenangriff zum Opfer gefallen sind, haben selber schon in der einen oder anderen Weise Bomben gelegt. Sie trugen eine Menge Aggressivität in sich und wurden von ihren eigenen inneren Bomben und explosiven Erinnerungen in die Luft gesprengt. Denn niemand erleidet eine aggressive Tat, wenn er nicht selbst schon aggressiv gehandelt hat. Die Göttliche Gerechtigkeit ist absolut.

Das kollektive Unbewusstsein ist mit gewalttätigen Kräften und Erinnerungen aller Art vollgeladen, von denen in der Vergangenheit viele gar nicht als solche angesehen wurden. Die Leute finden beispielsweise die französischen Schlösser schön und kommen bei ihrer Besichtigung gewöhnlich aus dem Staunen nicht mehr heraus. Als ich das erste Mal mit meiner Tochter Kasara ein solches Schloss besichtigte, sagte ich zu ihr: „Die Männer und Frauen, die in diesen Schlössern wohnten, waren nicht nett, sie dachten nicht an das Wohl ihrer Mitmenschen, sondern nutzten sie meistens aus und verursachten viel Leid, indem sie die Lebensmittel und anderen Reserven des Dorfes egoistisch und verschwenderisch aufbrauchten." Es gab damals keine Demokratie. Könnte man in die damalige Zeit zurückreisen, so würde man sehr wohl sehen, dass Gewalttätigkeiten und Aggressionen etwas Alltägliches waren.

Alles, was sich unter der Erde und unter der Wasseroberfläche befindet, symbolisiert das Unbewusstsein. Immer wenn ein Erdrutsch, ein Erdbeben, eine Sturmflut, ein Orkan oder andere Formen von Naturkatastrophen stattfinden, werden Menschenleben und Güter verschüttet, mitgerissen, überschwemmt, vernichtet. Solche Katastrophen sind immer eine Folgeerscheinung menschlicher Verhaltensweisen, die sich durch Egoismus, Habgier und Raffsucht auszeichnen und die Zerstörung emotionaler Beziehungen bewirkt haben. Ich will ein Beispiel für solche karmischen Ursachen nennen. In früheren Zeitepochen nahmen sich Könige und Armeechefs das Recht, Familien auseinanderzureißen, ganze Dörfer zu zerstören, die Waren zu stehlen, die Männer zu töten, die Frauen und Kinder gefangen zu nehmen und sie als Sklaven oder Konkubinen zu halten. In einem späteren Leben können diese ehemaligen Könige und Armeechefs ihre Kinder und Familienangehörige sowie ihr Hab und Gut durch ein Erdbeben oder eine Sturmflut verlieren. So wirkt das Gesetz des Karmas.

Je mehr wir uns spirituell weiterentwickeln, umso stärker werden wir uns bewusst, dass Leben und Tod heilig sind und wir damit nicht spielen dürfen. Man denke nur daran, was die Menschen, die Selbstmord begehen, in der jenseitigen Welt erwartet. Natürlich entwickelt sich die Seele dieser Menschen ebenfalls weiter: Sie werden sich erneut inkarnieren und dadurch die Möglichkeit erhalten, ihr Vergehen mit der Zeit zu bereinigen, und eines Tages werden sie wie alle anderen Seelen auch die Erleuchtung erfahren und zum Ur-Licht zurückkehren. Der Pfad, auf den sie sich begeben, ist jedoch ein sehr schwerer Pfad. In einem späteren Leben könnte ein Mitglied ihrer Familie – Vater, Mutter oder Kind – Selbstmord begehen, wodurch sie ihrerseits den Schmerz und den Verlust erfahren würden, die diese Tat mit sich bringt.

(T: Im Grunde genommen strebt jede Seele nach Weiterentwicklung. Sie könnte Tausende von Jahren oder ich weiß nicht wie viele Leben durchleben, bis sie sich dem Göttlichen Licht nähern und mit ihm verschmelzen kann. Das glaube ich jedenfalls. Seit du über die alten Seelen gesprochen hast, taucht immer wieder ein Bild in meinem Geist auf: das Bild von Mutter Teresa. Sie muss eine alte Seele gewesen sein und nach dem Leben, das sie geführt hat, ist sie nun dem Licht gewiss sehr nahe. Doch inwieweit habe ich selbst die Kontrolle über das, was mit meiner Seele passieren kann? Das scheint mir doch recht kompliziert. Meine Frage resümiert sich so: Für wen und wozu entwickle ich mich weiter? Wem oder was dient meine Weiterentwicklung?)

Sie dient der Evolution. Jede Weiterentwicklung erfolgt im Dienst der Evolution. In diesem Sinne nutzt das, was wir für uns tun, gleichzeitig auch den anderen, und das, was wir für andere Menschen tun, gleichzeitig uns selbst. Das Leben ist wie ein Traum, in dem alle Menschen Teile von uns selbst darstellen. Wenn wir zu einem Menschen freundlich sind, wird er seinerseits zu uns freundlich sein – die Energie, die wir ausstrahlen, strahlt auf uns zurück. Wir sind eigentlich immer mit uns selbst in Beziehung. Das ist so, weil wir selbst ein ganzes, komplettes Universum darstellen: Wir haben eine männliche und eine weibliche Polarität, wir tragen die Planeten in uns ebenso wie die Elemente und das

Pflanzen-, Tier- und Mineralreich. Wir sind alle Götter. Der Sinn und Zweck unseres Seins besteht im Wesentlichen darin, zwischen allen Teilen unseres Wesens – unserer Göttlichkeit –, Harmonie und Gleichgewicht zu schaffen. Ist das getan, so ist das nächste Ziel die Schaffung einer Welt um uns herum, die dieses harmonische Gleichgewicht widerspiegelt. Wir schaffen und schöpfen unentwegt: wenn wir Entscheidungen treffen, unser Heim dekorieren, Atmosphären schaffen, eine Familie gründen, Kinder zeugen usw. Wir sind alle Engel, wir sind alle Teile Gottes. Unser Endziel ist die Erleuchtung, der Seinszustand, wo das Göttliche Licht ständig gegenwärtig ist, wo Glück und Harmonie immer und überall regieren. In diesem Zustand ist alles in Ordnung, hat jedes seinen Platz und alle Existenzfragen haben ihre Antwort gefunden.

Wenn wir diesen Zustand erreicht haben, können wir das Licht an andere weitergeben und ihnen helfen, genauso wie die Geistigen Führer in den Parallelwelten. Diese sind sehr hochentwickelt und helfen den anderen, wobei SIE sich selbst weiterentwickeln und verbessern. Jeder Mensch entwickelt sich nach seinem eigenen Rhythmus und manche Seelen sind älter und erfahrener als andere.

(T: Du sprichst von alten Seelen und jüngeren Seelen. Doch wie entsteht eine Seele?) Stellen Sie sich vor, wir würden ein winzig kleines Teilchen von der Sonne nehmen und es in einen Körper einfügen. Die Energie dieses Sonnenteilchens würde als Seele wirken. Wir könnten die Seele auch Erinnerungsspeicher nennen, denn man kann sie in der Tat mit dem Gedächtnisspeicher eines Computers vergleichen, während der Geist – oder die Lebenskraft – mit der Elektrizität vergleichbar ist, dank derer der Computer in Betrieb gesetzt werden kann. Dieses ursprüngliche Energieoder Sonnenteilchen beginnt seine Existenz in einem Körper und experimentiert, wodurch es Erinnerungen erzeugt. Während es dank dem Körper seine Experimentiererfahrungen macht, wird es manchmal stolpern, hinfallen, wieder aufstehen usw. Auf diese Weise lernt es.

In Afrika zum Beispiel leben im Vergleich zu anderen Kontinenten eine Menge junger Seelen. Das erklärt die Schwierigkeiten, welche die Afrikaner gegenwärtig im Bereich der Wirtschaft und der Politik durchleben, um nur diese zwei Sektoren zu nennen. Sie sind wie kleine Kinder, die sich der Folgen ihrer Handlungen noch nicht bewusst sind. Sie erhalten Lebensmittel und sobald sie satt sind, denken manche von ihnen – natürlich nicht alle – nicht mehr daran, zu arbeiten, um auch am nächsten Tag Essen auf dem Tisch zu haben. Es ist wie mit einem Kind: Man gibt ihm zu essen und danach geht es fröhlich spielen. Sobald es wieder hungrig ist, denkt es: „Oh, ich muss was zu essen finden!" Dieses Beispiel schildert sehr gut die Einstellung neuer Seelen hinsichtlich der Verantwortung und der Materialisierung.

Die Entwicklung des Bewusstseins ist eng mit der allgemeinen Weiterentwicklung oder Evolution verbunden. Es ist in der Tat so, dass die eine die andere widerspiegelt. Alles, was in der Außenwelt geschieht, reflektiert, was in unserem Bewusstsein vor sich geht. Indem wir verantwortungsvoll handeln und leben, entdecken wir unsere Kräfte und das hilft unserer Entwicklung auf allen Ebenen. Länder, die auf der materiellen Ebene organisatorische Schwierigkeiten haben, sind gewissermaßen die Kinder der großen Menschheitsfamilie. Doch jene Länder, die über Ideenreichtum und Intelligenz verfügen und von denen man annehmen müsste, sie hätten zumindest auf der konkreten Ebene eine gewisse Reife erreicht, beuten oftmals diese „kindlichen" Länder aus. Dabei stellen einige der Letzteren eigentlich die Wiege unserer allerersten Leben auf der Erde dar. Ein Land erfährt den Wohlstand, den seine Einwohner erschaffen, und dieser Wohlstand widerspiegelt die Seelen, die sich dort inkarnieren.

Was die alten Seelen betrifft – die sich im Allgemeinen in stärker entwickelten Ländern inkarnieren –, so bedeutet die Tatsache, dass sie bereits seit zahlreichen Leben experimentieren und eine Menge Erfahrungen gesammelt haben, nicht unbedingt, dass sie dadurch gleichzeitig auch weise geworden sind. Sie manifestieren sehr oft starke, extreme Verzerrungen, die manchmal schlimmer sind als diejenigen junger Seelen und durch den materiellen Wohlstand hervorgerufen werden, in dem sie sich entwickeln. Der Schein und Glanz dieses Wohlstands sowie das leichte Leben, das er ermöglicht, lassen sie das Wesentliche aus den Augen verlieren. Von der Materie geblendet, durch den sie umgebenden Wohlstand gesättigt und manchmal jenen gegenüber, die auf der materiellen Ebene weniger besitzen, ein Überlegenheitsgefühl an den Tag legend, verleugnen viele alte Seelen die Existenz des Geistes oder vernachlässigen ihr spirituelles Leben gänzlich, um sich ausschließlich auf die materielle Entfaltung ihres Lebens zu konzentrieren. Das stellt im Evolutionsprozess eine Stufe dar. Wenn wir über wenige Mittel verfügen, können wir nur wenig tun, und wenn wir über viele Mittel verfügen, können wir Vieles tun. Das gilt auch auf der Ebene des Bewusstseins. Zur Erläuterung will ich ein Beispiel geben, das gleichzeitig auch sehr passend die Einstellung vieler Menschen beschreibt, die mit den Träumen & Zeichen arbeiten.

Stellen Sie sich eine Seele vor, die mehrere Leben als Mönch oder Nonne inkarniert in einem Kloster verbrachte und dabei ein hohes Niveau an Weisheit und Erfüllung erreichte. Diese Seele wird nun in unserer Zeit wiedergeboren. Natürlich wird sie sich in ihren Grundfesten – in ihrer schönen, durch viel Meditation erworbenen Stabilität – erschüttert fühlen. Sie wird Spannungen und Stress empfinden. Das materielle Leben wird ihr kompliziert erscheinen und sie wird mehrere Inkarnationen brauchen, bevor sie in der Lage ist, die Materie durch ihren Geist zu meistern, das heißt, der Materie weder entfliehen noch versuchen zu wollen, sie zu kontrollieren. Diese Etappe – die Verschmelzung von Geist und Materie – ist die schwierigste Etappe, die die Seele eines Menschen auf ihrem Entwicklungsweg zurückzulegen hat. Es ist leicht, spirituell zu sein, wenn man keine oder nur geringfügige Verantwortungen in der konkreten Welt hat. Diesen Fall trifft man bei Menschen, die den Weg der spirituellen Entwicklung begehen, oft an. Sowohl spirituell als auch in der Materie engagiert zu sein und in diesen zwei Dimensionen verantwortungsbewusst, ausgeglichen und in schöner Harmonie zu leben, ist in der Tat keine leichte Sache. Alles hängt von diesem harmonischen Gleichgewicht ab und jede Form von Ungleichgewicht auf dieser Ebene kommt der Schaffung negativer Karmas gleich.

Es gibt Menschen, die große Schwierigkeiten oder Prüfungen durchqueren – Armut, Krieg, Naturkatastrophen usw. – und dabei oft den Anschein erwecken, spirituell zu sein. Doch sobald sie mit materiellen Gütern in Berührung kommen, verhalten sie sich wie kleine Kinder, die neue Spielsachen erhalten und von diesen ganz in Anspruch genommen werden. Sie lassen die Spiritualität links liegen und hören auf zu beten, bis die Materie sie nicht mehr länger interessiert. Übersättigt, abgestumpft und auf der Suche nach neuen Empfindungen, verfallen sie dann entweder in allerlei Missbräuche, die ihrem und dem gesellschaftlichen Leben Schaden zufügen, oder aber sie unternehmen ihre ersten Schritte mit dem Ziel, die Materie transzendieren zu lernen. Ein Land kann Jahrhunderte lang von einem Extrem ins andere wanken, bevor es gelernt hat, wie man auf Göttliche Weise materialisiert, das heißt, bevor es die Fähigkeit entwickelt hat, mit der Materie zu experimentieren und dabei gleichzeitig die spirituelle Dimension des Lebens zu wahren und zu achten. Das trifft auch auf jeden einzelnen Menschen, auf jede einzelne Seele zu. Ein Land ist wie eine Person: Es hat seinen eigenen Charakter, sein eigenes Potenzial und wie schon erwähnt seinen eigenen Entwicklungsstand, welcher den Entwicklungsstand seiner Einwohner widerspiegelt.

Abschließend möchte ich auf die Frage nach dem Alter einer Seele und dem Land, in welchem sie sich inkarniert, sagen, dass sich eine Seele theoretisch in jedem Land inkarnieren kann. Sie wird sich immer an dem Ort inkarnieren, der ihr die geeignetsten Umstände bietet, damit sie das lernen kann, was sie zu lernen hat. Es ist tatsächlich so, dass die Seelen, die sich auf der Erde inkarnieren, verglichen mit denen, die andere Welten bewohnen, verhältnismäßig jung sind. Die Seelen, welche die anderen Dimensionen bevölkern und uns bei unserer Entwicklung unterstützen, haben ebenfalls lange, intensive und tiefgreifende Experimentier- und Lernphasen in der Materie durchlaufen, all jene Phasen, die für die richtige, erfolgreiche Bewältigung des Göttlichen Schöpfungsprozesses notwendig sind.

Wir müssen bedenken, dass eine Welt immer in der nächst grösseren und höher entwickelten enthalten ist. Dabei helfen die Bewohner der höheren Welten den weniger entwickelten, dem Licht zuzustreben, genauso wie in einer Familie die Eltern ihren Kindern beim Lernen und Vorwärtskommen helfen. Die Spiritualität wird sehr oft der Materie entgegengesetzt, und man glaubt häufig, die spirituelle Welt, die Welt des Geistes, sei strukturlos. Dabei ist genau das Gegenteil der Fall: Die geistige Welt weist die größte, umfassendste Struktur auf. Schönheit, Weisheit und all die anderen strukturgebenden Aspekte, die wir auf der Erde vorfinden, sind nur blasse Widerspiegelungen dessen, was es in den metaphysischen Welten gibt.

Damit sind wir am Ende dieses Workshops angelangt. Ich wünsche Ihnen allen eine schöne Weiterentwicklung. Mögen die Träume, Zeichen und das Wörterbuch des Lebens all Ihre Entscheidungen und Handlungen inspirieren.

WORKSHOP
Rückblenden

(T: Ich habe letzte Nacht folgenden Traum erhalten: *Ich ging allein einen Schotterweg entlang und wusste, dass es ein Weg meiner Kindheit war, weil ich die Häuser erkannte.* – Heute ist dieser Weg eine Asphaltstraße. – *Ich ging auf der linken Wegseite und trug Stöckelschuhe. Einer der Absätze war abgebrochen und ich hielt ihn in einer Hand. Unterwegs kam ich an einem Ort vorbei, wo eine Party in Gang war. Auf der Straße hatte ich mich alleine gefühlt, doch als ich mich zur Party gesellte, fühlte ich mich erleichtert, wieder unter Menschen zu sein.*)

War es in Ihrem Traum Tag oder Nacht? (T: Es war Tag.) Erinnern Sie sich, was Sie anhatten? (T: Nein.) Gut. Es macht nichts, wenn man nicht alle Details hat. Man verwendet das, was man wahrgenommen hat und woran man sich erinnert. Gab es sonst noch Symbole oder Dinge, die Ihnen aufgefallen waren? (T: *Ich war mir, während ich die Häuser entlangging, bewusst, dass manche der Leute, die dort gewohnt hatten, als ich klein war, nicht mehr lebten. Ich sagte mir: „Ah! Dieser ist tot, jener ebenfalls. Diese sind auch tot.“*) Waren diese Menschen nur in Ihrem Traum tot oder auch in der konkreten Wirklichkeit? (T: Ich weiß nicht. Ich sah nur ihre Häuser und schlussfolgerte: „Ah! Diese Leute sind tot.“) Ich verstehe.

Haben Sie die Farbe Ihrer Schuhe bemerkt? (T: Sie waren dunkelblau.) Gut. Als Erstes müssen Sie bedenken, dass sämtliche im Traum vorgekommene Elemente Teile Ihres Wesens darstellen. Ferner ist es wichtig zu verstehen, dass Sie nicht nur diese sind; Sie bestehen auch aus sehr schönen Teilen. Das im Traum Gesehene entspricht lediglich einer Ansammlung von Erinnerungen, deren Sie sich nun bewusst werden sollen, um sie zu bearbeiten und zu verwandeln.

Sie gingen auf der linken Seite. Diese versinnbildlicht die innere Welt, alles, was in dieser vor sich geht, sowie die Rezeptivität und das weibliche Prinzip, während die rechte Seite die äußere Umgebung, das Verhalten und die Handlung in der äußeren Welt sowie die Emissivität und das männliche Prinzip betrifft. Unabhängig davon, ob wir als Mann oder Frau inkarniert sind, tragen wir beide Prinzipien oder Polaritäten in uns. So hat jede Frau einen inneren Mann und jeder Mann eine innere Frau, denn man kann das männliche Prinzip in der Frau als ihren inneren Mann bezeichnen und das weibliche Prinzip im Mann als seine innere Frau.

Die Tatsache, dass Sie auf der linken Seite des Weges gingen, gibt an, dass die im Traum enthüllte Dynamik in der Innenwelt Ihres Wesens zu finden ist, sie sich also nicht unbedingt in Ihrem Benehmen und Handeln in der äußeren Welt manifestiert.

Sie fühlten sich einsam, während Sie den Weg entlanggingen. Einsamkeit kann positiv sein, doch in diesem Traum ist sie ein negatives Element, weil sie auf Ihnen lastete und Sie sich erleichtert fühlten, als Sie wieder unter Menschen kamen. Da Sie diesen Traum letzte Nacht erhielten, haben Sie sich heute vermutlich auch alleine und traurig gefühlt, bevor Sie hier ankamen und von Menschen umgeben waren. Doch selbst wenn Menschen um einen herum sind, kann man in seinem Innern das Gefühl der Einsamkeit empfinden. Sie neigen dazu, die Gegenwart anderer Menschen zu suchen, wenn Sie sich so fühlen, anstatt diesem inneren Zustand und den Erinnerungen, die ihn hervorrufen, entgegenzutreten.

Was bedeutet das Gehen? Es handelt sich um eine Bewegung, durch die wir uns fortbewegen, um ein Ziel zu erreichen und weiterzukommen. Auf der Ebene des Bewusstseins bedeutet es, dass wir uns auf unserem Lebensweg fortbewegen und unserem Schicksal entgegengehen. Das Gehen ist folglich mit unserem Werdegang und unserer geistigen Weiterentwicklung verbunden.

Der Traum zeigt, dass Sie sich gegenwärtig auf dem Weg Ihrer spirituellen Weiterentwicklung alleine fühlen und die Einsamkeit auf Ihnen lastet. Schon morgen kann das anders sein, doch heute ist das Gefühl der Einsamkeit vorherrschend.

Es handelte sich um einen Weg Ihrer Kindheit. Das bedeutet, dass Sie alte Erinnerungen aufsuchten und Sie sich nicht zum ersten Mal in Ihrem Leben so fühlten. Jedes Mal, wenn wir in unseren Träumen Szenen sehen, die mit unserer Kindheit zu tun haben, ist es ein Hinweis, dass wir Erinnerungen aus unserer Vergangenheit aufsuchen und manchmal sogar Erinnerungen aus früheren Leben. Sie haben in Ihrer Kindheit – und wahrscheinlich über sie hinaus – Augenblicke großer Traurigkeit erfahren und dieser

Traum fordert Sie nun auf, sich zu verinnerlichen, zu meditieren und darüber nachzudenken.

Der Weg war ein Schotterweg. Da die Oberfläche eines solchen Wegs rau und uneben ist, geht man darauf nicht so sicher wie auf einem asphaltierten Weg. Ein Schotterweg wirkt zudem auch wie ein noch nicht ganz fertiger Weg. Diese Merkmale geben an, dass Ihre Reise auf dem Weg der Heilung sowie der Bereinigung und Transzendierung Ihrer Vergangenheit noch nicht vollendet ist. Sie müssen in bestimmte Sektoren Ihres Bewusstseins zurückkehren und diese umbauen, oder mit anderen Worten, den *Weg-Bau*, die *Weg-Bereitung* vervollkommnen.

Sie trugen Stöckelschuhe. Die Schuhe symbolisieren generell die Art und Weise, wie wir uns im sozialen Umfeld fortbewegen und was wir ausstrahlen, wenn wir aktiv sind. Ihre Schuhe waren dunkelblau. Blau ist die Farbe des Kehlen-Chakras, dessen Potenzial die Kommunikation betrifft. Die Tatsache, dass die Schuhe dunkelblau waren, verweist auch auf die Symbolik der Farbe Schwarz, welche im Wesentlichen die verborgenen Aspekte der Dinge versinnbildlicht, das, was verschleiert, versteckt oder noch unbekannt ist. Die dunkelblauen Schuhe enthüllen folglich verborgene, durch die üblichen Sinne nicht wahrnehmbare Aspekte Ihrer Art zu kommunizieren. Es handelte sich zudem um hochhackige Schuhe, die bekanntlich weder bequem noch für einen Schotterweg geeignet sind. Wenn man es richtig bedenkt, sind Stöckelschuhe eine sehr verzerrte Erfindung und sie zu tragen kann sogar gefährlich sein. Viele Frauen tragen welche, um größer und schlanker zu wirken, was in unserer Gesellschaft ein angestrebtes Erscheinungsbild ist. Was genau versinnbildlichen Stöckelschuhe? Da sie den Körper vom Boden abheben, erzeugen sie eine Erhebung, die jedoch künstlich ist. Sie entsprechen folglich dem Streben und Bedürfnis nach Überlegenheit, weil man durch ihr Tragen größer erscheinen möchte, als man wirklich ist. Ihre Anwesenheit im Traum soll Sie veranlassen, an diesem Aspekt zu arbeiten.

Ein Absatz war abgebrochen. Das ist ein interessanter Punkt. Dieser Aspekt besagt, dass die alte Kraft, die Ihnen half voranzukommen und sich künstlich zu erheben, nun wirkungslos geworden ist. Es ist so, also ob Ihr Vertrauen in das Leben sowie der Glaube, dass alle gut verläuft – und die in Ihnen das Gefühl erzeugten, über den Dingen zu stehen – plötzlich versagen. Man hat in einer solchen Situation den Eindruck, als sei einem die Luft ausgegangen, als befände man sich am Boden, wodurch man gezwungen ist, die künstlichen und oberflächlichen Aspekte aus seinem Leben zu entfernen. Diese Dynamik kommt in Ihrem Traum zum Ausdruck. Sie befinden sich auf dem Weg der spirituellen Entwicklung und erfahren dabei grundlegende Veränderungen, durch welche Verhaltensweisen und Aktivitäten, die Sie bisher pflegten, überflüssig geworden sind und die Sie in Ihrem weiteren Leben nicht mehr brauchen.

Die Kosmische Intelligenz will Sie mit diesem Traum in Ihrer Weiterentwicklung unterstützen. Das gibt auch die Szene zu erkennen, wo Sie an Häusern vorbeigehen, die Ihnen aus Ihrer Kindheit bekannten Personen gehören, welche zum Teil aber schon verstorben sind. Diese Leute, die ebenfalls Teile von Ihnen symbolisieren, verweisen auf tief vergrabene Erinnerungen mit Verhaltensweisen, wo Sie andere Menschen benutzten, um sich zu erheben. Ihr Tod ist ein Zeichen, dass die diesbezüglichen Kräfte nun nicht mehr in Ihnen vorhanden sind. Der Tod versinnbildlicht im Positiven einen Übergang, eine Erneuerung, eine Wiedergeburt, und im Negativen den Verlust eines Potenzials, das Verschwinden von Dingen, Fähigkeiten usw.

Als Sie auf der Party ankamen, fühlten Sie sich erleichtert, wieder unter Menschen zu sein. Das verweist auf den generellen Kompensationseffekt der gesellschaftlichen Vergnügungen und enthüllt gleichzeitig, dass Sie auf Ihrem Entwicklungsweg noch Schwierigkeiten mit dem Alleinsein haben. Sie brauchen noch die Anwesenheit der anderen. Wenn Sie sich nicht besonders wohl fühlen und sich nach der Aufmerksamkeit oder nach Komplimenten von Dritten sehnen, kann Sie das veranlassen, Freunde anzurufen, um von ihnen aufbauende Energien und Anregungen zu erhalten. Die Tatsache, dass die Gesellschaft der anderen Sie erleichtert und aufheitert, ist ein Hinweis, dass Sie eine gewisse Form von Abhängigkeit und die damit verbundenen Bedürfnisse noch nicht transzendiert haben. Denn wenn man sich nur von Menschen umgeben wohl fühlt, so zeigt dies, dass man Probleme mit der Einsamkeit und der Introspektion, der Einkehr in sich selbst hat. Auf diesen Aspekt müssen Sie sich bei Ihrer inneren Arbeit konzentrieren: Sie müssen lernen, sich mit sich selbst wohl zu fühlen und auch alleine glücklich zu sein.

Das lässt mich an eine Geschichte aus Kasaras Buch *Das spirituelle Tagebuch eines neunjährigen Kindes* denken, in der es um biologische Kartoffelchips geht. Meine Tochter Kasara schildert darin eine persönliche Erfahrung mit ihrer Vorliebe für Chips und die Lehre, die sie daraus zog. Während sie uns auf einer Europatournee begleitete, hatte sie an einem Tag Bio-Chips gegessen, wollte aber mehr davon haben. Ich sagte zu ihr: „Du hast heute schon genug Chips gegessen. Es wäre besser, wenn du erst in zwei Tagen wieder welche essen würdest." Sie akzeptierte es ohne weiteres – sie ist tatsächlich ein bemerkenswerter Mensch. Zwei Tage später, als sie von den Chips essen durfte, verzichtete sie darauf, und ich fragte sie nach dem Grund. Sie antwortete mir: „Ich habe festgestellt, dass ich sie zu sehr mag, deshalb werde ich warten, bis sich meine Lust auf Chips gelegt hat und sie mich nicht mehr reizen." Das war in der Tat eine erstaunliche Antwort von einem neunjährigen Kind. Sie hatte sich selbst zur Vernunft gebracht, indem sie sich sagte: „Diese Kartoffelchips haben mich zu sehr im Griff, doch ich werde mich nicht von ihnen an der Nase herumführen lassen." Sie wartete also, bis ihr Verlangen nach den Chips sich gelegt hatte. Es war wunderbar, dies zu beobachten. So übt man sich. Kasaras Geschichte endet mit einem Satz, den sie oft von uns zu hören bekam: „So lernt man, sich zu meistern." Schon als kleines Kind hörte sie mich von Selbstbeherrschung und Meisterung sprechen, so dass es für sie ein ganz natürlicher Prozess wurde. Sie kannte die Worte *Bewusstsein* und *Meisterung*, lange bevor andere Worte ihrem Vokabular angehörten, da sie in gewisser Weise in sie hineingeboren worden war.

Kommen wir auf Ihren Traum zurück. Er enthüllt, dass in Ihnen noch gewisse Bedürfnisse und Gelüste vorhanden sind. Sie müssen lernen, Ihr Bedürfnis nach Gesellschaft zu zähmen und die Einsamkeit sowie das Alleinsein zu meistern, damit Sie sie als etwas Positives erleben können.

(T: Hat es etwas zu bedeuten, dass ich den abgebrochenen Absatz in der Hand hielt?) Ja, das tut es. Die Hand symbolisiert das Geben und Empfangen, das Machen, Erschaffen sowie Herstellen von Dingen. Der Absatz in der Hand gibt an, dass Teile von Ihnen noch daran festhalten, Ihr Leben in alter, überholter Weise zu erschaffen und sich so wie früher zu manifestieren, was auch das Überlegenheitsgefühl miteinschließt, das Sie entwickelt haben, um sich wichtig zu fühlen. Sie können beispielsweise morgens beim Aufwachen die Lust verspüren, dies oder jenes zu tun, etwa sich im Kino einen Film anzuschauen oder im neu eröffneten Café einen Kaffee trinken zu gehen. Dann aber wieder sagen Sie sich: „Nein, eigentlich ist mir doch nicht nach Kino zumute" oder: „Ach nein! In dem neuen Café wird es sicher viel zu laut sein." Teile von Ihnen suchen nach etwas, das Sie wie früher aufmuntern und Ihre Stimmung heben würde, doch die alten Methoden wirken nicht mehr, ihr Mechanismus versagt. Sie fühlen sich niedergeschlagen, allein und depressiv.

Das ist zu Beginn der spirituellen Entwicklung ganz normal. Man ging früher einfach aus und tat alles Mögliche, ohne sich darüber Fragen zu stellen. Man tat, wonach einem zumute war, und fühlte sich generell zufrieden – durch das Unternommene gewissermaßen befriedigt. Doch nun hat man plötzlich den Geschmack an solchen Dinge verloren. Wie erklärt sich das? Es kommt daher, dass man sich verändert hat und nicht länger mit einem gewöhnlichen Bewusstsein funktioniert. Und wenn man sich zu Dingen zwingt, die einem nichts mehr bedeuten, fühlt man sich dabei nicht wohl. Die Erkenntnis hilft, diesen Prozess zu verstehen und nicht zu dramatisieren.

(T: Ich hatte heute keine Lust, zur Arbeit zu gehen.) Das kann ich gut verstehen. Die meisten Menschen fühlen sich wichtig, wenn sie zur Arbeit gehen, weil diese sie motiviert, ja oftmals ihre einzige Motivation ist. Doch sobald wir uns in unserem Innern verändern, werden die auf diese Weise aktivierten Kräfte ausgeschaltet. Es ist dann notwendig, unsere Arbeitsweise sowie unsere Einstellung zur Arbeit umzuprogrammieren, damit wir weiterhin freudig unsere Aufgaben erledigen können. Wir sollten uns in diesem Fall sagen: „Ich arbeite nicht in erster Linie für das Geld. Natürlich bietet mir die Arbeit ein Einkommen, mein Hauptziel dabei aber ist die Entwicklung der Qualitäten und Tugenden." Dadurch arbeitet man bewusst und gibt sich Mühe, alles richtig zu machen. Ist man beispielsweise im öffentlichen Dienst tätig, bemüht man sich, die Menschen, mit denen man zu tun hat, als Teile von sich zu sehen und sie freundlich und respektvoll zu behandeln.

Man sollte beim Arbeiten nicht an den Profit der Firma, die Anerkennung und Zufriedenheit des Vorgesetzten oder der Kunden denken, sondern sich bewusst sein, dass man im Grunde genommen für sich und an sich selbst arbeitet. Wenn man mit der richtigen Einstellung und der richtigen Motivation arbeitet, fühlt man sich wohl, was dazu beiträgt, dass sich die Menschen um uns herum ebenfalls wohl fühlen.

Das Gleiche gilt für unser Verhalten gegenüber unserer Familie. Indem wir gut und liebevoll für unseren Partner und unsere Kinder sorgen, sorgen wir eigentlich für uns selbst. Wenn ich mich um meine Frau kümmere, kümmere ich mich im Grunde genommen um meine innere Frau, die sich in der Form von Christiane in meinem Leben materialisiert hat. Mit einer solchen Einstellung hört man auf zu vergleichen, was man dem anderen gibt und was man dafür von ihm erhält. Man rechnet nicht ständig besorgt nach, ob man zu viel oder zu wenig gegeben oder erhalten hat. Man gibt bedingungslos und erwartet keine Gegenleistung. Was geschieht, wenn man so handelt? Der andere fühlt sich gerührt und sehr wahrscheinlich inspiriert, ebenso zu handeln.

So viel zu diesem Traum.

(T: Ich würde gerne die Deutung eines Traums hören, den ich vor sechs Jahren erhielt. *Ich war zuhause in meinem Schlafzimmer und es war dunkel, da es Nacht war. Ich sah meinen Körper auf dem Bett liegen und stand selbst gleichzeitig auch neben dem Bett. Ich nahm eine Silhouette in meinem Wandschrank wahr, ein von einer schönen blauen Aura umgebenes Wesen. Das blaue Licht strahlte, als ob das Wesen ein Engel wäre. Auf der Wand sah ich eine Geige spielen, man hörte aber keine Musik. Dann warf mir der blaue Engel – das blaue Licht – einen Lichtball zu. Ich konnte ihn in meinen Händen spüren, während ich damit spielte. Ich wandte den Blick nach links und sah durch das Fenster vor meinem Balkon eine Frau in der Luft schweben. Sie trug ein durchsichtiges Gewand, ich konnte aber nicht ihren Körper erkennen, sondern nur ihren Kopf. Es war so, als gäbe es unter dem flatternden Gewand eigentlich keinen Körper, und genauso wie der Engel im Wandschrank war auch sie von einem Licht umgeben.*)

Danke. Sie machten in diesem Traum eine metaphysische Erfahrung: Sie hatten Ihren physischen oder feststofflichen Körper verlassen und sahen diesen auf dem Bett liegen, während Sie in Ihren metaphysischen oder feinstofflichen Körpern neben dem Bett standen. Dieser Vorgang ähnelt dem, was beim Sterben geschieht, nur dass man dann nicht mehr in den Festkörper zurückkehrt.

Sie befanden sich in Ihrem Schlafzimmer. Das Schlafzimmer symbolisiert generell unsere Intimität. Der Schrank ist ein Ort, wo man seine Kleidungstücke aufbewahrt, die ihrerseits die Aura symbolisieren, das, was wir ausstrahlen. Wir bekleiden uns, um uns warmzuhalten, um unseren Körper zu schützen oder den Umständen entsprechend angezogen zu sein. Wir wählen immer die Bekleidung, die bewusstseinsmäßig unseren Seelenzustand widerspiegelt, ob wir uns dessen bewusst sind oder nicht. Insofern offenbaren der Kleiderschrank und sein Inhalt in symbolhafter Weise die Seelenzustände, die wir gewöhnlich durchleben.

Das engelhafte Lichtwesen, das Sie darin sahen, versinnbildlicht hohe Bewusstseinsebenen und gibt an, dass Sie ein sehr intensives, machtvolles spirituelles Erwachen erlebten. Dieses betraf vor allem die Ebene der Kommunikation, weil das Licht blau war und diese Farbe dem Kehlen-Chakra zugeordnet ist. Sie haben also vor sechs Jahren hinsichtlich der spirituellen Kommunikation eine große Öffnung erfahren und möglicherweise damit begonnen, darüber zu sprechen, sich diesbezüglich anderen mitzuteilen.

Eine Geige spielte ganz von alleine an einer Wand. Sie stellt – wie alle Musikinstrumente – die Fähigkeit dar, Stimmungen zu erzeugen, die unsere innere Welt wiedergeben. Die Geige ist ein Musikinstrument, das besondere Affinitäten mit der Welt der Gefühle hat. Als Saiteninstrument erinnert sie auch an die menschlichen Stimmbänder, was uns wieder auf den Bereich der Kommunikation zurückführt. Die Geige spielte an einer Wand, welche aus symbolischer Sicht als Lautsprecher diente. Die Tatsache, dass sich alles in Ihrem Schlafzimmer abspielte, verweist auf eine gefühlsmäßige Kommunikation in Ihrer Intimität – eine leichte, zauberhafte, spirituelle Kommunikation, da die Geige von alleine spielte.

Dann warf das engelhafte Wesen einen Lichtball in Ihre Hände. Das Ballwerfen lässt an kindliche Spiele denken. Auf der Ebene Ihres Bewusstseins lernten Sie also spielend, Ihre Energie zu teilen, wie Kinder, die durch das Ballspielen lernen, ihre Energie über ihr Verhalten mit anderen zu teilen. Die Tatsache, dass der Ball aus Licht war, bedeutet, dass Sie beim Teilen die Erfahrung der Göttlichen Energie in fassbarer Weise erleben weil Sie den Lichtball in Ihren Händen auffingen, welche die Fähigkeit zu erschaffen und zu manifestieren versinnbildlichen.

Das Licht wiederum ist ein Symbol für Klarheit, Erkenntnis und Verständnis. Da es in Ihrem Traum jedoch Nacht war, handelte es sich nicht um ein direktes, sofortiges Verständnis, sondern dieses war noch aufgeschoben. Das Licht in Ihrem Traum bewirkte zunächst ein Erwachen Ihres Bewusstseins, was sich zu einem späteren Zeitpunkt durch Erkenntnis und Verständnis in gewissen Situationen Ihres Alltagslebens äußern wird.

Während Sie den Lichtball in den Händen hielten, blickten Sie zum Fenster hinaus und sahen eine Frau in der Luft schweben. Dies bedeutet, dass Sie durch das Erwachen Ihres Bewusstseins nicht nur sich selbst und Ihre Intimität verstehen lernen, sondern auch die Außenwelt von einem spirituellen Standpunkt aus betrachten werden – was die Anwesenheit der schwebenden Frau andeutet. Die bessere Kenntnis Ihres eigenen Wesens wird Sie zu einem besseren Verständnis der Außenwelt führen. Hätten Sie die in der Luft schwebende Frau nicht draußen, sondern in Ihrem Haus gesehen, so würde das Erwachen Ihres Bewusstseins sich auf Ihre Innenwelt beziehen. Dies hätte in Ihnen einen größeren Glauben an die Spiritualität und die feinstofflichen, parallelen Welten sowie mystische Erfahrungen und spirituelle Gedanken zur Folge haben können, aber nicht unbedingt zu einem besseren Verständnis der Außenwelt, Ihres sozialen Umfeldes sowie Ihrer unmittelbaren Umgebung geführt. Können Sie mir folgen? (T: Ja.)

Die Tatsache, dass das Traumerlebnis um Ihren schlafenden Körper herum geschah, bedeutet, dass die Kraft des Lichtes in Ihren Festkörper eingeströmt ist, ohne dass Sie sich dessen bewusst wurden, zumindest nicht sofort. Das ist ein sehr interessanter Aspekt. Denn hätte Ihr physischer Körper in Ihrem Traum nicht schlafend dagelegen, wären Sie mit der Überzeugung aufgewacht, dass das, was Sie auf der metaphysischen Ebene erlebten, genauso wirklich ist, wie das, was Sie in der physisch-konkreten Realität erleben.

Dieser Traum hat in Ihnen eine große spirituelle Öffnung bewirkt und Ihr spirituelles Potenzial stark aktiviert. Ihre innere Suche wurde dadurch wahrscheinlich viel intensiver und Sie erhielten eine große Anzahl weiterer Träume. Der blaue Lichtball bedeutet, dass die Himmlischen Mächte damit begannen, Sie wie ein Kind zu lehren, wie man kommuniziert, und dabei Informationen weiterzugeben, die es Ihnen gestatten, Ihr Potenzial zu äußern und im Wesentlichen Ihr Leben durch die Kommunikation zu gestalten.

Die Tatsache, dass Sie in Ihrem Traum schliefen, gibt jedoch an, dass sich dieser Prozess zunächst auf Ihr Innenleben beschränken würde. Sich in einem Traum schlafen zu sehen bedeutet generell, dass man sich nicht vollständig bewusst ist, was man in den anderen Dimensionen seines Seins experimentiert.

Herzlichen Dank für die Mitteilung dieser Traumerfahrung.

Möchte sonst noch jemand einen Traum zur Deutung anbieten?

(T: Ich habe Folgendes geträumt: *Ich befand mich mit anderen Personen in einer von Ihrer Frau Christiane geführten Meditation. Sie forderte uns auf, Platz zu nehmen, mit geradem Rücken eine bequeme Haltung einzunehmen und uns zu entspannen. Dann begann sie uns durch die Meditation zu führen, nach deren Ende man nur noch die Musik hörte. Als Christiane wieder sprach, forderte sie uns auf, uns hinzulegen und nach innen zu hören. Ich legte mich hin und nach einer Weile sah ich auf meinem inneren Bildschirm drei Babys auftauchen. Christiane stand auf, um sich um ihr Baby zu kümmern – denn eines davon gehörte ihr. Es lag ganz am Ende des Bettes und begann herunterzurutschen. Ich stand schnell auf, um es aufzufangen, doch es rollte hinunter, bevor ich es erreicht hatte. Ich sagte zu Christiane: „Es hat sich nicht verletzt, es ist nur sanft auf den Boden gerollt." Ein anderes der Babys – ein Mädchen – gehörte mir. Es war zart und klein und kam ohne jede Hilfe ganz alleine auf mich zu. Ich sagte zu ihm: „Super! Schau nur, wie stark du geworden bist!" Dann sagte Christiane zu mir: „Du machst nicht mehr mit der Meditation weiter." Ich tat es aber trotzdem.* Damit endete der Traum.)

Oh, das ist in der Tat ein bedeutungsvoller Traum! Meine Frau Christiane stellt darin einen Teil von Ihnen dar, einen Teil Ihres inneren spirituellen Prinzips. Sie arbeiten intensiv mit der Traumdeutung. Das erkennt man in diesem Traum und das ist auch der Grund, weshalb Christiane in Ihrem Traum vorkam. Sie haben mit Ihr Affinitäten.

Die Tatsache, dass Sie in Ihrem Traum meditierten, zeigt, dass die Meditation in Ihrem Leben wichtig geworden ist. Wenn wir von Meditation sprechen, meinen wir damit auch das Studium unseres inneren Wesens, da wir beim Meditieren über uns und unser Leben nachdenken, um zu erkennen, was wir verbessern müssen. Denken wir dabei über etwas nach, das uns belastet oder Sorgen bereitet, so schließen wir zunächst auf uns selbst zurück, indem wir uns sagen, dass die entsprechende Situation oder die besagten Umstände Teile von uns selbst widerspiegeln. Anschließend analysieren wir sie dann mit der Symbolsprache und einem spirituellen Bewusstsein. Das Meditieren ist wie das Träumen, weswegen dabei die gleichen Regeln gelten. Man kann mit offenen oder geschlossenen Augen meditieren. Wenn man die Meditation in eine Handlung einfließen lässt – z.B. beim Gehen, Sporttreiben, Abwaschen, Gartenarbeiten usw. –, spricht man von aktiver Meditation.

In Ihrem Traum kamen drei Babys vor. Ein Baby versinnbildlicht einen neuen, im Entstehen begriffenen Teil von uns selbst. Die Zahl 3 verweist auf das Prinzip des Aufbaus und der Entfaltung, denn die Zahl 2 symbolisiert die Vereinigung des männlichen und des weiblichen Prinzips – des Vaters und der Mutter –, aus der die 3 hervorgeht: die Ankunft eines Kindes, die Verwirklichung eines Projekts oder die Entfaltung eines weiteren Aspekts des Selbst. Die 3 Babys sind folglich ein Hinweis, dass Sie auf der Ebene Ihrer Seele einen Aufbau erleben.

Kommt in einem positiven Traumkontext ein kleines Kind vor, so ist es immer ein schöner Traum, der einen Neubeginn, eine neue Lebensetappe ankündigt, in der wir neue Konzepte entdecken und integrieren und dadurch neue Lernerfahrungen sammeln. Die in Ihrem Traum vorhandenen Elemente geben eindeutig an, dass es sich in diesem Fall um Konzepte und Lehren spiritueller Art handelt, besonders auch weil Christiane als Symbol darin vorkam. Des Weiteren versinnbildlichen die Kinder sowohl unsere Werke wie auch unsere Zukunft.

Die Tatsache, dass Christianes Baby vom Bett auf den Boden rollte, gibt an, dass Ihre neue spirituelle Entwicklung, Ihre spirituelle Zukunft noch unstabil ist und es Ihrer inneren Christiane an Geistesgegenwart und konkreter Präsenz mangelt: Sie ist zu *vergeistigt*, zu spirituell ausgerichtet, was sie daran hindert, die Bedürfnisse ihres Kindes wahrzunehmen. Auf Ihre Situation übertragen heißt dies, dass die Meditation im Augenblick in Ihnen eine Verschiebung und Dualität erzeugt: Sie sind entweder zu sehr in der Materie verankert oder zu sehr von der Welt Ihrer Gedanken absorbiert. Das passiert häufig, wenn man anfängt, sich mit spirituellen Lehren zu beschäftigen.

Das zweite Baby – das kleine Mädchen – konnte von alleine gehen. Dieses Traumelement zeigt, dass Ihr innerer Lernprozess gut fortschreitet. Sie haben bereits gewisse Wahrheiten erkannt und kommen in Ihrer Suche und Ihren Entdeckungen gut voran. Außerdem sind Sie sich dessen bewusst, was aus der Tatsache hervorgeht, dass Sie Ihrer kleinen Tochter im Traum sagen, dass sie nun schon stark sei.

Christiane riet Ihnen, nicht mit der Meditation fortzufahren. Dies will besagen, dass Sie inzwischen einen Punkt erreicht haben, wo Sie sich Ihren Verantwortungen im materiellen, konkreten Leben zuwenden müssen. Diese wurden durch die Anwesenheit der Kinder versinnbildlicht. Man neigt am Anfang der spirituellen Entwicklung dazu, introvertierter zu werden. Man beginnt viel zu meditieren, was einen eher rezeptiven Zustand hervorruft, und man hat weniger Lust, in der konkreten Realität aktiv zu sein. Ihr spirituelles Bewusstsein forderte Sie in diesem Traum auf, sich um die drei Babys zu kümmern und damit aufzuhören, in der Welt der Ideen und Konzepte zu schweben, wenn es an der Zeit ist, sich konkret um Ihren Werdegang und Ihre Zukunft zu kümmern. Das ist wirklich ein schönes Traumbeispiel, das zu erkennen gibt, wie wichtig es ist, Geist und Materie zu vereinen. Danke für Ihre Mitteilung.

(T: Ich habe vor mehr als einem Jahr mit dem Meditieren angefangen und manchmal erstaunt mich mein Verhalten. Es ist oft verzerrt. Eines Morgens war ich allen gegenüber aggressiv und konnte nicht verstehen warum. Sobald jemand ein Wort zu mir sagte, gab ich ihm eine harsche Antwort. Das kam zwei- oder dreimal vor und war sehr intensiv, sehr stark.)

Das ist eine ganz normale Reaktion, da die Meditation besonders am Anfang sehr starke Auswirkungen haben kann. Wenn man mit der Meditation sowie den Träumen & Zeichen zu arbeiten beginnt, kann einen das in sehr wankelmütige Stimmungen und Seelenzustände versetzen: Berührt man dabei verzerrte Erinnerungen, so fühlt man sich unwohl und gereizt, und sobald man sie bereinigt hat, fühlt man sich wieder gut und befreit.

Die Verzerrung, die an jenem Tag in Ihnen zum Vorschein kam, war nicht durch die Meditation hervorgerufen worden, sondern bestand bereits in Ihnen. (T: Dessen bin ich mir sehr wohl bewusst.) Es ist wichtig zu verstehen, dass die Verzerrungen nicht durch die Meditation hervorgerufen werden, diese aber sehr wohl verzerrte Erinnerungen wachrufen kann. Konzentriert man sich beim Meditieren auf eine bestimmte Qualität, die man gerne entwickeln möchte, z.B. die Geduld, so kommt es häufig vor, dass dies Reservoirs von Erinnerungen – die in diesem Fall den Stempel der Ungeduld tragen – aktiviert und zum Ausbruch bringt. Das löst intensive Erfahrungen aus, die uns helfen sollen, unsere Neigung zur Ungeduld zu bereinigen, damit wir eines Tages die schöne Qualität der Geduld verkörpern können. Wenn wir meditieren, ist das so, als würden wir einen starken Lichtstrahl auf unsere Mängel und Verzerrungen richten, die wir anschließend nicht mehr ignorieren können.

Der Wort *Verzerrung* eignet sich bestens, um die menschlichen Fehler und Schwächen zu bezeichnen, da diese ja eine verzerrte Form der in uns vorhandenen Göttlichen Qualitäten, Tugenden und Bewusstseinszustände darstellen. Indem wir diese falsch gebrauchen, verzerren wir sie, wodurch sie sich in Fehler und Schwächen verwandeln. Die einer Verzerrung zugrunde liegende Energie ist also ursprünglich die gleiche wie diejenige der entsprechenden Qualität. Was für eine schöne Erkenntnis!

Wenn wir meditieren und beten, rufen wir eine machtvolle Energie, eine Göttliche Kraft an und sobald diese sich in uns aktiviert und in Erscheinung tritt, erleben wir notwendigerweise ihre Auswirkung. Doch davor sollten wir uns nicht fürchten, denn die Himmlischen Mächte wissen ganz genau, was gut für uns ist, und Sie dosieren immer die richtige Menge und Intensität. Auch Menschen, die am Anfang ihrer Arbeit mit den Träumen und der Meditation stehen, brauchen davor keine Angst zu haben. Wenn man dennoch Furcht in sich hochsteigen spürt, ist es gut, sich daran zu erinnern, dass man dabei ist, eine Wiedergeburt zu erleben, die Mut erfordert und nicht anstrengungslos vor sich gehen kann.

Bei der Erforschung unseres Unbewusstseins müssen wir auch die Demut entwickeln, weil wir dabei nicht nur unser Potenzial zu sehen bekommen, sondern auch unsere Fehler und Schwächen. Doch gerade deren Erkenntnis und Verständnis wird uns mit der Zeit befähigen, unsere Mitmenschen liebevoll zu betrachten und zu behandeln. Sobald man bei ihnen verzerrte Verhaltensweisen entdeckt, wird man sich erinnern: „Vor einigen Jahren habe ich auch noch so gehandelt." Eines Tages werden wir alle Menschen mit den Augen eines Arztes betrachten, der beim Anblick eines Patienten nicht sagen würde: „Oh Gott! Wie schaut der denn aus!"

Nein, ein Arzt wird die Symptome feststellen, erkennen, dass der betreffende Mensch gesundheitliche Probleme hat, und versuchen, ihm mit seinen Kenntnissen und seinem Wissen zu helfen.

Wenn wir es uns zur Gewohnheit machen, immer auf uns selbst zurückzuschließen und unser Gewissen und Bewusstsein mit Demut, Liebe, Verständnis und Mitgefühl – auch für uns selbst – zu analysieren, entwickeln wir unseren Mitmenschen gegenüber ein demütiges, mitfühlendes, liebe- und verständnisvolles Verhalten. Auf diese Weise lernen wir gleichzeitig, unsere Gedanken zu meistern, und hören auf, jedes Mal auf der gedanklichen Ebene mit Messern nach den anderen zu werfen, sobald uns etwas nicht passt. Selbst wenn uns die irdische Polizei auf der physischen Ebene nicht wegen unserer negativen Gedanken verhaften kann – da sie diese nicht sieht und auch nichts dagegen unternehmen kann –, die Himmlische Polizei, die es durchaus gibt und die alles wahrnimmt, greift auf der metaphysischen Ebene sehr wohl ein.

Es ist nicht etwa ein egozentrisches oder narzisstisches Verhalten, sich jedes Mal, wenn man außer sich gerät, zu sagen: „Das, was mich in diesen Zustand versetzt, ist ein Teil von mir selbst". Im Gegenteil, ein narzisstischer Mensch ist nur auf den äußeren Schein bedacht, sozusagen auf die Sahne und die Verzierung auf dem Kuchen. Ein Mensch dagegen, der nicht nur das Positive, sondern auch das Negative auf sich selbst zurückführt – der nicht vor sich selbst flieht, angesichts einer Situation die Augen verschließt und sich einredet, er habe schon den Gipfel erreicht –, entwickelt sich wahrhaftig weiter. Wenn man so vorgeht, erlebt man sein Leben wie einen Traum. Man analysiert den Alltagsverlauf und die Ereignisse mit der Symbolsprache und kann in allem die Schönheit und Vollkommenheit der Schöpfung wahrnehmen.

Den Augenblick, wo man eine Verzerrung transzendiert, erkennt man eindeutig an dem inneren *Klick*, den man wahrnimmt. Es ist ein ganz besonderer Moment, die Schönheit auch in den negativen Dingen erkennen zu können! Und nicht nur die Schönheit, sondern auch die unermessliche Intelligenz der Göttlichen Organisation: Man spürt in diesen Augenblicken die unendliche Liebe und Freundlichkeit, mit der sich der Schöpfer äußert und uns das Experimentieren erlaubt.

Je strukturierter unsere Meditation ist, umso klarer sind die erhaltenen Antworten und umso leichter lassen sie sich deuten. Wieso?

Weil sie einer Struktur entsprechen. Man kann häufig beobachten, wie Menschen, die sich der Spiritualität zuwenden, die Tendenz zur Strukturlosigkeit entwickeln, dazu neigen, jede Form von Struktur zu verwerfen, die sie als starr, schwerfällig und umständlich empfinden. Der gesamten Schöpfung liegt aber sehr wohl eine Struktur zugrunde, die sehr streng und präzise geordnet ist. Gleichzeitig geht von der kosmischen Struktur auch ein kindhaft unbeschwerter Enthusiasmus aus und keineswegs der negative Aspekt der Starrheit. Disziplin, Strenge und Ordnung sind wesentliche Qualitäten. Ihnen den Rücken zu kehren bedeutet, sich damit zu begnügen, wurzellos in Idealen zu schweben und jegliche Verankerung in der Materie abzulehnen.

Ich persönlich schreibe seit Jahren alle meine Träume auf. Die Niederschrift unserer Träume ist wichtig, da dies unser Unbewusstsein befreit und gleichzeitig unser Bewusstsein weiter öffnet, wodurch wir noch mehr Träume erhalten können. Das regelmäßige Meditieren bewirkt, dass man mit der Zeit nachts nach fünf bis sechs Träumen aufwacht und sich ganz genau an jeden erinnert. Die Bedeutung der Träume wird einem dadurch immer stärker bewusst und man fängt an, das Träumen zu lieben. Gleichzeitig entwickelt sich das Erinnerungsvermögen, so dass man immer mehr Träume erhalten und verarbeiten kann.

Vergangene Nacht sah ich in einem meiner Träume ein sehr weit entwickeltes Kind. Man zeigte mir in diesem Traum die Verantwortungen und die Mission, die es später einmal erhalten wird. Wenn man lange und tiefgründig an sich selbst gearbeitet hat, erhält man gelegentlich Einblick in das Lebensprogramm anderer Seelen. Manchmal gibt man mir in einem Traum zu erkennen: „Ja, du kannst dich mit dieser oder jener Person assoziieren, doch du musst wachsam bleiben und diesen bestimmten Charakterzug an ihr überwachen."

Das Wunderschöne an den Träumen ist, dass sie uns die größtmögliche spirituelle Autonomie gewähren, weil die Antworten und Führung, die wir darin erhalten, uns direkt von den Himmlischen Mächten zukommen.

Ich habe lange damit experimentiert, bezüglich kleiner Dinge und Angelegenheiten Fragen zu stellen und die erhaltenen Antworten zu deuten, bevor ich dazu überging, mein ganzes Leben sowie das meiner Familie auf diese Weise zu planen. Ich war wie ein Wissenschaftler, der Beweise brauchte, und ich hatte eine Menge Zweifel. Nicht was Gott betraf! Oh nein, ich zweifelte keineswegs an IHM. Ich zweifelte an mir selbst. Ich fragte mich immer wieder, ob die Antwort wirklich von Oben kam oder ob sie von meinem Ego und meinen Bedürfnissen erzeugt wurde. Ich zweifelte an der Klarsicht meines Geistes. Diese Art des Zweifelns ist durchaus gesund, da unser Ego eine Menge Bedürfnisse hat und sie sehr lautstark äußert. Ist ihm nach etwas Bestimmten zumute und wir fragen beispielsweise während einer Meditation: „Soll ich dies tun?", so können wir ein sehr eindringliches Ja" zu hören bekommen und meinen: „Super, man hat mir die Erlaubnis erteilt. Ich kann es tun." Und tut man dann das Besagte, muss man feststellen, dass es nicht richtig oder nicht gut für uns war.

Irgendwann verstand ich das Ganze. Ich verstand es zusammen mit Christiane. Wir gelangten gemeinsam zur Erkenntnis, dass sich der eigentliche Radar in uns selbst befindet. Wir Menschen verstehen dank unserem Geist, dessen Klarsicht jedoch verzerrt wird, sobald negative Resonanzen oder Bedürfnisse Interferenzen erzeugen. Wann immer wir Schwierigkeiten haben oder unsere Projekte keine Früchte tragen, müssen wir an unserem Geist arbeiten, ihn umprogrammieren und unsere Erinnerungen bereinigen. Dabei dürfen wir aber nicht erwarten, dass sich die Dinge im Handumdrehen begradigen. Manchmal kann es sehr schnell gehen, das ist aber eher selten der Fall, meistens erfordert es Zeit. Wir haben bei Personen, die mit der Symbolsprache, der Deutung der Träume & Zeichen und dem Gesetz der Resonanz arbeiten, wahre Wunder, unglaubliche Verwandlungen sowie Heilungen aller Art und auf allen Ebenen beobachten können. Die betreffenden Erfahrungsberichte sind in unseren Büchern festgehalten. Der Himmel kann uns durchaus Gnaden erweisen, doch in den meisten Fällen handelt es sich um die Resultate einer langfristigen und intensiven inneren Arbeit.

Wenn wir tiefgründig über die Bedeutung unserer Träume nachdenken und meditieren, werden wir unweigerlich Ergebnisse erzielen. Unser Geist ist gewöhnlich über alle möglichen Erinnerungen verzettelt und springt ständig von einem – kleinen oder großen – Ereignis zum anderen. Die Meditation mit den Träumen und Zeichen wirkt so, als würde man all die verzettelten Teile seines Geistes *heimrufen* und dadurch seine innere Kraft wieder sammeln und konzentrieren. Sobald man in eine Traumwirklichkeit eintritt – welche die intensive Form eines Bewusstseinszustandes darstellt – sowie aufgrund der Tatsache, dass in den Träumen, wenn man diese im Lichte der Symbolsprache betrachtet, keine Grenzen zwischen den verschiedenen Welten vorhanden sind, eröffnet einem ein konzentrierter Fokus den Zugang zu den parallelen Dimensionen und zu der im Traum vermittelten wahren und umfassenden Erkenntnis. Das wiederum befähigt einen, noch mehr Träume und Zeichen zu erhalten und zu verstehen.

Ich erinnere mich diesbezüglich an einen Traum, den ich einst erhielt. Ich meditierte intensiv über die symbolische Bedeutung des Pferdes. Ich dachte angestrengt über das Pferd nach und las darüber auch eine Menge im Internet, um so viel wie möglich über seine Merkmale und sein Verhalten herauszufinden. In der Nacht erhielt ich folgenden Traum: *Ich befand mich in einem Klassenzimmer und hörte den Lehrer sagen: „Wir werden heute über die Symbolik des Pferdes sprechen." Er zeichnete ein Pferd an die Tafel und gab eine ausführliche Beschreibung seiner Bedeutung.* Das war so präzise, dass ich diese Vorgehensweise in der Folge wiederholte. Ich erkannte, dass es die Intensität meiner Absicht war, die zu einer so genauen Antwort geführt hatte. Die Wiederholung einer bestimmten Frage wie ein Mantra versetzte mich in der Nacht in Traumwelten, die meine spirituelle Erziehung förderten. Es war eine wahre Offenbarung festzustellen, wie meine Fragen und Bitten an das Universum mir damit zusammenhängende Qualitäten und Verzerrungen zu erkennen gaben.

Wir können jeden Tag und jede Nacht solche Beweise erhalten. Diese Methode wirkt bei allen Menschen und unabhängig vom Alter. Jeder kann ihre Wirksamkeit überprüfen, indem er intensiv, respektvoll und liebevoll über eine längere Zeitspanne abends vor dem Einschlafen und tagsüber, so oft wie möglich, die gleiche Frage stellt.

Jedes Mal, wenn unsere Gedanken bei einer Tätigkeit nicht beansprucht werden – z.B. bei Routinearbeiten, beim Gehen, Wandern, Sporttreiben usw. – wendet sich unser Geist allen möglichen Dingen zu, über die wir nicht unbedingt nachdenken müssen. Wenn wir diese Augenblicke verwenden, um nach mehr Erkenntnis und Zeichen zu bitten, die uns verstehen helfen, durch welche Verhaltensweisen und Entscheidungen wir richtig und gerecht handeln, klären sich unser Geist und unser Verstand und die Antworten stellen sich ganz natürlich ein.

Dennoch ist die Arbeit mit den Träumen und Zeichen nicht für jedermann geeignet, da sie sehr weit führt und nicht alle Menschen bereit sind, sich umzuprogrammieren und tiefgründig zu verändern. Am Anfang dieses Prozesses – bevor man so weit ist, dass man genaue Antworten erhält, und erstmals durch die Phase hindurch muss, wo die alten Schemata und Strukturen in sich zusammenfallen – durchlebt man zeitweise große Ängste und Unsicherheiten. In dieser Phase stellen sich häufig auch stark beeindruckende Alpträume ein. Die tiefgründige innere Arbeit bewirkt so umfassende Umwälzungen im eigenen Wesen, dass man manchmal nicht mehr weiß, wer man ist. Man hat das Gefühl, den Boden unter den Füßen verloren zu haben, und fühlt sich ganz schwindlig und verloren.

Sobald wir um Träume und Zeichen bitten, aktivieren wir eine sehr machtvolle Energie in uns, die uns unweigerlich tiefgründig verändert und verwandelt. Der in Bewegung gesetzte Prozess funktioniert nicht auf Knopfdruck, wie ein einfaches *Frage-Antwort-Spiel.* Es ist ganz normal, in seinem Verlauf auch Alpträume zu erhalten, die zum Ausdruck bringen, was man erleben und erfahren muss, um zur Antwort zu gelangen. In den Alpträumen manifestieren sich nach und nach auch die Verzerrungen, an deren Bereinigung wir zu arbeiten haben. Das erfordert Mut sowie das Wissen, dass alle Träume – die schönen, angenehmen ebenso wie die Alpträume – generell unserer Verbesserung und Weiterentwicklung dienen. Es ist dabei wichtig, die Arbeit an sich fortzusetzen und den Himmel weiter um Führung zu bitten, damit die erkannten Verzerrungen Schritt für Schritt dem Licht der Erkenntnis weichen und wir unsere spirituellen Kräfte wiedergewinnen können. Das hat natürlich auch zur Folge, dass man mehr träumt, da man ja darum gebeten hat.

In unseren Träumen erhalten wir häufig auch Lehren, so als würden wir an Lehrgängen und Kursen teilnehmen. Man kann in den Traumrealitäten sehr viele Dinge in sehr kurzer Zeit lernen. Auch Einstein wachte eines Morgens aus einem Traum mit seiner berühmten Formel $E=mc^2$ auf, welche die Wahrnehmung der Welt, in der wir leben, völlig revolutionierte.

So habe auch ich gelernt. Ich fand mich nachts in meinen Träumen in verschiedenen Schulen wieder, in denen ich allmählich die Funktionsweise des Universums, das Wesen der Träume und die Bedeutung der Symbole erfuhr. In manchen Träumen sah ich Informationen in rasender Geschwindigkeit vor mir ablaufen, so schnell, dass ich nichts sehen oder unterscheiden konnte. Ich fühlte mich dabei wie ein Computer, den man mit einem neuen Programm auflud. Das bewirkte, dass ich am nächsten Tag mit neuen Fragen und neuen Bestrebungen aufwachte sowie dem drängenden Wunsch, weiter nach den noch nicht gefundenen Antworten und Schlüsseln zu suchen. Aus solchen Träumen wachte ich oft auch mit einer neuen Wahrnehmungsfähigkeit auf, die mich zu einem immer tieferen Verständnis führte. Ich sehe, dass einige von Ihnen lächeln, weil sie genau verstehen, was ich meine.

Wir müssen lernen, die über unsere Träumen erhaltenen Informationen und Kenntnisse zu verwalten und richtig zu verwenden. Anfangs weiß man nicht so recht, was man mit all dem Wahrgenommenen tun soll, doch mit der Zeit erwirbt man das Verständnis der Symbolsprache und alles wird klarer. Man könnte dies mit dem Autofahrenlernen vergleichen. Zu Beginn macht einem die Vorstellung, so ein großes Gefährt zu lenken, oft Angst und man fragt sich, ob man es je schaffen werde. Man muss mit anderen Fahrzeugen, mit Ampeln, Fußgängern, Straßenschildern, Autobahnen usw. zurechtkommen und findet, alles bewege sich sehr schnell. Doch mit der Zeit und der Erfahrung merkt man dann, dass man ganz ruhig in seinem Wagen sitzt und ihn durch den Verkehr lenkt, als wäre es eine ganz normale Sache. Und man kann beim Fahren an andere Dinge denken oder sogar meditieren.

Wenn die metaphysische Welt sich uns zu erschließen beginnt, müssen wir unser *spirituelles Fahrzeug* lenken lernen, wir müssen uns an sein Vorhandensein gewöhnen und seine Handhabung allmählich erlernen. Dabei ist es wichtig, sich die dafür notwendige Zeit zuzugestehen, um die Prozesse, die diese wahre Mutation des Bewusstseins begleiten, richtig zu integrieren. In diesem wunderbaren Abenteuer gilt als einziger, wirklich wichtiger Grundsatz: *Erkenne dich selbst und du wirst das Universum erkennen.* Die Selbsterkenntnis gewährt uns in der Tat ein besseres Verständnis der Außenwelt, wenn wir alle Menschen – die uns bekannten wie auch jene, denen wir nur kurzfristig oder vorübergehend begegnen – und alle Situationen, die wir durchleben, als Teile von uns selbst sehen. Das Unbewusste ist nicht etwas Abstraktes, das nur unserem inneren Wesen angehört, es ist auch konkret wahrnehmbar in der Außenwelt vorhanden. Das uns noch Unbekannte – Charakterzüge, Aspekte, Konzepte, Denkweisen, Fähigkeiten usw. – ist ebenfalls Teil unseres unbewussten Seins. Das bewusste Leben mit den Träumen und Zeichen gibt uns diese Sichtweise, diese Perspektive, wonach die physische Welt und die metaphysischen Dimensionen untrennbar verbunden und miteinander verflochten sind, da sie sich unentwegt gegenseitig erschaffen und deshalb im Grunde genommen das Gleiche darstellen.

Damit beenden wir diesen Workshop. Ich danke Ihnen herzlich fürs Zuhören und für Ihre Teilnahme und wünsche Ihnen allen einen erkenntnisreichen Werdegang durch Ihre Träume und Alpträume!

WORKSHOP

Innere Schönheit

(T: Ich hatte folgenden Traum: *Ich sah ein Haus und dahinter das Meer. Es war eigentlich nur ein Dekor, wie im Theater. Gleichzeitig aber schien alles so konkret, denn ich konnte die Wellen sehen und hören. Das Haus besaß keine Fassade auf der Vorderseite und ich konnte ins Innere sehen, wo es eine Küche gab, weiter einen Wasserfall, ein Wohnzimmer, einen weiteren Wasserfall und viele Tropenpflanzen. Es war wunderschön. Ich trug ein rosa Bikini mit gelben Gänseblümchen und anderen Farben darauf. Ich hörte eine Stimme sagen: „Komm und schwimm im Meer." So versuchte ich, den ersten Wasserfall hinaufzuklettern, um zum Meer zu gelangen. Es war ein echter Wasserfall, denn ich fühlte die Wärme des Wassers auf meiner Haut. Zuerst gelang es mir nicht, aber schließlich konnte ich doch hochklettern. Und dabei hatte ich ein eigenartiges Gefühl: Eigentlich sollte ich barfuß sein, aber das Wasser auf meinen Füßen fühlte sich komisch an und da merkte ich, dass ich eine Strumpfhose anhatte. Als ich oben ankam, war das Meer nicht mehr länger nur ein Dekor, es war Realität, weit und groß. Am Ufer stand eine Toilette und ich ging hinein, um die Strumpfhose auszuziehen. Die Toilettentür war riesig groß und ich konnte sie nicht schließen. Dann erwachte ich.*)

In diesem Traum besuchten Sie Erinnerungen, die bereinigt werden müssen, was durch die Toilette symbolisiert wird.

Da Sie einen Badeanzug trugen und das Meer sowie Wasserfälle in Ihrem Traum vorkamen, betrifft dieser Ihre emotionale Welt. War der Badeanzug ein Zweiteiler? (T: Ja, es war ein Bikini.) War er sexy oder ganz normal? (T: Nein, nicht besonders sexy. Dieser Aspekt war nicht vorhanden.) Das ist ein wichtiges Detail. Wäre der Bikini allzu sexy gewesen – denn es kann durchaus in Ordnung sein, wenn Kleider sexy sind, vorausgesetzt, man übertreibt es nicht und trägt sie nicht im öffentlichen Rahmen –, so hätte dies auf Verführung und Erinnerungen im Zusammenhang mit sexueller Freizügigkeit und Ausschweifungen hingedeutet. Wegen der rosa Farbe mit dem Blumenmuster und gewissen anderen Elementen in diesem Kontext handelt es sich hingegen eher um ein Symbol für Zuneigung, Zärtlichkeit und Sanftmut.

Zu Beginn des Traums ging es eher um ein Dekor. Was versinnbildlicht dieses? Es dient dazu, den Anschein von etwas zu geben – das Haus und das Meer waren nicht Realität, sondern es handelte sich nur um den Anschein eines Hauses und des Meeres.

Ein Haus symbolisiert die Intimität, unser vertrautes Selbst. Die Tatsache, dass die Zimmer des Hauses Gemeinschaftsräume waren – das Wohnzimmer und die Küche sind Räume, in denen die Menschen sich zusammenfinden –, zeigt, dass Sie in Wirklichkeit keinen Zufluchtsort, keine intime und vertraute Sphäre besitzen. Sie leben mehr im Außen- als im Innenbereich; Sie leben mehr für die Aufmerksamkeit der anderen und für deren Meinung über Sie. Sie haben nicht das intime Leben, das Sie eigentlich möchten. Wahre, aufrichtige Emotionen fehlen in Ihrem persönlichen Leben, denn Sie haben sich vor allem eine Welt mit der Fassade „Es geht alles gut" geschaffen. Wir können trotz Familie, Lebenspartner und Freunden das Gefühl haben, nicht den passenden Platz gefunden zu haben bzw. niemanden, mit dem wir unsere innere Welt teilen können, niemanden, der die wunderbaren Dinge, die wir anzubieten haben, schätzt. Diese Situation ist sehr emotionsgeladen, was die Wasserfälle im Haus zeigen. Sie empfinden einen großen Mangel im emotionalen Bereich, weswegen Sie dazu neigen können, allzu stark die Aufmerksamkeit der anderen zu suchen – deshalb der rosa Bikini, der in diesem Umfeld die Suche nach Liebe und Zuneigung ausdrückt – und den Mitmenschen eine Fassade zu zeigen, ein falsches Bild von Ihnen, was durch das Dekor versinnbildlicht wird.

Dann kletterten Sie den Wasserfall hoch. In der Symbolsprache bedeutet das Hochsteigen, dass man sein Bewusstseinsniveau erheben will, um sich auf die Ebene der Kausalwelt zu begeben, oder um es anders auszudrücken, um zur Quelle der Schöpfung zurückzukehren. Später erreichten Sie das wirkliche, tatsächliche Meer, das Ihr wahres emotionales Unbewusstsein darstellt. Das Meer ist weit und tief und darin befinden sich – symbolisch gesprochen – Wracke, Symbole alter, in den Tiefen unseres Wesens vergrabener Erinnerungen. Das Meer symbolisiert alle von uns durchlebten Emotionen, sowohl die positiven wie die negativen. Sie haben Ihre alten sowie Ihre gegenwärtigen emotionalen Erinnerungen besucht. Gleichzeitig beginnen Sie aber, stärker mit sich selbst verbunden zu sein, Sie werden authentischer, echter – was weniger Schein, weniger Fassade bedeutet. Das ist wesentlich für

Ihre Entwicklung. Im emotionalen Bereich befinden Sie sich in einer tiefen Verwandlung, Ihre Seele, Ihr Leben strebt der nächsten Entwicklungsstufe zu. Statt die Emotionen mit einem normalen Bewusstsein zu durchleben, entdecken Sie zunehmend ihre wahre Bedeutung.

In Ihrem Traum kam eine Toilette vor. Sie bemerkten, dass Sie eine Strumpfhose trugen. (T: Das realisierte ich, als ich den Wasserfall hochkletterte. Meine Füße fühlten sich seltsam an und ich sagte mir: „Komisch, wie kommt es, dass ich das Wasser nicht wie sonst spüre?" Denn ich sah die Strumpfhose nicht, sie war durchsichtig.) Ich verstehe. Diese Szene bezieht sich auf die Reinigung, die in direktem Zusammenhang mit dem Symbol der Strumpfhose steht. Was versinnbildlicht diese? Es geht dabei um den negativen Aspekt, denn die Strumpfhose befand sich im Traum nicht am richtigen Platz: Wenn wir schwimmen gehen, tragen wir üblicherweise keine Strumpfhose, nicht wahr? Strumpfhosen bedecken die Beine, die unsere Art des Vorwärtsschreitens symbolisieren. Folglich weist die negative Symbolik auf verborgene Fehler und Mängel in unserer Art des Vorwärtsschreitens. Dies lässt wiederum an die Idee des Dekors denken, an eine künstliche Kulisse oder ein künstliches Bild. Die Strumpfhose bezieht sich also auf Ihr Bedürfnis, Fehler und Mängel zu verbergen, um zu gefallen und geliebt zu werden.

Manchmal fehlt es uns an Selbstvertrauen und Selbstwertgefühl und wir meinen, wir müssten die Wirklichkeit vertuschen und damit den anderen den Eindruck geben, wir seien wunderbare Wesen und alles sei in Ordnung. Diesen Aspekt zeigt die Strumpfhose im Traum auf.

Es kommt häufig vor, dass Frauen mit Schwangerschaftsstreifen oder Krampfadern sich in einem Badeanzug nicht wohlfühlen. Sie sind sich sehr oft nicht bewusst, dass sie denken, die äußere Schönheit sei wichtiger als die innere. Natürlich ist es der Idealfall, wenn man beide besitzt, aber wir sollten uns unabhängig von der Form unseres Körpers schön fühlen können. Der Grund, warum manche Menschen ihren Körper nicht akzeptieren, liegt in einem Mangel an Liebe in ihrem Inneren, weshalb sie von der Zuneigung der anderen abhängig geworden sind. Sie übertreiben ihre Verführung, um ein mangelndes Selbstvertrauen und ein großes Bedürfnis nach Liebe zu verbergen. Deswegen verstecken sie ihren

Körper bzw. zeigen sie zu viel davon und verlieren dabei einen Teil ihrer Authentizität. Alles, was im Äußeren einem Zuviel entspricht, ist im Inneren mit einem Zuwenig verbunden. In der Psychologie ist wohlbekannt, dass man gewöhnlich übertreibt, um etwas zu kompensieren. In den Träumen lässt sich diese Problematik an verschiedenen Symbolen erkennen.

Es ist nicht unser Körper, der uns Schönheit schenkt, sondern unsere Seele. Eine glückliche, lichtvolle, spirituelle Seele ist wunderschön, unabhängig von der Form, Größe und Gestalt des Körpers. Wenn unser Geist froh und heiter ist, fühlen sich die Menschen um uns herum so gut, dass sie unserer äußeren Erscheinung überhaupt keine Beachtung schenken; sie fühlen sich wohl und das genügt ihnen. Fühlen wir uns im Inneren wohl, so spiegelt sich das gegen außen und wir sehen auch gut aus. In solchen Momenten erhalten wir oft Komplimente, denn die anderen reagieren auf unsere innere Schönheit, unser spirituelles Wohlbefinden, das Glück unserer Seele.

Gleichwohl bleibt unser Körper natürlich eine Abbildung dessen, was wir jetzt sind und was wir in früheren Leben waren. Denn es ist unser Geist, der den Körper formt: Um experimentieren zu können, schafft er sich eine Hülle, die seinen Stärken und Schwächen entspricht. So haben alle physisch-konkreten Merkmale bis hin zum kleinsten Detail ihre besondere symbolische Bedeutung.

Dazu ein Beispiel. Eine Person mit einem Ohrenproblem hat etwas zu verstehen in Bezug auf die Symbolik des Ohres, dem Organ der Rezeptivität. Somit ist ein Ohrenproblem direkt mit Schwierigkeiten bezüglich der Rezeptivität verbunden, mit der Art, wie wir horchen, wie wir anderen zuhören, aber auch wie wir auf unsere innere Stimme hören. Wir können übersättigt sein durch die Anhäufung von Informationen, die wir gehört haben, die wir nicht verstehen oder die wir nicht hören wollen. Diese innere Haltung manifestiert sich auf der physisch-konkreten Ebene durch ein Ohrenproblem. Man sieht dies häufig bei Kindern, die wiederholt an Ohreninfektionen leiden. Sehr kleine Kinder sind manchmal übersättigt mit all den verschiedenen neuen Erfahrungen, die sie durch den Hörsinn aufnehmen müssen; sie erleben dies als ein Zuviel, weshalb sie Ohrenprobleme entwickeln. Wenn unser Kind diese Problematik entwickelt, sollten wir uns natürlicherweise fragen: „Was ist es, das mein Kind nicht hören will oder womit es Probleme hat? Haben wir Eltern etwas gesagt, das für Kinderohren nicht bestimmt ist?" Als Eltern ist es besonders interessant, in Symbolen zuzuhören, die Zeichen zu lesen, so als ob es sich um einen Traum handle. Man kann sich kaum vorstellen, wie sehr man dem Kind auf diese Weise in seiner Entwicklung hilft.

Die Symbolik unseres Körpers ist sehr präzise. Jede Abweichung von der Norm hat einen Grund, eine Ursache. Wir sollten uns deshalb, wenn wir an einer körperlichen Missbildung leiden, sagen: „Dies versinnbildlicht einen Teil von mir und ich habe die Möglichkeit, es durch meine innere Arbeit zu verwandeln." Dabei müssen wir uns im Klaren darüber sein, dass diese Verzerrung, die sich bereits in unserem physischen Körper verdichtet hat, sehr wahrscheinlich im gegenwärtigen Leben nicht verschwinden wird. Aber damit leben zu lernen ist bereits wundervoll und sehr entwicklungsfördernd.

Denn selbst wenn wir unsere große Nase, die uns nicht gefällt, operieren lassen, so haben wir – symbolisch gesprochen – in unserem Inneren weiterhin eine große Nase; auf der metaphysischen Ebene hat sich nichts verändert, denn diese Veränderungen können nur wir selbst bewirken, indem wir die notwendigen Berichtigungen und Korrekturen in unserem Wesen vornehmen. Viele Menschen, die sich einer Schönheitsoperation unterzogen haben, erkennen sich nachher selbst nicht mehr. Manche entwickeln sogar Persönlichkeitsprobleme, da die Operation eine Kluft, einen Widerspruch schafft zwischen dem, was sie wirklich sind, und dem Bild, das sie von sich im Spiegel sehen. Sie erkennen die Essenz ihres Wesens nicht mehr.

Unser Körper formt sich entsprechend den Qualitäten und den Verzerrungen, die in unserer Seele wohnen. Aus diesem Grund sollten wir Verzerrungen, die sich auf der körperlich-physischen Ebene manifestiert haben, in aller Einfachheit und Demut akzeptieren und sie nicht als etwas Schlimmes, sondern als Ausgangsmaterial für unsere innere Arbeit betrachten. Unsere Gesellschaft ist zu materialistisch ausgerichtet und misst den metaphysischen Aspekten des Lebens nicht genug Wert bei. Ein spiritueller Mensch, der sich ausschließlich an den Qualitäten und Tugenden orientiert, vergleicht sich nicht länger mit den anderen. Er akzeptiert und liebt sich so, wie er ist, denn er weiß, dass Gott ihn mit all seinen Fehlern und Schwächen liebt. Mit dieser Haltung

im Hintergrund kann der Versuch, unser äußeres Erscheinungsbild zu verbessern – durch eine Diät, eine Operation oder andere Methoden –, durchaus in Ordnung sein, vorausgesetzt, unsere
Vorgehensweise ist korrekt und wir befreien unsere Absicht dank
einer tiefgründigen spirituellen Arbeit von der Last, den anderen
gefallen zu wollen. Damit wird das Ganze entdramatisiert und wir
schreiten auf dem Weg der Veränderung ohne Frustrationen und
Enttäuschungen voran, weil wir uns bewusst sind, dass der innere
Wandel dem äußeren vorausgehen muss.

Um zu Ihrem Traum zurückzukommen: Sie sind daran, Erinnerungen zu bereinigen, die mit dieser Akzeptanz zu tun haben.
Haben Sie Ihren Körper einmal völlig akzeptiert, werden Sie Ihre
Authentizität zurückgewinnen und nicht mehr das Bedürfnis verspüren, auf Tricks und Kniffe zurückzugreifen. (T: Am Anfang
war mir nicht bewusst, dass ich eine Strumpfhose trug). Ja, das
stimmt. Sie haben diese Teile Ihres Wesens entdeckt. Manchmal
glauben wir, unseren Körper zu akzeptieren, aber die kleinste unangenehme Bemerkung darüber löst in uns einen richtiggehen-
den Sturm aus. In ähnlicher Weise können sich Menschen, die
lange Zeit allein lebten oder sich nicht geliebt fühlten, aus dem
Gleichgewicht gebracht fühlen, sobald sich jemand für sie interessiert. Sie beginnen sich selbst von allen Seiten zu durchleuch-
ten – manchmal fast in krankhafter Weise –, weil unangenehme
Erinnerungen im Zusammenhang mit ihrer äußeren Erscheinung
wachgerufen wurden. Solche Situationen lassen einen erkennen,
dass man sich in Wirklichkeit nicht voll akzeptiert.

Um Liebe ausstrahlen zu können, müssen wir unseren Körper lieben – das ist absolut. Sonst ist es so, wie wenn wir Kinder hätten
und sie nicht lieben würden. Wenn eines unserer Kinder einen
schwierigen Charakter hat, lieben wir es dennoch genauso wie die
anderen, nur behalten wir es besonders gut im Auge und begleiten es etwas mehr – wir unterstützen es beim Lernprozess seiner
Selbstverwandlung. Das Gleiche gilt für unseren Körper, der das
Spiegelbild unserer Seele ist und den wir lieben lernen müssen,
um seine Verwandlung zu ermöglichen.

Im Traum sahen Sie dann eine Toilette – welche die Reinigung
symbolisiert. Sie gingen hinein und begannen, die Tricks und
Kniffe zu entfernen, die Ihnen bisher erlaubten.... (T: Ich hatte keine Zeit, meine Strumpfhose auszuziehen, da die Tür, die sehr groß

war und sich immer wieder öffnete, nicht richtig schloss.) Das ist interessant und weist erneut auf ein Problem mit Ihrer Intimität. Ihre unbewussten Erinnerungen haben die Tür mit dem Schild „Geliebt werden – Aufmerksamkeit erhalten" zu oft und zu weit geöffnet. Aus diesem Grund bleibt die Tür in Ihrem Traum offen. Die Tür stellt ebenfalls einen Teil Ihres Wesens dar, einen Teil, der nicht genügend Intimität für sich hat. Grund dafür ist das Bedürfnis nach Aufmerksamkeit, das zu Befürchtungen und Zweifeln im Zusammenhang mit der äußeren Erscheinung geführt hat sowie zur Tendenz, vor den anderen gut dastehen zu wollen.

Es kann vorkommen, dass man an sich arbeitet und sich bereinigt, aber nicht möchte, dass die anderen dies bemerken. Natürlich entspricht es einem verzerrten Verhalten, wenn wir in einer öffentlichen Toilette die Türe nicht schließen. Sind wir aber zu Hause und fühlen uns gehemmt, wenn unser Kind oder unser Partner die Badezimmertür öffnet, so haben wir ein Problem. Dieses Verhalten zeigt, dass wir etwas zurückhalten, unterdrücken, verbergen oder auf gewisse Weise uns selbst verstecken. Andernfalls würden wir uns in solchen Momenten nicht geniert fühlen und einfach mit der Reinigung fortfahren. Es sollte in Ordnung sein, wenn unser Kind in diesen Momenten ins Badezimmer kommt. Wir können es dann einfach und ruhig darum bitten, uns einen Moment allein zu lassen.

Manche Männer können das Pissoir nicht benutzen, wenn andere anwesend sind. Sie fühlen sich nur wohl, wenn ihnen niemand zuschaut, und können nur bei geschlossener Klotür Wasser lassen. In solchen Fällen sollte man an sich arbeiten. Ich war auch einmal so und hatte Schwierigkeiten, in öffentlichen Toiletten zu urinieren, weil ich alle möglichen Arten von Energien rundherum spürte. Es fehlte mir an Selbstvertrauen, ich hatte meine Männlichkeit nicht vollständig integriert und war übermäßig rezeptiv. Ich fühlte die Energie der anderen, was mich blockierte. Diese Art von Problemen taucht auf, wenn wir möchten, dass immer alle zufrieden sind, und wir anderen gefallen wollen. Ich habe an mir gearbeitet und diese Situationen benutzt, um meine innere Blockierung zu transzendieren.

Will man seinen Träumen und Zeichen folgen und einen spirituellen Weg beschreiten, muss man eine gehörige Portion Demut entwickeln. Die Spiritualität wird oft so präsentiert, dass alles nur lichtvoll ist – als ob man auf einem spirituellen Weg nur großartige Bewusstseinszustände erleben würde! Natürlich gelingt es uns, wundervolle Atmosphären zu erleben, und je länger wir an uns arbeiten, umso beständiger sind sie. Aber auf diesem Weg müssen wir eine tiefgründige Arbeit der Bereinigung leisten und die Erinnerungen, denen wir begegnen, sind durchaus nicht alle prächtig oder leicht zu akzeptieren.

Wenn in unseren Träumen verzerrte Erinnerungen auftauchen, so ist es Zeit, diese zu bereinigen, denn es bedeutet, dass unser Bewusstsein in Kontakt damit steht. Sobald wir bemerken, dass etwas in unserem Inneren nicht richtig ist, sollten wir die Demut haben, dies zuzugeben, und die Willenskraft aufbringen, es zu verwandeln.

Das Gleiche gilt auf der physisch-konkreten Ebene für unser Haus. Sobald wir anfangen uns darin unwohl zu fühlen, weil uns beispielsweise die kakigrünen Wände im Wohnzimmer stören, sollten wir fähig sein, diese zu ändern. Als wir damals die Farbe wählten, fanden wir sie hübsch, aber nun finden wir: „Sie ist weder hell noch fröhlich, sondern macht alles so dunkel. Ich habe mich verändert und diese Farbe passt nicht mehr zu mir."

Finanzielle Einschränkungen, Zeitmangel, Faulheit oder die Ausrede, die Wohnung nur gemietet zu haben, können uns dazu bringen, das Übermalen auf später zu verschieben. Dabei sollten wir uns wirklich sagen: „Diese Farbe beeinflusst mich und meine Lieben jeden Tag. Sie wirkt auf unsere Stimmung und unsere Seelenzustände. Ich verändere mich innerlich und schaffe mir einen neuen Lebensraum. Nun will ich meine innere Veränderung bis hin auf die physische Ebene materialisieren. Ein paar Liter Farbe und einige Stunden Arbeit werden uns nicht in den Ruin stürzen. Danach wird sich die ganze Familie in unserem Heim besser fühlen."

Auf ähnliche Weise häufen wir oft Dinge an und schieben das Aufräumen, Aussortieren und Ausrangieren auf die lange Bank. Das kennen alle, nicht wahr? Durch das dauernde Verschieben verstopfen und belasten wir unseren Geist. Alles ist symbolisch und alles, womit wir uns umgeben, beeinflusst unsere Bewusstseinszustände auf positive beziehungsweise negative Weise.

Denken wir nur an all die CDs, die wir neben unserer Stereoanlage aufgestapelt haben. Wenn wir ihren Inhalt analysieren, werden wir bemerken, dass wir häufig Musikstücke aufbewahren, die keine besonders inspirierende Wirkung auf unseren Geist und unsere Seele ausüben. Gewisse Personen haben eine fast ausschließliche Sammlung von Liedern über emotionale Abhängigkeit – *Oh, verlass mich nicht! Ich liebe dich, mir ist kalt, wenn du nicht bei mir bist* usw. (Lachen).

Andere Menschen kaufen Bilder, die – wenn man die Symbolik analysiert – nicht schön sind, und hängen sie im ganzen Haus auf, im Wohnzimmer, im Kinderzimmer usw. Sie denken, diese Bilder seien wertvolle Schöpfungen, weil sie viel Geld dafür ausgaben. Tatsächlich bringen sie jedoch Krankheit und Unwohlsein in ihr Heim, da die Bilder verzerrte Schwingungen aussenden.

Ein Künstler, der ein Bild malt, malt sich selbst, seine innere Welt. Ist das Bild nicht schön, so bedeutet dies, dass ein Teil des Künstlers nicht schön ist. Der Wert gewisser Gemälde wird auf mehrere Millionen Dollar geschätzt, obwohl sie eine so große Traurigkeit oder Aggressivität ausstrahlen, dass sie dadurch hässlich wirken. Angesichts dieser Tatsachen werden wir uns bewusst, auf welch niedriger Schwingungsebene sich das kollektive Bewusstsein unserer Gesellschaft befindet. Es sind oft vermögende Geschäftsmänner, die solch verzerrte Gemälde erwerben. Sie befinden sich so stark im Griff oder Schraubstock der gesellschaftlichen Konventionen – sie müssen gewisse starre Verhaltensregeln befolgen, zum Beispiel Anzüge tragen, um respektiert zu werden –, dass sie Trost darin finden, eine bildhafte Darstellung der Delinquenz vor sich zu haben. Sie beneiden den Künstler um seinen unkonventionellen Lebensstil und identifizieren sich zum Teil mit ihm.

(T: Ich wünsche die Interpretation eines Traums, den ich kürzlich erhielt. *Ich befand mich in einem Raum mitten in einer Gruppe von Personen und ein Reiseführer bereitete eine Reise für uns vor. Ich fragte ihn, welches unser Reiseziel sei, und er antwortete: „Unser Ziel ist das Glück." Dann kam die Frage nach dem Alter auf. Ich weiß nicht, ob es nur mich betraf oder auch die anderen, aber auf jeden Fall war ich 13, 14 oder 15 Jahre alt. Dann sagte der Reiseführer zur Gruppe: „Sonnenbrillen sind verboten." Und ich fragte ihn: „Wie lange werden wir unterwegs sein?" Er antwortete: „Wir reisen während sieben Jahren." Darauf fing ich an zu weinen, denn ich wollte meinen Sohn nicht so lange alleine lassen, und sagte: „Ich will nicht mitkommen, ich will meinen Sohn nicht verlassen." Dann wech-*

selte die Szene und ich saß da, mit einer puppenhaften Marionette auf meinem Rücken. Ihr Gesicht war großflächig, rot, pickelig, aber sie war weder schwer noch lästig.) Oh, was für ein wunderschöner Traum! Der Reiseführer war ein Geistiger Führer, der die bevorstehende Abfahrt zu einer Entdeckungsreise auf der Straße der Erinnerungen ankündigte. Reisen symbolisieren die Erforschung des Unbewussten. Der Geistige Führer informierte Sie, dass Sie bald große Forschungen im Bereich Ihrer Erinnerungen unternehmen werden. Wenn wir andere Länder bereisen, entdecken wir andere Kulturen und unser Bewusstseinszustand verändert sich.

Die Tatsache, dass Sie im Teenageralter waren, weist darauf hin, dass Sie sich – in der Sprache des Bewusstseins – darauf vorbereiten, ins Erwachsenenalter einzutreten, und Sie die Bedürfnisse der anderen Menschen stärker wahrnehmen werden, nicht mehr nur Ihre eigenen. Die anderen Personen in der Gruppe stellen ebenfalls Teile Ihres eigenen Wesens dar, und zwar im Zusammenhang mit Ihrem sozialen Verhalten. Deren Präsenz deutet darauf hin, dass die Bewusstseinsreise, auf die Sie sich vorbereiten, Ihr soziales Leben und Ihr Verhältnis zu den anderen beeinflussen wird.

Auf Ihre Frage nach dem Reiseziel antwortete der Geistige Führer Ihnen, es sei das Glück. Dieser Traum kündigt eine tiefe Veränderung Ihres Lebens an, einen wahrhaftig spirituellen Weg, denn der Prozess der Selbsterforschung führt zum Glück.

Weiter sagte der Geistige Führer, Sonnenbrillen seien verboten. Dies ist sehr positiv, bedeutet es doch, dass Sie nicht mehr länger fähig sein werden, Ihre Seelenzustände oder Ihre Gedanken zu verbergen, da die Augen der Spiegel der Seele sind. Der positive Aspekt der Sonnenbrille ist die Diskretion und der Schutz der Sehfähigkeit, also auch unserer seelischen Wahrnehmung, denn die Augen sind mit der Seele verbunden und wir können über sie alle möglichen Arten von Energien und Ausstrahlungen unserer Umgebung sowie unserer Mitmenschen aufnehmen. Die Sonne ist das Symbol für Energie und Licht ganz allgemein. Der negative Aspekt der Sonnenbrille ist es, sich zu verstecken oder die Rolle eines Stars zu spielen, der nicht erkannt werden will. Sonnenbrillen können auch auf ein übermäßiges Beschützen-Wollen hinweisen, auf eine Schwierigkeit im Umgang mit der Energie der Mitmenschen oder im Hinblick auf die Öffnung gegenüber dem Göttlichen Licht, gegenüber Gott selbst.

Sie begannen dann zu weinen, da Sie Ihren Sohn nicht zurücklassen wollten. Der Geistige Führer verlangte dies nicht von Ihnen, Sie selbst machten die Assoziation zwischen der Trennung von Ihrem Sohn und der Reise zum Glück. Diese Szene enthüllt negative Erinnerungen in Verbindung mit dem Verlassen eines Kindes aus spirituellen Gründen und mit der Absicht, sich selbst weiterzuentwickeln.

Viele Menschen, die in früheren Leben Priester, Mönche oder Nonnen waren, können in ihrem gegenwärtigen Leben mit der Wahl konfrontiert werden, entweder erneut in einen geistlichen Orden einzutreten oder eine Familie zu gründen und Verantwortung für sie zu übernehmen. Über die Jahrhunderte hinweg haben sich viele Menschen dadurch negative Karmas geschaffen, dass sie ihre Familien verließen, um einen spirituellen Weg zu gehen.

Gott lässt seine Schöpfung nicht im Stich. Er sorgt immerfort für uns alle. Dasselbe tun die Geistigen Führer, SIE lassen uns nicht im Stich, um sich ihrer eigenen Entwicklung zu widmen. Ganz im Gegenteil, ihre Entwicklung ist mit der Verantwortung verbunden, die SIE für Gottes Schöpfung übernommen haben. Eine unfehlbare Methode, wenn wir eine wichtige Entscheidung zu treffen haben, ist es, sich zu fragen: „Würde Gott dies tun? Würde ich dies tun, wenn Gott vor mir stünde?" Ich kann Ihnen versichern, dass dies unsere Gedanken in die richtige Bahn lenkt, denn ich habe dieses Vorgehen während mehrerer Jahre selbst geübt.

Kommen wir zum Traum zurück. Man erkennt darin, dass Sie diesen Zwiespalt bezüglich Ihres spirituellen Wegs experimentieren. In einem früheren Leben waren Sie wahrscheinlich ein Mönch oder eine Nonne und haben Ihr Kind verlassen. Die Reaktion in Ihrem Traum, als Sie glaubten, zwischen Ihrem spirituellen Leben und der Verantwortung für Ihr Kind wählen zu müssen, zeigt, dass Sie dieses Konzept berichtigen müssen. Wir sind nicht gezwungen, unser Kind zu verlassen, wenn wir einen spirituellen Weg wählen. Ganz im Gegenteil sollten wir die Früchte unserer Erfahrungen an unsere Kinder weitergeben, um sie zu inspirieren und ihre Weiterentwicklung zu fördern.

In der folgenden Szene des Traums wurde Ihnen der tiefe Grund für Ihre Schwierigkeit und Ihre Traurigkeit gezeigt: Sie trugen eine rotgesichtige Marionettenpuppe auf Ihrem Rücken. Da der Rücken und alles, was hinter uns liegt, die Vergangenheit versinnbildlicht, zeigte man Ihnen damit eine Haltung, die Sie in einem oder mehreren früheren Leben einnahmen.

Was repräsentiert eine Marionette? Sie kann sich nicht von allein bewegen. Personen, die von anderen manipuliert werden, bezeichnet man oft als Marionetten. In der Sprache des Bewusstseins weist eine Marionette auf die Tendenz hin, sich manipulieren zu lassen, unsere Macht und Autonomie an andere abzugeben. Im Kontexte Ihres Traums lässt dies an eine Person denken, die einer religiösen Doktrin blindlings folgt und sich nie hinterfragt, ob das, was sie verfechtet, richtig ist. Dies lässt sich auch auf einen sozialen Trend oder eine Modeerscheinung übertragen. Es wurde Ihnen gezeigt, dass es nicht allein Ihre spirituelle Kraft ist, die Ihr Leben leitet, und dass Sie Ihre spirituelle Autonomie nicht vollständig erreicht haben.

Das Gesicht der Marionette war rot. Die Farbe Rot symbolisiert die Handlungsebene. Die Szene zeigt somit, dass Sie sich lange von einer materialistischen Sicht der Dinge manipulieren ließen und dies die Ursache Ihrer derzeitigen Sorgen ist.

Es ist wesentlich zu verstehen, dass dieser Traum nichts mit Ihrem Sohn als Person im konkreten Leben zu tun hat. Die Symbolik des Sohns in Ihrem Traum weist vielmehr auf das Jugendalter Ihres Bewusstseins hin, sowie auf den Hang zu falschen, oberflächlichen Vergnügungen, auf all das, was Sie daran hindert, die spirituellen Konzepte in Ihrem Alltagsleben umzusetzen.

Eines Tages müssen wir fähig sein, uns von den Menschen, die wir lieben, innerlich zu lösen. Der positive Aspekt des Klosterlebens ist die Entwicklung der bedingungslosen Liebe und der emotionalen Unabhängigkeit. Aber diese Qualitäten kann man durchaus auch außerhalb eines Klosters entwickeln. Auf keinen Fall hindert uns die innere Loslösung von unserem Kind, es zu lieben und immer für es da zu sein. Sich innerlich von einem geliebten Menschen zu lösen bedeutet, seinem Lebensprogramm zu vertrauen, die Erfahrungen, die er durchlaufen muss, zu akzeptieren, und zwar sowohl die Schwierigkeiten, Probleme und Prüfsteine wie auch die Erfolge. Handelt es sich dabei um unsere Kinder, so bedeutet es ebenfalls, dass wir ihnen die nötige Freiheit geben, dabei aber weiterhin ihre Schritte überwachen und uns selbst das, was aus ihnen wird, nicht als Verdienst anrechnen. Tatsächlich haben wenige Menschen diese Stufe der Liebe und Weisheit als Voraussetzung für die wahre innere Unabhängigkeit erreicht und dieses Konzept wirklich verstanden.

Dies lässt mich an die großen Fortschritte denken, die meine Schwester in dieser Hinsicht gemacht hat. Eines Abends gingen meine Frau Christiane und ich zusammen mit meiner Schwester und ihrem Mann den Film *Die Passion Christi*[2] anschauen. Meine Schwester war tief berührt, vor allem von den Szenen, in denen Jesus seiner Mutter zeigt, wie er im tiefsten Grund seines Wesens den heiligen Sinn des Leidens verstanden hat. Während Jesus ausgepeitscht wird, das Kreuz trägt, blutet und sein ganzer Körper leidet, zeigt der Ausdruck seines Gesichts und seiner Augen einen Zustand der vollständigen Transzendenz – man erkennt, dass er von Gottes Licht erfüllt und erleuchtet ist. Er blickt Maria an und seine Augen sagen: „Oh Mutter, schau, wie wunderbar diese Erfahrung für meine Entwicklung und für die gesamte Menschheit ist!" Maria ist völlig überwältigt von diesem Blick und von der Botschaft, die sie wahrnimmt. Dies sind die ergreifendsten Szenen, die ich hinsichtlich der Transzendenz des Leidens und der Selbstaufopferung je gesehen habe. Allein schon wenn ich davon spreche, bekomme ich eine Gänsehaut, so stark in Resonanz schwingt meine Seele mit dieser mystischen Dimension der Aufopferung. In einer anderen Szene sagt Jesus zu Maria, die sich ihm in der Menge nähert, in Bezug auf das, was er durchmacht: „Schau Mutter, ich mache alle Dinge neu." Der Grund für alles Leiden ist die Erneuerung und die Bereinigung unseres Bewusstseins.

Der Film berührte meine Schwester sehr stark und sie konnte den heiligen Aspekt des Leidens verstehen. Sie arbeitet intensiv an sich und beschreitet den spirituellen Weg nunmehr seit vielen Jahren. Sie hat zwei Kinder und es fiel ihr überaus schwer, sie weinen zu hören, als sie im Kleinkindalter waren. Jedes Mal, wenn eines der Kinder weinte, wollte sie seine Bedürfnisse sofort stillen. Natürlich fühlte das Kind das Unbehagen seiner Mutter – unter anderem auch ihre Dualität. Ihr Sohn Gabriel war erst acht oder neun Monate alt, als er sie schon mit Weinen zu manipulieren begann, damit sie ihn in die Arme nahm. Alle Kinder sind sehr geschickt, wenn es darum geht, Möglichkeiten der Manipulation ausfindig zu machen. Insbesondere die ganz kleinen Kinder – sie sind so intelligent! Denn ihre Intelligenz ist multidimensional.

---

2 - *Film von Mel Gibson aus dem Jahr 2004.*

Als meine Schwester den Film sah, wurde sie sich bewusst, dass man nicht um jeden Preis versuchen sollte, den Kummer seines Kindes zu erleichtern. Falls wir alles Nötige für sein Wohlbefinden getan haben – es ist gefüttert, gebadet, gewickelt und liegt wohlversorgt im Bett – und wir dann eine Marotte oder Launenhaftigkeit in seiner Energie spüren, sollten wir uns sagen: „Also gut, lassen wir es seine Energie verwandeln." Vor dem erwähnten Film und der damit zusammenhängenden Bewusstwerdung neigte meine Schwester dazu, jeder Laune ihrer Kinder nachzugeben. Jetzt kann sie besser erkennen, was genau los ist – ob ihre Kinder Schmerzen haben, krank sind oder einfach in die Arme genommen werden wollen. Und statt sofort zu reagieren, lässt sie es an sich arbeiten, indem sie sagt: „Ah, da gibt es etwas, das du zu verstehen hast, mein Kind. Mama hat alles getan, was sie kann. Der Rest liegt nun in deiner und in Gottes Hand." Selbst wenn sie diesen Wandel noch nicht ganz integriert hat und gelegentlich noch in die alten Gewohnheiten zurückfällt, hat sie doch begonnen, ihre Haltung zu ändern, und dies hilft dabei, die Atmosphäre in der ganzen Familie zu verwandeln. Sie entwickelt sich nach ihrem eigenen Rhythmus und das ist wunderbar.

Kommen wir zu Ihrem Traum zurück. Darin wird Ihnen gezeigt, dass Sie an der inneren Loslösung arbeiten und diese innere Haltung entwickeln sollten. Ihr Sohn ist heute anwesend, er ist fast erwachsen. Natürlich liegt es immer noch in Ihrer Verantwortung, ihn auf seinem Weg zu begleiten. Die Kosmische Intelligenz möchte Ihnen mit diesem Traum helfen, die Angst zu überwinden, ihm könnte etwas zustoßen.

Auf gewisse Weise wurden Sie auch dazu aufgefordert, sich selbst zu verändern, erwachsen zu werden und bestimmte Aspekte innerlich sterben zu lassen, aber Sie protestierten sogleich: „Oh nein, das kann ich nicht tun." Es ist, wie wenn Sie – denken Sie an die rotgesichtige Marionette – sagten: „Ich will meine kleinen Vergnügen. Ich will mir meine Fernsehsendungen montags, dienstags und mittwochs ansehen und den Rest der Woche Karten spielen." Dies drückten Ihr Weinen und Ihr Protest eigentlich aus.

Tatsächlich existiert der Tod so, wie die meisten Leute ihn sich vorstellen, gar nicht. Als ich einmal meinen Festkörper verließ, befand ich mich in einer Parallelwelt. *Ich schwamm im Wasser, zusammen mit einem Geistigen Führer, der mich unterrichtete. Ich sagte: „Oh, das ist unfassbar, es ist wie richtiges Wasser. Es ist das gleiche Wasser wie auf der Erde. Ich kann es fühlen, es hat die gleiche Temperatur, die gleiche Beschaffenheit usw." Dann hörte ich auf zu schwimmen und bemerkte, dass ich nicht unterging, obwohl ich mich immer noch im Wasser befand. – Auf der Erde müssen wir normalerweise die Arme und Beine bewegen, um nicht unterzugehen. – Ich fragte den Geistigen Führer: „Kann ich hier sterben, kann ich ertrinken?" Er antwortete: „Ja, du kannst ertrinken. Aber was bedeutet das schon? Wir leben danach weiter. Du könntest Angst empfinden, du würdest ersticken und deinen Körper verlassen, aber danach wirst du weiterleben, denn der Tod existiert nicht so, wie ihn die Menschen verstehen. Er stellt lediglich eine Verwandlung dar."*

Es versteht sich von selbst, dass es nicht darum geht, absichtlich zu sterben; wir dürfen nicht Selbstmord begehen. Aber wenn wir beispielsweise auf weiter See sind und unser Boot sinkt, wir schwimmen und schwimmen, bis wir keine Kraft mehr haben und ganz einfach keine Bewegung mehr machen können, dann sollten wir einen tiefen Atemzug nehmen und sagen: „Lieber Gott, Dein Wille geschehe." Ein Mensch in der Endphase seines Lebens sollte diese innere Haltung einnehmen und sich sagen: „Meine Zeit ist gekommen. Ich akzeptiere dies und überlasse mich dem Tod wie ein Kind, das in den Armen seiner Mutter einschläft. Ich löse mich von meiner Körperhülle, gleite in eine andere Welt, so wie wenn ich in einem Traum wäre, nur dass ich dieses Mal nicht in meinen feststofflichen, irdischen Körper zurückkehren werde. So einfach ist das.

Wenn wir auf der physisch-konkreten Ebene sterben, ist das nicht das Ende: Wir leben weiter. Es ist nicht so, dass wir im Dunkeln zwischen den Sternen schweben oder auf einer Wolke sitzend auf unsere nächste Reinkarnation warten würden. Wir begeben uns aus dieser Welt in eine andere Dimension, die außerordentlich gut strukturiert ist, mit Gesellschaftsformen, die wesentlich höher entwickelt sind als unsere. Eines Tages kann jeder von uns diese Welten besuchen. Oder wir können in Kontakt mit Verstorbenen treten, die diese Welten beschreiben und uns ihre Erfahrungen dort mitteilen.

Mit diesem Traum wurden Sie aufgefordert, Ihre Sichtweise zu verändern, und sich insbesondere Ihrer pubertären, pickeligen Marionetten-Haltung zu entledigen. Durch diese unterhöhlen Sie

Ihr Selbstbewusstsein und Ihr ganzes Wesen, indem Sie sich mit anderen Menschen vergleichen, die nicht korrekt sind und ihre Erfahrungen in einem gewöhnlichen Bewusstseinszustand, ohne höheres, spirituelles Wissen machen. Sie wurden ermuntert, Anstrengungen im Hinblick auf die innere Loslösung und Unabhängigkeit zu machen, um eine neue Etappe beginnen können, deren Ziel das Glück ist.

Damit stehen wir am Ende dieses Workshops. Ein herzliches Dankeschön für Ihre wunderschönen Beiträge. Sie sehen, diese Workshops finden in aller Einfachheit statt und Ihre Erlebnisse und Erfahrungen können den anderen Teilnehmern sehr helfen. Ich danke Ihnen allen. Mögen Träume & Zeichen Ihr Leben erhellen!

WORKSHOP
Das Erwachen der Lebensenergie

(T: Ich habe Folgendes geträumt. *Ich betrachtete ein wunderschönes Gemälde; ich sah es auf intensive Weise an. Dann war ich selbst darin, so als wäre es Wirklichkeit. Es war wunderschön.* Es ist schon vorgekommen, dass ich mir tagsüber ein Foto ansah und in der Nacht dann von Dingen, die mit dem Foto zusammenhingen, träumte.)

Dieser Traum veranschaulicht sehr gut den metaphysischen Aspekt der Wirklichkeit. Wenn Sie fähig sind, in einem Traum in ein Bild oder ein Foto einzutreten, können Sie dies auch in der konkreten Realität tun. Durch Ihre Arbeit mit den Träumen und Zeichen haben Sie Ihre spirituellen Kräfte und Ihre Fähigkeit zur extra-sensoriellen Wahrnehmung entwickelt. Je weiter Sie auf Ihrem Weg voranschreiten, umso leichter werden Sie subtile, feinstoffliche Informationen über Menschen und Dinge empfangen können, die über die „normalen" Sinne nicht wahrnehmbar sind. Wenn Sie beispielsweise jemanden sehen, der Spaß macht oder den Anschein erwecken will, sich zu amüsieren, obwohl er eigentlich traurig ist, so werden Sie dahinter seine Traurigkeit erfühlen können.

Sie werden auch die Schwingungen der Dinge und Sachen wahrnehmen können, da diesen ebenfalls eine gewisse Form der Erinnerung anhaftet. Ich habe zum Beispiel schon erlebt, dass ich, wenn ich mich in einem Laden auf eine Hose konzentrierte, um zu spüren, ob es richtig sei, sie zu kaufen, in der folgenden Nacht einen Traum erhielt, in dem *ich mich im Betrieb befand, wo die besagte Hose hergestellt wurde.* Wir können auch unmittelbar, direkt vor Ort auf der feinstofflichen Ebene Informationen über ein Unternehmen *erhalten* und so beispielsweise erfahren, ob die dort Beschäftigten gut behandelt werden, gute Arbeitsbedingungen haben usw. Das ist sehr nützlich, weil diese Informationen uns helfen, im Hinblick auf die Ware die richtige und gerechte Entscheidung zu treffen: sie zu kaufen oder darauf zu verzichten.

Ich verwende die Fähigkeit der feinstofflichen Wahrnehmung sehr oft. In meinen Träumen befinde ich mich manchmal im Gespräch mit Druckereien oder nehme an Sitzungen teil mit Vertretern der Vertriebsfirmen, mit denen wir im Rahmen unserer Verlagstätigkeiten zu tun haben. Dadurch kann ich die verschiedenen Realisierungsetappen verfolgen und die richtigen Entscheidungen treffen. Doch über diese Fähigkeit verfüge nicht nur ich, alle Menschen tragen sie in sich. Die Arbeit mit den Träumen, Zeichen und der Symbolsprache aktiviert dieses Potenzial in ganz natürlicher Weise in uns Menschen, wodurch wir unser Leben nicht nur oberflächlich dahinleben, sondern es in seiner umfassenden und tiefreichenden Vielschichtigkeit wahrnehmen und erleben.

Um auf Ihren Traum zurückzukommen, so ist es tatsächlich möglich, beim Betrachten eines Fotos wahrzunehmen, was die darauf abgebildete Person durchlebt, selbst wenn es sich um ein älteres Foto handelt. Dabei kontaktiert man die Essenz, den Geist der Person. Das mache ich regelässig mit meiner Tochter, auch ohne Foto. Ich schließe meine Augen, denke an sie und empfange symbolhafte Bilder, die mir zu erkennen geben, was sie erlebt und fühlt – das ist für mich etwas ganz und gar Konkretes.

Auf die gleiche Weise kann man im Bereich der Korrespondenz verfahren. Wir erhalten aus der ganzen Welt eine Menge E-Mails zur Organisation der Vorträge und Workshops sowie zu verschiedenen anderen Themen. Folglich habe ich sehr viele Mails und SMS zu beantworten. Üblicherweise schreibe ich am Ende *Mit Engel-Grüßen* oder *Mit engelhaften Grüßen*. Handelt es sich jedoch z.B. um eine Hotelzimmerreservierung, so fühle ich mich in die Person ein, die den Text lesen wird, und spüre genau, was sie empfinden wird, wenn Sie diese Grußformel liest. Fühle ich das leiseste Unbehagen, so schreibe ich *Mit freundlichen Grüßen,* weil ich wahrnehme, dass ein direkter Bezug auf die Engel in diesem Fall nicht passt, da er alle möglichen unerwünschten Gefühle auslösen würde.

Für mich ist ein Engel das perfekte Symbol unserer Fähigkeit zu träumen, unser Bewusstsein zu erheben und die Parallelwelten zu besuchen mit dem Ziel, Erkenntnisse über uns selbst, über unser Leben und unser Lebensprogramm zu erhalten. Für viele Menschen weckt der Begriff jedoch Erinnerungen an dominierende religiöse Indoktrinierung, an abstruse, wirklichkeitsfremde, unverantwortliche Spiritualität oder auch an eigene spirituelle Verzerrungen. Ich selbst fand das Symbol des Engels ebenfalls schwer verständlich, bis ich es analysierte und seine Vollkommenheit erkannte.

Es ist wesentlich, unsere Mitmenschen voll und ganz zu respektieren und ihnen unsere Erkenntnis nie aufzuzwingen. Einige Augenblicke in sich zu gehen, um den bestangepassten Ausdruck zu erfühlen, bietet Gewähr für eine harmonische, respektvolle und gleichzeitig tiefgründige Kommunikation. Dadurch verbessern sich unsere Beziehungen und unser ganzes Leben bereichert sich.

(T: Ich möchte Sie um die Interpretation zweier Symbole bitten: der *Ozean* und das *Linienschiff.*) Der Ozean besteht aus Wasser, welches auf die Welt der Gefühle und Emotionen hinweist. Ein Glas Wasser hat eine andere Symbolik als der Ozean; dieser ist groß und weit, er umfasst sehr viel Wasser, wovon sich das meiste in großer Tiefe befindet. Damit kann der Bezug zu sowohl umfassenden wie tiefliegenden emotionalen Erinnerungen hergestellt werden. Die Meere und Ozeane enthalten ein intensives Leben: Fische, wirbellose Tiere, Korallenriffe usw. Auf dem Meeresgrund haben sich Erinnerungen von Jahrtausenden und Jahrmillionen angesammelt. Auch Wracks und Schätze können in seinen Tiefen gefunden werden. Die Ozeane und Meere bedecken heute teilweise auch alte Erdteile, wo früher Menschen lebten. Aufgrund der Tatsache, dass die Ozeane und Meere generell sehr viele die gesamte Menschheit betreffende Informationen enthalten, versinnbildlichen sie die kollektiven unbewussten emotionalen Teile unseres Wesens mit all seinen Speichern an tiefen Erinnerungen und der damit verbundenen Lebenskraft.

Da sie sich auf dem Wasser bewegen, ist die Symbolik der Schiffe – und der Wasserfahrzeuge generell – ebenfalls mit der Welt der Gefühle und Emotionen verbunden. Genau wie ein Personen- oder Lastwagen erlaubt ein Schiff das Vorwärtskommen sowie den Transport von Personen und Waren, weshalb es die Art und Weise symbolisiert, wie wir uns mit unseren Emotionen vorwärtsbewegen. Besitzen wir diesbezüglich Standfestigkeit oder brausen wir leicht auf und verlieren unsere innere Ruhe? Neigen wir dazu, andere zu verletzen und emotionale Unfälle zu provozieren? Die Art, wie sich das Schiff bewegt, gibt uns diesbezüglich Hinweise. Die verschiedenen Charakteristiken eines Wasserfahrzeuges geben uns Aufschluss über unsere emotionale Standfestigkeit und ganz allgemein über unser Gefühlsleben. Je größer beispielsweise ein Schiff ist, umso größer und machtvoller ist die dadurch versinnbildlichte emotionale Kraft bei unserer Fortbewegung. Ein Frachtschiff dient dem Transport von Waren und hat folglich einen Bezug zu unseren Ressourcen im gefühlsmäßigen, emotionalen Bereich.

Was ein Linien- oder Kreuzfahrtschiff betrifft, so ermöglicht es die Reise zu See von einem Land zum anderen. Es symbolisiert also unsere Fähigkeit im kollektiven Bereich, unseren Bewusstseinszustand über die Emotionen zu verändern. Die positive Symbolik eines Kreuzfahrtschiffes ist die Entspannung, der Lebensgenuss und die Lebensfreude; sein negativer Aspekt entspricht dem ausgeprägten Bedürfnis nach oberflächlichen sozialen Kontakten. Eine Kreuzfahrt kann sehr positiv sein. Wesentlich ist dabei die innere Absicht. Taucht in einem Traum ein Linienschiff in negativer Weise auf, so deutet dies auf einen Mangel im gefühlsmäßigen, emotionalen Bereich hin, den die Person durch gesellschaftliche Kontakte und die unterschiedlichsten sozialen Aktivitäten auszugleichen sucht.

(T: Ich möchte gerne wissen, worum es beim Erwachen der *Kundalini* geht, da ich verschiedene Träume dazu erhielt. Ich möchte ebenfalls gerne wissen, was man dabei auf der körperlich-physischen Ebene spürt.)

Für diejenigen, die den Begriff nicht kennen, möchte ich zuerst einige erklärende Informationen dazu geben. Das Wort *Kundalini* bezieht sich auf die Lebensenergie oder Lebenskraft, die uns am Leben erhält und uns die Bewegung, das schöpferische Tun, das Empfinden, Denken, Planen usw. ermöglicht. Es handelt sich um die Energie unseres Geistes, die unseren feststofflichen Körper belebt und in der ersten Phase unserer Entwicklung in der Sakralzone konzentriert ist. Für gewisse Menschen ist die Kundalini allein die Sexualenergie, aber sie ist nicht nur das, sondern primär die Lebenskraft, von der wir mit unserem Körper Gebrauch machen. Die meisten Menschen haben diese Energie nicht weiter aktiviert und ihre Manifestierung ist praktisch völlig auf den unteren Teil der Wirbelsäule begrenzt. Warum dort? Weil sich dort der Sitz des ersten Chakras befindet, das mit unseren Überlebensinstinkten zusammenhängt. Dadurch, dass diejenigen Menschen, deren Bewusstsein einzig auf die Befriedigung ihrer instinktiven Bedürfnisse und diversen negativen Begierden ausgerichtet ist, diese Energie völlig auf ihre niederen Verlangen konzentrieren, wird sie sozusagen zu einer tierischen Energie.

Die durch die Kundalini dargestellte Lebenskraft bewegt sich in den meisten Menschen mit einer eher schwachen Intensität auf und ab, von einem Chakra zum nächsten und durch ein ganzes Netzwerk von sogenannten Energiemeridianen. Beim Erwachen der Kundalini aktiviert sich diese mächtige Lebenskraft in zunehmendem Maße, wodurch sich unsere latenten Fähigkeiten auf allen Ebenen unseres Wesens zu entwickeln beginnen: wir stellen allmählich eine größere körperliche Kraft fest, tiefere Gefühle, eine lebendigere Intelligenz und einen stärkeren Willen. Die Aktivierung der Lebenskraft verstärkt auch das Charisma, verschärft die Sinne und intensiviert die Bedürfnisse. Diese Entfaltung und Intensivierung unserer Fähigkeiten soll uns veranlassen, an der Meisterung unserer Bedürfnisse zu arbeiten, wodurch wir gleichzeitig auch die Schwingungsfrequenz unserer Lebenskraft erhöhen und unsere feinstoffliche Wahrnehmung verstärken. Dabei müssen wir ebenfalls lernen, korrekt, ruhig und freundlich zu bleiben, selbst wenn unsere Sinne und unsere spirituellen Kräfte angeregt werden.

Tatsächlich ist die Lebenskraft die kreative Energie des im Körper inkarnierten Geistes, dessen Kraft an sich grenzenlos ist. Jedes Mal, wenn wir Yoga-Atemübungen ausführen, intensiv beten oder ein Mantra rezitieren, aktivieren wir die Lebensenergie, die dann dazu tendiert, der Wirbelsäule entlang nach oben zu steigen und die oberen Bewusstseinszentren zu öffnen, zu denen auch das Dritte Auge (der sechste Sinn) gehört.

Dabei machen sich die Verzerrungen bemerkbar, die noch bereinigt werden müssen. Sie vermischen und verbinden sich mit den erwachten Kräften und Fähigkeiten, beeinflussen diese negativ und rufen verschiedene körperliche oder geistig-mentale Probleme hervor, einschließlich ernsthafter Ego-Probleme. Aus diesem Grund ist es so wichtig, gleichzeitig mit der Entwicklung der spirituellen Kräfte auch an der Bereinigung des Bewusstseins zu arbeiten.

Verschiedene Praktiken, einschließlich einige Bereiche des Yoga, zielen auf das Erwachen der Kundalini ab, ohne sich jedoch in genügendem Maße um die gleichzeitige Bereinigung der Erinnerungen zu bemühen. Das Ziel dieser Praktiken ist die Entwicklung spiritueller Fähigkeiten und Kräfte. Wie bereits gesagt, können unsere in den Tiefen schlummernden Bedürfnisse, wenn die Kundalini erwacht, sehr stark und bedrängend werden. Dies zwingt uns dazu, ständig an der Beherrschung dieser Kräfte zu arbeiten, was zu großen Verschiebungen mit der Wirklichkeit und zu Extremismus führen kann, falls wir falsche spirituelle Konzepte in uns tragen. Wir alle haben bereits Filme oder Bilder von Mönchen gesehen, die sich wegen ihrer sexuellen Gedanken oder Bedürfnisse peitschten oder anderweitig körperlich züchtigten. Sie werden bezüglich ihrer Erinnerungen in ihrem Unbewusstsein so empfindlich, dass sie leicht dazu tendieren, religiöse Fanatiker oder Extremisten zu werden.

Man kann aber auch – in positivem wie in negativem Sinn – an Personen mit einem starken Charisma denken, die durch ihre Überzeugung eine natürliche Öffnung der Kundalini erfahren, z.B. Händler, Politiker, geistige Führer oder ganz allgemein Menschen mit großer Willenskraft und Entschiedenheit. Manche haben eine sehr starke Ausstrahlung und inspirieren ihre Mitmenschen, während andere einzig danach trachten, ihre persönlichen Bedürfnisse zu befriedigen. Viele Menschen sind sich nicht bewusst, dass sie sich durch ihre verzerrten Verhaltensweisen Karmas schaffen. Bei ihnen ist die Kundalini bis zu einem gewissen Grad erwacht. Da sie das wahre Wissen und die wahre Erkenntnis aber noch nicht integriert haben, können sie ihre Mitmenschen richtiggehend *beißen* und ständig mit ihnen im Wettstreit liegen. Der Begriff *Kundalini* stammt ursprünglich aus dem Sanskrit und bedeutet *Schlange*. Aus diesem Grund wird die Kundalini vor allem in der hinduistischen und buddhistischen Tradition oft als Schlange dargestellt. Im Gegensatz zu anderen Tiergattungen ist die Schlange ein Kaltblüter. Da sie kaltblütig – also emotionslos, um es einmal so zu nennen – angreift, wird sie mit den Antriebskräften unserer instinktiven Bedürfnisse in Zusammenhang gebracht. Um diese machtvollen Kräfte und Ressourcen in richtiger Weise verwenden zu können, ohne die anderen zu verletzen, braucht es eine große Weisheit.

Das Wunderbare an der inneren Arbeit mit den Träumen, Zeichen und Symbolen ist die Tatsache, dass sie nicht in erster Linie auf den Erwerb der spirituellen Fähigkeiten und Kräfte, sondern auf die Entwicklung der Qualitäten und Tugenden ausgerichtet ist. Dadurch vermeidet man es auch, zusätzliche Klüfte, Verschiebungen und karmische Lasten zu schaffen. Die spirituellen Fähigkeiten und Kräfte stellen sich bei dieser Arbeit auf ganz natürliche Weise ein. Die Lektüre und das Verständnis der in den Träumen auftauchenden Symbole lassen uns erkennen, welche Experimentiererfahrungen wir durchleben. Zu dieser Erkenntnis führt das Studium und die Deutung der Träume & Zeichen und ermöglicht uns nach und nach den Erwerb und die richtige, gerechte Verwendung der spirituellen Fähigkeiten und Kräfte.

(T: Ich habe mehrmals von Schlangen geträumt. In einem dieser Träume *befand ich mich in meinem Wagen und da war eine Schlange, die meinen Rücken hinunterkroch. Sie war sehr klein. Ich entfernte sie, doch eine andere kam an und sie war etwas länger und fetter. Wie die erste entfernte ich sie. Eine weitere, noch größere kam an und ich fühlte sie in meinem Rücken.* Dann erwachte ich, hielt aber meine Augen geschlossen. Ich konnte sehr intensiv die Schlange spüren, so, als wäre sie tatsächlich in meinem Rücken. Ich fragte mich: „Warum erlebe ich das?" und schlief wieder ein. Letzte Woche erhielt ich einen Traum, in dem man mir sagte, ich solle einfach einen Engel und Jesus anrufen.)

Im ersten Traum erlebten Sie das Erwachen Ihrer Kundalini, Ihrer Lebensenergie. Die Tatsache, dass Sie sich in Ihrem Wagen befanden, bedeutet, dass diese erwachende Kraft sich in Ihrem Verhalten und Ihrer Fortbewegung auf sozialer Ebene manifestiert. Der Traum zeigt, dass Sie zuerst versuchen, diese Energie aufzuhalten – denn Sie entfernten die ersten Schlangen. Aber deren Kraft wächst in Ihrem Innern, was die Tatsache zeigt, dass weitere Schlangen auftauchten und sie immer größer waren. Sie werden in Ihrem Leben intensivere Bedürfnisse auftauchen sehen, stärker werdende Verlangen nach einem sozialen Leben und sozialen Aktivitäten. Das bedeuten die Schlangen in diesem Traum. Wir sollten uns vor der Kraft, welche die Schlange versinnbildlicht, nicht fürchten, denn sie ist potenziell positiv. Aber es ist durchaus verständlich, Angst davor zu empfinden, da sie uns mit so viel mehr Intensität als üblich voranschreiten lässt.

Gleichzeitig zeigte Ihr Verhalten im Traum, dass Sie mit einer nicht transzendierten animalischen Energie voranschreiten und weiterhin von Ihren Bedürfnissen und egoistischen, gefühlskalten Motivationen angetrieben werden. Damit sich diese Kräfte in positiver Weise manifestieren können, müssen wir – wie schon erwähnt – unsere Bedürfnisse und Instinkte transzendieren.

Die folgende Bemerkung ist von grundlegender Bedeutung: Um zu wissen, ob ein Symbol positiv ist, müssen wir uns fragen, ob es sich im Traum am richtigen Ort, in seiner angestammten, üblichen Umgebung befindet. Das ist für die Interpretation der Träume und Zeichen wesentlich. Aus diesem Blickwinkel sind Schlangen in einem Wagen etwas Ungewohntes und alles andere als beruhigend. Deshalb ist ihre Symbolik in diesem Fall negativ, obwohl sie nicht aggressiv waren. Sie versinnbildlichen eine zu starke Kraft auf der Ebene des Bewusstseins. Man erkennt, dass Sie intensiv an sich arbeiten, an Ihren instinktiven Bedürfnissen. Dies zeigt, dass durch den Traum eine spirituelle Öffnung Ihres Bewusstseins bewirkt wurde, was auch der Grund ist, warum Sie vor kurzem in einem anderen Traum aufgefordert wurden, Jesus und einen Engel anzurufen. Sie führen ein sehr entwicklungsförderndes Leben. Genau wie Jesus müssen Sie die Kräfte des Bösen in Ihrer Seele transzendieren.

Engel und engelhafte Menschen – wie Jesus und alle großen Eingeweihten, die auf die Erde kamen, um der Menschheit zu helfen – sind in einem Traum sehr bedeutungsvolle Symbole. Dabei stellt ein Engel in symbolhafter Weise eine menschliche Entwicklung dar, in deren Verlauf der menschliche Geist jegliche Form der Beschränkung transzendiert. Ein Engel ist nicht ein Wesen mit Flügeln. Dies ist nur ein Bild, eine Metapher. Tatsächlich ist ein Engel ein sehr machtvolles, aussagestarkes Symbol, um die im Menschen vorhandene Fähigkeit zu versinnbildlichen, in den Traumwelten zu reisen und den höchsten Grad des Bewusstseins und der Kenntnis des Universums und der Schöpfung zu erreichen. Es sind die uns innewohnenden Engelenergien, welche uns eine multidimensionale Intelligenz verleihen sowie die Intensität unserer Visionen und Absichten gewährleisten. Menschen, deren Lebensenergie praktisch eingeschlafen ist, haben große Schwierigkeiten, sich zu manifestieren oder zu träumen. Ihre Intelligenz beschränkt sich auf das rationale Überlegen und ihre Liebe ist oft nur auf sie selbst bezogen und ohne Intensität. Dies erzeugt eine schwere Energie, die den Zugang zu den Traumrealitäten, die Verbindung zu den höheren Ebenen und das Verständnis der Symbole, Zeichen und Träume verhindert. Doch alle Menschen besitzen das Potenzial zu träumen. Manche Menschen erinnern sich nicht an ihre Träume, weil sie zu emissiv, d.h. nicht rezeptiv genug, nicht ausreichend empfänglich und aufnahmefähig sind. Gebete, Meditationen und Selbstentwicklung sind positiv, da sie die Rezeptivität und das Träumen anregen. Wir müssen Interesse für das Träumen entwickeln, über unsere Träume nachdenken und an sie glauben, dann wird sich die Tür öffnen.

Kehren wir zum Traum mit den Schlangen zurück. Dieses Tier versinnbildlicht gewiss eine große Kraft, aber solange man diese nicht richtig erzogen und über die instinktive Ebene hinauserhoben hat, ist man unfähig, etwas aus wahrer Liebe zu tun. Man wird über die anderen herfallen – entweder auf der konkreten oder der feinstofflichen Ebene –, ohne sich Gedanken um ihr Wohlergehen zu machen. Man wird wetteifern, kontrollieren und manipulieren, um zu bekommen, was man will, und dabei auch die Sexualenergie – welche wesentliche Aspekte der Lebensenergie darstellt – in egoistischer Weise verwenden. Aufgrund ihrer Ähnlichkeit mit dem männlichen Glied ist die Schlange auch ein bedeutendes phallisches Symbol. Dies alles zeigt, dass wir lernen müssen, diese machtvolle Energie zu erziehen und zu meistern, und dass wir sie nicht meiden oder verleugnen sollten, wie dies einige spirituelle Menschen tun. Der Sexualakt zwischen zwei sich wahrhaftig liebenden und sich respektierenden Partnern bietet in der Tat die wunderbare Erfahrung der Fusion beider Prinzipien: des männlichen und des weiblichen.

(T: Ich war früher genauso – bevor ich anfing, mein Unbewusstsein zu bereinigen. Heute bin ich dabei, alle möglichen Facetten meines Selbst zu besuchen.) Ja, ich verstehe.

Ihr Traum ist auf jeden Fall sehr konstruktiv, weil die Schlangen nicht aggressiv waren, wahrscheinlich im Gegensatz zu früheren ähnlichen Träumen. Das bedeutet, dass sie hinsichtlich der Meisterung dieser Kraft große Fortschritte gemacht haben. Doch selbst wenn in einem Traum eine aggressive Schlange vorkommt, sollte man sich nicht fürchten. Ich erhielt Träume mit Schlangen in allen Größen, Farben und Formen. Es braucht seine Zeit, um diese Kraft meistern zu lernen – insbesondere bei Männern. Ich hatte damit viel Arbeit und es dauerte lange, bevor die Schlangen in meinen Träumen weiß und goldfarben waren. Die Erziehung und Erhebung unserer Lebenskraft ist in der Tat ein machtvolles Unterfangen!

Dies bezieht auch die Transzendierung der Sexualität und der Vitalkraft mit ein. *Transzendieren* besagt: *über einen Bereich hinaus in einen anderen (hin)übergehen*, während das Wort *Transzendenz*:

das Überschreiten der Grenzen der Erfahrung, des Bewusstseins, des Diesseits bedeutet. Im Zusammenhang mit dem Bewusstsein ist es ein Synonym für Erhebung, d.h. sich über ein Niveau oder eine Grenze erheben, einen Kreislauf beenden, etwas regeln und hinter sich bringen. Im Ausdruck *transzendentale Meditation* gibt der Begriff *transzendental* an, dass diese Form der Meditation zu höheren Bewusstseinszuständen führt.

Das Erwachen der Kundalini ermöglicht solche Bewusstseinserhebungen. Wenn man betet oder meditiert, setzt man diese Energie verstärkt in Bewegung und fühlt dabei manchmal, wie sich in bestimmten Körperteilen – insbesondere im Rücken – Wärme, Hitze oder ein Brennen manifestieren. Menschen, die unter dem Phänomen der Fibromyalgie leiden, sind sich in den meisten Fällen nicht bewusst, dass ihre Symptome durch das verstärkte Strömen der Lebensenergie hervorgerufen werden. Das Aufsteigen der Kundalini wird in manchen Kreisen als etwas angesehen, das ausschließlich Fakire erleben können.

Am Anfang, wenn die Energie sehr stark und plötzlich erwacht, kann man... (T: Man kann im unteren Rücken, am Ende der Wirbelsäule Schmerzen spüren.) Das ist richtig. (T: Man spürt auch eine Art Druck, der ein Vibrieren hervorruft.) Genau.

(Ein anderer Teilnehmer: Ich habe einmal etwas in dieser Richtung erlebt. Ich lag im Bett, war halb eingeschlafen und nahm aber trotzdem wahr, was im Zimmer vor sich ging. Plötzlich spürte ich am unteren Rückenende ein Vibrieren, das sich in meiner Wirbelsäule nach oben bewegte. Ich versuchte mich zu bewegen, es gelang mir aber nicht. Dann wanderte das Vibrieren wieder nach unten. Ich wollte zu meiner Frau „Autsch!" sagen, doch ich brachte kein Wort hervor. (Die Frau des Teilnehmers: Als er später aus der Dusche kam, sagte er mir, das Bett habe sich bewegt, doch das war nicht der Fall.) (*Lachen*)

Oh, ich verstehe Sie sehr gut! Ich weiß, dass es sich in Ihrem Bewusstsein bewegt hat, da ich solche Erfahrungen selbst sehr oft gemacht habe. Es kommt auch vor, dass man, wenn man lange und intensiv betet und meditiert – eine oder zwei Stunden –, zu zittern anfängt. Das kann auch bei manchen Angelica-Yoga-Übungen vorkommen, insbesondere jenen, wo man sich nach hinten beugt, die Luft anhält und eine Zeitlang in der Stellung verharrt[3]. Irgend-

---

3 - Angelica Yoga – *Einführung*, Übung Nr. 15 – *Der Bogen nach hinten*, S. 125.
(siehe Liste der Veröffentlichungen am Ende dieses Buches).

wann beginnt der Körper zu zittern. Oder man spürt in der folgenden Nacht ein Zittern. Das ist eine normale Erscheinung, die einen nicht zu beunruhigen braucht. Sie tritt auf, wenn die feinstofflichen Körper beim Verlassen des feststofflichen Körpers auf Blockierungen stoßen und diese überwinden müssen.

Wenn dies geschieht, ist unser Geist dabei, seine Energie zu sammeln, um den Festkörper verlassen zu können. Die Himmlischen Mächte lassen uns dieses energetische Phänomen wahrnehmen, um uns diesbezüglich eine Erfahrung zu ermöglichen, und auch, damit wir uns unserer Ängste bewusst werden. Andere Male spüren wir überhaupt nichts, weil Sie uns sozusagen *anästhesieren.*

Es ist uns am Anfang oft nicht möglich, selbständig und bewusst unseren Festkörper zu verlassen, weil wir diese Fähigkeit noch nicht entwickelt haben. Deshalb löst das Kosmische Programm diese Erfahrungen für uns aus, um uns einen Vorgeschmack zu geben. Manche Leute berichten mir diesbezüglich: „Ich erhielt zu Beginn eine Menge Zeichen und Träume; es war erstaunlich. Doch nun erhalte ich viel weniger." Ich erwidere dann darauf: „Wir sind in dieser Sache anfangs wie Babys, die von ihren Eltern gefüttert und versorgt werden. Alles ist wunderbar und wir brauchen nur das Leben zu genießen. Doch irgendwann kommt der Augenblick, wo unsere Eltern von uns erwarten, dass wir beispielsweise unser Bett machen, unser Zimmer aufräumen und beim Abwaschen mithelfen – d.h. wir müssen anfangen zu arbeiten. Ebenso verhält es sich auf der Ebene unseres Bewusstseins: Wir müssen Anstrengungen machen, an uns arbeiten, um diese Erfahrungen – diese mystischen Zuständen, von denen wir einen Vorgeschmack erhielten – erneut durchleben zu können. Die Geistigen Führer haben sozusagen aufgehört, uns zu füttern, weil es an der Zeit ist, dass wir ernsthaft an uns arbeiten, um selbständig und autonom zu werden.

Ebenso kommt es vor, dass uns manche Menschen wunderbare Träume mitteilen, wir dabei aber gleichzeitig spüren können, dass sie noch einen langen Weg vor sich haben. Sie sind überschwänglich, weil sie denken, fast den Gipfel erreicht zu haben. Doch sie täuschen sich. Wir hören ihnen immer liebe- und verständnisvoll zu und ohne ihnen zu widersprechen, weil sie oft gar nicht hören wollen, was wir zu sagen hätten. Sie möchten uns nur zeigen, wie gut sie sind, weshalb wir uns aufs Zuhören beschränken. Einige

Monate später sehen wir dann den einen oder anderen ganz blass und verhärmt daherkommen, um uns seine Missgeschicke mitzuteilen. Sie sind dann auch bereit zuzuhören und ich kann ihnen sagen: „Als Sie mir von Ihren wunderbaren Träumen berichteten, so stimmte es: Diese waren in der Tat sehr machtvoll und beeindruckend, doch nun müssen Sie das werden, was Sie in diesen Träumen sahen."

Das ist so, als hätte man vom besten Apfelkuchen auf der ganzen Welt gekostet und müsste nun den Weg von A nach Z zurücklegen, um wieder davon essen zu können: einen Apfelbaum pflanzen, darauf warten, dass er wächst und reife Früchte trägt, sich in der Zwischenzeit aufmerksam und liebevoll um ihn kümmern usw. In vergleichbarer Weise müssen wir die verschiedenen Etappen unserer spirituellen Entwicklung der Reihe nach zurücklegen, um allmählich immer höhere Bewusstseinszustände zu integrieren, bis wir eines Tages so weit sind, mystische Zustände Tag und Nacht erfahren zu können.

Man zeigt uns anfangs manchmal wunderbare Veranstaltungen, herrliche Feuerwerkvorführungen, doch diese Wunder kommen nicht aus unserem eigenen Innern – zumindest *noch* nicht. Ich nenne dies Traum- oder spirituellen Tourismus. Die Menschen besuchen dabei sehr schöne Länder, doch sie müssen im Reisebus bleiben und können diesen nur an ganz bestimmten Stellen verlassen. Solange man noch nicht ein bestimmtes Entwicklungsniveau erreicht hat, kann man nicht nach Gutdünken durch die Parallelwelten reisen und anderer Leute Seele besuchen. Der Grund dafür ist, dass die Kräfte, über die man in den feinstofflichen Körpern verfügt, so groß sind! Würde ein wütender oder negativer Mensch sich einfach, weil ihm danach ist, auf eine Reise durch parallele Welten begeben, so könnte er nach einer solchen Reise mit seinen metaphysischen Körpern völlig gelähmt in seinem physischen Körper wieder aufwachen. So weit könnte das in der Tat gehen.

Es gibt in diesen Welten von Gott vorgesehene Grenzen und Beschränkungen, welche dem natürlichen Schutz der dort lebenden Wesen dienen. Das entspricht dem Prinzip, wonach das Böse das Göttliche Licht nicht beeinträchtigen kann. Gelänge es einem Menschen bei seiner Reise durch diese Welten, ein dort lebendes Wesen in negativer Weise zu beeinflussen, so würde dies bedeuten, dass es in einem seiner Leben in gleicher Weise gehandelt hatte.

Damit verhält es sich genauso wie auf der Erde. Wenn man die Parallelwelten mit seinem noch nicht bereinigten negativen karmischen Gepäck besucht, kann man von solchen Reisen ziemlich erschüttert und durchgerüttelt wieder zurückkommen, weil man unterwegs seine eigene Wut und Negativität zu sehen bekommen hat. Ist man aber noch nicht bereit, sich selbst zu erkennen und zu sehen, wie man wirklich ist, kann sich dies als eine sehr schwere Erfahrung herausstellen, welche die Fassaden-Persönlichkeit des betreffenden Menschen völlig aus dem Gleichgewicht wirft.

(T: Das kommt daher, weil wir das Böse aufgrund unserer eigenen Resonanzen anziehen, nicht wahr?) Genau. Andernfalls sind wir immer vollständig geschützt.

Ich will anhand eines Beispiels zeigen, wie unser Lebensprogramm uns beschützt. Wenn ich den Wagen lenke, kommt es manchmal vor, dass ich anfange zu meditieren und zwei oder drei Minuten lang überhaupt nicht mehr die Straße sehe. Ich brauche wohl nicht extra zu betonen, dass ich es niemandem empfehle, dies spaßeshalber auszuprobieren. Ich selbst tue das nicht etwa willentlich, indem ich mir sage: „Ich bin ein spiritueller Mensch, mein Wagen wird mich von selbst sicher an mein Ziel bringen." Nein, ganz und gar nicht. Ich versuche nicht mein Lebensprogramm zu testen, weil die Kosmische Intelligenz dies erkennen und mir eine Lektion erteilen würde. Wenn ich das tue, so geschieht es in natürlicher Weise und ganz von selbst. Ich stelle irgendwann verwundert fest, dass ich schon an dieser oder jener Stelle angelangt bin, ohne den Weg dorthin wahrgenommen zu haben. Das ist so, als hätte ich in der materiell-konkreten Realität ein *Black-out* erlebt, wobei meine Antennen aber dennoch alle empfangsbereit geblieben sind. Ich meditiere und habe meinen Blick auf die Straße gerichtet, ohne sie jedoch wirklich zu sehen. Trotzdem bin ich vollkommen geistesgegenwärtig. Wird meine Aufmerksamkeit, während ich mich in diesem Zustand befinde, aus irgendeinem Grund benötigt, so komme ich rechtzeitig in die konkrete Wirklichkeit zurück. Ich habe so viel meditiert, dass ich in solchen Zuständen in unbewusster Weise den Überblick über meine Umgebung bewahre; ich brauche nicht mit meinem gesamten Bewusstsein anwesend zu sein.

Erfahrungen dieser Art kann man machen, nachdem man an seinen Ängsten und seinem mangelnden Vertrauen zu Gott gearbeitet hat. Unser Vertrauen in das Universum und die gesamte

Schöpfung wird eines Tages erneut so groß sein, dass wir wieder wie vertrauensselige Kinder werden. Wir können dann beispielsweise einem Menschen gegenüber etwas sagen, ohne selbst zu wissen, warum wir es sagten, und anschließend von ihm zu hören bekommen: „Es ist unglaublich, wie passend deine Worte waren! Sie lieferten mir haargenau die Antwort auf meine Frage." Dies erlebe ich oft. Dabei habe ich einfach das gesagt, was in meinem Geist auftauchte.

Natürlich rede ich nicht einfach so daher, meine Worte ergeben in der Regel einen Sinn und haben eine Bedeutung, sonst würde ich den Prozess stoppen. Ich würde eine Verschiebung wahrnehmen, wenn die andere Person meine Worte nicht verstehen würde. Doch in den meisten Fällen erwähne ich genau die Worte, die sie zu hören hat, um ihre eigene Lage besser zu verstehen. Die richtigen Ideen und Gedanken tauchen einfach in meinem Geist auf, weil ich richtig zuhöre und völlig rezeptiv und offen bin, so dass ich empfangen kann, was für den betreffenden Menschen und sein Lebensprogramm gut und richtig ist.

Irgendwann werden wir mit allem verschmelzen, alles richtig erfühlen und uns in unsere Mitmenschen ganz selbstverständlich hineinversetzen können. Unsere Wahrnehmung wird dann nicht mehr länger durch Bedürfnisse beschränkt sein und wir können die Erfahrung dessen machen, was Gott oder das Kosmische Bewusstsein ist. In diesem globalen, universellen Bewusstsein erleben und manifestieren wir uns in ganz natürlicher Weise als spirituelle Wesen, als reiner Geist.

Das ist vergleichbar mit der Funktionsweise eines automatischen Piloten. Ich will dazu ein Beispiel geben: Wir beginnen an eine bestimmte Person zu denken, während wir auf der Straße dahingehen. Obwohl wir es eigentlich nicht vorhatten, betreten wir unterwegs einen Laden und begegnen dort der Person, an die wir soeben dachten. Wir sagen zu ihr: „Hei! Was für eine Überraschung! Ich habe soeben an dich gedacht und nun stehst du vor mir! Wir haben uns doch sicher schon mindestens drei Jahre lang nicht mehr gesehen." Was dabei wirklich geschah, ist, dass das Kosmische Bewusstsein uns zu dieser Person führte, weil die Begegnung mit ihr in unserem und ihrem Programm vorgesehen war. Wir hatten diese nicht eingeplant oder vorgesehen. Das Programm lenkte unsere Schritte und veranlasste uns, in den Laden einzutreten, und es war dazu berechtigt, weil es immer zu unserem Besten funktioniert. Es steuert uns auf diese Weise ununterbrochen, 24 Stunden am Tag, und ohne dass wir uns dessen bewusst sind.

Bahnt sich eine Gefahr an, die uns nicht zu betreffen hat, weil sie nicht in unserem Programm vorgesehen ist, so tritt das Kosmische Bewusstsein in Aktion und wir erhalten eine Warnung.

Es ist wunderbar, dies zu verstehen, da wir so immer voller Vertrauen sein können. Ich habe das Konzept des Himmlischen Schutzes und der Himmlischen Sicherheit in meinem ganzen Wesen integriert. Ich fühle mich vollständig durch den Himmel abgesichert – ich habe eine 100%ige Himmlische Vollkaskoversicherung. Was immer auch geschieht, ich sage mir, dass es geschehen musste, und akzeptiere es. Ich dramatisiere die Ereignisse und Situationen nicht mehr, sondern erkenne in ihnen etwas, was zu geschehen hatte und vorgesehen war.

Man hört manchmal in spirituellen Kreisen, wenn jemand von einem Unfall berichtet, andere zu ihm sagen: „Ach, du warst müde und hast dich dadurch nicht genügend selbst geschützt; du hast vergessen, um dich herum eine Schutzblase zu errichten." Andere wiederum sagen: „Ich habe meinen Wagen mit einer Lichtglocke umgeben, so dass mir nichts passieren kann; ich bin geschützt."

Würde man statistisch die Zahl der Unfälle untersuchen, die Menschen, welche auf diese Weise ihren Wagen schützten, dennoch erlebten, so käme die Idee einer Schutzblase sehr schnell zu Fall und ihre Wirkung könnte nie bestätigt werden. Das Gleiche gilt für Diebstähle. Auch in diesem Fall sagen manche Leute: „Hätten sie um ihren Besitz eine unsichtbare Lichtmauer errichtet, wären sie nicht bestohlen worden." Intelligente Menschen, die solche Bemerkungen hören, lachen einfach darüber und bleiben anschließend von allem meilenweit weg, was im Entferntesten mit Träumen, Zeichen oder Spiritualität zu tun hat.

Tatsache ist, dass wir immer beschützt sind. Sogar ein Mensch, der einen sehr ernsthaften, folgenschweren Unfall erlebt, ist geschützt, weil dieser eine tiefgründige metaphysische Ursache hat und ihm als Lehre und Lernerfahrung dienen soll. Er muss gewisse Einschränkungen erfahren, die ihm helfen sollen, in seiner Entwicklung einen Schritt weiterzukommen; es ist in seinem Programm vorgesehen, dass er durch dieses Ereignis – den Unfall – in einem bestimmten Augenblick seines Lebens diesen Schritt unternehmen wird.

Ich möchte in diesem Zusammenhang eine wirklich besondere wahre Geschichte erwähnen, die mir während einer Europa-Tournee eine Frau mitteilte. Dieses Erlebnis hatte bei ihr ein großes spirituelles Erwachen hervorgerufen. Davor war sie überhaupt nicht spirituell und erhielt auch keine Träume. Sie berichtete: „Eines Tages, als ich so vor mich hindöste, hörte ich eine Stimme sagen *Du wirst einen Unfall haben.* Ich dachte, mein Verstand spiele mir einen Streich. Einige Stunden später hörte ich *Der Unfall wird sich in zwei Tagen ereignen.* Ich sagte mir: ‚Ich werde einfach nicht das Haus verlassen. Ich werde nicht mit dem Wagen wegfahren.'"

Doch zwei Tage später musste sie mit ihrem Mann zu einem Familientreffen fahren, das bereits seit einiger Zeit geplant war. An jenem Tag hörte sie die Stimme sagen *Heute Abend. Der Unfall wird sich heute Abend ereignen.* Die Frau sagte sich: „Das ergibt doch keinen Sinn, aber was soll ich machen? Wir sollten vielleicht besser nicht fahren." Gleichzeitig wollte sie aber nicht, dass ihr Mann dachte, sie sei verrückt geworden, und der Rest der Familie über sie lachte. Nein, sie fand, sie habe keine akzeptable Ausrede, um nicht zum Familientreffen zu fahren, und so machte sie sich mit ihrem Mann wie geplant auf den Weg. Sie bat ihn, vorsichtig zu fahren, wollte ihn aber nicht mit dem durch die Stimme Angekündigten beunruhigen, weil sie auch Angst hatte, dadurch die Unfallgefahr zu erhöhen.

Auf dem Heimweg gegen zwei Uhr morgens, während ihr Mann den Wagen lenkte, döste sie eine Weile vor sich hin, als sie erneut die Stimme hörte. Sie sagte diesmal: *Nimm deine Brille ab und leg sie ins Handschuhfach.* Ganz nervös tat die Frau, was die Stimme ihr anordnete. Die Engelstimme sagte weiter: *Entriegele die Tür.* Die Frau spürte, wie ihr Herz heftig zu klopfen anfing. Die Stimme beharrte: *Entriegele die Tür.* Sie entriegelte die Tür. Dreißig Sekunden vergingen, dann kam ein Wagen auf sie zu und – Krach! – ihr Auto landete auf dem Kopf und die einzige Tür, die sich öffnen ließ, war jene, welche sie entriegelt hatte. Ihr Wagen hatte einen Totalschaden. Die Frau und ihr Mann konnten sich dennoch daraus befreien, beide unverletzt. Hätte sie ihre Brille getragen, so hätte sie vermutlich ihr Augenlicht verloren.

Dieser Unfall schaffte bei der Frau eine große Öffnung für die Spiritualität. Ich war wirklich sehr gerührt, als ich sie ihre Geschichte erzählen hörte; sie berührte Seiten in meinem Herzen und meiner

Seele und ich spürte, wie es in mir vibrierte. Ich sagte mir innerlich: „Eines Tages wird die ganze Welt diese Geschichte kennen" und ich wusste, dass ich darüber berichten würde. Ich fühlte, dass ihre Erfahrung einen kollektiven Nutzen hatte und der gesamten Menschheit helfen sollte. Die Frau erzählt dieses Erlebnis ebenfalls ihren Mitmenschen und es gibt vielen von ihnen zu denken und zu meditieren.

Weshalb erlebt man Derartiges? Welchen Sinn hat es? Die betreffende Person erlebt dadurch eine große spirituelle Bewusstseinsöffnung, durch die sie für zweifelnde Menschen zu einem Leuchtturm im Dunkeln wird. Das ist vergleichbar mit den Fällen, wo ein klinisch als tot erklärter Mensch ins Leben zurückkehrt und danach durch seine Erfahrung des Jenseits völlig verändert ist. Das dort Erlebte ist so machtvoll und intensiv, dass es ihm eine starke Ausstrahlung verleiht. Wer solche Berichte hört, fügt ihnen seine eigenen Beweise hinzu und baut damit seine Spiritualität auf.

Hat sonst noch jemand eine Frage?

(T: Stimmt es, dass ein Kind, welches mit stark zerfurchten Handflächen zur Welt kommt, eine alte Seele ist?)

Es ist gewiss, dass unsere Handflächen voller Kodes sind. Das ist auch für die übrigen Körperteile wahr, doch die Handflächen sind in der Tat sehr informativ und aufschlussreich.

Es gibt keinen Zufall und folglich hat man nicht zufällig diese Furche oder jene Falte in der Haut. Stark zerfurchte Handflächen haben zweifelsohne eine Bedeutung. Ist es jedoch ein positives Zeichen? Nicht unbedingt. Ich bin persönlich nicht vertraut mit dem Handlesen – das ist nicht mein Bereich. Ich weiß aber, dass man in der Handfläche eines Menschen sehr präzise Informationen über seine Seele und sein Lebensprogramm herauslesen kann.

Es ist im Übrigen belanglos, wie viele Kurse oder Studienjahre im Handlesen ein Mensch absolviert hat, denn dies allein wird nicht ausreichen, um die durch die Handflächen offenbarten Informationen tiefgründig zu lesen und richtig zu verstehen. Dagegen kann ein an seiner spirituellen Entwicklung arbeitender Mensch eine intensive, umfassende Analyse der Linien einer Hand, der Physionomie oder der Iris einer Person durchführen und zusätzlich über seine Träume nach viel genaueren und wertvolleren Informationen suchen, als auf der Erde gelehrte Methoden dies ermöglichen.

Genauso werden die Therapeuten der kommenden Generationen vorgehen, weil sie über umfassendere metaphysische Kenntnisse verfügen werden. Denn man kann einen Bereich nicht tiefgründig verstehen, wenn man sich nur auf das verlässt, was einem die gewöhnlichen, physischen Sinne offenbaren. Es sind im Wesentlichen die Träume, die Meditation, die in den feinstofflichen Körpern gemachten Erfahrungen sowie das ernsthafte Nachdenken über unser eigenes Leben, die einem den Zugang zum Lebensprogramm anderer Menschen gestatten. Deshalb sollten Therapeuten und generell Menschen, die in Bereichen tätig sind, welche mit der Seele zu tun haben, intensiv an sich selbst gearbeitet haben, bevor sie ihre Hilfe anbieten, andere beraten, Vorträge abhalten oder sonst wie in das Leben Dritter eingreifen.

Was mich und auch meine Frau Christiane betrifft, so hatten wir beide keinesfalls die Idee oder Absicht, zu unterrichten und Vorträge abzuhalten. Wir wurden gewissermaßen in diese Rolle hineinversetzt; es ergab sich ganz von selbst. Wir erhielten beide diesbezügliche Träume, in denen uns unsere Mission offenbart wurde, und danach mehrere Zeichen, die diese bestätigten. Wäre mir meine Lebensaufgabe nicht durch meine Träume mitgeteilt worden, so hätte ich mich nicht stark genug gefühlt und auch nicht genügend Vertrauen gehabt, um mit dem Lehren anzufangen. Ich benötigte dazu eine höhere Referenz als mich selbst.

(T: Es ist wichtig, diese Informationen in sich selbst zu suchen und zu finden.) Ganz genau. Darin besteht die spirituelle Autonomie. Es kommt oft vor, dass gewisse Menschen auf die anderen das projizieren, was sie selbst gerne täten, sich aber nicht zutrauen. Mit den Träumen bekommt man nicht von einem Außenstehenden gesagt, was man tun soll, sondern sie geben uns dies unmittelbar und direkt zu erkennen. Man muss nur lernen, sie zu deuten. Um ganz sicher zu sein, bitten wir im Anschluss an die Träume um bestätigende Zeichen. Sobald wir über die Träume eine Botschaft oder Information aus unserem Innern erhalten und diese durch mehrere klare Zeichen in der Außenwelt bestätigt werden, entscheiden und handeln wir mit einem vollständigen Vertrauen. Was auch immer geschieht, wie immer die Dinge verlaufen mögen, wir wissen, dass es richtig war, die betreffende Entscheidung oder Wahl zu treffen und die damit zusammenhängenden Schritte unternommen zu haben.

Man kann im Traum auch erfahren, dass man eine bestimmte Mission hat, es aber eine gewisse Zeit dauern wird, bis auf der materiellen Ebene alles, was für ihre Verwirklichung notwendig ist, in die Wege geleitet sein wird. Vor mehreren Jahren, während ich ganz intensiv an mir arbeitete und praktisch rund um die Uhr meditierte und betete, hatte ich keineswegs die Absicht, zu unterrichten und weltweit Vortragstourneen durchzuführen. Doch eines Nachts erhielt ich einen Traum, der mir ankündigte, eine große Mission warte auf mich, es werde sich aber in den nächsten drei Jahren nichts Konkretes materialisieren. Und tatsächlich, nichts Konkretes geschah, und so setzte ich meine innere Arbeit fort.

Andere Menschen erhalten ebenfalls solche Träume. Dr. François Bouchard und seine Frau Denise Fredette, die heute mit uns unterrichten, erhielten ihre Lebensmission ebenfalls in einem Traum mitgeteilt und Christiane und ich erhielten unsererseits Träume, die bestätigten, dass es richtig sei, ihnen bei der Verbreitung ihrer Lehren zu helfen. Die Ausrichtung unseres Lebens und die Zusammenarbeit mit anderen Menschen auf unseren Träumen aufzubauen ist eine wunderbare Lebensweise. Die Lehrer der Zukunft werden auf diese Weise vorgehen.

Wenn Menschen an uns herantreten und bezüglich eines bestimmten Projekts eine Zusammenarbeit mit unserem Verein vorschlagen, frage ich immer den Himmel um Rat und Erlaubnis: „Ist es richtig, dies zu tun?" Erhalte ich ein „Ja, es ist richtig" zur Antwort, so weiß ich, dass die Zusammenarbeit mit dem Schöpfungsplan im Einklang steht und ich bin sodann bereit, mit diesen Menschen zusammenzuarbeiten.

Damit sind wir am Ende dieses wunderschönen Workshops. Ich danke Ihnen allen ganz herzlich für Ihre Aufmerksamkeit und Ihre wertvollen Mitteilungen und wünsche Ihnen eine frohe und offenbarungsreiche Weiterarbeit. Mein Dank geht auch an alle freiwilligen Helfer und Helferinnen, die uns weltweit bei der Verbreitung dieser Lehre unterstützen.

WORKSHOP
Verdrängte Erinnerungen

(T: *Ich war am Meer und alles war rosa, hellbeige und zart grau. Der Himmel, das Wasser und der Sand hatten die gleiche Farbe. Alles war sanft und sehr schön. Ich sah eine junge Frau, die schwimmen war, aus dem Wasser kommen. Sie trug ein wunderbares weißes Kleid und hatte lange, schwarze Haare, sie war wirklich schön und überhaupt nicht nass. Als Nächstes sah ich ein langes, sehr schmales, holzfarbenes Boot ankommen und wusste, dass es ihr Mann war, der sie holen kam. Obwohl ich ihn nicht sehen konnte, wusste ich, dass es ihr Mann war. Die Frau sah ihn ebenfalls ankommen. Sie kehrte ins Wasser zurück, um zum Boot zu gelangen.* Es war alles sehr schön.)

Danke. Das ist in der Tat ein sehr schöner Traum. Sie haben sich am folgenden Tag sicher auf der emotionalen Ebene sehr wohl und erfüllt gefühlt. Das Meer versinnbildlicht die Gefühle und Emotionen, die Sie an jenem Tag hatten, und die rosafarbene Landschaft die Liebe, Zärtlichkeit, Sanftheit und Weiblichkeit.

Die Frau mit dem langen, schwarzen Haar, die Sie zum Ufer schwimmen und aus dem Wasser kommen sahen, symbolisiert Aspekte Ihrer weiblichen Polarität und Ihrer inneren Welt. War die Frau jung? (T: Ja.) Das bedeutet, dass sie gleichzeitig auch die Jugend und ihre Lebenskraft versinnbildlichte.

Die Frau war weiß gekleidet und sehr schön. Die Farbe Weiß symbolisiert die Spiritualität und die Kleidung widerspiegelt generell die Aura, das, was wir ausstrahlen. Ihr seelischer Zustand an jenem Tag war sehr schön, Sie strahlten eine schöne spirituelle Energie aus und fühlten sich geistig sehr wohl, voller Leben und jugendlicher Kraft, so als gäbe es das Alter und die Zeit nicht. (T: Ich kann immer noch die Stimmung und die Harmonie dieses Traumes nachempfinden. Es war wirklich zauberhaft.) Das kann ich mir gut vorstellen.

Die Tatsache, dass die Frau nicht nass war, als sie aus dem Wasser kam, gibt die Transzendenz der Emotionen an. Dieser schöne Traum bezeugt eine umfassende emotionelle Meisterung sowie ein hohes Bewusstseinsniveau im Bereich der spirituellen Liebe.

Das lange, schmale Boot. Wie alle Wasserfahrzeuge weist ein Boot darauf hin, wie wir unser Gefühlsleben lenken sowie den Grad der emotionalen Meisterung, den wir erreicht haben. Ein langes und schmales Boot erweckt automatisch das Bild des Wankens und des unsicheren Gleichgewichts. Das Lenken eines solchen Bootes erfordert Geschicklichkeit, Wendigkeit sowie eine bewusste emotionale Meisterung. Man erkennt die symbolische Bedeutung, indem man ganz einfach die Logik anwendet: Da ein langes, schmales Boot leicht kippt, muss man, um es sicher zu lenken, wendig und geschickt sein sowie die Winde und Strömungen gut kennen. Da sich das Boot in Ihrem Traum problemlos fortbewegte, bezeugt es, dass Sie Ihre Gefühle sehr gut meistern können. Es ist gut verständlich, dass Sie dieser Traum sehr bewegt hat: Er kündigt tatsächlich eine Erhebung im Bereich der Liebe an.

Der Mann lenkte das Boot auf die Frau zu, während sie sich im Wasser auf ihn zubewegte. Jedes Mal, wenn man in einem Traum eine schöne Harmonie zwischen einem Mann und einer Frau erlebt, fühlt man sich anschließend erfüllt. Man liest manchmal Dinge über die männliche und die weibliche Polarität bzw. das männliche und das weibliche Prinzip, ohne wirklich zu verstehen, was damit gemeint ist, weil es so abstrakt erscheint. In diesem Traum haben Sie hinsichtlich dieser Konzepte eine konkret wahrnehmbare Erfahrung in Ihrem eigenen Innern erlebt. Das ist auch der Grund, weshalb Sie den Mann nicht sahen. Hätten Sie ihn gesehen, so hätte dies eine Manifestierung in der Außenwelt angekündigt, da der Mann als Symbol die Handlung und Äußerung in der physisch-konkreten Welt bedeutet.

Das Gefühl der Vollkommenheit und Glückseligkeit, das Sie an jenem Tag empfanden, bewirkte sicherlich – im Gegensatz zu anderen Tagen, wo Sie noch emotionale Mängel spüren können –, dass Sie nicht das Bedürfnis hatten, in der Außenwelt nach Liebe zu suchen, um den Zustand der Einheit zu erfahren. Sie erhielten durch diesen Traum ein sehr schönes Geschenk: eine unmittelbare harmonische Liebeserfahrung zwischen der männlichen und der weiblichen Polarität in Ihrem Innenleben.

Mit diesem Traum wollte der Himmel Ihnen zu verstehen geben, dass Sie jederzeit Zugang zur Liebe haben, da sie zu Ihrem Wesen gehört. Sie hatten vielleicht am Vortag eine emotionale Schwierigkeit durchlebt und der Traum vermittelte Ihnen folgende Botschaft: „Es wird immer ein Boot für dich bereit sein. Du kannst jederzeit die emotionale Stabilität und schöne spirituelle Gefühle erwerben, weil du das Potenzial dafür in dir trägst."

Die Liebe ist ein Bewusstseinszustand. Wir denken oft, sie komme durch andere Menschen zu uns, doch die wahre Liebe befindet sich in uns. Eines Tages werden wir erkennen, dass wir vollkommen sind, und dann aufhören, uns nach einem anderen Menschen zu sehnen und an mangelhafter Liebe und Zärtlichkeit zu leiden. Stattdessen werden wir die Liebe unaufhörlich in uns selbst schöpfen und ausstrahlen. Jeder von uns kann hohe Bewusstseinszustände erreichen, da wir alle auch die Weisheit in uns tragen. Doch wir müssen an uns arbeiten, um diese Bewusstseinszustände in uns zu verankern, durch die wir die Göttliche Liebe und das Gefühl der Glückseligkeit und Vollkommenheit ständig empfinden können.

Die Himmlischen Mächte ließen Sie in diesem Traum die Erfahrung solcher Bewusstseinszustände machen, damit Sie sich selbst besser kennen lernen und die hohen Ideale der Liebe in sich einprägen. (T: Danke.) Gern geschehen.

(T: Ich habe folgenden Traum erhalten: *Ich befand mich auf einem Bahnsteig. Ich denke, dass ich mit zwei anderen Frauen, die ich auf dem Bahnsteig davongehen sah, von einer Reise zurückkam. Ich hielt meinen Koffer in der Hand, er platzte auf und all meine Kleidung fiel auf den Boden. Als ich mich bückte, um sie einzusammeln, stellte ich fest, dass ich keine Unterhose trug. Ich sagte bei mir: „Ich muss mir irgendwo eine Unterhose anziehen." Im gleichen Augenblick griff ein schwarzgekleideter Mann nach meiner Handtasche. Ich sagte zu ihm: „Geben Sie mir wenigstens meine Karten zurück" und ich schluchzte mir das Herz aus dem Leib.* Dann bin ich aufgewacht.)

Das ist ein Beispiel für einen Einweihungstraum. Sehen wir uns als Erstes die Symbolik des Bahnhofs an. Er versinnbildlicht eine bedeutende Bewusstseinsveränderung. Die in alle Richtungen fahrenden und aus allen Richtungen kommenden Züge symbolisieren Änderungen in der inneren und manchmal auch äußeren Ausrichtung. Die Rückkehr von einer Zugreise gibt an, dass die entsprechende Richtungsänderung abgeschlossen ist. Je nach Inhalt des Traumes gibt sie auch an, woran man in der Folge zu arbeiten hat. Man kann bei der Bereinigung der mit dem Traumgeschehen zusammenhängenden Erinnerungen auf verschiedene

Schwierigkeiten stoßen und dadurch vielleicht denken, man mache Rückschritte, anstatt sich auf dem Weg zu Gott weiterzuentwickeln. Doch ich kann Ihnen versichern, dass man sich nie zurückentwickelt, sondern das, was man durchlebt, immer genau das ist, was man braucht, um zur nächsten Etappe zu gelangen.

Die Idee des Reisens ist in diesem Traum mit der konkreten Erforschung Ihres Bewusstseins verbunden, weil der Zug als Fortbewegungsmittel das Element Erde betrifft, das die Welt der konkreten Handlung versinnbildlicht. Die zwei Frauen, die Sie davongehen sahen, stellen Teile von Ihnen dar, Aspekte Ihrer Innenwelt, die durch Ihr Bewusstsein reisen.

Was den aufgeplatzten Koffer und die auf dem Bahnsteig verstreute Kleidung betrifft, so kann man sich gut vorstellen, wie sich jemand fühlen mag, dem das in der konkreten Wirklichkeit passiert: saubere Kleidungsstücke, die auf dem schmutzigen Bahnsteig landen, Unterwäsche und sonstige intime Sachen, die jedermann zu sehen bekommt usw. Die betroffene Person würde sich verlegen und durcheinandergebracht fühlen, und dementsprechend war sicher auch Ihr Seelenzustand am Tag nach diesem Traum. Die Kosmische Intelligenz wollte Ihnen damit zu erkennen geben, dass Sie Erinnerungen in sich tragen, die auf eine zu starke Öffnung hinweisen. Sie setzen sich zu sehr aus, indem Sie jedermann wissen lassen wollen, was Sie tun. Das versinnbildlicht der aufgeplatzte Koffer, der – symbolisch gesprochen – zu viele Erinnerungen enthält, die besagen: „Ich will dir dieses und jenes erzählen, dieses und jenes zeigen usw."

Dann stellten Sie fest, dass Sie keine Unterhose trugen. Hosen symbolisieren generell die männliche Polarität und die Emissivität. Das kommt auch in der Redewendung *die Hosen anhaben* zum Ausdruck. Sagt man von einem Menschen – Mann oder Frau –, er habe die Hosen an, so meint man damit, dass er die Entscheidungen trifft und die Autorität ausübt. Lange Hosen bedecken die Beine, welche die Fähigkeit der Fortbewegung symbolisieren. Keine Hosen anzuhaben vermittelt ein Gefühl der Verletzlichkeit und der Unfähigkeit, Entscheidungen zu treffen. Um akzeptiert, anerkannt und geliebt zu werden, kann man dazu neigen, sich anderen Menschen gegenüber zu sehr zu öffnen, wodurch man sich der Fähigkeit zur Selbstbestimmung beraubt. Man stelle sich nur einmal vor, wie man sich in der Öffentlichkeit mit entblößtem

Unterleib fühlen würde. Es wäre einem sicher sehr unwohl zumute und man hätte Schwierigkeiten zu handeln, Entscheidungen zu treffen usw., da alle Leute einen ansehen und beobachten würden.

Ein schwarzgekleideter Mann entwendete Ihre Handtasche. Die Farbe Schwarz symbolisiert im Allgemeinen die verborgenen Aspekte der Dinge und der Materie – in gewisser Weise den in der Materie verborgenen Geist. Es erübrigt sich zu sagen, dass in diesem Traumbeispiel die negative Symbolik der Farbe Schwarz in Erscheinung tritt, weil es nicht Recht war von dem Mann, Ihre Handtasche zu rauben. Doch er stellt in symbolhafter Weise ebenfalls einen Teil Ihres Wesens dar, der in der Vergangenheit anderen Menschen ihre Identität und Ressourcen raubte, um daraus Nutzen zu ziehen. Diese Charakterzüge symbolisieren Erinnerungen von Handlungsweisen, wo Sie andere Menschen zu Ihrem Vorteil ausnutzten. Sie haben so viele derartige Erinnerungen angesammelt, dass Sie nun an dem Punkt angelangt sind, wo Sie die Folgen – die Kehrseite der Medaille – erfahren müssen, um daraus zu lernen. Der Mann widerspiegelt gewisse Aspekte Ihrer männlichen Polarität, die Sie unbedingt bereinigen müssen, um das Auftreten schwieriger Situationen in Ihrem konkreten Alltagsleben zu verhindern. Wenn Sie diesbezüglich nichts unternehmen, werden Sie früher oder später Ihre Entscheidungsfähigkeit verlieren und gleichzeitig auch Menschen anziehen, die Sie Ihrer Ressourcen, Ihrer Identität und Ihrer Manifestierungsfähigkeit berauben.

Eine gestohlene Handtasche erweckt Gefühle der Verletzlichkeit, der Hilflosigkeit und der Machtlosigkeit, weil sie gewöhnlich unsere Brieftasche, unseren Ausweis, unsere Kreditkarten usw. enthält, ohne die wir uns auf der persönlichen und sozialen Ebene hilflos und strukturlos fühlen. Sie haben in diesem Traum diesbezügliche Erinnerungen aufgesucht und sich am nächsten Tag sehr wahrscheinlich struktur- und identitätslos gefühlt. Solche Träume sind typisch während Einweihungsphasen. Sie gestatten uns die Bereinigung karmischer Lasten, wodurch wir das Erleben ihrer Folgen in der konkreten Realität vermeiden können.

Ich erhielt zu Beginn meiner spirituellen Entwicklung häufig Träume dieser Art, weshalb ich sehr gut verstehe, wie einem danach zumute ist. Man fühlt sich innerlich unwohl, erschüttert, energie- und mittellos, selbst wenn die äußeren Bedingungen und Umstände durchaus bestens sind. Das kommt daher, dass man sich in seiner Innenwelt in einer Übergangszone befindet, einer Zone der Veränderung, in der unser Selbst, unsere Hauptpersönlichkeit keine Anhaltspunkte findet, da die üblichen Markierungen und Wegweiser verschwunden sind. Die Energie der Veränderung kann sich aber auch in der Außenwelt manifestieren und man durchlebt konkrete Ereignisse, die einen wirklich aus dem Gleichgewicht bringen können.

Hinsichtlich Ihres Traumes wissen Sie am besten, in welcher Weise und in welchem Bereich Ihres Lebens sich umwälzende Veränderungen manifestieren können, doch eines ist gewiss: Sie erfahren eine tiefgründige Verwandlung, in deren Verlauf Sie Erinnerungen aufsuchen werden, die Sie erneut gewisse Blockierungen durchleben lassen. Und es ist ganz normal, sich dabei ganz durcheinander zu fühlen. Der Mann in Ihrem Traum stellt einen Teil Ihres inneren Mannes dar, dessen alte Verhaltensweisen gegenwärtig in Ihrem Leben Schwierigkeiten erzeugen – ein mangelhaftes Selbstvertrauen, das Gefühl der Hilflosigkeit, das übermäßige Bedürfnis, sich anderen gegenüber zu öffnen usw.

Der Traum beschreibt, in welchem Seelenzustand Sie sich an jenem Tag befanden. Am darauf folgenden Tag konnten Sie sich durchaus wieder besser fühlen. Solche Träume erhält man oft, wenn man an seiner spirituellen Entwicklung arbeitet, weil man dabei seinen unbewussten Erinnerungen begegnet, die allerlei Verzerrungen und Blockierungen enthalten, welche wir bereinigen und umprogrammieren müssen. Selbst wenn sich dabei nichts Besonderes oder Außergewöhnliches in der Außenwelt, auf der materiell-konkreten Ebene ereignet, findet eine strukturelle Umorganisation in unserer Innenwelt statt. Diese kann sich beispielsweise dadurch äußern, dass wir plötzlich nicht mehr in der Lage sind, die Schönheit des Lebens wahrzunehmen. Solche Seelenzustände durchlebt man aber auch, wenn die strukturelle Umorganisation durch konkrete Situationen auf der physischen Ebene klar erkenntlich in Erscheinung tritt, da sich in ihnen die auf der metaphysischen Ebene durchlebten Umstrukturierungen widerspiegeln.

(T: Genau das erlebe ich. Manchmal erkenne ich mich selbst nicht mehr – ich weiß nicht mehr, wer ich bin. Ich versuche mich an das zu klammern, was ich früher war, doch es funktioniert nicht mehr.) Das ist richtig. So läuft das ab. Wir wechseln unsere Identität und die neue hat noch nicht ihren richtigen Platz gefunden. Das bewirkt, dass wir uns hinsichtlich unserer Selbstdefinition ziemlich verloren fühlen.

Der Prozess der strukturellen Umwälzung findet nicht nur auf der Ebene der Konzepte, sondern auch auf der spirituellen Ebene statt. Wir haben uns eine Denkweise zusammengeschmiedet und auf ihr unser gesellschaftliches Sein und Handeln aufgebaut. Unsere Eltern haben uns bestimmte Verhaltensweisen gelehrt, die wir eine Zeit lang befolgten, welche nun aber wirkungslos geworden sind. Wir begrüßten unsere Mutter immer in einer bestimmten Art und Weise – der es an Tiefe fehlte – und spüren nun, dass dies nicht richtig ist. Es könnte auch sein, dass die Versuche unserer Eltern, uns zu kontrollieren, uns bisher nicht besonders bekümmerten oder störten, doch nun stellen wir plötzlich fest, dass sie uns nicht nur ärgern, sondern sogar wütend machen. In solchen Situationen müssen wir uns auf unseren Geist zurückbesinnen, da er es ist, der verärgert reagiert. Wir können aber die wachgerufenen verzerrten Erinnerungen, die ihn stören, bereinigen.

Wer hat nicht schon von großen Weisen sprechen hören, die Tag und Nacht meditieren? Dazu fragen sich manche Materialisten: „Was um alles in der Welt wollen sie mit ihrer Meditation bewirken? Wozu nutzt das?" Sie verstehen nicht, dass diese Weisen in früheren Leben genauso wie die Materialisten gedacht und gehandelt haben und nun für sie der Zeitpunkt gekommen ist, wo sie über ihre Art zu materialisieren tiefgründig nachdenken und meditieren müssen.

Man denkt gewöhnlich, die Meditation helfe den Geist zu leeren. Doch dem ist nicht immer so. Ich habe erfolglos die transzendentale Meditation versucht. Alles – die Gedanken wie auch die Bilder – schwirrten zu schnell durch meinen Kopf, es war wie Internet mit Hochgeschwindigkeit. Irgendwann kam ich zur Einsicht, dass eben dieses Phänomen die Grundlage für meine Meditation darstellen sollte. Ich sagte mir: „Ich muss über das nachdenken und meditieren, was in meinem Geist auftaucht." Riefen die aufgetauchten Bilder Gefühle der Unsicherheit oder bestimmte Ängste in mir hervor, verfolgten mich hartnäckig die Fehler und Verzerrungen einer bestimmten Person oder eine bestimmte Situation, so sagte ich zu mir: „Das sind alles nur Symbole. Behandle sie, als wäre es ein Traum. Denk darüber nach. Wieso taucht dieses Bild gerade jetzt auf? Warum stört mich das Verhalten und Benehmen dieser Person? Was bedeutet das?" Durch diese Vorgehensweise entwickelte und verwendete ich ein anderes Konzept der Meditation.

Es ist erstaunlich, wie man in seiner Weiterentwicklung voranschreitet, wenn man die in den Meditationen auftauchenden Bilder und Gefühle analysiert. Man geht dabei die im persönlichen inneren Archiv abgelagerten Dateien nacheinander durch und stellt fest, wie ihre Kenntnisnahme und ihr Studium schrittweise die Seele befreien. Eine Datei, die vollständig analysiert und bearbeitet wurde, braucht einem nicht mehr vorgelegt zu werden. Damit verhält es sich genauso wie bei der Arbeit in der Außenwelt: Um das, was man erledigt hat, braucht man sich nicht mehr zu kümmern. Das Thema ist abgeschlossen und man kann sich der nächsten Angelegenheit zuwenden.

Das Meditieren ist wunderbar. Man wiederholt eine bestimmte Frage eine Weile lang – eine, zwei oder mehrere Minuten –, macht danach eine Pause und beobachtet die Bilder, die in unserem Geist auftauchen. Damit verhält es sich genauso wie mit den Träumen: Indem man vor dem Einschlafen eine klar formulierte Frage stellt, intensiviert man den Bildempfang. Die Bilder tauchen immer leichter und häufiger auf und sind zunehmend klarer und deutlicher. Anschließend bearbeitet man die durch sie erhaltenen Informationen. Müssen wir eine Entscheidung treffen, so können wir eine diesbezügliche Frage stellen: *Was soll ich in dieser Situation tun?* Ein Bild taucht auf, z.B. ein Vogel mit einem Brief. Die symbolische Analyse dieses Bildes ergibt: Vogel = Welt der Gedanken; Brief = Botschaft, Nachricht. Wir schlussfolgern: *Ich sollte eine Botschaft schicken* und stellen uns die nächste Frage: *Ist es eine gute Idee diese Person in diesem Augenblick anzurufen?* Während wir auf das nächste Antwort-Bild warten, kann es vorkommen, dass die betreffende Person kurz in unserem Geist auftaucht und wir erkennen, dass sie mit etwas beschäftigt ist. Wir wissen dann: Dies ist nicht der richtige Moment für einen Anruf. Andere Male erhalten wir ein symbolisches Bild, das wir erst analysieren müssen. Es gibt unendlich viele Wege, Weisen und Symbole, um Hinweise und Erklärungen zu erhalten, die uns dabei helfen, die Antwort auf eine Frage zu finden.

Es handelt sich um eine regelrechte Sprache, dieselbe Sprache, die auch in den Träumen verwendet wird: die Symbolsprache. Indem wir uns darin schrittweise üben, erlernen und integrieren wir sie und können somit die erhaltenen Botschaften immer schneller lesen und verstehen.

Diese symbolhafte sprachliche Dimension ist jedermann zugänglich. Außerdem lassen sich ihre Entsprechungen in der konkreten Wirklichkeit beobachten. Ein sehr gutes Beispiel dafür sind die Suchmaschinen im Internet: Man gibt ein Schlüsselwort ein oder stellt eine kurze Frage und die damit verbundenen Informationen erscheinen fast augenblicklich am Bildschirm.

Wer in den virtuellen Welten der Videospiele Personen hin- und herbewegt, entdeckt, wo sich Wände oder andere Hindernisse befinden, weil die Figuren gegen diese prallen. Das ist vergleichbar mit den verschiedenen Fragen, die wir zur Lösung eines Problems in unseren Meditationen stellen können; durch die auftauchenden Bilder bekommen wir symbolisch zu erkennen, wohin uns die eine oder andere Entscheidung führen würde.

In manchen Videospielen entdecken die Spieler hinter gewissen virtuellen Gegenständen verborgene Türen, die beim Öffnen in andere Welten führen. Durch solche Spiele entwickelt man ähnliche Fähigkeiten auf der Ebene des Bewusstseins. Warum gibt es heutzutage solche Spiele und warum ziehen sie insbesondere die Kinder so sehr an? Sie nähren und geben die Multidimensionalität unseres Wesens wieder, für das die heutigen Kinder besonders offen sind. Mit anderen Worten: Bei diesen Spielen erhalten sie Zugang zu den metaphysischen Welten, die in ihrem eigenen Innern existieren. Sie verwenden diesen Zugang noch nicht bewusst oder aus eigenem Willen, weil sie nicht wissen, wie sie das tun können, doch das ist nur eine Frage der Zeit. Betrachtet man das Ganze jedoch aus der Perspektive des Bewusstseins, so handelt es sich nicht nur um Spiele, die Empfindungen hervorrufen und das Experimentieren ermöglichen, sondern sie stellen sehr wohl eine Realität dar. Das ist auch der Grund, weshalb man die Kinder nicht wahllos solche Spiele spielen lassen soll. Wir sind manchmal bei spirituellen Menschen eingeladen, die sehr ruhig und gelassen wirken, deren Kinder aber allerlei symbolisch gewalttätige Spielsachen haben.

Aus meiner Sicht der Dinge stellen solche Spielzeuge echte Waffen dar. Vierjährige Kinder, die beim Spielen Gewehre aufeinander und auf ihre Umwelt richten und dabei „Päng! Päng! Du bist tot!"

schreien, üben und integrieren auf der Ebene ihres Bewusstseins die Gewaltanwendung sowie die energetische Überwältigung und Beherrschung anderer Menschen. Will man Wirtschaftler werden, so studiert man Wirtschaftswissenschaften, macht darin seinen Abschluss und sucht sich in diesem Bereich einen Job. Will man ein Kind zur Gewalt erziehen, so lässt man es einige Jahre lang gewalttätige Spiele spielen und wird später feststellen, dass es sich auf dem Gebiet der Gewalttätigkeit vielleicht gar nicht mit einem Realschulabschluss begnügen wird, sondern nach einem Doktortitel strebt. Eines ist gewiss: Es wird einen starken Wettkampfgeist entwickeln und vielleicht sogar gewalttätig werden.

Wir fragen uns oft, wieso die heutigen Jugendlichen so schwierig sind. Nimmt man ihnen die Videospiele weg – natürlich nicht die guten, sinnvollen, sondern die anderen –, wird man sehen, was geschieht. Sie werden aggressiv reagieren, denn wenn man ständig in aggressive Bewusstseinszustände eintaucht, wird man aggressiv. Ebenso wird man ein freundlicher und liebenswürdiger Mensch, wenn man sich ständig darin übt, in freundlicher und liebenswerter Weise zu handeln und zu sprechen. Die Entwicklung eines Kindes ist sehr stark durch sein Umfeld bestimmt: das Beispiel, das ihm seine Eltern geben, die Wahl seiner Freunde, seiner Spielsachen, der Filme und der Musik, die man ihm zugesteht usw. Kinder, die viel zum Monopoly-Spielen ermutigt werden, wollen später Grundstücke und Häuser kaufen und verkaufen. Und Kinder, die in humanistische und altruistische Spiele eingeführt werden, zeigen später ein humanistisches und altruistisches Verhalten. Das kommt daher, dass der Bewusstseinszustand, in den ein Kind beim Spielen eintaucht, auf es abfärbt. Durch die Wiederholung des Spiels integriert es ihn, so dass er allmählich Teil seines Wesens wird und in der einen oder anderen Form zum Ausdruck kommen.

Ich persönlich erlaubte meiner Tochter nicht, jedes beliebige Spiel zu spielen. Ich habe immer aufmerksam überwacht, was sie sich ansah, anhörte und womit sie spielte. Ich hielt die Augen und Ohren offen und beobachtete, was sie in sich aufnahm. Denn ich wusste, dass dies auf mich zurückfallen würde, dass sich das Aufgenommene in ihrem Verhalten materialisieren würde und ich damit würde leben müssen. Es ist sehr wichtig, seinen Kindern eine gute Führung zu bieten. Wenn sie erwachsen sind, steht es ihnen frei, so zu leben, wie sie möchten, doch bis dahin müssen wir sehr wohl überwachen, was sie tun und was aus ihnen wird. Wenn wir sie körperlich richtig ernähren, werden sie gesund sein. Wenn wir sie emotionell richtig ernähren, werden sie ein gutes Herz entwickeln und ihre Mitmenschen wie sich selbst lieben. Das Gleiche gilt für ihren Geist und ihren Verstand: Wenn wir sie diesbezüglich ebenfalls richtig ernähren und stimulieren – durch gute Bücher, inspirierende Filme, angemessene Spiele usw. –, werden sie eine richtige Vision der Welt, eine gesunde Weltanschauung integrieren, die sich in ihrem Verhalten und Betragen widerspiegeln wird.

Warum lehnen immer mehr junge Menschen die Schule ab? Weil die meisten Lehrer keine tiefgründige und multidimensionale Vision haben. Viele Jugendliche finden es viel interessanter, im Internet herumzusuchen als ihren Lehrern zuzuhören.

Nehmen wir einmal das Theaterstück *Romeo und Julia,* das den Jugendlichen als ein wunderbares, hervorragendes Werk vorgestellt wird. Es ist natürlich aus literarischer Sicht ein Meisterwerk. Doch versuchen wir, Romeos und Julias Verhalten in unserem eigenen Leben anzuwenden, so werden wir sehr schnell erkennen, dass es uns in unserer Paarbeziehung nicht das Glück bescheren wird. (*Lachen*) Bücher dieser Art ernähren in den Jugendlichen die emotionale Abhängigkeit, doch weisen die Erwachsenen, die ihnen solche Geschichten vorlegen, sie gewöhnlich nicht darauf hin. Der Lehrer kommt einfach mit dem Stück an und gibt ihnen zu wissen, dass sie es während der nächsten sechs Monate studieren werden. Man stelle sich einmal vor, welche Konzepte der Liebe sie dabei in ihrem Geist entwickeln! Die Jugendlichen tauchen in verzerrte Bewusstseinsfelder ein und niemand erklärt ihnen, dass diese Konzepte falsch sind, dass sie den Werten und Prinzipien, die zu einem wahren, dauerhaften Glück führen, völlig entgegenstehen.

Zudem durchlaufen diese jugendlichen Schüler auf allen Ebenen ihres Wesens eine intensive Entwicklungsphase. Sie beginnen neue Gefühle wahrzunehmen und durch solche Lektüren werden in ihnen Emotionen, Gedanken und Reaktionen folgender Art wachgerufen: „Ich liebe ihn... es bricht mir das Herz... ich werde sterben, wenn man uns nicht zusammensein lässt... ich werde heimlich mit ihm davonlaufen..." Natürlich meinen sie, das sei die Liebe und setzen diese Rollen in die Tat um: „Ich liebe ihn.

Soll ich ihm schreiben oder nicht? Ich werde seinen Balkon hinaufklettern. Ich werde aus dem Fenster steigen, damit mich mein Vater nicht sieht..." Und dann fragen wir uns, wieso die Jugendlichen von zu Hause weglaufen! Die Antwort ist einfach: Sie haben es von *Romeo und Julia* gelernt. (*Lachen*)

Ein solches Buch nährt und ermutigt leidenschaftliche, schmachtende Sehnsüchte, Bedürfnisse und sonstige Verhaltensweisen dieser Art, weshalb es das letzte Buch ist, das wir unseren Kindern zu lesen geben sollten, es sei denn, man hilft ihnen dabei, es als eine Einweihungslektüre zu verstehen. Das tun wir mit unserer Tochter Kasara. Jedes Mal, wenn sie für die Schule ein Buch lesen muss, das falsche Konzepte vermittelt, sprechen wir mit ihr darüber. Im Falle von *Romeo und Julia* haben wir ihr erklärt, dass Romeo emotional abhängig und Julia depressiv war. Man kann die Erklärungen auch weiterführen und die Gesetze der Resonanz und der Reinkarnation miteinbeziehen, denen zufolge Romeo und Julia in einem früheren Leben als Eltern sicherlich genauso gehandelt hatten wie ihre gegenwärtigen Eltern – d.h. dass sie ihren Sohn oder ihre Tochter daran gehindert hatten, den geliebten Menschen zu sehen – und sie folglich das Gleiche erfahren mussten, um ihren Fehler wiedergutzumachen.

Kinder und Jugendliche finden solche Analysen und Deutungen sehr interessant, weil sie ihnen beim Verständnis der verschiedenen Phänomene, die sie in der Welt um sich herum beobachten können, behilflich sind. Sie werden dadurch auch aufhören, die leidenschaftliche Liebe als ein erstrebenswertes Ideal zu betrachten. Natürlich können ältere und reifere Studenten beim Lesen von Shakespeares Tragödien zum Studium der menschlichen Fehler, Schwächen und Verzerrungen angeregt werden. Deren Analyse kann sie zu tiefgründigen Überlegungen bezüglich der Verwüstungen veranlassen, die verzerrte Verhaltensweisen wie die Eifersucht, ein maßloser Ehrgeiz usw. anrichten können.

Das bedeutet nicht, dass man puritanisch sein soll und seinen Kindern grundsätzlich alle Filme, Bücher und Spiele verbieten muss. Keineswegs. Es geht prinzipiell darum, bewusst zu verfolgen, was unsere Kinder in sich aufnehmen, und ihnen auf allen Ebenen eine gesunde, förderliche Nahrung anzubieten. Das heißt auch, dass man sie lehrt, ein auf der wahren Kenntnis beruhendes Urteilsvermögen zu entwickeln und es anzuwenden, sobald sie mit verzerrten Werken konfrontiert sind. Dadurch lernen sie, die in einem Werk auftauchenden Qualitäten und Verzerrungen zu erkennen und von sich aus zu beurteilen, welchem Bewusstseinsniveau es zuzuordnen ist. Kinder und Jugendliche finden es sehr interessant, die Dinge aus der metaphysischen Perspektive lesen zu lernen. Und wer weiß, vielleicht wird der eine oder andere später sogar eine metaphysische Doktorarbeit über *Romeo und Julia* schreiben wollen! (*Lachen*)

Wir sind mit Kasara von klein auf so vorgegangen. Wenn sie sich einen Film ansah, in dem es aggressive Szenen gab, erklärte ich sie ihr: „Siehst du, der brüllende Löwe zeigt, wie sich der kleine Junge verhält und innerlich fühlt. Der Löwe stellt einen Teil von ihm dar, genauso wie in einem Traum." Heute ist sie es gewohnt, alles, was sie sich ansieht, aus dieser Perspektive zu betrachten.

Ich erinnere mich noch sehr genau an ein Erlebnis aus der Zeit, als Kasara fünf Jahre alt war. Sie schaute eines Morgens fern, während wir noch im Bett lagen, und ich konnte hören, dass sie sich etwas sehr Gewöhnliches ansah. Als ich sie fragte, was es sei, antwortete sie mir: „Ich studiere das Böse, Papa." (*Lachen*) Stellen Sie sich das vor! Sie war fünf Jahre alt! Ich sagte zu ihr: „Das ist gut. Du kannst mir nachher sagen, was du daraus gelernt hast, sobald deine Sendung zu Ende ist." Und natürlich vergaß ich nicht, sie später zu fragen, was sie gesehen und verstanden hatte, denn es war wichtig für sie. Beim Frühstück teilte sie mir in ihren eigenen Worten ihre Analyse mit und erklärte mir auf ihre Weise die symbolische Bedeutung der Geschichte. Ich hörte ihr sehr aufmerksam zu, denn es war sowohl für sie wie für mich bedeutungsvoll. Hätte ich mich mit einem oberflächlichen Austausch begnügt, ohne ihr wirklich Beachtung zu schenken und dem, was sie sagte, tiefgründig zuzuhören, so hätte sie mein mangelndes Interesse gespürt, selbst das Interesse verloren und von etwas anderem zu sprechen angefangen.

Wir müssen wissen, dass die Motivation der Kinder durch die Liebe ihrer Eltern erzeugt wird bzw. jenen Menschen, die den Platz der Eltern einnehmen. Kasara analysiert heute die Dinge und Geschehnisse immer mit der Symbolsprache und es ist wunderbar, ihre Fortschritte zu beobachten. Sie kann sich in jeder beliebigen Sprache ein Lied anhören und den Seelenzustand des Sängers oder der Sängerin beschreiben. Singt ein Sänger „*Mi Amor!*", so ist sie in der Lage, am Tonfall seiner Stimme den Grad seiner emotionalen

Abhängigkeit zu erkennen: „Das klingt doch wie eine Schlange! Dieser Mensch würde alles tun, um geliebt zu werden..." (*Lachen*)

Als sie das erste Mal einen solchen Kommentar von sich gab, war sie sieben Jahre alt. Im Radio spielte das Lied *Ne me quitte pas* (Verlass mich nicht) von Jacques Brel, ein sehr populäres, melodramatisches französisches Liebeslied, das ein Klassiker geworden ist und in dem der Sänger seine Geliebte anfleht, ihn nicht zu verlassen. Als Kasara ihn singen hörte, *Je serai l'ombre de ton chien* (Ich werde der Schatten deines Hundes sein), begann sie lauthals zu lachen und sagte: „Das ergibt doch keinen Sinn!" Als das Lied zu Ende war, wandte sie sich an mich mit den Worten: „Papa, dieser Mann fühlt sich gar nicht wohl! Er ist krank und sein Lied ist gefährlich. Es kann andere Menschen auch krank machen, nicht wahr?" Ich gestand ihr zu, dass sie Recht hatte.

Würde man den Einfluss dieses Liedes auf die Selbstmordtendenzen sowie die kriminellen, aus Leidenschaft durchgeführten Taten untersuchen, wäre man erstaunt über die Auswirkungen, die es auf die Menschen hat. Anhand solcher Beispiele habe ich meine Tochter gelehrt, ihre Urteilskraft zu entwickeln, und dabei darauf bestanden, dass sie sie immer mit Liebe und Mitgefühl anwendet sowie mit dem Verständnis, dass im Rahmen unseres Experimentierens auch die negativen Dinge einen Zweck erfüllen.

Es ist wesentlich dafür zu sorgen, dass unsere Kinder auf allen Ebenen eine qualitativ gute Nahrung erhalten. Wenn Sie aufpassen, was Ihre Kinder essen, sind Sie schon weiter als so manche Eltern, die den Körper ihrer Kinder mit wahrhaftig schlechten Lebensmitteln ernähren. Doch das ist noch nicht alles. Auf der emotionalen Ebene sieht es oft noch schlechter aus und auf der intellektuellen Ebene ist die Nahrung auch nicht besser, sondern noch einmal schlimmer. Ja, und was die spirituelle Ebene betrifft, so ist sie – falls überhaupt vorhanden – in der Regel katastrophal. Viele Eltern führen ihr Leben vollkommen instinktgesteuert, und geben diese Lebensweise an ihre Kinder weiter. Sie arbeiten nur, um Geld fürs Essen zu haben, und ihr geringes Bewusstsein ist hauptsächlich auf das physische Überleben sowie die Befriedigung ihrer instinktiven Gelüste und Grundbedürfnisse ausgerichtet.

Sieht man sich Filme wie *Kundun* an, der die Kindheit des Dalai Lama schildert, kann man sich das tiefgründige Verständnis vorstellen, mit dem die Kinder in der Zukunft funktionieren werden. Zu Beginn des Films sieht man die Lamas, die Kundun einen Besuch abstatten, um festzustellen, ob er tatsächlich die richtige Person für die Nachfolge des vorherigen Dalai Lama ist, und dabei wenden sie sich an Kunduns Seele. Sie zeigen ihm verschiedene Gegenstände, von denen einige auch dem spirituellen Oberhaupt des Tibet gehörten, und beobachten die Reaktion des Kindes: welche Gegenstände es in die Hand nimmt, wie es sie betrachtet usw. Und tatsächlich, Kundun wählt jene Gegenstände aus, die dem früheren Dalai Lama gehörten. Die Art und Weise, wie sie zu dem Kind sprechen, bewegte mich sehr – diese Szenen stellen wirklich zaubervolle Augenblicke im Film dar. Ich hatte beim Zusehen das Gefühl, als würden dadurch bestimmte Erinnerungen in meinem Innern wachgerufen.

Ich habe gelernt, mich mit meiner Tochter auf dieselbe Art zu verhalten, d.h. mit ihrer Seele zu sprechen. Und später begann ich auf diese Weise mit allen Kindern auszutauschen. Wenn ich ein Kind ansehe, spreche ich mit ihm in Gedanken und sie antworten mir durch Äußerungen, die oftmals absolut nichts mit dem konkreten Kontext zu tun haben, in der Symbolsprache aber sehr wohl etwas bedeuten und mir etwas zu verstehen geben. Das Kind kommuniziert mit mir in wunderbarer Weise durch Symbole und ich erfahre dadurch eine Menge.

Wenn ich in einem Haus ankomme, wo ein spirituell weit entwickeltes Kind lebt, kann ich das sofort am Licht in seinen Augen erkennen. Und wenn ich es in Gedanken frage: „Ist die Spiritualität für dich wichtig?", geht es etwas holen und bringt es mir, z.B. einen weißen Bauklotz, selbst wenn es noch ganz klein, manchmal noch nicht einmal zwei Jahre alt ist. Ich sage zu ihm: „Gut! Das ist sehr gut!" und weiß, dass es sich um eine entwickelte Seele handelt, weil es mir auf meine Frage mit einem spirituellen Symbol geantwortet hat: Die Farbe Weiß versinnbildlicht die Spiritualität und durch den Bauklotz, gibt es mir zu verstehen, dass es sich auf spirituelle Weise aufbauen will. Ich gehe so auch mit Kleinkindern vor und manche von ihnen suchen mich sogar in meinen Träumen auf, wie mein Neffe Gabriel. Er ist wirklich ein erstaunliches Kind, was man sofort an seinem sehr intensiven Blick erkennt und an der Art und Weise, wie er alles und jeden betrachtet.

Neulich begegnete ich ihm in einem Traum. *Er lächelte über das ganze Gesicht und seine Augen strahlten fröhlich und glücklich. Ich hatte weiße Mandeln in der Hand und wusste, dass sie Nahrung für den Geist darstellten, eine Art konzentrierte Form von Vitaminen. Ich fragte mich, ob Gabriel wohl welche essen durfte, denn in meinem Traum war es, als ob er meine Mandeln äße. Er aß und aß und war glücklich dabei. Ich sagte zu mir: „Er weiß bereits, was er braucht. Er wird in seinem Leben genau wissen, was für ihn gut und wichtig ist." Es war ein sehr machtvoller Traum!*

Ich sah Gabriel am darauf folgenden Tag und sagte in Gedanken zu ihm: „Wir begegneten uns letzte Nacht in meinem Traum. Es war ein schöner Besuch. Ich weiß, wer du bist." Er lächelte mich an, wie er es oft tut, wenn ich das zu ihm sage. Er ist so glücklich, wenn ich seine Seele anerkenne. Manchmal nehme ich ihn in meine Arme, sehe tief in seine Augen und erzähle ihm eine Geschichte. *Joseph, der König der Träume* ist ein Film, dessen Geschichte ich sehr liebe und die ich ihm häufig erzählte. Er schildert die Geschichte eines Jungen, der versucht, die Träume zu verstehen. Eigentlich ist es die biblische Geschichte Josephs, der die Träume des Pharaos deutet.

Der junge Joseph muss verschiedene Prüfungen bestehen, die in symbolhafter Weise sehr zutreffend die verschiedenen Stufen der Einweihung darstellen. Falls Sie sich diesen Film ausleihen wollen, finden Sie ihn unter den Kinderfilmen, wie auch *Der Prinz von Ägypten*. Diese beiden von *DreamWorks* produzierten Zeichentrickfilme sind eigentlich richtige Einweihungsfilme. Im *Prinz von Ägypten* träumt Moses, der glaubt, Ägypter zu sein, dass er eigentlich Jude ist. Dieser Traum zerrüttet sein Bewusstsein so sehr, dass er seinen Vater, den Pharaonen, aufsucht und ihn fragt: „Vater, bin ich wirklich ein Jude?" Diese Filme sind wirklich hervorragend gemacht.

Als Gabriel noch sehr klein war, erzählte ich ihm oft Geschichten dieser Art. Ich erfand auch welche und beschrieb sie ihm in Bildern. Ich sagte beispielsweise in Gedanken zu ihm: „Sieh mal, wie schön der Drachenflieger ist." Dabei stellte ich mir in meinem Kopf einen schönen Drachenflieger vor. Dann erzeugte ich gedanklich das Bild eines kleinen Jungen, der rannte, einen Berg höchstieg und oben angekommen einen Adler sah. Gabriel folgte der Geschichte so, als würde er alles ganz genau sehen – er konnte meine Gedanken lesen. Manchmal, wenn ich ein Baby vor mir habe, sehe ich es ganz ruhig an, visualisiere ein blaues Licht um mich herum und sage: „Blau." Und es reagiert darauf mit einem intensiven Blick. Andere Male brauche ich gar nicht das Wort auszusprechen, weil ich an seinem Blick sehr wohl erkenne, dass es die Farbe wahrnimmt.

Wenn wir in unserem Geist Bilder erzeugen, kann ein anderer Mensch diese wahrnehmen. Die Neuen Kinder haben diese Fähigkeit des Hellsehens, die in ihnen viel stärker entwickelt ist als in früheren Generationen.

Hat sonst noch jemand eine Frage oder möchte jemand einen Traum zur Deutung vorbringen?

(T: Das scheint so leicht zu sein, wenn Sie Träume deuten! Ich versuche nun schon seit eineinhalb Jahren meine Träume zu verstehen und manchmal bin ich es müde, all diese Symbole zu analysieren.)

Das kann ich verstehen, doch mit der Zeit wird es Ihnen immer natürlicher und selbstverständlicher vorkommen. Das Erlernen der Traumdeutung ist wie das Erlernen einer Fremdsprache. Welche Sprache man auch studieren mag – Englisch, Deutsch Französisch, Spanisch, Chinesisch usw. –, es erfordert mehrere Jahre der Arbeit sowie regelmäßige Auffrischungskurse, um sie zu vervollkommnen. Man lernt eine Sprache nicht über Nacht fließend sprechen. Das Gleiche gilt für andere Fähigkeiten und Bereiche: Mathematik, Informatik, Autofahren usw. Um die Sprache der Träume – die Symbolsprache – zu erlernen und die in ihr verfassten Botschaften zu verstehen, muss man sich kontinuierlich darin üben, die enthaltenen Traumelemente zu *übersetzen* und die Traumgleichungen zu *lösen*. Irgendwann stellt sich unweigerlich das Verständnis ein, weil man den Zugang zu ihrem tiefgründigen Sinn gefunden hat und nunmehr den Kode hinter den Bildern erfasst. Man kann das mit der Arbeit an einem Computer vergleichen: Ein Klick auf ein Ikon eröffnet uns mehrere Dimensionen. In gleicher Weise lässt uns ein Gegenstand, den wir in der konkreten Realität sehen oder verwenden, gleichzeitig auch Dinge auf der metaphysischen Ebene wahrnehmen, welche uns seine symbolische Bedeutung erkennen lassen. Wir tragen alle diese multidimensionalen, lebensvermittelnden Aspekte in uns. Auch die Dichter verwenden die Symbolsprache, um den Seelen- und Bewusstseinszuständen Ausdruck zu geben.

(T: Was kann man tun, wenn man nicht träumt?)

Man muss zunächst einmal Folgendes wissen: Wenn man meditiert, betet und nach dem wahren Sinn des Lebens sucht, erfährt man unweigerlich eine Öffnung für die Symbolsprache, die symbolhafte Bedeutung der Dinge und allen Seins. Insofern stellt der Wunsch, die Deutung der Träume zu erlernen, einen ersten Schritt dar, durch den man gewissermaßen beginnt, das Terrain vorzubereiten. Anschließend müssen wir lernen, dem Leben und unseren Mitmenschen mit einer größeren Rezeptivität zu begegnen, also weniger emissiv zu sein. Denn es ist in der Tat eine mangelnde Rezeptivität, die uns am Träumen hindert. Aus diesem Grund ist das Meditieren so wichtig. Und es ist keineswegs schwer, man muss nur die Augen schließen, tief ein- und ausatmen, sich in Gedanken sorgenfrei auf ein bestimmtes Thema oder eine Situation, die man lösen möchte, konzentrieren und Gott bitten, einem beim Verständnis des Lebens zu helfen. Das bezeichne ich als Meditation. Jeder kann das und man tut es oft sogar, ohne sich dessen bewusst zu sein.

Besonders wenn man in seinem Leben mit einem Problem konfrontiert ist und anfängt, darüber tiefgründiger nachzudenken, tritt man ganz selbstverständlich in die Erinnerungsspeicher ein, in denen die Wurzel des Problems zu finden ist. Diese Vorgehensweise hilft, das Träumen in die Wege zu leiten. Wichtig ist dabei auch, jede Nacht Papier und Bleistift bereitzulegen, um die Träume zu notieren, und natürlich ebenfalls, von ganzem Herzen zu beten und darum zu bitten, Träume zu erhalten. Wenn man intensiv und ehrlich betet und bittet, wird der Himmel unser Unbewusstsein öffnen und uns stückweise dessen Inhalt offenbaren.

Eine weitere Empfehlung ist, gut und genügend zu schlafen, weil ein erschöpfter, unausgeruhter Körper keine Träume empfangen kann. Mit nur drei oder vier Stunden Schlaf pro Nacht kann man sich nicht ausreichend regenerieren und in diesem Zustand fällt es einem schwer, sich an seine Träume zu erinnern. Will man träumen, braucht man acht bis zehn Stunden Schlaf. Ferner sollte man sich beim Aufwachen etwas Zeit nehmen, noch eine Weile im Bett liegen bleiben, mit geschlossenen Augen einige Atemübungen machen und ein paar Minuten meditieren, anstatt zu schnell und übergangslos vom Schlaf- in den Wachzustand überzuwechseln. Das lässt sich gut durchführen, wenn man den Wecker 10 bis 15

Minuten früher stellt, bevor man die Kinder wecken muss und mit seiner täglichen Routine beginnt.

Dieser besondere Moment ist für den Träumer sehr wichtig, weil man sich am Morgen beim Aufwachen meistens am leichtesten an seine Träume erinnert. Doch mit der Zeit und Übung gelingt es einem, sich jederzeit daran zu erinnern. Am Anfang jedoch funktioniert das Erinnerungsvermögen hinsichtlich der Träume in der Frühe am besten. Es ist auch eine Frage der Willenskraft. Wenn man wirklich träumen will und darum bittet, wird man auch träumen, das kann ich Ihnen versichern. Die Absicht ist dabei ein Schlüsselelement und sie muss von ganzem Herzen kommen und ein wahrer Wunsch der Seele sein. Dann öffnet sich die Tür. Man muss dafür aber auch bereit sein, denn das Träumen ist keine leichte Sache. Gewiss, unser Unbewusstsein enthält eine Menge Schätze, doch es birgt auch viel Schmutz, Staub und unzählige verzerrte Erinnerungen, die den Stempel des Mangels, des Schmerzes, der Not, des Leids usw. tragen. Es erfordert Mut, in unser eigenes Universum einzutreten und unsere Absicht muss dabei rein und gerecht sein.

Strebt man nach der Macht der Träume nur, um im Lotto zu gewinnen, kann sich die Tür ebenfalls öffnen. Man wird dann aber die Folgen seines Begehrens und seiner Verzerrungen in Kauf nehmen müssen, denn die Welt der Träume ist kein Spiel. In den psychiatrischen Anstalten befinden sich eine Menge Menschen, die diese Tür zu früh geöffnet haben. Sie waren nicht vorbereitet und verfügten nicht über die Kenntnis und das Verständnis, die notwendig sind, um dem Inhalt des Unbewusstseins schadlos entgegenzutreten, es verkraften und verwandeln zu können. Es ist viel sicherer, durch seine Gebete um die Göttliche Führung und Unterstützung für diese Arbeit zu bitten. Unsere Absicht sollte dabei in erster Linie darin bestehen, die Qualitäten und Tugenden zu entwickeln und ein besserer Mensch zu werden. Nach und nach kann man die Träume dann auch verwenden, um zu lernen, wie man sich richtig manifestiert, und um bei seinen Materialisierungen die richtigen Entscheidungen zu treffen. An erster Stelle sollte aber unbedingt das Bestreben stehen, ein besserer Mensch zu werden. Diese Vorgehensweise gewährleistet eine schöne und sichere Reise.

Das Wunderbare an der Arbeit mit der Symbolsprache ist, dass man, falls man nicht oder nur wenig träumt, immer noch die Zeichen verwenden kann, die man im Alltagsverlauf unaufhörlich erhält. Dafür braucht man nur die zahlreichen kleinen bis großen Geschehnisse des konkreten Alltagslebens wie Teile eines Traums zu betrachten und sie aus metaphysischer und symbolischer Sicht zu analysieren. Man stellt fest: „Also gut. Dies und jenes hat sich ereignet. Was gibt mir das zu verstehen?"

Ich will dazu ein Beispiel geben, das sich in der vergangenen Woche ereignet hat. Wir waren dabei, die Veranstaltungstermine für die nächste Herbsttournee in Europa zu planen. Sobald ein Termin festgelegt ist, notiere ich ihn in einem Terminplaner, den ich in einer bestimmten Reisetasche aufbewahre. In der besagten Woche ging mir, während ich die Unterlagen in der Tasche verstaute, mehrmals folgender Gedanke durch den Kopf: „Eine Menge Personen haben Zugang zu dieser Tasche und meine Notizen enthalten sehr viele Informationen! Ich sollte sie besser in eine andere Tasche umräumen." Ich hatte das Gefühl, dass etwas passieren würde. Doch ich verstaute sie weiterhin in derselben Tasche.

Gewöhnlich höre ich auf mein Gefühl und meine innere Stimme, dieses Mal aber hatte der Himmel eine Blockierung orchestriert. Als wir uns eines Abends im Haus eines freiwilligen Helfers befanden, bot uns dieser an, in seiner Stadt einen zweitägigen Workshop zu organisieren, und wir mussten ein Datum finden, das allen passte. Ich ging die Reisetasche holen, in der sich der Terminkalender mit den Notizen des Tourneeprogramms befand, konnte sie aber nicht finden. Ich fragte mich: „Wieso kann ich die Tasche gerade jetzt nicht finden? Das muss einen Grund haben." Wir führten das Planungsgespräch mit dem freiwilligen Helfer fort, hatten aber Schwierigkeiten, uns auf ein Datum zu einigen. Ich meditierte innerlich und hörte nach einer Weile meine innere Stimme sagen: „Kein 2-Tage-Workshop." Ich hatte meine Antwort und musste also dem freiwilligen Helfer erklären, dass es keinen 2-tägigen Workshop geben konnte, obwohl ich ihm einige Zeit davor diesen zugesagt hatte und auch schon einige Personen in diesem Sinne informiert waren. Ich musste seine diesbezügliche Hoffnung enttäuschen und seine Idee ablehnen, weil der Himmel es so entschieden hatte. Was die Tasche betraf, so stellte ich später fest, dass ich sie in der Wohnung von Christianes Sohn gelassen hatte.

Die Informationen aus den metaphysischen Welten erreichen uns nicht nur über die Träume. In der physischen Realität, die gleichfalls wie ein Traum ist, erhalten wir ebenfalls unentwegt Informationen. Wenn wir nicht träumen oder uns nicht an unsere Träume erinnern, können wir wie gesagt unsere Arbeit auf das tägliche Lesen der Zeichen basieren.

Außerdem haben wir die Möglichkeit, unsere Gefühle und Empfindungen zu lesen. Wir begegnen im Laufe eines Tages in allerlei Situationen – in unserer Familie, bei der Arbeit, im Freundeskreis, bei diversen Aktivitäten usw. – verschiedenen Menschen, deren Gegenwart in uns die unterschiedlichsten Emotionen auslöst. Wir können es uns zur Gewohnheit machen, immer das Gesetz der Resonanz anzuwenden und uns jedes Mal, wenn uns etwas in positiver oder negativer Weise berührt, zu sagen: „Ich empfinde so, weil ein Teil von mir damit im Einklang schwingt." Es ist wunderbar, so vorzugehen, weil man dadurch erkennt, dass die konkrete Wirklichkeit uns, genauso wie die Träume, Teile unseres eigenen Wesens enthüllt. Das führt uns auch zum Verständnis, dass das, was wir bei den anderen wahrnehmen, uns dabei helfen kann, für unser eigenes Leben die richtigen Entscheidungen zu treffen. Dies gilt besonders, wenn wir den Punkt erreicht haben, wo uns die Resonanzen, die wir wahrnehmen, nicht mehr stören.

(T: Hat es etwas Besonderes zu bedeuten, wenn man sich nicht an seine Träume erinnert? Ich weiß manchmal, dass ich etwas geträumt habe, kann mich aber an nichts erinnern. Es ist so, als ob sich beim Aufwachen ein Vorhang senken würde.) Ja, diesen Fall gibt es durchaus. Das ist, wie schon erwähnt, durch eine übermäßige Emissivität bedingt: wenn unser Geist von den materiellen Aspekten des Lebens zu stark in Anspruch genommen wird, wir uns eine Menge Verantwortung aufladen, Gefühle der Unsicherheit finanzieller oder sonstiger Art empfinden usw. Die Tendenz, zu viel Verantwortung zu übernehmen, stimuliert unsere Willenskraft, was bedeutet, dass wir beim Aufwachen sofort an all die zu erledigenden Dinge denken und dadurch unsere Träume wie Federn im Wind davonschweben lassen.

In solchen Fällen sind die ersten Energiezentren sehr aktiv und die damit verbundenen Bedürfnisse ziehen den Geist und das Bewusstsein sozusagen in die unteren Regionen hinab. Im Grunde genommen gehen die beiden Fragen: „Was kann man tun, um zu träumen? Und was kann man tun, um sich an seine Träume zu erinnern?" Hand in Hand. In beiden Fällen besteht die Antwort darin, so gut wie möglich den Kontakt mit den metaphysischen Welten aufrechtzuerhalten. Wenn uns von morgens bis abends nur die materielle Dimension beschäftigt, ist es ganz logisch, dass unser Geist auch während der Nacht auf dieser Ebene verweilt. Wenn wir aber tagsüber meditieren, die Zeichen lesen und an unseren Resonanzen arbeiten, bewahren wir ein Bewusstseinsniveau, welches das Träumen und das Erlernen der Symbolsprache fördert.

(T: Wollen Sie damit sagen, dass wir mehr meditieren sollten, weil unser Intellekt zu aktiv ist?) Ja, genau. Denn der Intellekt versucht die Kontrolle zu wahren, weil er den anderen Dimensionen gegenüber verschlossen ist. Wir sind Menschen begegnet, die seit 20 Jahren Tai Chi oder Qi Gong praktizieren und nicht träumen. Das kommt daher, dass sie eine große Willenskraft entwickelt haben und die Funktionsweise ihres Verstandes die Öffnung ihres Geistes und ihres Bewusstseins verhindert.

Stellen Sie sich einen sehr konzentrierten Energieball in Ihrem Innern vor. Um zu träumen, muss diese Energie in die höheren Bewusstseinsebenen aufsteigen – insbesondere auf die Höhe des sechsten Chakras (das sich zwischen den Augenbrauen und einen Fingerbreit darüber in der Mitte der Stirn befindet) und des siebten (mit Sitz auf dem Scheitelpunkt des Kopfes). Diese beiden Energiezentren sind direkt mit dem Phänomen des Träumens verbunden. Wenn unser Geist ununterbrochen aktiv ist und wir uns nie richtig entspannen oder es uns an Vertrauen mangelt, kann die Energie nicht in die höheren Zentren aufsteigen, weil sie ständig in das Handeln und die Befriedigung der Grundbedürfnisse investiert wird.

Das Meditieren hingegen fördert und erleichtert den Aufstieg der Energie und aktiviert das Potenzial der *Medulla oblongata*, eine für die Entwicklung des spirituellen Bewusstseins wesentliche Gehirnregion an der Schädelbasis im Nacken. Wenn es einem schwerfällt, beim Meditieren still zu sitzen oder wenn man sich nicht täglich eine halbe Stunde freimachen kann, um sich zum Meditieren zurückzuziehen – z.B. wenn man Kinder hat –, kann man die aktive Meditation praktizieren: beim Spazierengehen, Autofahren, Abwaschen, Sporttreiben usw. Das ist eine sehr machtvolle Form der Meditation, bei der man eine große Intensität entwickeln kann gleich jener, die Kinder bei ihrem Tun erkennen lassen. Beobachtet man ein kleines Kind beim Wassertrinken, stellt man fest, dass es in seinem Tun vollkommen aufgeht. Das Gleiche gilt für ein Kind, das zeichnet oder malt: Es ist ganz und gar in sein Tun versunken und denkt dabei an nichts anderes. Die Erwachsenen dagegen sind gewöhnlich zerstreut, weil sie die Fähigkeit verloren haben, ihre Energie und Aufmerksamkeit vollständig auf eine einzige Sache zu konzentrieren. Die Meditation hilft uns, diese Intensität und Geistesgegenwart wiederzufinden.

Wichtig ist ferner eine gesunde Lebensführung, einschließlich einer gesunden Nahrung. Vegetarische Nahrungsmittel sind für eine körperliche Ausgeglichenheit, welche das Träumen, Meditieren sowie die spirituelle Öffnung im Allgemeinen fördert, ebenfalls wesentlich. Das kann man leicht verstehen, wenn man bedenkt, dass Gemüse schneller verdaut wird als Fleisch. Regelmäßige Fleischgerichte bewirken, dass man ständig am Verdauen ist und die dafür benötigte Energie nicht anderwärtig verwendet werden kann. Außerdem weiß jeder, dass man sich nach einem üppigen Gericht schwer und träge fühlt, weil all unsere Energie von den Verdauungsprozessen absorbiert wird, weshalb man auch kaum Lust hat, z.B. einen Spaziergang zu machen. Dagegen ist nach einer vegetarischen Mahlzeit der Verdauungszyklus gewöhnlich nach wenigen Stunden abgeschlossen und man fühlt sich sogar gleich nach dem Essen leicht und unternehmungslustig. Wenn man tierische Nahrung zu sich nimmt, isst man außerdem nicht nur das Fleisch, sondern assimiliert auch den Charakter und die Energie des Tieres. Sich dessen bewusst zu sein ist in unserer Gesellschaft, wo das massenhafte Tierzüchten und Tierschlachten gewöhnlich mit Misshandlung, Grausamkeit und Todespanik einhergeht, ein wichtiger Faktor.

Gleichzeitig darf man das Fleischessen an sich nicht dramatisieren. Ich selbst aß in der Vergangenheit auch Fleisch und wurde erst Vegetarier, als ich innerlich spürte, dass ich dafür bereit war. Als meine Tochter Kasara noch sehr klein war und bei ihrer Mutter – meiner ersten Frau – war, aß sie ebenfalls Fleisch. Ich sagte diesbezüglich nie: „Oh! Wie schrecklich!" Nein, ich habe immer die Lebensweise ihrer Mutter respektiert und mir gesagt, Kasara werde über diesen Punkt später, wenn sie dafür alt genug sein würde, selber entscheiden. Ich hatte keine fanatische Haltung und als sie 13 Jahre alt war, beschloss sie von sich aus, Vegetarierin zu sein. Heute ist sie 19 und immer noch Vegetarierin.

Alles verlief sehr einfach, weil ich ihr und ihrer Mutter meinen Lebensstil nicht aufdrängte. Mit der Zeit erkannte ihre Mutter, dass es Kasaras eigene Entscheidung war, und sie respektierte sie. Ich denke, durch die Absicht, die ich all diese Jahre in meinem Geist aufrechterhielt, konnte zwischen ihrer Mutter und mir ein für Kasaras Entwicklung gesundes Milieu entstehen. Als getrennt lebender Elternteil sagte ich mir immer: „Ich bin für Kasara verantwortlich, wenn sie bei mir ist. Wenn sie bei ihrer Mutter ist, ist es nicht meine Verantwortung, sondern ihre." Und ich wusste, dass Kasara aus guten Gründen uns beide als Eltern erhalten hatte. Sie musste sowohl die Qualitäten ihrer Mutter als auch die ihres Vaters erkennen lernen.

Je mehr wir uns spirituell entwickeln, umso stärker werden wir uns der Macht unseres Geistes und unserer wahren Absichten bewusst und stellen fest, dass unsere Fähigkeit, uns zu erheben, zunimmt, wenn wir die Wahl und Entscheidungen der anderen respektieren.

Kommen wir zum angesprochenen Thema zurück. Eine gesunde Lebensführung ist ein Schlüsselelement, um die bestmöglichen Bedingungen für unsere spirituelle Entwicklung, das Träumen und die Erinnerung an unsere Träume zu schaffen. Das ist so, als würde man sich auf eine Reise vorbereiten. Abends vor dem Zubettgehen stellt man ein Glas Wasser auf den Nachttisch und legt sich Papier und Schreibzeug bereit. Vor dem Einschlafen meditiert man und bittet um einen Traum in dem Bewusstsein, dass durch die Träume der Schöpfer zu uns spricht, weshalb es wichtig ist, ihnen Beachtung zu schenken. So einfach ist das.

Die zugrundeliegende Idee ist, in unserem Leben zwischen der Energie, die wir in die Materie investieren, und jener, die wir unserem Geist widmen, für einen Ausgleich zu sorgen. Dabei müssen wir uns der wahren Rolle der Materie in unserer Entwicklung bewusst sein: Wir müssen uns daran erinnern, dass sie lediglich ein Experimentierfeld darstellt und ihre Rolle ausschließlich eine erzieherische ist. Die Situationen, die wir im Alltagsverlauf erfahren, dienen unserer geistigen Weiterentwicklung, die auch das Ziel unserer Meditation sein sollte: Geist und Materie zu vereinen.

Will sonst noch jemand eine Frage stellen oder einen Traum vortragen?

(T: Manche Menschen sprechen von Wachträumen. Existieren diese tatsächlich?) Ja. Das Beispiel, das ich vorhin angab, wo ich in meinem Innern eine Stimme sagen hörte „Kein 2-Tage-Workshop", war ein Wachtraum. Jedes Mal, wenn wir beim Meditieren Bilder sehen oder Stimmen hören, die aus unserem Innern kommen, handelt es sich um Wachträume.

(T: Das erlebte ich vor einigen Jahren einmal. Es geschah am Morgen, als ich mich noch zwischen zwei Zonen befand – ich schlief nicht mehr ganz, war aber auch noch nicht richtig wach. Ich hörte eine Stimme sagen: *Es wird immer ein Boot für dich da sein.* Am Vorabend hatte ich für jemanden ein starkes Mitgefühl empfunden. Diese Erfahrung ließ mich eigentlich erst richtig erkennen, was das wahre Mitgefühl ist.) Ich verstehe. Die Stimme, die Sie hörten, war in der Tat ein Wachtraumerlebnis. Man kann das mit dem vergleichen, was man erlebt, wenn man regelmäßig und intensiv meditiert. Scheinbar zusammenhanglose Wahrnehmungen stellen sich manchmal in Form von Bildern, Tönen, Visionen oder Gerüchen ein.

Gestern Abend zum Beispiel, als wir vor dem Haus unserer Gastgeber ankamen, hörte ich in meinem Kopf einige Zeilen eines französischen Liedes der 70er Jahre, die sagten: *Wir könnten die Kinder zuerst bei deinen Eltern lassen, bis wir getan haben, was wir tun müssen. Natürlich war ich eifersüchtig, es hatte meinem Stolz einen Schlag versetzt...* Ohne es zu merken, hatte ich angefangen, dieses Lied zu singen. Als es mir bewusst wurde, sagte ich zu mir: „Dieses Paar ist dabei, sich zu trennen, oder es ist bereits getrennt." Das war für mich eindeutig klar. Ich erhielt diese Information, obwohl ich keine diesbezügliche Frage gestellt hatte, und ich bekam im Nachhinein die Bestätigung dafür. Sobald wir unser Bewusstsein stabilisiert haben, erhalten wir auf diese Weise Informationen. Wie die Kinder können wir dann manchmal auch Dinge sagen, die mit einer Situation nichts zu tun zu haben scheinen. Eines Tages werden wir verstehen, dass dem Leben eine sehr kohärente Struktur zugrunde liegt, die der Hohen Mathematik entspricht.

Hat die Kosmische Intelligenz beschlossen, ein bestimmter Mensch müsse einen Unfall erfahren und werde ihn überleben, so wird es genau so geschehen. Wenn wir hier auf der Erde ein Paar Stiefel per Post erhalten wollen, brauchen wir sie nur zu bestellen. Wir geben das Modell, die Größe, die Farbe sowie die Zahlungsmodalität an und die Lieferung wird erfolgen. Das Gleiche gilt für die Kosmische Intelligenz: Sie kann jedes Ereignis planen und veranlassen, weil Sie über alle Informationen und Ressourcen verfügt.

(T: Ich habe neulich mehrmals vom Umziehen geträumt und einer dieser Träume hat mich wirklich sehr beeindruckt. *Ich war in ein sehr großes Appartement in einem vier- oder fünfstöckigen Gebäude gezogen. Es hatte hohe und breite Aussichtsfenster, durch die man wunderbare Landschaften mit Flüssen sah, und es war insgesamt sehr schön. Ich verließ das Gebäude und ging ins Dorf hinunter. Es gab einen Szenenwechsel und ich befand mich in einem Restaurant. Die Leute dort tranken und rauchten und ich fühlte mich deswegen nicht wohl. Ich verließ das Restaurant und sah eine große Schiffsschleuse und etwas weiter das Meer.* Dann wachte ich auf.) Gut. Vielen Dank.

Ein Umzug im Traum bedeutet generell, dass man in seiner Innenwelt in eine andere Region, ein anderes Bewusstseinsfeld, eine andere Seinsebene umzieht. Wenn man an seiner spirituellen Entwicklung arbeitet, erhält man häufig Träume, die den Umzug zum Thema haben, weil diese Arbeit uns innerlich verändert. Der Umzug in Ihrem Traum gibt an, dass Sie sich bereits seit einer gewissen Zeit in einem sehr besonderen Bewusstseinszustand befanden.

Es kommt manchmal vor, dass man einen Traum erhält, in dem man in einem Appartement wohnt, obwohl man in der konkreten Realität in einem Haus wohnt. Die Symbolik des Appartements ist mit dem Teilen verbunden sowie mit der Notwendigkeit, das Teilen zu lernen, weil man näher beisammen wohnt, mit anderen das gleiche Gebäude teilt, seinen Nachbarn im Hauseingang, im Aufzug, in den Gängen usw. begegnet, sie auch durch die Wände hören kann etc. Obwohl ein Appartement einerseits unsere innere und intime Welt versinnbildlicht, betrifft es andererseits auch unsere Beziehung zu den anderen und aus symbolischer Sicht die Beziehung, die wir zu anderen Teilen unseres eigenen Wesens haben.

Wir müssen uns darin üben, die äußere Welt als Spiegelbild unseres inneren Universums zu betrachten. Alles funktioniert in Übereinstimmung mit unserem Geist. Wir wurden gemäß dem grundlegenden Prinzip erschaffen, wonach die äußere Welt sich entsprechend unseren Erinnerungen, unseren Bewusstseinszuständen und unserem Grad der Selbsterkenntnis manifestiert. Wir tauchen genauso wie unsere Mitmenschen in Experimentierszenarien ein, weil wir alle die gleichen Lernerfahrungen machen müssen.

Sehen wir uns Ihren Traum näher an. Da Sie darin als Erstes Ihren Umzug zur Kenntnis nahmen, ist dies das Hauptthema. Er zeigt Ihnen eine Veränderung, die in Ihrem Innern stattgefunden hat.

Die Tatsache, dass das Appartementhaus hoch war und schöne große Fenster hatte, die einen Ausblick auf wundervolle Landschaften boten, besagt, dass Sie sich wohlfühlen und schöne Gedanken haben, wenn Sie mit sich alleine sind und nicht Kontakt zu anderen Menschen haben, ein bisschen wie ein Mönch, der allein auf einem Berg lebt. Der Szenenwechsel zeigt aber, dass dies nicht mehr der Fall ist, sobald Sie mit der Außenwelt, der Gesellschaft, in Berührung kommen. Der Kontakt mit den anderen weckt eine Menge negativer Erinnerungen. Das ist der Grund, weshalb Sie sich in dem Restaurant unter den rauchenden und trinkenden Menschen unwohl fühlten. Doch das Restaurant, die Leute, der Alkohol, der Rauch stellen allesamt Teile Ihres Wesens dar – selbst wenn Sie in der konkreten Realität nicht rauchen und keinen Alkohol trinken.

Der Alkohol versinnbildlicht wie alle Flüssigkeiten die Welt der Gefühle und Emotionen und symbolisiert im Negativen die emotionale Abhängigkeit. Der Traum zeigt, dass Sie damit noch Resonanzen haben.

Der Zigarettenrauch, welcher der Welt der Luft – symbolisch der Welt der Gedanken, Ideen und Konzepte – angehört, stellt die durch eine rebellische innere Haltung sowie die Abhängigkeit von falschen Konzepten verursachte gedankliche Verwirrung dar. Sie streben nach Entfaltung, nach intellektueller und gedanklicher Freiheit, doch gewisse irreführende Konzepte begrenzen und beeinflussen Sie in negativer Weise. Das Rauchen ist auch mit dem Gefühl mangelnder Liebe verbunden. Leute, die rauchen, suchen dabei unbewusst nach Wärme, Zuneigung und Zärtlichkeit. Da die rauchenden Teile Ihres Wesens sich in einem Restaurant befanden, betrifft es die Wärme und Zuneigung auf der sozialen Ebene. Diese Teile ernähren sich noch überlegungslos durch solche Verhaltensweisen, was in Ihrem inneren Programm Verwirrung schafft. Das bedeutet, dass Sie noch Gedanken, Ideen und

Konzepte am Leben erhalten, die Sie vom Licht der Erkenntnis trennen. Man könnte noch hinzufügen, dass Sie wahrscheinlich, wenn Sie sich sehr gestresst fühlen, manchmal noch bestimmte Orte aufsuchen, um sich zu entspannen, dies Ihnen aber nicht mehr gelingt. Solche Verschiebungen erleben wir am Anfang unserer spirituellen Entwicklung alle.

Der Zigarettenrauch verschmutzt nicht nur unseren Körper und die physische Umwelt, sondern auch unseren Geist und die metaphysische Umwelt. Doch selbst wenn man mit dieser Form der Abhängigkeit experimentiert, hat man irgendwann seine Erfahrungen damit gesammelt und ist bereit, seine Erinnerungen mangelnder Liebe und Wärme zu bereinigen und eine gesunde Art der Stressbewältigung zu suchen, um sich anderen Erfahrungen zuzuwenden. Dieser Traum hat Ihnen also Aspekte Ihres Wesens gezeigt, an denen Sie im Laufe Ihrer inneren Verwandlung arbeiten müssen.

Sie sollten sich aber sagen, dass Sie nicht nur das darstellen, sondern auch sehr schöne Aspekte haben. Wie die Tatsache, dass das Verhalten der Leute in dem Restaurant Sie störte, zu erkennen gibt, wurden Sie sich der negativen Auswirkung dieser Abhängigkeiten bewusst. Und die Tatsache, dass Sie den Ort aufgrund Ihrer Störung verließen, deutet auf den Wunsch, diese Verzerrungen in Ihnen zu bereinigen. Auf der Ebene Ihres Bewusstseins erleben Sie einen Umzug und Sie wollen diese Abhängigkeiten dorthin nicht mitnehmen. Das ist sehr positiv. Andererseits zeigt die Tatsache, dass Sie das Restaurant wegen dem Verhalten der Leute verließen, auch eine manchmal puritanische Haltung gegenüber emotional abhängigen Menschen oder solchen, die falsche Denkkonzepte vertreten. Natürlich kann man sich in der konkreten Wirklichkeit durch Raucher und Trinker wirklich belästigt fühlen. Die Zigaretten und der Alkohol sind aber lediglich Symbole für psychische Verhaltensweisen, die Sie im Wesentlichen deshalb stören, weil sie noch in Ihrem persönlichen Erinnerungsgepäck enthalten sind. Man kann Nichtraucher sein und immer noch einen Raucher in sich tragen in Form von Erinnerungen und Denkweisen, die einen lange Zeit gedanklich verwirrten und teilweise immer noch verwirren. Jeder Mensch hat solche Erinnerungen und es braucht seine Zeit, um sie alle zu bereinigen.

Zu Beginn der spirituellen Entwicklung ist es normal, Menschen, die ein verzerrtes Benehmen haben, etwas rigide und puritanisch zu begegnen. Ich habe diese Phase durchgemacht und meine Frau Christiane ebenfalls. Eine puritanische Phase machen wir alle durch. Wir streben so sehr nach dem, was schön, richtig und gut ist, dass wir die Menschen, die unseren Idealen nicht entsprechen, ablehnen. Doch diese Phase geht vorüber und eines Tages sind wir imstande, jeder Verhaltensweise ruhig und gelassen zu begegnen und für alle Menschen ein wahres Mitgefühl zu empfinden, weil wir für ihr Benehmen Verständnis haben.

Wir sollten den Menschen gegenüber, die sich nicht richtig benehmen, die gleiche Haltung einnehmen, wie wenn wir einem kranken Menschen einen Besuch abstatten. Dabei fühlen wir uns weder angegriffen, noch benehmen wir uns ihm gegenüber aggressiv, sondern bringen ihm Liebe entgegen, hören ihm zu und fühlen mit ihm mit. Diese Menschen experimentieren und durchleben dabei bestimmte Dinge und das ist für sie das Richtige. Es ist ihre Realität und wir sollten das respektieren. Eines Tages werden wir fähig sein, die Toleranz und Liebe zu empfinden, die uns befähigen, in unserem Herzen das Verständnis zu entwickeln, dass jedes Experiment und jede Erfahrung ihren Platz haben und jeder Mensch seinen eigenen Entwicklungsweg geht. Darin äußert sich auch der Respekt vor dem Bewusstsein der anderen. Das schließt natürlich nicht aus, dass man das Rechtssystem einschaltet, falls jemand gefährdet ist.

Ihr Traum zeigt, dass Ihre innere Verwandlung Sie auch veranlasst, gesündere Lebensgewohnheiten zu entwickeln. Sie erkennen die Kräfte, die Sie verwandeln müssen, und das ist natürlich sehr positiv.

Sie können an der puritanischen Haltung, die Ihr Traum aufzeigt, arbeiten. Wir müssen lernen, solche Tendenzen bewusst in den Griff zu bekommen, weil sie zu einem sehr zerstörerischen Verhalten sowohl unserer Familie und unseren Freunden als auch uns selbst gegenüber führen können. Der wirksamste Weg, die nächste Stufe zu erreichen, besteht darin, auf sich zurückzuschließen und sich zu sagen, dass alles, was uns an den anderen stört, Teile von uns selbst widerspiegelt. Der tiefe Grund, weshalb man sich am Anfang der spirituellen Entwicklung von allem, was einem verzerrt erscheint, radikal und puritanisch freimachen will, ist, dass man – manchmal sogar in unbewusster Weise – versucht, seine Energien zu konzentrieren, anstatt sie weiterhin in alle Richtungen zu zerstreuen. Man versucht, seine Instinkte zu disziplinieren, bevor man sozusagen wieder in die Welt zurückkehrt. Das ist so, als würde man sich auf der Suche nach Erkenntnis auf einen Berg zurückziehen und anschließend in die materielle Welt zurückkehren, um sie anzuwenden.

Mehrere unter Ihnen erkennen sich vielleicht in diesem Bild, da Sie in früheren Leben abgeschieden als Mönche oder Nonnen gelebt haben. Im gegenwärtigen Leben zieht Sie das Studium der Träume, Zeichen und Symbole sowie die Meditation und das Beten an, und Sie versuchen den Geist und die Materie zu vereinen. Sie steigen – symbolisch gesprochen – vom Berg in die Welt hinab, um durch die Anwendung der Erkenntnis im alltäglichen Leben eine Synthese zu erarbeiten.

Es ist leicht, in einem Kloster auf einem Berg spirituell zu sein. Die Vögel singen, die Luft ist rein, der Ausblick ist schön, man hat nur einige Routinearbeiten zu erledigen und alles erscheint einem wunderbar. Ein solches Leben ist an sich nicht negativ, im Gegenteil! Man lernt dabei, sich auf seinen Geist zu konzentrieren und sich zu verbessern. Anschließend muss man sich aber wieder auf sein Schöpfungspotenzial besinnen, unter die Menschen zurückkehren und in der Gesellschaft Verantwortung übernehmen – für eine Familie, in einem Beruf usw. –, weil man dadurch Gelegenheit erhält, die erworbene Erkenntnis und das spirituelle Bewusstsein in die Tat umzusetzen. Und das ist eine ganz andere Erfahrung, denn wenn man nichts tut, ist es leicht, spirituell zu wirken und den Anschein zu erwecken, alles sei richtig und in Ordnung. Doch man erschafft nichts, man beteiligt sich nicht am Schöpfungsprozess in der Materie. Erst *wenn* wir handeln und durch die Art und Weise, *wie* wir handeln, können wir unsere Fähigkeit, weise, gelassen, aufmerksam und konzentriert zu bleiben, auf die Probe stellen.

Das wollte Ihnen die Kosmische Intelligenz mit diesem Traum zu verstehen geben. Er zeigt Ihnen, dass Sie dabei sind, Ihr eigenes kleines Bergkloster zu verlassen.

Jedes Mal, wenn ich in Paris einen Vortrag abhalte, sage ich zu den Anwesenden: „Sie nehmen an spirituellen Workshops teil, doch der schönste Workshop, der sich Ihnen anbietet, ist der Verkehr auf dem Stadtring zu den Stoßzeiten. Wenn Sie in einem Stau stecken, der eine zweistündige Verspätung verursacht, haben Sie eine ideale Gelegenheit, an Ihrer Geduld zu arbeiten. (*Lachen*) Dann können Sie meditieren, beten und die Zeichen und Symbole um sich herum analysieren – das wird Ihnen helfen. Sie werden die wachsende Ungeduld der anderen um sich herum spüren, während Sie selbst sich darin üben, Ruhe und Gelassenheit zu bewahren. Das ist wahrlich ein wunderbarer Workshop! Und da es im Pariser Ringverkehr keine Mautstellen gibt, ist er sogar völlig kostenlos und vermehrt gleichzeitig Ihren spirituellen Reichtum!" (*Lachen*)

Die Leute lachen gewöhnlich, wenn ich das sage – genauso wie Sie. Aber es ist tatsächlich so, dass wir oft vergessen, die Weisheit und Kenntnis, über die wir verfügen, auch anzuwenden. Wir verlassen einen Workshop, wo eine schöne Atmosphäre und Stimmung herrschte, und sobald wir im Verkehr stecken, beginnen wir, uns über die anderen zu beklagen und sie zu kritisieren. Dabei sollten wir uns sagen: „Ich behandle die Situation so, als wäre sie ein Traum. Ich betrachte die Menschen um mich herum als Teile von mir und verhalte mich ihnen gegenüber freundlich, weil ich weiß, dass ich dadurch auch mich selbst freundlich behandle. Will einer unbedingt überholen, so lasse ich ihn, da es sinnlos ist, Energie darauf zu verwenden, an den Anfang einer Schlange zu gelangen. Jedes Mal, wenn wir den Göttlichen Qualitäten und Tugenden den ersten Platz einräumen, erheben wir unser Bewusstsein und erreichen hohe Bewusstseinszustände. – So viel zur Deutung dieses Traums.

(T: Ich habe letzte Nacht zwei Träume erhalten. Im ersten *befand ich mich in einem Geschäft und eine mir bekannte, sehr reiche Frau kam mit einer Schachtel in der Hand auf mich zu. Sie schenkte sie mir und ich sagte mir innerlich: „Oh! Diese Schachtel enthält gewiss kostbaren Schmuck!" Doch als ich sie öffnete, entdeckte ich darin mehrere Brillen. Ich sagte zu der Frau: „Oh... hm... eigentlich brauche ich keine Brillen, denn ich habe schon eine" und sie antwortete mir: „Du brauchst sie schon, du wirst sehen." So akzeptierte ich die Schachtel und als die Frau davonging, untersuchte ich die Brillen genauer. Einige waren rund, andere viereckig, andere wiederum oval usw. In meinem zweiten Traum war ich erneut mit anderen Leuten zusammen.* – Ich träume sehr oft, dass ich unter vielen Menschen bin. – *Also, ich war mit Leuten zusammen, entfernte mich aber von ihnen. Ich befand mich vor einer Treppe, die zu einer Tür führte. Ich stieg die Treppe hinauf und öffnete die Tür. Eine blendende Sonne strahlte mir entgegen und ich sah einen mit Bäumen gesäumten Pfad, an dessen Ende eine Vogelschar aufflog. Mein Herz schwang sich empor. Ich fühlte mich glücklich.)* Das ist ein sehr schöner Traum.

Die zahlreichen davonfliegenden Vögel in Ihrem Traum geben an, dass starke Kräfte in Ihren Gedanken aufsteigen und sich entfalten. Das ist sehr positiv, weil eine große Anzahl die Vervielfältigung der betreffenden Kräfte bedeutet. Wenn in einem Traum ein Symbol massenhaft auftaucht – z.B. eine Menge Menschen –, so betrifft seine Bedeutung unser kollektives Bewusstsein, unser Sozialleben sowie die vielfältige und reichhaltige Manifestierung einer starken Vitalkraft – je nach Kontext in positiver oder negativer Weise. Die negativen Aspekte könnten sich in der Tendenz, zerstreut zu sein, manifestieren sowie in einem Mangel an Konzentration, der Unfähigkeit, seine Mitte zu finden, zentriert zu bleiben und kohärent zu funktionieren. Ein solcher Mensch hätte bewusstseinsmäßig keinen kollektiven Zusammenhalt, was durch seine wechselhaften, verschiedenartigen Handlungs- und Lebensweisen zum Ausdruck käme. In Ihrem Traum wurden jedoch die positiven Aspekte aufgezeigt: Sie haben eine starke Lebenskraft und zahlreiche Möglichkeiten auf der gedanklichen Ebene.

Was stellt die reiche Frau für Sie dar? (T: Sie ist eine frühere Nachbarin, die sehr wohlhabend ist. Wir sind noch mehr oder weniger miteinander in Verbindung. Das ist alles.) Was empfinden Sie ihr gegenüber? Was halten Sie von ihr? (T: Sie ist ein liebenswürdiger Mensch.) Ich verstehe.

Diese Frau stellt in Ihrem Traum symbolisch einen Teil Ihrer weiblichen Polarität und Ihrer inneren Welt dar, die anfängt, sich Ihnen zu offenbaren. Die Tatsache, dass sie auf der materiellen Ebene reich ist, bedeutet, dass Sie diesen Teil Ihres Wesens entdecken, der ein großes Potenzial birgt.

Sie brachte Ihnen Brillen in einer Schachtel. Aufgrund ihrer kubischen Form versinnbildlicht eine Schachtel die Struktur. In diesem Fall stellte sie auch ein Geschenk dar, weil sie etwas enthielt, was man ihnen als Geschenk überreichte. Die Kosmische Intelligenz hat Ihnen etwas geschenkt. Sie sagten, sie hätten bereits eine Brille, doch die erhaltenen Brillen sollten Ihnen helfen, anders zu sehen.

Wozu dienen Brillen? Sie korrigieren unsere Sicht und helfen uns, besser zu sehen. Mit den erhaltenen Brillen können Sie das Leben in neuer Weise sehen. Da es mehrere Brillen waren, bedeutet es mehrere verschiedene Sichtweisen, die auch die kollektive Ebene miteinbeziehen. Sie erhielten diese Träume in der vergangenen Nacht und heute nehmen Sie an einem Workshop teil, der Ihnen auf der Ebene Ihres Bewusstseins mehrere Türen öffnet.

Man kann aus symbolischer Sicht sagen, dass Sie einen großen Schatz in der Form einer neuen Sehfähigkeit erhielten, durch die Sie die Dinge tiefgründiger erkennen werden. Da die reiche Frau, die Ihnen die Brillen schenkte und die ebenfalls einen Teil von Ihnen widerspiegelt, für Sie materiellen Wohlstand bedeutet, werden Sie Ihre neue Sehfähigkeit auf die Art und Weise, wie Sie die materiellen Dinge sehen und bewerten, anwenden. Dadurch können Sie künftig beispielsweise auf der konkreten Ebene *erleuchtete* Entscheidungen treffen.

Die geometrischen Formen der Brillen – rund, oval, viereckig – weisen darauf hin, dass Sie dank Ihrer neuen Sicht Ihr konkretes Leben besser strukturieren können.

Im zweiten Traum erlebten Sie eine Bewusstseinsöffnung auf einer anderen Ebene. Das ist sehr interessant. Sie stiegen die Treppen hinauf, was bedeutet, dass Sie sich der kausalen Ebene näherten, d.h. der Ebene der Gedanken, die durch die Vögel versinnbildlicht wurde. Wir wollen uns das im Einzelnen ansehen. Als Sie die Tür öffneten, sahen Sie eine blendende Sonne. Die Sonne symbolisiert den Schöpfer, das Göttliche, den Geist, denn ohne die Sonne, welche die Welt erleuchtet und wärmt, könnte nichts existieren, gäbe es kein Leben auf der Erde. Sagt man von einem Menschen, er sei ein wahrer Sonnenstrahl, so bezieht man sich dabei auf das Licht und die Liebe, die er ausstrahlt.

Eine Vogelschar flog davon. Das bedeutet aus symbolischer Sicht, dass in Ihrem Innern eine Vielzahl von Gedanken einen Aufstieg begonnen haben: Sie erleben auf der Ebene der Ideen und Konzepte eine große Bewusstseinsöffnung.

Diese neue Sicht des Lebens bietet Ihnen Zugang zu großem Wohlstand und Reichtum auf den verschiedenen Ebenen Ihres Bewusstseins. Sie werden durch Ihre Anwesenheit in diesem Workshop und im Laufe der kommenden Monate weitere Bewusstseinsöffnungen erfahren und dadurch bestimmte Aspekte Ihres Wesens besser verstehen können. Doch diese neue Sehfähigkeit ist im Augenblick noch nicht selbstverständlich, das muss gesagt werden. Es wird Ihnen dabei noch geholfen und Sie werden ernsthaft an sich arbeiten müssen, damit sie selbstverständlich wird, als die natürliche Sicht Ihrer Seele. Sie müssen diese Fähigkeit auch auf der physischen und der emotionalen Ebene integrieren.

Es ist wichtig, sich bewusst zu bleiben, dass das Brillentragen eine Art Sehbehinderung darstellt. Ein Mensch, der eine Brille benötigt, hat eine verzerrte Weise zu sehen und zu beobachten entwickelt. Augenprobleme manifestieren sich nach längerer Zeit – manchmal erst gegen Ende eines Lebens – in der Folge einer Erschöpfung der Sehkraft, welche durch eine zu starre, auf die Einzelheiten fixierte Betrachtungsweise verursacht wird, was die betreffende Person das Wesentliche aus den Augen verlieren lässt. Diese Menschen fühlen sich innerlich sehr unsicher und leben in großer Unsicherheit. Obwohl sie den brennenden Wunsch haben, die Dinge, das Leben und die anderen Menschen kennen und verstehen zu lernen, ist ihr Blick auf eine horizontale, konkrete und rationale Sichtweise beschränkt; es fehlt Ihnen die spirituelle Dimension. Der Fall kann aber auch umgekehrt sein: Dadurch dass sie sich nicht die Mühe machen, präzise zu sein und in die Tiefe zu sehen, entwickeln sie Seh- und Verständnisschwierigkeiten.

Diese beiden Träume sind für Sie bedeutungsvoll, weil sie Ihnen helfen, Ihre Sehfähigkeit und Ihre Sichtweise der Dinge zu korrigieren, so dass Sie Ihre Experimentiererfahrungen auf der materiellen Ebene besser wahrnehmen und verstehen können. (T: Danke.) Gern geschehen.

(T: Ich erhielt einen Traum, nachdem ich eine Frage gestellt hatte. Eine meiner Töchter ist immer unzufrieden. Sie hat immer das Gefühl, nicht genug zu kriegen. Am Abend zuvor war sie aggressiv und eifersüchtig. Deshalb bat ich um einen Traum, der mir helfen könnte. Im Traum *befand ich mich in der Nähe des Hauses, wo wir – die ganze Familie – 17 Jahre lang gelebt hatten. Ich befand mich auf der Straße unweit des Hauses. Entlang der Straße wuchsen Rosen und gegenüber dem Haus befanden sich die Kirche und das Rathaus. Auf dem Gehsteig vor der Kirche sah ich einen Mann, der eine Frau schlug und mit den Füßen trat. Er sah wie ein Jude aus und war gekleidet wie in früheren Zeiten.* – Ich kann mich nicht an das

Aussehen der Frau erinnern. – *Ich war Zeugin dieser wirklich sehr grausamen Szene. Ich öffnete meinen Mund, um ihn anzuschreien, er solle damit aufhören, doch meine Stimme versagte – es kam nur ein ganz kleiner und schwacher Ton heraus. Da ich sah, dass ich vollkommen blockiert war, ging ich ins Haus.* Ich weiß, dass wir immer über uns selbst träumen, und ich frage mich, ob es zwischen diesem Traum und meiner Frage eine Verbindung gibt.) Vielen Dank für die Mitteilung dieses Traums. Ich bin sicher, dass seine Deutung sehr vielen Menschen helfen wird.

Als Erstes muss man verstehen, dass unsere Kinder Teile von uns selbst darstellen und dass die Schwierigkeiten, die wir in unserer Beziehung zu ihnen erleben, dazu dienen, uns selbst besser zu verstehen und kennenzulernen. Dasselbe gilt für alle Menschen, die uns nahestehen und mit denen wir häufig Kontakt haben: unsere Familienmitglieder, Freunde, Arbeitskollegen, Geschäftspartner usw. Sie widerspiegeln Facetten unseres eigenen Wesens. Wenn unsere Kinder ein schwieriges Benehmen haben – seien sie aggressiv, unzufrieden, eifersüchtig, rebellisch, widerspenstig usw. –, bedeutet es, dass wir damit auf der einen oder anderen Ebene Resonanzen haben und die entsprechenden Erinnerungen in uns bereinigen müssen. Unsere Kinder sind sehr bedeutungsvolle Widerspiegelungen unseres unbewussten Seins.

Durch ihr aggressives, unzufriedenes Verhalten nimmt Ihre Tochter die Rolle des Aggressors ein und drängt Sie in die Rolle des Opfers. Doch wir können nicht Opfer sein, ohne davor – in diesem oder einem früheren Leben – Aggressor gewesen zu sein und ein gleichartiges Verhalten an den Tag gelegt zu haben. Das Opfer ist notwendigerweise weiter entwickelt als sein Aggressor. Wenn es Ihnen gelingt, die den Schwierigkeiten mit Ihrer Tochter zugrunde liegenden Erinnerungen zu verstehen und zu bereinigen, werden Sie dem damit verbundenen karmischen Kreislauf ein Ende setzen und sich daraus befreien.

Folglich sollten Sie sich sagen: „Einverstanden. Daran habe ich zu arbeiten. Dieses Problem muss ich in meinem Innern lösen. Ich muss lernen, mich mit dem zufrieden zu geben, was das Leben mir bietet, meine kleinen Frustrationen und Verärgerungen zu meistern." Sie können das als Ausgangspunkt nehmen, wobei Sie beim Rückschluss auf sich selbst aber darauf achten müssen, nicht zu dramatisieren, da Sie nicht nur diese Aspekte in sich tragen. Sie konzentrieren Ihre Arbeit nur eine Zeitlang auf diese besondere Datei in Ihren Erinnerungsspeichern, um zu einem tiefgründigen Verständnis zu gelangen.

In diesem Traum erhielten Sie eine sehr genaue Antwort auf Ihre Fragen bezüglich Ihrer Tochter und ihres Verhaltens. Die Wahl des Ortes, wo Sie so lange mit Ihrer Familie gelebt hatten, als Handlungsort in Ihrem Traum ist ein Schlüsselelement, das Ihre Aufmerksamkeit auf Ihr Familienleben, Ihre Familienbeziehungen und den Kernpunkt der Situation lenken soll. Man hat Ihnen auch ganz absichtlich im Traum nicht Ihre Tochter gezeigt, damit Sie erkennen können, dass es Ihr eigenes Karma ist, das die gegenwärtige schwierige Situation ausgelöst hat.

Die grausame Szene mit dem jüdischen Mann geschah in der Öffentlichkeit vor der Kirche und dem Rathaus. Diese Symbole verweisen auf das Leben in der Gemeinschaft sowie die Art und Weise, wie man mit den Menschen um sich herum austauscht. Man kann die Dynamik dieser Szene leicht in Ihren familiären Beziehungen erkennen, wo das Benehmen Ihrer Tochter als grausam bezeichnet werden könnte – ihre Unzufriedenheit, die Schwierigkeiten, die sie im Familienleben durch ihr Verhalten hervorruft, den Druck, den sie auf Sie ausübt, um zu erreichen, was sie will usw.

Die Tatsache, dass der grausame Mann ein Jude war, verweist auf die Symbolik des jüdischen Egregors, das wie jede Nationalität sowohl positive als auch negative Aspekte aufweist. Ein wesentlicher positiver Aspekt der Juden ist ihre Fähigkeit, sich selbst nach extremen Prüfungen und unsagbarem Leid wieder aufzuraffen und neu aufzubauen. Die Juden helfen sich innerhalb ihrer Gemeinschaft gegenseitig beim wirtschaftlichen Aufbau, wodurch sie eine der größten Finanzmächte der Erde werden konnten. Sie befinden sich an der Spitze der mächtigsten Unternehmen und der einflussreichsten Konzerne und üben ihren Einfluss auf die Politik der USA und der gesamten Welt aus.

In Ihrem Traum kommt jedoch der negative Aspekt der Juden zum Ausdruck, der mit der Verfolgung zu tun hat sowie mit der ablehnenden Haltung, seinen Reichtum und Wohlstand mit den anderen Menschen zu teilen. Man wirft den Juden oft vor, das Geld und die Ressourcen für sich behalten zu wollen und für die Menschen außerhalb ihrer Gemeinschaft keinerlei Interesse zu zeigen. Jemand, der nach viel materiellem Besitz strebt, ist gewöhnlich auch bereit, Gewalt anzuwenden, um sein Ziel zu erreichen. Dadurch löst er jedoch einen Kreislauf der Verfolgung aus. Ein Mensch, der in einem Leben andere verfolgte, um sich ihr Hab und Gut anzueignen, wird in einem späteren Leben das Gleiche erfahren: die Verfolgung und Enteignung. Oder er wird sich ständig verfolgt fühlen, Angst haben, seinen Besitz zu verlieren, mit dem Gefühl leben, für sich und seine Familie nie genug zu haben, und folglich immer mehr wollen. Seine Geldsüchtigkeit und seine Selbstbezogenheit führen ihn geradewegs in den Kreislauf der Gewalt und des Machtmissbrauchs.

Es ist kein Zufall, dass Ihr Mann ein Schweizer Bankier ist und dass Ihre Tochter so gierig auf materielle Güter und soziale Anerkennung aus ist. Sie haben ein gemeinsames familiäres Karma bezüglich des Geldes und des sozialen Status. Die Tatsache, dass Ihre Familie in der Finanzwelt involviert ist und Sie an Ihrer spirituellen Entwicklung arbeiten, weist darauf hin, dass Sie den Punkt erreicht haben, wo Sie lernen wollen, wie man die zur Verfügung stehenden Ressourcen in jeder Hinsicht richtig verwaltet und verwendet.

Die Traumszene, wo der Jude vor der Kirche und dem Rathaus auf eine Frau einschlägt, bringt diesbezüglich etwas sehr Machtvolles zum Ausdruck. Sie offenbart, dass in Ihnen Erinnerungen der Verfolgung und der Angst vor finanzieller Armut eingeschrieben sind, die Sie dazu drängen, die innere Welt – da die geschlagene Person eine Frau ist – anderer Menschen anzugreifen.

Dieser Traum gibt gut zu erkennen, welcher Art die Erinnerungen sind, die Sie bereinigen müssen, um Ihre Beziehung zu Ihrer Tochter zu verbessern. Man hat Ihnen nicht gesagt, was Sie mit ihr tun sollen, sondern Ihnen die tiefliegende Ursache des Problems und folglich auch seine Lösung gezeigt, die zu allererst in Ihnen selbst zu suchen sind. Sobald Sie diese Erinnerungen bereinigt und verwandelt haben, wird sich das Problem in der einen oder anderen Weise von selbst lösen.

Als Sie schreien und den Mann aufhalten wollten, hatten Sie keine Stimme mehr und gingen deswegen ins Ihr Haus hinein. Dies widerspiegelt sehr passend die Tatsache, dass Sie keine Stimme haben, um Ihrer Tochter entgegenzutreten, wenn sie sich in verzerrter Weise benimmt. Es fällt Ihnen schwer, sie zu lenken und zu führen. Sie sind unfähig, sie auf ihren Platz zu verweisen, und so lassen Sie sie tun, was sie will. Wenn ein Kind Schwierigkeiten bereitet, müssen wir ihm ganz klar zu verstehen geben, dass wir sein Benehmen nicht dulden. Natürlich muss man dabei die Schwere des Problems in Betracht ziehen, doch, um es metaphorisch auszudrücken, wenn man einen faulen Apfel im Korb lässt, wird er alle übrigen Äpfel anstecken.

Wir müssen unser ganzes pädagogisches Geschick aufwenden, um Kindern verständlich zu erklären, warum bestimmte Verhaltensweisen nicht geduldet werden können. Will ein Kind aber nicht hören und lernen, dann muss man andere Maßnahmen ergreifen und gegebenenfalls sogar ins Auge fassen, es anderswo unterzubringen.

(T: Meine Tochter ist bereits 24 Jahre alt. Sie könnte schon unabhängig sein, da sie aber noch studiert, wohnt sie weiterhin bei uns. Leider weiß sie das überhaupt nicht zu schätzen – sie ist immer unzufrieden mit dem Geld.) Unterstützen Sie Ihre Tochter finanziell bei ihrem Studium? (T: Ja, wir bezahlen ihre Studiengebühren und sonstigen Ausgaben, weil sie sehr gute Resultate heimbringt.)

Dennoch, mit 24 ist sie bereits eine Erwachsene. Deswegen sollten Sie so zu ihr sprechen, wie Sie es mit einem Erwachsenen tun würden. Sie können ihr ein wertvolles Geschenk machen, indem Sie sie einschränken – und zwar gerade auf der Ebene, wo es ihr am wenigsten passen würde. Sie würden damit genau so vorgehen, wie der Himmel vorgeht, wenn wir nicht richtig handeln: Er nimmt uns die Ressourcen weg, so dass wir sie besser zu schätzen wissen, wenn wir erneut welche erhalten.

Diese Lösung mag hart erscheinen und uns nicht besonders ansprechen, doch nach einigen Jahren, wenn es dem betreffenden Menschen gelungen ist, sich selbst aus seinem Tief zu befreien, bekommt man gewöhnlich zu hören: „Als du es damals abgelehnt hast, meinen Forderungen nachzugeben und mein damaliges Verhalten zu akzeptieren, war es das Beste, was du für mich tun konntest."

Falls man es zulässt, werden manche Menschen ständig damit fortfahren, Schwierigkeiten zu erzeugen. Sobald Ihre Tochter selbst Kinder hat, werden diese sich genauso benehmen, die Konflikte werden weitergehen und Sie werden jahrelang unter den Folgen Ihrer mangelnden Strenge zu leiden haben. Deshalb muss man in einer Situation wie der Ihrigen eine Lösung finden, die diesen Energien Einhalt gebietet und sie meistert.

Die Tatsache, dass man mit der Arbeit an sich selbst anfangen muss, bleibt jedoch bestehen. Man akzeptiert zunächst die Situation und beginnt auf der Ebene der Erinnerungen nach der Wurzel des Übels zu suchen, um jene Aspekte in sich bereinigen zu können, die diese Situation ursprünglich verursacht haben. Erst dann ist man in der Lage, mit dem anderen in richtiger Weise zu sprechen und eine gerechte, konkrete Lösung zu finden. Und besteht diese darin, die betreffende Person in ihrer Freiheit oder ihren Ressourcen zu beschränken, so tut man dies. Vor allem wenn man nicht darauf vertrauen kann, dass die Person meditieren, beten und die Engel anrufen wird, um sich zu verändern.

Wenn man seine Entwicklung nicht von der Ebene der Ursachen ausgehend durchführen will, muss sie in der Welt der Folgen ablaufen. Denn es gibt im Leben zwei Entwicklungswege: den Weg der Ursachen und den Weg der Konsequenzen. Genauso wie wir auf der Erde eine Polizei, Gesetze und Gerichte haben, bestehen diese auf den höheren Seinsebenen auch. In den Parallelwelten gibt es verschiedene Rehabilitationssysteme, die den Menschen helfen, wieder auf den richtigen Weg zu gelangen.

Als Mutter ist es Ihre Aufgabe, Ihrer Tochter verständlich zu machen, dass ihre Taten und Verhaltensweisen Folgen haben. Sie müssen sie in gewisser Hinsicht einschränken und herausfinden, was ihr helfen könnte. Ich brauche wohl nicht zu sagen, dass es dafür kein Patentrezept gibt. Sie sind diejenige, die am besten weiß, was sich in dieser Situation als Lösung anbieten könnte.

Sie haben auf jeden Fall einen aussagekräftigen Traum erhalten! Er lieferte Ihnen sehr wichtige Informationen, die es Ihnen gestatten, das zu verstehen, was Sie verstehen müssen. Gleichzeitig ließ er Sie erkennen, was für eine Energie Ihre Tochter in sich trägt. Bewusstseinsmäßig befindet sie sich auf dem Energiestrahl der Verfolgung, doch anstatt diese Verzerrung in sich selbst zu bearbeiten und zu verwandeln, projiziert sie sie auf die Außenwelt und wirft anderen vor, sie zu verfolgen. Sie tut dies, weil sie sich nicht wohl fühlt und es ihr nicht gut geht. Das war's für diesen Traum. Herzlichen Dank, ihn uns mitgeteilt zu haben.

Und damit sind wir am Ende dieses schönen Workshops angelangt. Ich danke Ihnen von ganzem Herzen für Ihre Aufmerksamkeit und Ihre Mitwirkung. Mögen Sie sich bewusst bleiben, dass das Träumen unser Bewusstsein erhöht und unser Leben erleuchtet.

WORKSHOP
Träume: unsere spirituelle Autonomie

(T: Ich habe letzte Nacht Folgendes geträumt: *Ich fuhr einen klei-nen Wagen, in dem sich noch andere Personen befanden. Wir hatten vor, am Bahnhof zu parken. Um dorthin zu gelangen, mussten wir unter einem Baugerüst hindurch und der Durchgang war ziemlich eng. Meine Mitfahrer sagten, ich würde es nicht schaffen, ich schaffte es aber doch. Ich gelangte an einen kleinen Platz, wo ich nicht links parken konnte, weil aus einem offenen Garagentor ein Segelboot herausragte. Ich machte auf dem kleinen Platz eine Kehrtwendung und parkte auf der rechten Seite. Dort begann das Meer, dessen Wel-len sich an der Kaimauer brachen. Das Meer war klar, doch man sah braune Flecken im Wasser. Ich dachte, es seien Algen. Am Wasser-rand stand zu meiner Linken ein mir unbekannter Mann, der Medi-zinbälle ins Meer warf. Die Bälle hatte einen Durchmesser von ca. 25 Zentimeter und er warf sie unglaublich weit, nach rechts. Ich sagte zu ihm: „Oh! Was für ein Wurf mit so schweren Bällen!" Während ich beobachtete, wie die Bälle im Wasser landeten, erkannte ich, dass die braunen Flecken keine Algen, sondern Löwenköpfe waren! Es waren sehr viele Löwenköpfe im Meer! Dann begannen die Löwen aus dem Wasser herauszukommen. Es waren auch Bären darunter. Die Tiere überquerten den Strand und gingen in ein Haus hinein, wo viele Menschen waren. Plötzlich befand ich mich ebenfalls in dem Haus und es sah so aus, als wollten die Tiere die zuletzt eintretende Per-son fressen. Das war ich. Glücklicher- oder unglücklicherweise – ich weiß nicht so recht, sagen wir einmal unglücklicherweise – stieß ich eine Frau um. Da war eine Art hochgezogene Brücke und ich stieß die Frau um. Sie trug einen weißen mantelartigen Kittel, wie man ihn gewöhnlich bei Ärzten und Krankenschwestern sieht. In meinem Traum war alles ziemlich dunkel und düster, doch ich sah die Frau ins Licht fallen und hörte dabei das Geräusch von Glasscherben. Uff! Ich war nicht mehr das Opfer! Aber ich musste immer noch irgend-wo Schutz finden, entkommen. Es gab vier Orte, wo ich Zuflucht suchen konnte. Ich wählte einen davon und es stellte sich heraus, dass es ein Labor war. Darin war ein kleines Mädchen, das ich hinter mir sah. Jemand spritzte es mit einem Schlauch von oben bis unten ab, wie man das manchmal Leute in Spa-Bädern tun sieht. Ich sag-te mir: „Seine wollene Strickjacke wird ganz nass werden! Es kann dort nicht einfach so stehenbleiben, es wird ganz nass!"* Doch das Mädchen blieb einfach weiter unbeweglich stehen und gab nicht den geringsten Laut von sich, während es abgespritzt wurde.

Ich muss diesbezüglich hinzufügen, dass ich vor ca. drei Wochen einen Traum erhielt, in welchem *ich meinen Kleiderschrank öffnete und darin das geblümte Sommerkleid eines kleinen Mädchens hängen sah. Das Kleid war tropfnass und ich sagte mir, dass ich es nicht so nass im Schrank hängen lassen konnte.*

In der Fortsetzung meines Traums der letzten Nacht *verließ ich das Labor und befand mich auf der Straße. Auf der linken Seite gab es einen Gehsteig, auf dem eine Menge schwarzgekleidete Menschen die hügelige Straße bergauf gingen. Sie sahen alle durch Sorgen niedergedrückt aus und waren überall um mich herum. Ich befand mich unter ihnen und gehörte ebenfalls der Gruppe an. Da endet mein Traum.*)

Vielen Dank für die Mitteilung dieses sehr tiefreichenden Traums. Wir werden sehen, wie offenbarungsreich er für die Entwicklung Ihrer Seele ist. Wir erhalten manchmal so lange, ausführliche Träume wie diesen. Doch auch in unserem Alltagsleben können wir Situationen durchleben, die diesen langen Träumen ähneln. Zum Beispiel: Wir stehen morgens auf, gehen ins Badezimmer, ziehen uns an, frühstücken, gehen einkaufen, treffen unterwegs einen Freund, der uns von seiner Tante erzählt, die einen Unfall hatte; die Unterhaltung erweckt in uns plötzlich die Angst, unser Sohn – der zum ersten Mal mit dem Wagen allein ins Wochenende gefahren ist – könnte einen Unfall haben; anschließend fahren wir mit dem Einkauf nach Hause, räumen die Sachen ein, lassen dabei ein Glas fallen, das auf dem Boden zerschellt usw. Solch eine Abfolge kleiner Ereignisse aus der Alltagsroutine mag vollkommen banal erscheinen, doch sie ist voller Informationen über unsere Seelenzustände und unsere unbewussten Erinnerungen.

Unser Geist bewegt sich in der Materie. Jedes Mal, wenn wir uns oder etwas waschen oder saubermachen, erfährt unser Geist den Bewusstseinszustand der Reinigung. Wenn wir uns im Supermarkt befinden, badet er ihm Bewusstseinszustand der Fülle und des Wohlstands. Wenn uns im Supermarkt ein Freund von einem Unfall berichtet und dies in uns die Angst um unseren Sohn wachruft, zeigt es, dass unser Geist mit Erinnerungen an Unfälle in Kontakt getreten ist, die Auswirkungen auf unseren Wohlstand und unsere Ressourcen hatten, denn der Ort, wo ein Gespräch stattfindet, beeinflusst uns immer. Manche Menschen denken vielleicht mehr an ihren Wagen, den sie ihrem Sohn fürs Wochenende geliehen haben, als an ihren Sohn selbst. Und so weiter. Die Analyse der kleinen Alltagsereignisse enthüllt eine Menge über unsere Seele und unser Bewusstsein.

Warum habe ich vor Beginn der Traumdeutung diese Parallele gezogen? Weil wir eines Tages unser gesamtes Leben aus der Perspektive der Bewusstseinszustände betrachten werden. Wir sind Geist in einem physisch-materiellen Körper und der einzige Grund für unser Dasein auf der Erde ist die Entwicklung der Göttlichen Qualitäten, Tugenden und Kräften. Durch die verschiedenen Alltagssituationen und die Bewusstseinszustände, die sie in uns wachrufen, nehmen wir unsere Verzerrungen wahr, können sie bereinigen und somit die ihnen entsprechenden Qualitäten entwickeln. Auf diese Weise lernen wir unsere Innenwelt kennen, die Welt des Geistes, der die Quelle unseres Seins ist.

Wir wollen nun mit der Traumanalyse beginnen. Als Erstes müssen Sie wissen, dass sämtliche im Traum enthaltenen Elemente Teile Ihres Wesens darstellen. Sie haben in diesem Traum eine innere Reise gemacht, eine Reise durch Ihren inneren Computer.

Da der Traum sehr lang und ausführlich ist, werden wir eine Liste der vorkommenden Elemente aufstellen. Da ist zunächst das *Selbst*, weil Sie selbst ebenfalls im Traum vorkommen. Als Nächstes wollen wir als allgemeine Information notieren, dass es dunkel war, also *Dunkelheit*.

Sie fuhren einen Wagen. War es Ihr Wagen? Derselbe, den Sie auch gegenwärtig fahren? (T: Ich habe keine Ahnung.) Gut. Wissen Sie, welche Farbe er hatte? (T: Ich habe das Gefühl, dass er grau war.) *Grauer Wagen*. Machen wir weiter.

Sie hatten Mitfahrer im Wagen. Das ist ein wichtiges Detail. Doch alle Einzelheiten sind wichtig, weil jede davon Informationen über das im Traum aktivierte Bewusstseinsfeld liefert.

Um den *Wagen* zu *parken* mussten Sie *unter einem Baugerüst durchfahren*. Die Mitfahrer zweifelten, dass Sie es schaffen würden, doch Sie schafften es. *Zweifelnde Mitfahrer, Unglaube, Selbst schafft die Durchfahrt, will links parken, Segelboot in einer Garage, Selbst muss Kehrtwende machen und rechts parken.*

Dann waren Sie am Meer. (T: Ja. Das Wasser war relativ klar, aber ich sah darin stellenweise braune Flecken.) Und da war auch eine Kaimauer. *Meer, relativ klares Wasser, braune Flecken, Kaimauer.* Anschließend sahen Sie einen Mann etwas werfen... Wie nannten Sie das? (T: Medizinbälle.) Ach ja! Das ist ein sehr wichtiges Element. Und er warf sie sehr weit nach rechts, ist das richtig? (T: Ja.) Gut. Also: *Mann zur linken Seite wirft Medizinbälle weit hinaus nach rechts.*

Können Sie mir sagen, was Sie unter Medizinbällen verstehen? (T: Das sind Übungsbälle, die man in der Art der Hebegewichte verwendet, um Fitness zu betreiben.) Danke, ich verstehe. (T: Sie waren aber sehr groß, viel größer als sie üblicherweise sind und sie hatten einen Durchmesser von ca. 25 cm.) Erhielten Sie diese Zahl in Ihrem Traum oder ist sie nur geschätzt? (T: Es ist lediglich eine Schätzung, ich erhielt keine genaue Zahlenangabe.) Gut.

Ich möchte hier eine Klammer aufmachen. Beim Analysieren der Träume müssen wir vorsichtig mit Zahlen sein – wie in diesem Fall die 25 Zentimeter –, wenn sie nicht ausdrücklich im Traum genannt werden oder zu sehen sind. Ein Traum ist eine mathematische Gleichung. Das Hinzufügen von Informationen, selbst von winzigen Einzelheiten, kann zu falschen Deutungen führen.

Sie sagten, die Medizinbälle seien sehr groß gewesen, aber die Zahl 25 ist nicht wirklich ein Symbol in diesem Traum. Deshalb halten wir nur fest, dass die Bälle sehr groß waren. (T: Die Medizinbälle waren braun und der Mann warf sie sehr weit; das beeindruckte mich.) Also: *enorme Medizinbälle; braun; sehr weite Würfe; Selbst ist beeindruckt.*

Als Nächstes stellten Sie fest, dass die braunen Flecken eigentlich *Löwenköpfe* waren. (T: Sie waren sehr zahlreich.) Also setzen wir hinzu: *Löwenköpfe +++.* Dann verließen die Löwen das Wasser und Sie stellten fest, dass auch Bären darunter waren. *Löwen und Bären kommen aus dem Wasser.* Sie *gehen in ein Haus* hinein, das auch Sie betreten. *Selbst ebenfalls im Haus.* Was kam dann? (T: Man sagte mir, die Tiere würden die zuletzt eintretende Person fressen. Das war ich, da ich als Letzte das Haus betrat.) Ich notiere: *Letzte Person wird gefressen: das Selbst.*

Anschließend stießen Sie eine weißgekleidete Frau um, die ins Licht fiel und Sie hörten den Klang von zerbrechendem Glas.

Selbst stößt Frau in Weiß um, Frau fällt ins Licht, Glas zerbricht.
Sie fliehen, können zwischen vier Zufluchtsorten wählen und
entscheiden sich für das Labor. *Selbst sucht Zufluchtsort; 4 mögliche Stellen; Selbst wählt Laboratorium.* Sie entdecken *darin ein
kleines Mädchen,* das *mit einem Wasserschlauch abgespritzt* wird.
(T: Ich sagte, es könne nicht so dort stehenbleiben, weil seine
Strickjacke nass würde, doch als der Wasserschlauch abgedreht
wurde, war die Jacke des Mädchens gar nicht nass und es ging
weg.) Gut. *Strickjacke trotz Wasser nicht nass.* Und was folgte dann?

(T: Ich befand mich plötzlich auf der Straße unter einer Menge
schwarzgekleideten Menschen, welche die Straße bergaufwärts
gingen und dabei ganz durch Kummer und Sorgen niedergedrückt aussahen.) *Schwarzgekleidete Menschen; Gruppe bewegt
sich bergaufwärts; durch Sorgen und Kummer niedergedrückt.*

Als Erstes möchte ich erklären, was es bedeutet, wenn es in einem
Traum dunkel ist. Es ist ein Hinweis, dass der Träumer sich noch
nicht bewusst ist, was aus der Dunkelheit auftauchen wird. Damit
verhält es sich genauso wie in der konkreten Realität: Im Tageslicht können wir die Dinge erkennen – was in der Sprache des
Bewusstseins bedeutet, dass wir das Licht benötigen, um zu sehen,
zu verstehen und bewusst zu werden –, während wir in der Dunkelheit oder in der finsteren Nacht nichts oder kaum was sehen,
d.h. bewusstseinsmäßig verständnislos im Dunkeln tappen.

Sie verwendeten die Worte „dunkel und düster" – Sie sagten nicht,
dass es in Ihrem Traum Nacht war. Wenn wir von den dunklen,
finsteren Seiten unseres Wesens sprechen, meinen wir damit jene
Zonen unseres Bewusstseins, die uns unbekannt sind, wo wir uns
nicht wohl fühlen, oder in denen sehr negative Aspekte unserer
Persönlichkeit enthalten sind. In diesem Traum handelt es sich
um die negativen Aspekte der Dunkelheit, obwohl diese durchaus
auch positiv sein kann. Sie bezeichnet dann symbolisch einerseits
eine konzentrierte, noch nicht manifestierte Energie, das Unbekannte, Geheimnisvolle oder Unbewusste und andererseits auch
die Diskretion. Außerdem war der Wagen in Ihrem Traum grau.
War es ein schönes, silbernes Grau oder ein dunkles, düsteres?
(T: Das kann ich nicht sagen. Ich hatte lediglich das Gefühl, dass
er grau war.) Die Verbindung dieser zwei Symbole gibt uns eine
allgemeine Idee, ein generelles Bild der positiven oder negativen
Färbung und Aspekte des Traums.

Grau ist eine Mischung aus weiß und schwarz. Weiß symbolisiert die Spiritualität, das Licht und die Kenntnis, während Schwarz das materialistische Denken sowie die verhüllten, unbekannten und unbewussten Aspekte versinnbildlicht, die Mysterien, den in der Materie verborgenen Geist sowie die negativen Kräfte und die Mächte der Finsternis. Auf der positiven Seite symbolisiert das Grau – je nach Kontext, Nuance und Leuchtkraft – den Experimentierweg, den ein Mensch von der Materie ausgehend hin zu einem spirituellen Bewusstsein und zur Weisheit zurücklegt. Im Negativen ist diese Farbe ein Symbol für einen vernebelten, unklaren, verworrenen Geist, eine laxe Haltung auf dem Weg der Bewusstwerdung, einen Menschen kennzeichnend, der sich nicht wirklich bemühen will, die Qualitäten und Tugenden zu entwickeln, sondern sich damit begnügt, mit einer lauwarmen, teilweisen Motivation an sich zu arbeiten. Diese lauwarme Tendenz wird gleich am Anfang des Traums enthüllt.

Ich weise sehr oft darauf hin, dass es wichtig ist, sich selbst mit Sanftmut und Mitgefühl zu bewerten und zu behandeln, sobald man anfängt seine trüben, verzerrten Zonen und Aspekte zu entdecken. Man muss sich dabei immer wieder daran erinnern, dass man nicht nur diese ist, sondern auch sehr viele schöne und positive Erinnerungen in sich trägt. Ein Mensch kann in einer Region seines Bewusstseins eine Verzerrung entdecken, durch die gleichzeitig in einem anderen Teil seines Wesens eine Kraft ins Positive umgekehrt wird. So viel zur Symbolik der Dunkelheit.

Sie fuhren einen Wagen. Fahrzeuge, und insbesondere das Auto, tauchen in den Träumen sehr häufig als Symbol auf. Sie versinnbildlichen die Art und Weise, wie wir uns privat, beruflich und im gesellschaftlichen Leben fort- und auf unsere Mitmenschen zubewegen. Das ist leicht verständlich, weil man in der Stadt, auf der Autobahn und generell im Verkehr die Energie, mit der sich die Fahrer auf ihr Ziel zubewegen, gut wahrnehmen und erfühlen kann. Ist der Fahrer hinter uns ungeduldig, so können wir intuitiv seinen Geisteszustand spüren, selbst wenn er seine Ungeduld nicht offensichtlich durch seine Fahrweise zum Ausdruck bringt. Man kann das Autofahren als Fortbewegung durchaus mit dem Gehen unter Menschen vergleichen: Manchmal sprechen wir unterwegs mit ihnen, manchmal drängen wir sie oder rumpeln sie an, andere Male gehen wir in uns gekehrt und verschlossen durch die Menge usw. Mit einem Wagen kommt man schneller voran als zu Fuß. Er kann deshalb als eine Verlängerung unseres physischen Körpers betrachtet werden, die unsere Fähigkeit der Fortbewegung, um unsere Ziele zu erreichen, verbessert.

Die graue Farbe des Wagens kann symbolisch mit den vorhin erwähnten Aspekten der Dunkelheit verbunden werden und besagt, dass Sie eine Zone Ihres Unbewusstseins aufsuchten, in der Sie lauwarme Tendenzen, mangelndes Engagement sowie das Widerstreben aufweisen, richtige Anstrengungen zu machen, um Ihr Leben tiefgründig zu verstehen.

Sie wollten Ihren Wagen parken. Ein negativer Aspekt des Parkens ist der Stillstand, wenn er durch eine Verzerrung – Trägheit, Faulheit, Angst usw. – bedingt ist. Ein geparkter Wagen kann auch ein Hinweis auf eine Behinderung sein und die Unfähigkeit zu Ausdruck bringen, seine Ziele auf der persönlichen, beruflichen und gesellschaftlichen Ebene zu erreichen. In Ihrem Traum ist jedoch die positive Symbolik des Parkens vertreten, da es Ihnen trotz der Hindernisse gelang, am Ziel anzukommen. Man parkt seinen Wagen gewöhnlich dann, wenn man an seinem Zielort angelangt ist. Aus symbolischer Sicht haben Sie folglich Ihr Ziel hinsichtlich gewisser Aspekte in Ihren zwischenmenschlichen Beziehungen erreicht, wodurch Sie sich darauf vorbereiteten, etwas Neues zu experimentieren.

Sie waren gezwungen, unter einem Baugerüst hindurchzufahren, um parken zu können. War das Gerüst vor einem Wohngebäude aufgebaut, das renoviert wurde? (T: Das weiß ich nicht. Ich weiß nur, dass der Weg hindurch eng war.) Wir behalten folglich die *Idee der Enge* im Auge. Ihre Mitfahrer sagten Ihnen, dass Sie es nicht schaffen würden. Sie stellen Teile Ihres Wesens dar, die Ihr Selbstvertrauen aushöhlen, wenn Sie sich auf andere Menschen und Situationen zubewegen. Zweifel werden wachgerufen und sie flüstern: „Das wirst du nicht schaffen. Das wird dir nicht gelingen." Doch ein anderer Teil von Ihnen – ein Teil, den Sie leichter identifizieren, weil es Ihr Selbst ist – behauptet sich und ist überzeugt, es zu schaffen. Das ist sehr positiv, weil es – auf die soziale Ebene übertragen – zu erkennen gibt, dass Sie Ihre Fähigkeit voranzukommen wiederentdecken, diesbezüglich Ihr Selbstvertrauen wiedergewinnen und sich weniger von der Meinung der anderen beeinflussen lassen.

Die Kraft, die Sie gewöhnlich veranlasst, an sich zu zweifeln, kann beispielsweise durch Ihren Mann zum Ausdruck kommen oder durch eine andere Person, die kein volles Vertrauen zu Ihnen hat und Sie dadurch einschränkt. Sie sind nun aber fähig, sich gegen diese Kraft zu behaupten und zu sagen: „Doch, das kann ich tun, ich kann meinen Wagen – also mich selbst – da durchlenken." Die Tatsache, dass Ihre Mitfahrer – die mehrere Teile von Ihnen widerspiegeln – an Ihrer Fähigkeit zweifelten, zeigt, dass Ihre Selbstzweifel und Ihr mangelhaftes Selbstvertrauen ziemlich stark sind. Sie beginnen diese Teile Ihres Wesens umzuerziehen und fähig zu werden, sich auf das zuzubewegen, was richtig für Sie ist. Das stellt einen sehr wichtigen Aspekt dieses Traums dar.

Sie wollten zuerst links parken. Die linke Seite versinnbildlicht die Innenwelt, die Handlung in dieser, die Rezeptivität, die Mediumnität, die Fähigkeiten des Hellsehens, Hellhörens, Hellfühlens und Hellriechens sowie die uns innewohnenden spirituellen Kräfte generell, während die rechte Seite die Außenwelt, die Emissivität sowie die konkrete Handlung in der Materie symbolisiert. In der Vergangenheit verboten gewisse Erzieher das Schreiben mit der linken Hand. Im französischen Teil Kanadas war es üblich, Kinder, die mit ihrer linken Hand schrieben, zu bestrafen. Dieses Diktat war eindeutig eine Verzerrung, die auf einem mangelhaften Wissen beruhte. Das Verbot, mit der linken Hand zu schreiben, bedeutet aus symbolischer Sicht, dass man die betroffenen Personen daran hinderte, das Potenzial ihres inneren Wesens zu entwickeln, d.h. ihre inneren Kräfte und Qualitäten. Was für ein Paradox, wenn man es richtig bedenkt!

Sie konnten nicht links parken, weil dies den Eingang einer Garage, wo sich ein Segelboot befand, blockiert hätte. Was symbolisiert ein Segelboot? Da es sich auf dem Wasser bewegt, betrifft es die Welt der Gefühle, und als Fortbewegungsmittel die Fähigkeit, in der Innenwelt, auf der emotionalen Ebene voranzukommen. Man kann es einerseits mit einem Haus vergleichen, weil man darauf wohnen kann, und andererseits mit einem Wagen, weil man sich damit fortbewegt. Da seine Bewegung über die Segel und den Wind erfolgt und man seine sichere Handhabung erlernen muss, versinnbildlicht es auch die emotionale Stabilität, die man erreicht, wenn man seine Gedanken richtig meistert.

Das Segelboot in Ihrem Traum war jedoch nicht in Gebrauch, es war abgestellt. Das bedeutet, dass Sie über ein emotionales Potenzial verfügen, von dem Sie keinen Gebrauch machen, sei es, weil Sie keine Liebesbeziehung haben oder – falls Sie eine haben – weil sie stillsteht, sich darin nicht viel bewegt. Wie auch immer. Eine emotionale Kraft ist latent in Ihnen vorhanden und die Tatsache, dass Sie nicht vor dem Garageneingang geparkt haben, zeigt, dass Sie weder den Zugang zu dieser Kraft blockieren, noch ihre Bewegungsfreiheit einschränken wollen.

Sie machten eine Kehrtwendung. Das zeigt, dass Sie sich im Bewusstseinszustand des Suchens befinden. Sie suchen nach der richtigen Weise, sich fortzubewegen und zu benehmen. Wie wir vorhin sahen, kommen in diesem Traum die positiven Aspekte des Parkens zum Ausdruck. Sie suchten nach einem passenden Parkplatz und parkten schließlich rechts. Auf der Ebene Ihres Bewusstseins gibt dies an, dass Sie auf der Suche nach dem Gleichgewicht sind und nach einer Fortbewegungsart, die es Ihnen ermöglicht, die nächsten Etappen zurückzulegen.

Dann befanden Sie sich am Meer, welches das emotionale Unbewusstsein symbolisiert. Sie sind dabei, mit Ihren emotionalen unbewussten Erinnerungen – den positiven wie den negativen – Kontakt aufzunehmen. Das abgestellte Segelboot gibt jedoch an, dass Ihr Gefühlsleben sich eher im Stillstand befindet. Sie tragen ein noch unerkanntes, schlafendes Potenzial in sich, dem Sie nun aber gegenübertreten – was das Meer und die damit verbundenen Traumelemente zu erkennen geben. Der restliche Traum zeigt auf, warum Sie dieses emotionale Potenzial, diese stillstehenden Kräfte noch nicht verwenden können.

Der Mann befand sich auf der linken Seite und warf die Bälle nach rechts. Das verweist erneut auf die Symbolik von Rechts und Links. Man unterlässt es bei der Schilderung eines Traums häufig, anzugeben, auf welcher Seite die diversen Traumelemente in Erscheinung traten, und manchmal geben die Traumszenarien dies auch gar nicht so deutlich zu erkennen wie in diesem Beispiel. Der Mann auf der linken Seite stellt Ihre Emissivität im Hinblick auf Ihre innere Welt dar, weil ein Mann generell ein Symbol der Emissivität ist, und alles, was sich linksseitig befindet, bezieht sich auf die Innenwelt. Die Tatsache, dass er Bälle nach rechts warf, versinnbildlicht Ihre Emissivität hinsichtlich der äußeren Welt.

Ihr Wunsch zu heilen und sich besser zu fühlen – was die Medizinbälle symbolhaft zum Ausdruck bringen – ist aktiviert worden. Dadurch kann nun eine ganze Serie emotionaler Erinnerungen aus Ihrem Unbewusstsein ans Tageslicht – auf die Ebene Ihres bewussten Seins – aufsteigen.

Dieser Traum ist auch deshalb so interessant, weil er sowohl die Aktivierung innerer Kräfte zu erkennen gibt – durch den Wunsch nach Heilung und Wohlbefinden – als auch eine Aktivierung in der äußeren Welt – durch die rechtsseitigen Würfe des Mannes. Sie durchleben gegenwärtig hinsichtlich dieser Aktivierung eine konkrete Situation, die Sie vermutlich identifizieren können.

Die Medizinbälle waren groß und der Mann warf sie mit sehr viel Kraft weit nach rechts. Das besagt, dass Sie die Dinge tatsächlich in die Hand nehmen, dabei aber vielleicht ein bisschen zu aggressiv vorgehen. Sie sagen sich festentschlossen: „Ich werde diese verzerrten emotionalen Erinnerungen, die mich am Glücklichsein hindern, zwingen, sich zu erkennen zu geben. Sie wollen unbedingt und schnell heilen und die verzerrten Erinnerungen bereinigen, die Sie davon abhalten, Ihr emotionales Potenzial voll zu verwenden. Das erkennt man an den mit aller Kraft weit hinausgeworfenen Medizinbällen, die enthüllen, dass Sie sich in gewisser Weise frustriert und entmutigt fühlen, weil Sie noch nicht geheilt sind.

Sie dachten zuerst, die braunen Flecken im Meer seien Algen. Das zeigt, dass Sie die Tragweite Ihrer Probleme unterschätzt haben. Wenn wir in unser Unbewusstsein eintauchen, erleben wir sehr häufig Überraschungen. Ein Flecken lässt uns gewöhnlich an etwas denken, das gereinigt oder repariert werden muss. Das heißt, dass die Emotionen, die Sie gegenwärtig empfinden, Sie dazu bringen sollen, gewisse Dinge zu bereinigen oder zu berichtigen, die symbolisch durch die Tiere – die Löwen und Bären – dargestellt sind.

Was symbolisiert der Löwe? Dieses Tier wird als König des Dschungels betrachtet. Seine negative Symbolik besteht in der Tendenz, sich für wichtig zu halten, in vielfacher Weise die Aufmerksamkeit auf sich zu ziehen, anderen seinen Willen aufzuzwingen und als Anführer gelten zu wollen. Die entsprechenden positiven Aspekte sind das Selbstvertrauen und die Fähigkeit, sich zu behaupten.

Die aus dem Meer kommenden Löwen symbolisieren instinktive, aus dem emotionalen Unbewusstsein aufsteigende Kräfte, die sich öffentlich zu erkennen geben. Die Tatsache, dass es sehr viele waren, bedeutet, dass die durch sie versinnbildlichten Kräfte sehr stark und noch nicht gemeistert sind, da sie, wie man weiter im Traum sieht, die Träumerin fressen wollen.

Was geschieht, wenn solche unbewussten Kräfte in einem erwachen? Man bekommt Angst, weil man fürchtet, von ihnen verschlungen zu werden – wie das die folgende Traumszene zeigt. Das ist eine typische Reaktion bei Menschen, die eine Menge Gefühle unterdrückt und verdrängt haben. Man hat einen Lebensgefährten, der einen unfreundlich und schlecht behandelt, und das lässt irgendwann die Löwen in einem erwachen. Der im Unbewusstsein angestaute Frust und Ärger bricht hervor. So kann von einem Tag auf den anderen eine Person, die immer lieb und nett war, plötzlich feststellen: „Mein Gott, ich war doch früher nicht so! Ich bin wirklich sehr abrupt geworden und wenn ich Nein sage, klingt das wie ein: ‚NEIN! DAS KOMMT ÜBERHAUPT NICHT IN FRAGE!' Was ist nur mit mir los?!" Und die Menschen um sie herum fragen sich: „Um Gottes Willen! Was ist denn in die gefahren?" Solche Reaktionen zeigen, dass die betreffende Person lernen muss, ihre Selbstbehauptungskräfte zu zähmen. In unserem Beispiel geht es darum, die negativen instinktgesteuerten Kräfte des Löwen zu transzendieren und seine positiven Aspekte zu integrieren.

Das Gleiche gilt auch für die Bären, die ebenfalls bestimmte instinktive Kräfte und Bedürfnisse symbolisieren. Die negativen Merkmale des Bären sind sein ungehobeltes, grobschlächtiges Wesen, seine Gier und seine Gefräßigkeit. Diese Aspekte Ihrer Selbstbehauptungskraft müssen Sie meistern lernen und durch Selbstdisziplin und schöne, richtige Manieren ersetzen, anstatt ständig auf die Befriedigung Ihrer Bedürfnisse und Begierden aus zu sein – die im Wesentlichen emotionaler und sentimentaler Art sind, weil die Tiere aus dem Wasser kommen.

Sie werden in den nächsten Tagen auf der Ebene Ihres Bewusstseins spüren, wie Ihre inneren Löwen zum *Brüllen* ansetzen wollen. Situationen, wo Sie sich früher tolerant zeigten, obwohl diese Sie störten, verletzten oder belasteten, werden Sie nun mit weniger Toleranz hinnehmen. Das Wesentliche dabei ist, sich zu bemühen, die erwachenden Kräfte meistern zu lernen, damit Ihre Selbstbehauptung in richtiger und gerechter Weise erfolgt. Ihre Familie, Freunde und Kollegen sind es nicht gewohnt, dass Sie sich durchsetzen wollen, und sie werden ihr Verhalten Ihnen gegenüber nicht von heute auf morgen ändern können. Sie müssen folglich diese Kraft zähmen.

Ich kann dieses Phänomen gegenwärtig bei meiner Tochter Kasara beobachten, die im Jugendalter ist. Sie hat immer auf mich gehört; wir kamen immer problemlos miteinander zurecht. Das ist auch heute noch so, doch manchmal macht sich nun in ihr ein kleiner Löwe bemerkbar. Das ist normal, weil die Jugendlichen lernen müssen, sich zu behaupten. Es kommt der Tag, wo unsere lieben kleinen Engel sich plötzlich in Krieger verwandeln. Sie wollen sich behaupten und durchsetzen, obwohl das, was sie gelegentlich vorschlagen oder vorhaben, keinerlei Sinn ergibt. Manchmal benehmen sie sich wie ein Bär, der den Eiffelturm umwerfen möchte, um ihn als Zahnstocher zu benutzen. Ihre Bedürfnisse manifestieren sich in so unproportionierter Weise, dass ihre Ideen, Gefühle und Handlungen sehr oft unlogisch und sinnlos erscheinen.

Wir haben in unserer Familie den Vorteil, dass wir mit den Träumen arbeiten. Kasara erzählt mir ihre Träume und wenn sie im Laufe des Tages ihre Energie nicht mehr zu meistern vermag, brauche ich sie nur an ihren Traum zu erinnern, und sie nimmt die Berichtigung ihres Verhaltens von selbst vor. Sie verfügt über das Bewusstsein und die Fähigkeit einer Eingeweihten, sich selbst zu bewerten und die in ihr erwachenden Kräfte zu meistern.

Die während der Jugendzeit erwachenden Kräfte sind so machtvoll und das ist für die Jugendlichen ein so ungewohntes, neues Phänomen, dass sie gerne über den ganzen Planeten verfügen würden. Sie bringen die Begriffe *groß* und *klein* durcheinander und verlieren jeglichen Sinn für richtige Proportionen. Kommen ihre Freunde vorbei, so benötigen sie Platz für ihre Aktivitäten und wenn man ihnen zuhört, könnte man meinen, sie bräuchten das ganze Haus, der Rest der Familie solle sich einfach dünn machen. Wir tragen alle solche Kräfte in uns und wir müssen sie meistern lernen. Manche Menschen, die sich im Fernseher die Nachrichten ansehen, geben dazu Kommentare ab, als wäre es ihre Mission, die Welt ins richtige Lot zu bringen. Sie sitzen nörgelnd und kritisierend vor dem Bildschirm und beschimpfen die Politiker: „Der ist doch nur ein alter dies und das... und der ist noch schlimmer. Der hätte nie gewählt werden dürfen!..."

Jeder will immer besser wissen, wie die Dinge laufen müssten. Wir haben alle Politiker und Botschafter in uns, doch wenn wir uns nicht konkret und in richtiger Weise in der Politik und der Gesellschaft engagieren, wird unsere Wohnzimmerpolitik nicht viel bewirken. Man rüttelt damit lediglich ein bisschen die Möbel durch und kann dabei sogar Gefahr laufen, die friedliche Atmosphäre in seinem Heim zu zerstören. Anstatt die Welt zu verbessern, kann das Wettern und Wüten unser Privatleben zerstören. Es ist sehr wichtig, die machtvollen, aus unserem Unbewusstsein aufsteigenden Kräfte zu meistern – in jedem Alter!

Also, die wahre Heilung hat in Ihnen begonnen und Sie sind sich dessen bewusst. Natürlich werden Sie sich zu Beginn aus dem Gleichgewicht geworfen fühlen und das ist normal. Die erwachten Kräfte sind sehr machtvoll – denn eine Menge Tiere tauchten aus dem Meer auf. Wenn man einen solchen Traum erhält, versteht man besser, wieso man einen Mann mit Löwen- und Bärenmanieren geheiratet hat. Das ist vielleicht nicht Ihr Fall, doch Sie können derartige Menschen auch in Ihrer Familie, Ihrem Freundeskreis usw. vorfinden. Es ist dann wichtig, zu erkennen, dass man mit diesen Menschen starke Resonanzen hat, weil man dieselben Verhaltensweisen und Merkmale in Form von Erinnerungen in sich trägt.

Die Tiere gingen in ein Haus hinein. Das bedeutet, dass die erwachten instinktiven Kräfte sich in Ihrem Privatleben und Ihrer Intimität manifestieren werden. Ich brauche wohl nicht zu sagen, dass es, um sich darauf vorzubereiten, gut ist, zu wissen, wann ein Löwe oder ein Bär unser Haus betritt – was ja glücklicherweise nicht alle Tage geschieht. Doch ein ganzes Pack Löwen und Bären gleichzeitig – das ergibt ein ganz anderes, ein sehr viel turbulenteres Bild! (*Lachen*) Sie müssen sich folglich darauf gefasst machen, in Ihrem Privatleben aus dem Gleichgewicht gebracht zu werden, weil ganz viele machtvolle, unterdrückte Emotionen in Ihnen hochsteigen.

Sie wussten, dass die Tiere die zuletzt eintretende Person fressen würden und dass Sie diese Person waren. Das besagt, dass Ihre Bedürfnisse und Instinkte eine Weile Ihr Leben bestimmen und sich direkt in Ihrem Verhalten äußern werden. Unbefriedigte Bedürfnisse könnten Sie beispielsweise ganz intensiv bedrängen und Ihnen das Gefühl geben, als wollten sie Sie verschlingen. Um dies zu verhindern, könnten Sie versucht sein, mit aller Härte gegen sich selbst vorzugehen. Oder aber sie könnten durch andere Menschen in Ihrem Umfeld zum Ausdruck kommen. Wir bringen durch unser Verhalten in unseren zwischenmenschlichen Beziehungen unsere inneren Kräfte ans Licht, sogar ohne uns dessen bewusst zu sein. Das wird durch das Gesetz der Resonanz bewirkt – wir ziehen immer das an, was wir selbst sind. Menschen in Ihrem Umkreis können plötzlich größere Anforderungen und mehr Ansprüche als gewöhnlich an Sie stellen, was Ihnen das Gefühl gibt, vom Leben und den Verantwortungen regelrecht *verschlungen* zu werden. Man sagt sich in solchen Fällen manchmal: „Ich tue immer alles für die anderen und keiner tut je was für mich." Man fühlt sich frustriert, weil man den Eindruck hat, nicht zu erhalten, was einem zusteht. In solchen Phasen fühlt man sich buchstäblich vom Leben *aufgefressen*. Doch das kommt eigentlich daher, weil man seine inneren Tiere noch nicht meistert und an einer falschen Denkweise festhält.

Die Tatsache, dass es im Traum dunkel war, bedeutet, dass Sie sich dieser Vorgänge zumindest am Anfang nicht bewusst sein werden, doch im Laufe der Wochen und Monate werden Sie immer klarer erkennen, was in Ihnen vor sich geht. Sie werden diese Kräfte spüren. In Ihrem Traum hatten Sie Angst, als Sie erfuhren, dass diese Kräfte Sie verschlingen würden. Das besagt, dass Sie ihr Auftauchen aus Ihrem Unterbewusstsein fürchten. Das sollten Sie aber nicht, weil ihr Erwachen und ihre Aktivierung Teil der großen Vorgänge sind, welche die innere Heilung bewirken. Diese Vorgänge werden jedoch nur dann Früchte tragen, wenn Sie entschlossen sind, Ihre inneren Tiere richtig zu erziehen und meistern zu lernen.

Sie rühren gegenwärtig in den Gewässern Ihres Unbewusstseins herum. Genau das geschieht, wenn man bewusst mit den Träumen arbeitet, und die dadurch wachgerüttelten und aufsteigenden Kräfte muss man zähmen lernen.

Dann stießen Sie eine weißgekleidete Frau um. Die weiße Kleidung kombiniert mit der Tatsache, dass es eine Frau war, verweist auf Ihre Spiritualität und die Art und Weise, wie sie sich in Ihnen ausdrückt. Sie neigen dazu, sich auf der spirituellen Ebene zu überrennen; Sie wollen schneller vorankommen, als es Ihrer natürlichen Bewegung entspricht.

Die Frau fiel ins Licht, in einen hellen, lichtvollen Raum. Dies gibt in symbolhafter Weise an, dass Sie nun besser verstehen werden, wie Ihre verzerrten Handlungen, Ihre Fehltaten die spirituellen Teile Ihres Wesens verletzten. Wann immer Sie aus dem Gleichgewicht geraten, weil Sie Ihre innere Stabilität verlieren, wird Ihnen dies helfen, eine bessere Selbstkenntnis zu erlangen. Sie hörten den Klang von zerbrechendem Glas. Der Gedanke an Glas geht gewöhnlich einher mit der Idee der Durchsichtigkeit, und im übertragenen Sinne der Transparenz. Außerdem wird Glas häufig zur Herstellung von Behältern – Schalen, Schüsseln, Gläsern – verwendet, weshalb es in gewisser Weise auch die Rezeptivität, die Fähigkeit, zu empfangen, versinnbildlicht. Der Klang des zersplitternden Glases gibt an, dass jedes Mal, wenn Sie den Boden unter den Füßen verlieren, Ihre Authentizität und Ihre Rezeptivität stark erschüttert werden. Diese Szene kündigt insgesamt eine Periode großer Unstabilität an, die gewöhnlich eine Öffnung des Unbewusstseins begleitet.

Dieser Traum ist in der Tat sehr informativ; er beschreibt in Einzelheiten die in Ihnen angelaufenen Vorgänge.

Anschließend suchten Sie nach einem Platz, um sich in Sicherheit zu bringen und dieser Platz war ein Laboratorium. Was für eine Art Laboratorium war es? (T: Ein pharmazeutisches. Vielleicht sollten Sie wissen, dass ich in der konkreten Wirklichkeit in einem pharmazeutischen Labor arbeite.)

Man arbeitet nie zufällig an einem bestimmten Ort. Leute, die in einem Laboratorium – ganz gleich welcher Art, einem medizinischen, pharmazeutischen usw. – arbeiten, experimentieren in ihrem Leben mit Dingen, welche die Heilung ihrer Seele fördern sollen. Das gehört zu ihrem Lebensprogramm. In gleicher Weise müssen Ärzte, Krankenpfleger, Forscher, Apotheker, Therapeuten, kurzum, all jene, die im medizinischen Bereich tätig sind, im weitest möglichen Sinn Erkenntnisse bezüglich der Krankheit und der Gesundheit erwerben. Sie sind dazu aufgerufen, die ihrem jeweiligen Tätigkeitsfeld entsprechenden Qualitäten zu entwickeln und zu integrieren. Haben sie mit Patienten zu tun, so wird ihr Erfahrungsfeld ein besseres Verständnis von Schmerz und Leid beinhalten. Dieses Verständnis wird ihnen helfen, für die Leidenden ein tiefes Mitgefühl und eine umfassende Liebe zu entwickeln, anstatt Schmerz und Leid zu dramatisieren und überzubewerten.

Sie versteckten sich in Ihrem Traum in einem Labor, weil Sie herausfinden möchten, wie Sie sich selbst heilen können. Sie müssen Ihr emotionales Potenzial entdecken – welches immens ist –, es in all seiner Größe und Reichweite erkennen und dafür sorgen, dass es sich nicht in eine zerstörerische Kraft verwandelt oder seine falsche Verwendung in Ihnen Krankheiten verursacht.

Als Sie das Labor betraten, sahen Sie hinter sich ein kleines Mädchen, das mit einem Wasserschlauch abgespritzt wurde. Das, was hinter unserem Rücken geschieht, betrifft immer die Vergangenheit, Erinnerungen, die wir in der Vergangenheit eingespeichert haben. Der Wasserschlauch weist erneut auf die Gefühle hin, die diesmal aber zielgerichtet waren. Es ist generell nicht angenehm, abgespritzt zu werden, es sei denn, man tut es zum Vergnügen, z.B. im Spiel mit Kindern oder bei sehr warmem Wetter. Dann kann es natürlich ein positives Element sein. Ansonsten signalisiert das Abspritzen mit einem Wasserschlauch, dass uns jemand in nicht besonders netter Art, möglicherweise sogar aggressiv, dicht gebündelte Emotionen übermittelt, die uns auf der Ebene des Bewusstseins völlig durchnässen und Unwohlsein zur Folge haben.

Normalerweise reagiert man, wenn uns jemand abspritzt, doch das Mädchen in Ihrem Traum ließ es regungslos über sich ergehen, es blieb vollkommen passiv. Dieses Mädchen stellt Ihr inneres Kind dar, das keine Reaktion zeigt und nichts sagt, wenn es emotionale Schwierigkeiten durchlebt. Alle drei Elemente – das kleine Mädchen, der Wasserschlauch und die nicht in Erscheinung getretene Person, die ihn betätigte – stellen Teile von Ihnen dar. Sie haben in der Vergangenheit, in früheren Leben, andere Menschen mit Ihren Emotionen übergossen und dafür in diesem Leben in gewisser Weise Ihr Reaktionsvermögen verloren, wenn Leute Sie mit ihren negativen Emotionen durchtränken. Man zeigte Ihnen also den Grund für Ihre Tendenz, Ihre Gefühle zu unterdrücken. Das ist ein wichtiges Element und gleichzeitig ein Schlüssel zum Verständnis dessen, was Ihre emotionsgeladenen Ausbrüche verursacht. Denn durch die kontinuierliche Anhäufung unterdrückter Emotionen, läuft man Gefahr, eines Tages ihren vulkanartigen Ausbruch erleben zu müssen.

Das kleine Mädchen trug eine wollene Jacke. Die Wolle stammt von Schafen und was tun Schafe? Sie folgen. Die Bereitschaft zu folgen ist etwas Positives, vorausgesetzt man folgt dem, was richtig ist – unser Schafhirte muss Göttliche Qualitäten haben. Er kann sich in der Form eines Kindes, eines Erwachsenen oder einer Situation manifestieren. Ich kann beispielsweise Führung durch meine Tochter oder meine Frau erhalten. Manchmal erhalte ich sie durch eine Information, während ich Radio höre, oder durch ein Gespräch mit einer anderen Person. Alles kann uns Führung bieten, sogar Menschen, die sich nicht richtig verhalten; sie können uns jederzeit Informationen liefern, die unser Herz berühren und denen wir eine Lehre entnehmen können. Eines Tages werden wir das Göttliche in allem und jedem erkennen, immer offen und rezeptiv bleiben, und dennoch wachsam zwischen richtig und falsch unterscheiden.

Die Wolljacke versinnbildlicht also die Folgebereitschaft, welche im Negativen die Bereitschaft ergibt, blind zu folgen. Dieser negative symbolische Aspekt wird durch die Prozession am Ende des Traums verstärkt – worüber wir in ein paar Minuten sprechen werden. Das zeigt, wie ein kleines Detail in einem Traum eine große Bedeutung annehmen kann, genau so, wie eine winzig kleine Bakterie eine ernsthafte Krankheit auszulösen vermag.

Als das kleine Mädchen wegging, war seine Kleidung nicht im Geringsten nass. Die symbolische Bedeutung dieses Bildes zusammen mit Ihrem anderen Traum – in dem Sie ein nasses Kinderkleid aus dem Schrank entfernten, um es zum Trocknen aufzuhängen – sowie der soeben besprochenen Folgebereitschaft geben uns etwas sehr Interessantes zu erkennen: Wenn Sie gefühlsmäßig überschüttet werden, entfernen Sie sich, um sich mit anderen Dingen zu vertrösten. Wenn Ihnen jemand als Trost vorschlägt, auszugehen, neigen Sie dazu, dem Vorschlag zu folgen, ganz gleich was er beinhaltet. Ich will dazu ein einfaches Beispiel angeben. Eine Freundin oder eine Tante fordern Sie auf, sie ins Kasino zu begleiten: „Ach du Arme, du bist so allein! Du hast keinen Freund! Komm mit! Wir werden uns im Kasino aufmuntern! Da ist eine großartige Tanzshow auf dem Programm „Die Machomänner" (*Lachen*). Und nach der Show versuchen wir unser Glück an den Spielautomaten." Sie folgen dem Vorschlag und gehen mit. Auf der positiven Seite werden Sie durch das Auftauchen dieser emotionalen Kräfte bestimmte Dinge erkennen können – das bestätigt das Licht, in das die Frau hineinfiel.

Der Pfad der Einweihung ohne die Kenntnis und das wahre Wissen ist sehr gefährlich und man kann sich darauf verlieren. Die Unkenntnis des Resonanzgesetzes und das Unverständnis, dass alles einen Bewusstseinszustand darstellt, kann eine konformistische Folgebereitschaft hervorrufen, die einen veranlasst, Protestbewegungen beizutreten, welche völlig den Kontakt zur Realität verloren haben. Man sieht auch Menschen, die in eine Form von Fanatismus verfallen und denken, alle anderen hätten Unrecht, die Gesellschaft sei im Rückstand und die Welt verloren.

Doch die Welt ist nicht verloren. Sie ist pünktlich und haargenau in dem Zustand, der für ihre Entwicklung richtig ist. Die Kriege haben in diesem Entwicklungsschema ihren Platz. Alles hat seinen Platz. Eines Tages werden wir verstehen, dass es die Kriege in der Außenwelt gibt, weil wir Kriege in unserer Innenwelt führen und diese täglich nähren. Jeder hat in sich Kriegsszenarien und wenn die diesbezüglichen individuellen Energien und Kräfte sich zusammenschließen und verdichten, treten sie auf der kollektiven Ebene als Kriege in Erscheinung. Beschließt ein Mensch, seine inneren Kriege zu beenden, so wird dies positive Auswirkungen auf all seine Beziehungen haben – mit seinem Lebensgefährten, seinen Kindern, seinen Eltern, seinen Freunden, seinen Kollegen usw. Nur wenn wir diesen Prozess in uns selbst in Gang setzen, können wir darauf hoffen, eines Tages dem Krieg für immer ein Ende zu setzen und unsere Gesellschaften in Frieden leben zu sehen. Herrscht trotz der im individuellen wie kollektiven Unbewusstsein vorhandenen gewaltvollen Kräfte in einem Land kein Krieg, so deshalb, weil die Kosmische Intelligenz beschlossen hat, den dort lebenden Menschen die Erfahrung einer friedlichen Welt zu gewähren. Denn Sie könnte durchaus von einem Tag auf den anderen Zerrüttung und unstabile Umstände hervorrufen, die auf der gesamten Erde Anarchie zur Folge hätten. Alles könnte jederzeit explodieren.

Ich möchte nochmals auf die Tatsache zurückkommen, dass das kleine Mädchen nicht nass war, nachdem es mit dem Wasserschlauch abgespritzt wurde. Das bedeutet, dass das häufige *Abgespritzt-Werden* mit den negativen Gefühlen anderer Menschen Sie sozusagen *wasserdicht* hat werden lassen. Dies ist vergleichbar mit der Gefühllosigkeit gegenüber Schmerz oder Verletzungen, die manche Menschen entwickeln. Sie haben sich so sehr daran gewöhnt, dass es ihnen nichts mehr ausmacht, wenn andere Leute sie verletzen oder gemein zu ihnen sind. Obwohl es sich dabei nicht um eine Meisterung der Gefühle handelt, ist man schon einen Schritt weiter, wenn man auf Gewalt nicht mehr mit Gewalt reagiert.

Sie befanden sich anschließend auf der Straße unter einer Menge schwarzgekleideter Menschen, die niedergedrückt aussahen und bergaufwärts gingen. Die Tatsache, dass Sie in dieser Szene auf der Straße waren, versinnbildlicht den Übergang von der inneren in die äußere Welt, genau so, wie wir uns beim Verlassen unseres Hauses in die Außenwelt und das gesellschaftliche Leben begeben. Die Prozession der niedergedrückt bergauf gehenden Menschen stellt eine kollektive Denkweise mehrerer Teile Ihres Wesens dar.

Diese Teile waren schwarz gekleidet und da sie niedergedrückt aussahen, muss die negative Symbolik der Farbe Schwarz in Betracht gezogen werden. Diese besteht in einer ausschließlich materialistischen Sicht der Dinge, einer Menge im Unbewusstsein verborgener Erinnerungen, die den Stempel des Machtmissbrauchs tragen. Die Tatsache, dass sie niedergedrückt aussahen, weist darauf hin, dass diese Teile Ihres Wesens sorgenbeladen und stark geprüft sind und sich traurig und hoffnungslos fühlen.

Wir müssen lernen, den Sinn der Schwierigkeiten und Prüfungen zu verstehen, und sie als Sprungbrett zu etwas Neuem ansehen. Jeder Mensch, der Schweres durchmacht, entdeckt früher oder später dessen tieferen Sinn. Die Geistigen Führer in den Parallelwelten programmieren die Situationen, die wir durchleben, gemäß unserem Lebensplan. Natürlich haben wir unseren freien Willen, doch sobald wir eine Richtung einschlagen, die uns zu sehr von unserem Entwicklungsplan entfernen würde, greifen Sie ein und veranlassen uns, in die richtige Bahn zurückzukehren. Man kann sich das so vorstellen, als würden wir ein Flugzeug steuern, dessen Kurs unseren Lebensplan darstellt: Sobald wir vom Kurs abkommen, schaltet sich der automatische Pilot ein und korrigiert den Kurs. Die Arbeit der Geistigen Führer stellt sicher, dass die Perfektion immer gewährleistet ist. Dadurch kann niemand Opfer eines Angriffs, eines Diebstahls, einer Vergewaltigung oder einer sonstigen Prüfung werden, wenn er damit keine karmisch bedingten Resonanzen hat.

(T: Wir erhalten also, was wir verdienen?!) Genau. Die Geistigen Führer in den höheren Welten sitzen nicht herum und sagen sich gelangweilt: „Ach, ich habe heute nichts zu tun, deshalb werde ich diesem und jenem Menschen eine Prüfung oder einen Schicksalsschlag organisieren, damit er daran zu nagen hat." Nein, keineswegs. Um Schwierigkeiten und Prüfungen ausgesetzt zu werden, muss man sie selbst auf der metaphysischen Ebene vorbereitet, organisiert und in die Wege geleitet haben – im gegenwärtigen oder in früheren Leben. Das trifft natürlich auch auf die schönen Situationen und Erlebnisse zu.

Taucht eine Schwierigkeit auf, so sollte man sie als Erstes akzeptieren und sich fragen: „Was gibt sie mir zu verstehen? Warum habe ich das zu erleben?" Anschließend analysiert man ihre Bedeutung mit der Symbolsprache. Hält eine schwierige Phase länger an, so muss man dies auch akzeptieren, die Zeit für eine tiefe Innenschau nutzen und die notwendigen Reinigungs- und Berichtigungsarbeiten durchführen.

Wenn sie sich nicht wohlfühlen, begnügen sich manche Menschen damit, zu klagen, zu jammern und die Schuld auf die anderen zu schieben: die Gesellschaft, ihre Eltern, ihren Bruder, der sie verleitet hat, dies und jenes zu tun, als sie jung waren, und ihre Mutter, die sie nicht verteidigt hat usw. Es ist in ihren Augen immer die Schuld der anderen.

Wir müssen zum Verständnis gelangen, dass unsere Eltern und Geschwister wesentliche Teile von uns selbst versinnbildlichen und wir nie zufällig in eine bestimmte Familie hineingeboren werden. Wenn wir es uns zur Gewohnheit machen, immer auf uns selbst zurückzuschließen, lassen wir nacheinander die Waffen fallen; wir legen unsere Waffen nieder, weil wir einsehen: „Wenn ich das selbst auch getan habe, so ist es normal und richtig, dass ich es nun ebenfalls erfahre. Ich wusste nicht, dass diese Aspekte in meinen Erinnerungen enthalten sind, doch nun bin ich mir dessen bewusst und akzeptiere es. Ich bin dankbar für das, was ich durch diesen oder jenen Menschen durchlebe, weil es mir hilft, Gegebenheiten zu erkennen, die ich erkennen muss."

Natürlich darf uns das nicht davon abhalten, gewisse Dinge in unserem Leben zu ändern. Man sollte nicht an der Stelle, wo Schwierigkeiten oder Prüfungen einen niedergeworfen haben, wie festgenagelt stehenbleiben, sich geschlagen geben und auf weitere Schläge warten. Ist man mit einem gewalttätigen Mann verheiratet, muss man sich irgendwann sagen: „Es reicht nun mit der körperlichen und verbalen Gewalttätigkeit! Damit ist nun

Schluss! Ich verlasse ihn, doch ich werde an mir arbeiten, weil es den *Frauenschläger* auch in mir gibt. Ich werde ihn umerziehen." Tut man dies nicht, so wird man erneut einen gewalttätigen Mann anziehen oder aber einen, der viel zu weich, zu schwach und unentschieden ist, keine Initiative ergreift und von dem man keinerlei Hilfe oder Unterstützung erwarten kann.

Irgendwann ist man dank der Arbeit an sich selbst aus solchen Situationen befreit. Man versteht, dass man sie selbst erschaffen hat und folglich auch verändern kann. Und dabei braucht man nicht selbst gewalttätig vorzugehen. Stattdessen empfindet man Mitgefühl mit dem gewalttätigen Menschen, weil man weiß, dass er seinerseits ebenfalls die Gewalttätigkeit erfahren wird. Das Leben sorgt dafür, dass jeder Mensch genau das erhält, was ihm zusteht. Die Person, die uns betrogen und misshandelt hat, wird einen Menschen anziehen, mit dem sie Resonanzen hat und der sie genau so gewalttätig behandeln und leiden lassen wird wie sie uns.

Wenn man mit positiven, wohlwollenden Energien arbeitet, integriert man das Gute und strahlt als Folge die Göttlichen Kräfte aus. Man bleibt sich des Bösen bewusst – man weiß, dass es existiert –, doch es kann sich nicht mehr durch einen hindurch manifestieren. Es wird sich weiterhin durch Menschen ausdrücken, die das Böse nähren. Die Kosmische Intelligenz sorgt dafür, dass sich diese Menschen begegnen und sie sich gegenseitig Lektionen erteilen, die ihre Entwicklung fördern.

Sobald man dieses Verständnis integriert hat, bringt einen der Anblick von Menschen, die Schwierigkeiten durchleben, nicht mehr aus der Fassung, man fühlt sich nicht mehr negativ belastet oder entrüstet. Als meine Tochter klein war und ich ihr die Aschenputtel-Geschichte erzählte, sagte ich nicht: „Oh, das arme Aschenputtel! Seine Stiefmutter ist so gemein zu ihm!" Stattdessen erklärte ich meiner Tochter, dass Aschenputtel aus seiner Lage etwas zu lernen hatte, dass es etwas in sich bearbeiten und bereinigen musste, weil seine Stiefmutter und seine Stiefschwestern Teile seines eigenen Wesens darstellten. Aschenputtel hatte in früheren Leben genauso gehandelt wie seine Stiefmutter, und diese würde eines Tages das Gleiche erleiden, was sie Aschenputtel angetan hatte. Ich erklärte meiner Tochter den tieferen Sinn der Prüfungen und sogenannten Schicksalsschläge, d.h. die erzieherische Funktion, die sie im Entwicklungsprozess ausüben.

Vorgestern berichtete mir eine Teilnehmerin über ihre Situation mit ihrer Schwiegermutter, die mit ihr und ihrem Mann lebt und sie seit mehr als 20 Jahren herabsetzt und niedermacht. Als ich die Frau heute etwas früher am Tag sah, erzählte sie mir, was sie gestern Abend erlebt hatte. Sie empfand auf der Heimfahrt allerlei Emotionen im Zusammenhang mit dem Verhalten ihrer Schwiegermutter. Zu Hause angekommen parkte sie den Wagen und bevor sie ihn abschloss, sagte sie sich: „Ich werde die Wagentür schließen und verriegeln, so als wäre ich es, damit meine Schwiegermutter mich nicht mehr berühren kann." Die Frau wollte durch diese symbolische Geste den negativen Einfluss ihrer Schwiegermutter exorzieren. Sie schlug sehr ärgerlich die Wagentür zu und verriegelte die Türen. Sie gestand: „Es war stärker als ich. Ich knallte die Tür wirklich sehr hart zu." Doch als sie durch die Fenster in den Wagen hineinsah, entdeckte sie die hin und her schwingenden Schlüssel. Es war lustig zu hören, wie sie anschließend sagte: „Ich hatte das Gefühl, als lachten die Schlüssel mich aus. Ihr Hin- und Herschwingen schien zu sagen: ‚Du da! Du wirst dein Verhalten und deine Denkweise bezüglich deiner Schwiegermutter ändern müssen!'" (*Lachen*) Der Himmel hatte ihr eine gehörige Lektion erteilt. Diese lautete: „Es nutzt nichts, deine Schwiegermutter auszusperren, denn du hast sie in dir drin. Du hast in einem früheren Leben genauso gehandelt." Man gab ihr ganz konkret zu verstehen, dass Sie ihr Problem nicht lösen würde, indem sie verschlossene Räume schuf, die Dinge in ihrem Geist aufteilte, hinter Trennwänden verriegelte und unterdrückte.

Wir sprachen ausführlich darüber. Ich sagte zu ihr: „Sie verstehen nun, dass dies nicht die richtige Art ist, das Problem zu lösen. Wenn es Ihnen nicht gelingt, sich mit Ihrer Schwiegermutter zu vertragen und die ihr entsprechenden Erinnerungen in sich selbst zu verwandeln, wird sie in Ihrem nächsten Leben erneut auftauchen. Sie könnten sogar mit ihr verheiratet sein. Das könnte was geben! (*Lachen*) Deshalb ist es besser, das Problem hier und jetzt zu klären; sonst verschleppen Sie das Ganze von einem Leben ins nächste. Wenn Sie in einem Iglu enden mit einem Mann, der die Reinkarnation Ihrer Schwiegermutter ist, könnte sie sich noch tyrannischer verhalten als in diesem Leben. Sie könnte Sie sogar sexuell missbrauchen und Ihre Seele würde Höllenqualen durchmachen. Indem Sie die jetzige Situation verwenden, um an sich zu arbeiten, werden Sie Ihre durch Tyrannei gekennzeichneten Erinnerungen ausfindig machen und schnell verwandeln."

Kommen wir auf den Traum zurück. Die Prozession der schwarz-gekleideten, niedergeschlagenen Menschen, welche die Straße hinaufgingen, zeigt, dass Sie das Gesetz der Resonanz im Hinblick auf das gesellschaftliche, kollektive Leben noch nicht integriert haben, obwohl Sie es im Bereich der eher persönlichen Beziehungen durchaus schon anwenden können. Sie haben wahrscheinlich auf dieser Ebene einige Einsichten zu gewinnen. Zum Abschluss dieser Traumdeutung möchte ich sagen, dass Bewusstseinsöffnungen Sie zu einer ernsthaften Arbeit auf der emotionalen Ebene veranlassen werden; außerdem werden Sie das Verständnis sowohl für die individuellen wie die kollektiven Prüfungen entwickeln müssen. (T: Vielen Dank.)

(T: Ich habe auch einen Traum, dessen Deutung ich gerne von Ihnen hören würde. *Ich war mit einer Freundin im Wald, als plötzlich die Nacht einbrach. Ich rief nach ihr, doch sie antwortete nicht. Dann hörte ich ein Geräusch in den Bäumen. Ein Übeltäter, ein Krimineller, jemand, der nichts Gutes im Sinn hatte, näherte sich und ich verließ den Platz, wo ich mich befand, um nach dem Zaun zu suchen, dem entlang man den See erreichte. Ich fand den Zaun, kletterte hinüber und traf auf eine Gruppe sehr freundlicher deutscher Frauen. Ich ging eine Weile mit ihnen; danach erreichte ich den Gipfel eines Berges. Ich musste irgendwann unter einer Seilbahn hindurchgehen und das war sehr schwierig – ich schaffte es nicht. Eine Minute später befand ich mich in der Seilbahn und konnte sehen, wo ich hätte hindurchgehen sollen. Am oberen Ende der Bahn war eine sehr nette Kassiererin. Ich musste zahlen und ich gab ihr ein Trinkgeld, weil sie so nett war. Dann kam ich in einer Schweizer Bergstation an und hielt dort Ausschau nach dem Büro, wo meine Freundin arbeitete. Da sie mir nicht geantwortet hatte, wollte ich mich vergewissern, ob sie heil und gesund angekommen war. Ich sah sie von weitem durch das Fenster. Sie befand sich am Empfang eines Architektenbüros. Ich war irgendwie ein bisschen neidisch auf sie, weil... – ich weiß nicht so recht – weil sie glücklich schien und es ihr anscheinend gut ging... Ich beneidete sie ein wenig um ihre Stellung.*)
Vielen Dank für die Mitteilung dieses Traums und Ihre schöne Demut.

In der Einweihungswissenschaft sagt man, die wichtigste Qualität auf dem Weg der spirituellen Entwicklung sei die Demut. Sie ist die Fähigkeit, über sich selbst, über das, was man bei der Erforschung seines Bewusstseins und Unbewusstseins entdeckt, die

Wahrheit zu sagen. Manche Menschen sind mit sich selbst nicht authentisch; sie wenden den Blick von ihren eigenen Verzerrungen ab, sie wollen sie nicht wahrnehmen. Die Demut, dank derer wir authentisch sein können, ist in der Tat eine sehr schöne und wesentliche Eigenschaft.

Was stellt die Freundin aus Ihrem Traum für Sie dar? (T: Was sie darstellt...? Hm... Sie reinigt Toiletten. Damit verdient sie ihren Lebensunterhalt.) Ah! Das ist eine schöne und sinnvolle Arbeit, sehr viel sinnvoller und nützlicher als beispielsweise Verkäufer oder Vertreter in gewissen Unternehmen zu sein, die für die Menschheit und die Umwelt schädliche Produkte anbieten. Das ist ein sehr interessanter Traum. Beginnen wir mit seiner Analyse und Deutung.

Als Erstes möchte ich wieder daran erinnern, dass alle Traumelemente grundsätzlich als Teile des Träumers zu betrachten sind, als Aspekte seines Bewusstseins. Dabei ist es jedoch wichtig, sich zu sagen, dass man nicht nur diese Aspekte ist.

Sie waren im Wald und es begann, Nacht zu werden. Aus positiver Sicht symbolisiert der Wald Emotionen und Gefühle, durch die ein Mensch seine Kräfte erneuern kann. Wieso? Zunächst einmal weil das Pflanzenreich und die Farbe Grün die Welt der Gefühle versinnbildlichen. Als Nächstes weil die Vegetation einerseits den Boden erneuert – der dem Element Erde angehört und den feststofflichen Körper versinnbildlicht – und andererseits den Sauerstoff erzeugt – welcher die Welt der Gedanken darstellt. Man braucht nur an den Bewusstseinszustand zu denken, den ein schöner Waldspaziergang hervorruft. Das tiefe Einatmen der Waldluft belebt und beschwingt uns, da die Intensität der Lebenskraft des Waldes sich auf all unsere Zellen überträgt. Aus negativer Sicht stellt der Wald verzerrte Aspekte unserer Fähigkeit, das Leben zu materialisieren, dar sowie die in der Tiefe unseres Unbewusstseins hausenden instinktiven Kräfte, welche durch die Waldtiere versinnbildlicht sind und die jederzeit aus dem Verborgenen auftauchen und uns vernichten können. Wegen der Anwesenheit des Übeltäters muss hier die negative Symbolik des Waldes in Betracht gezogen werden.

Die Tatsache, dass die Nacht hereinbrach, als Sie im Wald waren, bedeutet, dass Sie instinktiven, aus Ihrem Unbewusstsein auftauchenden Kräften begegnen werden, Sie diese aber noch eine gewisse Zeitlang nicht bewusst wahrnehmen können. Die Anwesenheit Ihrer Freundin, deren Arbeit in der Reinigung von Toiletten besteht, verweist auf einen Teil Ihres Wesens, der einen Reinigungsprozess durchläuft. Doch ich bin sicher, dass Sie mit dieser Freundin noch andere Aspekte verbinden. Welche positiven oder negativen Konnotationen ruft sie in Ihnen wach? Wie ist Ihre Beziehung? (T: So lala.) Warum? (T: Weil sie ziemlich den Boss spielt.) Gut. Das heißt, dass Sie in diesem Traum einem Teil Ihres Wesens begegnet sind, der einen Reinigungsprozess durchmacht, sich aber immer noch starr, autoritär und herrisch verhält.

Die Tatsache, dass Ihre Freundin nicht antwortete, als Sie nach ihr riefen, enthüllt eine mangelhafte Kommunikation zwischen Ihnen und diesem Teil Ihres Wesens, der an seiner Reinigung arbeitet. Das ist so, als ob Sie es manchmal nicht zugeben wollten, auf diesem Gebiet Arbeit vor sich zu haben, weil Sie ein gewisses Bild, das Sie von sich haben, aufrechterhalten möchten. Und das Festhalten an diesem Bild erzeugt in Ihnen Starrheit.

Der Bösewicht, Übeltäter und Kriminelle, den Sie im Wald ankommen sahen, stellt ebenfalls einen Teil Ihres Bewusstseins dar. Wir alle bergen innere Kriminelle, Bösewichte und Übeltäter in unserem Unbewusstsein und zwar so lange, bis wir sie alle erkannt, umerzogen und transzendiert haben. Es handelt sich dabei um jene Teile unseres Wesens, die nicht richtig handeln, die angriffslustig und aggressiv sind und über andere Menschen herfallen, um die persönlichen Bedürfnisse zu befriedigen. Kriminelle sind wie wilde Tiere. Ihre Bedürfnisse sind so stark ausgeprägt und machtvoll, dass sie nicht an die anderen, sondern nur an sich denken. Analysiert man die Träume von Menschen, die kriminelle Taten begangen haben, so erkennt man, dass sie eine Menge aggressive Tiere in ihrem Unbewusstsein enthalten. Manchmal hört man den einen oder anderen Täter sagen: „Ich weiß nicht, was über mich gekommen ist, es war einfach stärker als ich. Ich habe gar nicht mitbekommen, was geschehen ist." Das zeigt, wie wichtig es ist, die durch Wut und Aggressivität geprägten Erinnerungen zu bereinigen. Denkt man an das vorhin erwähnte Beispiel der Frau, die gewaltvoll die Tür ihres Wagens zuknallte, so kann man sich durchaus vorstellen, dass sie sich unter gewissen Umständen dazu hinreißen lassen könnte, ihre Schwiegermutter die Treppen hinunterzustoßen. Es könnte sich sogar um einen unabsichtlichen Unfall handeln. Die Frau könnte ihre Schwiegermutter beim Gehen stützen und sie dabei durch eine ungeschickte Geste ins Wanken bringen. So aus dem Gleichgewicht gebracht, könnte die Schwiegermutter den Halt verlieren und stürzen. Solch unbewusste Erinnerungen können uns aber auch zu kriminellen Taten drängen.

Falls wir nicht imstande sind, die negativen Kräfte in unserem Unbewusstsein zu meistern, werden die angehäuften Erinnerungen sich irgendwann manifestieren, und manchmal tun sie das in sehr zerstörerischer Weise. Wie die Tatsache, dass Sie nach dem Zaun Ausschau hielten, angibt, suchten Sie an jenem Tag nach einem Übergang, einer Öffnung zu einem neuen Gebiet, welches Ihnen eine Veränderung Ihrer Stimmung und Ihres Bewusstseinszustandes ermöglichen würde. Und Sie fanden diese Öffnung. Die Symbolik der deutschen Frauen soll Ihnen zu erkennen geben, worauf Sie sich zubewegen. Die Begegnung mit ihnen ist ein sehr interessanter Aspekt in diesem Traum. Sie enthüllen Teile Ihres Wesens, die sich in Ihrer Innenwelt – weil es Frauen waren – mit den Merkmalen der Deutschen manifestieren. Positive Aspekte des deutschen Egregors sind die Struktur, die Disziplin und ein eher strenges Wesen. Die Deutschen haben eine sehr schöne Struktur in ihrer Sprache, ihrem Verhalten, ihrer Handlungsweise usw. Man kann von ihnen hinsichtlich der Disziplin, der Genauigkeit, der Akkuratesse und der Effizienz eine Menge lernen. Das sieht man an der Art und Weise, wie sie bauen, herstellen und produzieren: Die Strukturen und die Qualität sind immer sehr solide und verlässlich.

Auf der negativen Seite beinhaltet die Symbolik der Deutschen alles, was eine schlecht integrierte oder übermäßig entwickelte Struktur nach sich zieht, u.a. Starrheit und Autoritarismus. Außerdem sind die Deutschen, wenn sie einen zu viel getrunken haben, nicht besonders geruhsam – sie benehmen sich dann oft wie kleine Bären (*Lachen*) –, weil Menschen, die sich immer einordnen, um konform zu sein, sehr viele Kräfte und Gefühle unterdrücken.

Fast jeder kann sich in dieser Beschreibung erkennen. Wir benehmen uns in einer bestimmten Weise, weil man es uns so beigebracht hat, doch ohne zu verstehen, warum. Im Laufe der Jahre häufen sich dadurch eine Menge unterdrückte Kräfte an, die beim geringsten Versuch, sich zu entspannen, oder beim Genuss von

Alkohol oder Drogen hochsteigen und ausbrechen. Das erklärt, wieso Menschen, die gewöhnlich sanft wie Lämmer sind, plötzlich gewalttätig werden können. Man erkennt sie nicht wieder. Diese Aspekte sind durchaus in ihnen vorhanden, doch es gelingt ihnen in der Regel, sie zu unterdrücken und unter Kontrolle zu halten.

Ein Mensch, der in seinem gegenwärtigen Leben aufgrund einer schlecht integrierten Struktur ein starres Verhalten entwickelt hat, kann in einem Land und einer Familie wiedergeboren werden, die ihm die Gelegenheiten bieten werden, an seinen emotionellen Problemen zu arbeiten und dadurch zu Gleichgewicht und Harmonie zurückzufinden.

Nun wieder zu Ihrem Traum. Durch Ihr Bestreben, den Zaun zu finden, der zum See führte, äußerte sich Ihr Wunsch, sich von den durch den Übeltäter versinnbildlichten Emotionen und Stimmungen zu entfernen und Ihren – durch die deutschen Frauen dargestellten – besser strukturierten Gefühlen näherzukommen. Das bedeutet, dass Ihr Bewusstsein, sobald Sie sich in einer furchterregenden Situation befinden, einen inneren Umstrukturierungsprozess in Gang setzt, der es Ihnen ermöglicht, die Ordnung wieder herzustellen. Dieser Aspekt des Traums ist sehr interessant, da er zeigt, dass man seine innere Atmosphäre und Stimmung ändern kann, genauso wie man einen Raumwechsel in der konkreten Wirklichkeit durchführt, z.B. zu Hause, indem man von der Küche ins Schlafzimmer geht, bei der Arbeit, indem man von seinem Arbeitsplatz in die Kantine geht usw.

Sie begleiteten die deutschen Frauen eine Weile und gelangten auf einen Berg. Sie verließen also den Ort, wo sich der Bösewicht befand, und erreichten einen höher liegenden Platz, eine höhere Ebene. In der Sprache des Bewusstseins besagt dies, dass der Kontakt mit besser strukturierten Teilen Ihres Selbst es Ihnen ermöglicht, sich über das Niveau des Bösewichts, des Übeltäters und Kriminellen zu erheben, der auf die anderen keine Rücksicht nimmt und nur an die Befriedigung seiner Bedürfnisse denkt.

Dann mussten Sie unter einer Seilbahn hindurch, doch Sie schafften es nicht und fanden sich plötzlich im Innern der Seilbahn wieder. Diese Szene gibt zu erkennen, dass Sie in gewissen Situationen Schwierigkeiten hatten, sich zu erheben, Sie es letztendlich aber doch schafften. Anschließend hatten Sie angesichts der netten Kassiererin einen großzügigen Impuls. Dies enthüllt, dass Sie sich netten Menschen gegenüber großzügig erweisen, insbesondere wenn die Dinge gut verlaufen und die betreffenden Menschen Ihnen helfen.

Als Nächstes gelangten Sie in eine Schweizer Bergstation und suchten dort nach dem Büro Ihrer Freundin, um zu sehen, ob sie unbeschadet angekommen war. Sie sahen sie von weitem durch das Fenster am Empfangstisch eines Architektenbüros. Die Tatsache, dass Sie am Ende des Traums Ihre Freundin wiederfanden, führt uns an seinen Anfang zurück. Dadurch schließt sich gewissermaßen der Kreis, so als hätten Sie etwas geregelt oder gelöst, als hätten Sie die Antwort auf eine Frage oder die Lösung eines Problems gefunden, die Sie zum damaligen Zeitpunkt hatten.

Ihre Freundin befand sich in einem Architektenbüro in der Schweizer Bergstation. Damit haben wir erneut die Idee der Struktur – durch die Thematik der Architektur –, diesmal aber in Verbindung mit der Idee der Bewusstseinserhebung. Diese beiden Elemente bieten Ihnen den Schlüssel zur Lösung Ihrer Schwierigkeit: eine Erhebung Ihres Bewusstseins durch eine gut strukturierte, doch gleichzeitig flexible, also nicht starre Lebensweise.

Sie waren in Ihrem Traum neidisch auf Ihre Freundin, auf deren Lage. Dieses Gefühl offenbart Ihre Tendenz, andere Menschen zu beneiden, von denen Sie annehmen, sie hätten es besser als Sie. Gleichzeitig zeigt es, dass Ihr Wunsch, in Ihrem eigenen Wesen aufzuräumen und Ihren spirituellen Werdegang gut zu strukturieren, noch unstabil und nicht gefestigt ist. Das Gefühl des Neids verbindet Sie mit dem Bewusstseinszustand des Übeltäters. Wieso? Weil Übeltäter und Kriminelle generell Menschen sind, die das Leben der anderen und ihre Lebensbedingungen beneiden.

Ihr Traum zeigt, dass Sie dieses Problem nicht wirklich gelöst haben, selbst wenn es Ihnen gelingt, Ihre inneren Kriminellen zeitweise unter Kontrolle zu halten. Um unsere inneren Übeltäter umerziehen und verwandeln zu können, müssen wir akzeptieren, dass wir auf dem Weg unserer spirituellen Entwicklung notwendigerweise Beschränkungen erfahren. Wir sollten deshalb die anderen nicht beneiden, denn jeder erhält, was ihm zusteht. Wenn wir das nicht verstehen wollen und fortfahren, in uns den Neid zu nähren, werden wir vielleicht nicht in diesem Leben zum Dieb, doch die Frustrationen und neidischen Gedanken werden sich in uns ansammeln und sobald wir uns in einer prekären Situation befinden, werden wir mit dem – symbolischen oder konkreten – Stehlen anfangen.

Ein Mensch kann über mehrere Leben Erinnerungen dieser Art anhäufen, bis er irgendwann in eine Situation versetzt wird, wo er aufgrund einer Verletzung arbeitsunfähig wird und anfängt, alle möglichen Dinge auszuhecken, um seine materielle Situation zu verbessern. Nehmen wir einmal an, ein Mensch hatte in einem früheren Leben ein Bein verloren. Er konnte in der Folge seine Kinder nicht mehr ernähren und hörte sie vor Hunger weinen. Er erlebte, wie fette reiche Leute ihm voller Abscheu etwas Brot zuwarfen, und er beneidete sie. Die in jenem Leben angesammelten Frustrationen, neidvollen Gedanken und Gefühle können ihn eines Tages in einen Schwindler oder Dieb verwandeln.

Und warum fürchten wir uns vor Übeltätern und Kriminellen? Manche Menschen haben Angst, nachts durch die Straßen zu gehen, obwohl ihnen noch nie etwas geschehen ist, sie nicht überfallen oder angegriffen wurden. Es sind ihre inneren Kriminellen, die in ihnen Unsicherheit und Unbehaglichkeit hervorrufen und Angst machen. Ein Mensch, der selbst noch nie einen Mitmenschen auf öffentlicher Straße überfallen hat, kann nicht einfach so einen Überfall erleben, das ist unmöglich. Ein Krimineller, der sich in der gleichen Gegend befindet, würde einfach nicht den Weg dieses Menschen kreuzen und in irgendeiner Weise *umgeleitet* werden. Er wäre nicht imstande, seine bösen Absichten in die Tat umzusetzen, weil ihn etwas davon abhalten würde – vielleicht sogar eine Stimme in ihm selbst. Oder aber die bedrohte Person würde die Gefahr spüren und einen anderen Weg wählen. Es ist für die Himmlischen Mächte sehr leicht, einen Übeltäter abzublocken.

Als spiritueller Mensch können wir ganz und gar darauf vertrauen, dass die Göttliche Gerechtigkeit absolut ist. Auf der Ebene der Kosmischen Intelligenz wird alles ganz streng gefiltert und sichergestellt, dass nichts geschieht, was nicht geschehen muss. Wenn ein Mensch keinen Überfall zu erleben hat, so erlebt er auch keinen. Hat er aber – in diesem oder früheren Leben – andere Menschen überfallen, so wird er irgendwann seinerseits Opfer eines Überfalls sein. Jesus sagte: „Wer durch das Schwert lebt, wird durch das Schwert sterben." Dieser Satz erklärt das Prinzip des Karmas.

(T: Und dennoch wurde Gandhi ermordet. Bedeutet dies, dass er ebenfalls gemordet hat?) Ah! Das ist eine interessante Frage. Die

Schwierigkeiten, Prüfungen und sogar der Tod, den Menschen erfahren, welche mit einer Mission zum Wohl und zur Weiterentwicklung der gesamten Menschheit beauftragt sind, dienen immer einem Göttlichen Ziel und stehen im Einklang mit dem Schöpfungsplan. Menschen, die solches erleben – wie Jesus oder Gandhi –, sind sehr hochentwickelt. Gandhi wusste sehr wahrscheinlich, dass ihn an jenem Tag der Tod erwartete. Er hatte sicher – genauso wie Jesus – einen diesbezüglichen Traum erhalten. Er unternahm nichts, was seine Ermordung hätte verhindern können, weil ihm offenbart worden war, dass sein Tod dem drohenden Bürgerkrieg in seinem Land, welches dabei war, eine große Umwälzung zu erfahren, ein Ende setzen würde. Es war für ihn die Zeit gekommen, diese Welt zu verlassen und diese damit nicht nur durch sein Leben, sondern auch durch seinen Tod zu inspirieren.

Sehr hochentwickelte Menschen erhalten alles über ihre Träume: Antworten, Entscheidungen, Informationen, Hinweise, Aufgaben, Visionen, Offenbarungen usw. Dadurch wissen sie, was auf sie wartet, und sind fähig, sich vollkommen dem Göttlichen Plan zu unterstellen. Jesus wusste sehr wohl, was vor sich ging, bevor er festgenommen und hingerichtet wurde. Er hatte davon geträumt. Während des Letzten Abendmahls mit den Aposteln sprach er über die bevorstehende Gefahr und den Verrat. Er wusste, dass Judas ihn den römischen Soldaten ausliefern würde. Er teilte ihnen mit, dass er nicht mehr sehr lange unter ihnen weilen würde und sagte an Petrus gewandt: „Bevor der Hahn dreimal kräht, wirst du mich dreimal verleugnen." Und so geschah es auch.

Alle großen Eingeweihten haben sich ständig der Himmlischen Führung unterstellt und sich immer in die Kosmische Intelligenz *eingeschaltet,* um zu wissen, ob diese Entscheidung oder jene Handlung richtig und im Einklang mit dem Schöpfungsplan sei. Die Ermordung Gandhis ist weltweit ein Werkzeug des Friedens geworden und ihm selbst diente diese Erfahrung bei seiner Weiterentwicklung in den höheren Seinsebenen.

Wenn Sie es wünschen, wollen wir nun mit einem weiteren Beispiel fortfahren. Hat noch jemand eine Frage oder einen Traum anzubieten?

(T: Welche ist die symbolische Bedeutung eines Armbandes?)

Ein Armband symbolisiert eine Verbindung oder Allianz mit dem, was es darstellt. Seine Symbolik kann positiv oder negativ sein, je nachdem ob die Verbindung inspirierend oder beschränkend ist. Dazu kann ich folgendes Beispiel angeben. Eine Frau, die ihr Armband verloren hatte, wollte von mir die symbolische Bedeutung dieses Ereignisses wissen. Ich fragte sie: „Was stellt das Armband für Sie dar?" und sie antwortete: „Es war ein Geschenk von jemandem, den ich sehr mag, für den ich sehr tiefe Gefühle habe." Darauf erklärte ich ihr ganz ruhig: „Der Verlust des Armbandes könnte bedeuten, dass etwas im Zusammenhang mit Ihren Gefühlen ein Ende finden muss. Vielleicht ist etwas an Ihrer Beziehung zu diesem Menschen nicht richtig." Die Frau blickte mich bestürzt an und gestand: „Es stimmt, dass etwas nicht richtig ist, denn die Person ist mein Geliebter; ich habe eine Liebesaffäre mit einem verheirateten Mann. Er hat mir das Armband geschenkt."

Sie fügte hinzu: „Es war aus Silber und vor etwa einem Monat riss mein Kettchen, das ebenfalls aus Silber war. Ich weiß, dass die Symbolik des Silbers mit dem Mond und der Rezeptivität zusammenhängt." Darauf erwiderte ich: „Da haben Sie Ihre Antwort. Man will Ihnen hinsichtlich dieser Beziehung etwas zu verstehen geben. Die zerrissene Kette und das verlorene Armband sollen Sie erkennen lassen, dass Sie das wahre Glück nicht erfahren können, solange Sie sich – zwischen zwei Beziehungen hin- und hergerissen – selbst verlieren, da Sie nie wirklich vollkommen mit Ihrem Geliebten zusammen sind, und genauso wenig mit Ihrem Mann. In solchen Situationen muss man eine Wahl treffen und den Folgen seiner Wahl ins Auge blicken. Sie müssen den Weg finden, der Ihrer Weiterentwicklung förderlich ist. Ich kann Ihnen nicht sagen, was Sie tun sollen. Doch Eines ist gewiss: Sie haben eine Entscheidung zu treffen, da Sie ansonsten in einem späteren Leben einen Mann anziehen werden, der Ihnen das Gleiche antut, selbst wenn es Ihnen in diesem Leben gelingen sollte, einen gewissen Status Quo aufrechtzuerhalten, mit einem Ehemann nebst materiellem Wohlstand, Haus, Auto, Boot usw. auf der einen Seite und einem gelegentlichen Hotelzimmer-Tête-à-Tête mit Ihrem Liebhaber auf der anderen Seite."

Eine solche Situation resümiert sich folgendermaßen: Man denkt, man habe sich eine kleine persönliche Ferienoase geschaffen. (*Lachen*) Doch in einem späteren Leben zieht man einen Lebensgefährten an, der einen belügt und betrügt, und man fühlt sich in dieser Lage alles andere als wohl. Man hat drei oder vier Kinder und muss hinnehmen, dass der Mann und Vater eine Affäre hat und sich irgendwann mit seiner Geliebten aus dem Staub macht, während man unglücklich und miserabel zurückbleibt. Man bekommt dann den Schmerz zu spüren, den man selbst in seinem früheren Leben durch Lügen und Untreue verursacht hatte. Ein Karma der Untreue kann einen über mehrere Leben hinweg verfolgen, wenn man selbst sehr oft untreu war. Und alles begann mit einem ersten Mal, wie im Falle dieser Frau.

Ich sagte zu ihr: „Wenn Sie beschließen, bei Ihrem Mann zu bleiben, ist die Sachlage einfach: Sie werden kommunizieren und sich bemühen müssen, die Dinge zu ändern. Das wird natürlich nicht über Nacht geschehen, doch Sie sollten damit anfangen, sich einander zu öffnen. Es ist nicht notwendig, Ihrem Mann von Ihrer Erfahrung zu berichten. Manchmal rät die Weisheit, sich zu sagen: ‚Ich war mir nicht bewusst, wie schwerwiegend und weitreichend mein Handeln ist; ich bitte die Seele meines Mannes um Verzeihung. Ich habe experimentiert, doch nun ist es damit vorbei: Ich fange im Buch meines Lebens ein neues Kapitel an. Ich werde an der Beziehung zu meinem Mann arbeiten.‘“

Man benimmt sich so, als hätte man die andere Beziehung in einem Traum erlebt. Dabei ist es aber wichtig, sich selbst gegenüber ehrlich zu sein und die an die Seele des anderen gerichtete Bitte um Verzeihung nicht als Vorwand zu benutzen, um bei der erstbesten Gelegenheit von Neuem zu beginnen, wie ein Spielsüchtiger, der seine Frau jedes Mal um Verzeihung bittet, doch schon am nächsten Tag wieder wetten geht, weil er im Grunde genommen keineswegs die Absicht hat, davon loszukommen und seine Spielsucht zu heilen.

Denn je größer die Anzahl treuloser Taten, umso größer ist auch die Wahrscheinlichkeit, dass die Wahrheit ans Tageslicht gelangt und aller Voraussicht nach das Leben der betroffenen Personen zerstören wird. Sofern man beschließt, künftig ehrlich zu sein, und sein Verhalten entsprechend ändert, kann der Himmel einem eine Göttliche Gnade erweisen und Schutz gewähren, so dass der Partner nichts von der Untreue erfährt. Sogar der Wind könnte dabei mithelfen, die Beweise der Fehltaten zu beseitigen. Natürlich kann es unter gewissen Umständen richtig sein, dem Lebensgefährten seine Untreue zu gestehen. Doch dies bedeutet normalerweise das Ende der Beziehung. So viel zu diesem Thema.

(T: Ich erhielt letzte Nacht folgenden Traum. *Ich befand mich mit meinem Mann auf einem kleinen Motorboot. Er stand links und ich rechts. Mein Mann war am Steuer und fuhr sehr schnell. Irgendwann machte er eine scharfe Wendung und stieß mit einem anderen Boot zusammen. Er verursachte einen Unfall. Ich hatte das Gefühl, dass er es gar nicht bemerkte und nicht die Absicht hatte, etwas zu unternehmen. Ich wollte aber zurückfahren, um nachzusehen, ob jemand Hilfe brauchte. Ich fühlte mich unwohl bei der Sache.* Nach diesem Traum fragte ich mich: „Was will ich nicht wahrnehmen, nicht sehen?") Gut. Sich diese Frage zu stellen ist in solchen Fällen das Richtige.

Wir sprachen bereits über die Symbolik des Bootes. Ein Boot kann mit einem Wagen verglichen werden, da es ebenfalls ein Fortbewegungsmittel ist; es betrifft aber insbesondere die Fortbewegung und das diesbezügliche Verhalten auf der emotionalen Ebene. Es kann auch als ein Wohnort der Emotionen angesehen werden, je nachdem ob es sich um ein Hausboot, eine Yacht oder nur ein Gefährt für Freizeitaktivitäten handelt. (T: Es war ein kleines Freizeitboot.) In dem Fall enthüllt der Traum Ihr Benehmen auf der emotionalen Ebene sowie das, was es gefühlsmäßig hervorruft.

Ihr Mann, der sich auf der linken Seite befand und das Boot steuerte, stellt einen wichtigen Teil Ihres inneren Mannes dar. Sein Benehmen widerspiegelt folglich emissive Aspekte Ihres Wesens. Er fuhr sehr schnell und verursachte einen Unfall. Das gibt an, dass Sie sich auf der Ebene der Gefühle und Emotionen sehr schnell fortbewegen und dabei manchmal mit anderen zusammenstoßen, in sie hineinknallen, sie antreiben. Wenn das geschieht, nehmen Sie sich nicht die Zeit, nachzusehen, ob Sie Schaden angerichtet haben, und diesen allenfalls wiedergutzumachen.

Die Tatsache, dass Sie sich dabei unwohl fühlten, gibt zu erkennen, dass in Ihnen ein Prozess der Bewusstwerdung im Gang ist: Sie fangen an zu erkennen, dass ein solches Benehmen nicht richtig ist. Sie werden von nun an, sobald Sie auf der Ebene der Gefühle jemanden verletzen oder überrumpeln – Ihren Mann oder andere Menschen –, innehalten und sich sagen: „Das war nicht nett von mir, mein Benehmen soeben war nicht richtig." In der Vergangenheit fiel Ihnen Ihr falsches Verhalten gar nicht auf oder Sie erkannten es nicht so klar. (T: Das ergibt Sinn. Es stimmt, dass ich immer schnell dran bin und von einer Tätigkeit zur nächsten hetze.)

Ich will Ihnen dazu ein Beispiel angeben. Sie haben die Abbildung eines Frosches auf Ihrem Pulli. Es ist kein Zufall, dass Sie ein Kleidungsstück mit einem Frosch darauf tragen. (T: Oh mein Gott! Ich habe eine Menge Frösche zuhause – ich sammle sie!) (*Lachen*) Da sehen Sie, wie interessant das ist! (T: Ich muss also an meinen inneren Fröschen arbeiten, nicht wahr?) Ja, das ist richtig. (*Lachen*)

Die Tatsache, dass Sie sich mit Fröschen umgeben, zeigt, dass das Froschverhalten in Ihnen stark ausgeprägt ist. Sobald Sie die negativen Aspekte des Frosches transzendiert haben, wird Ihr Bedürfnis, von Fröschen umgeben zu sein, verschwinden und Sie werden gleichzeitig die positiven Aspekte des Frosches entwickelt haben. Unser Umfeld und das, womit wir uns umgeben, beeinflusst uns sehr stark, weil wir uns in gewisser Weise damit identifizieren, wobei die Identifikation jedoch nicht unbedingt bewusst ist.

Es wäre wichtig, darüber nachzudenken, was Sie durch all die Frösche in Ihrem Haus in sich selbst, in Ihrem inneren Wesen nähren. Sie haben in gewisser Hinsicht eine Frosch-Säuberungsaktion durchzuführen. (*Lachen*) Und wenn Sie nach einiger Zeit darauf zurückblicken, werden Sie sich sehr wahrscheinlich fragen: „Wie um alles in der Welt konnte ich so Frosch-närrisch sein?" (*Lachen*) Damit verhält es sich ähnlich wie mit den ehemaligen Lebensgefährten oder Geliebten. Eines Tages fragt man sich: „Wie konnte ich mich nur in diesen Menschen verlieben?"

Vielen herzlichen Dank, dass Sie uns dies mitgeteilt haben, denn es kann mehreren Fröschen hier im Saal hilfreich sein. (*Herzhaftes Lachen der Teilnehmer*)

(T: Ich erhielt heute Nacht einen Traum, an den ich mich aber beim Aufwachen nicht erinnern konnte. Er fiel mir jedoch wieder ein, als wir die Angelica-Yoga-Übungen machten. In meinem Traum *war ich am Nordpol. Alles war weiß und es war wunderbar. Es gab dort eine Forschungsstation und Wissenschaftler bohrten im Eis. Sie verwendeten Drehbohrer wie jene, mit denen man Rohre tief im Eis versenkt, um vergangene Klimas zu erforschen. Als sie das Rohr wieder hochdrehten, hatte ich das Gefühl, als würden sie es aus meinem Körper herauswinden. Man konnte mehrere Schattierungen und verschiedenfarbige Eisschichten – graue, weiße, blaue usw. – erkennen.* Das erschien mir furchtbar, weil es doch eigentlich bedeutete, dass ich jahrhundertelang gefroren war!) (*Lachen*) Sie haben in gewisser Weise Ihren Traum bereits verstanden. Doch dürfen Sie nicht vergessen, dass Sie bewusstseinsmäßig nicht nur den Nordpol in sich tragen. Sie tragen auch den Südpol und die übrigen Kontinente in sich und folglich auch warme Regionen.

In diesem Traum haben Sie Ihre tiefgefrorenen Emotionen aufgesucht, welche im Eis gelagert waren. Dies ist ein Hinweis auf Ihr emotionales Potenzial. Die symbolische Bedeutung der Eisschichten in diesem Traum kann man mit der Symbolik des abgestellten Segelbootes im ersten Traumbeispiel dieses Workshops vegleichen. Das Studium der Eisschichten ist ein Hinweis, dass Sie anfangen, sehr alte, tief in Ihrem emotionalen Unbewusstsein vergrabene und auf Eis gelegte Erinnerungen zu untersuchen.

Man erkennt daran auch die Arbeit, die sich in den vergangenen Workshop-Tagen in Ihrem Innern vollzogen hat. Wir sprachen gestern über die Klimaänderungen und in Ihrem Traum wurde ein damit verbundenes Thema verwendet, um Ihnen gewisse Dinge im Zusammenhang mit Ihrer emotionalen Ebene verständlich zu machen.

Dieser Traum gibt Ihnen eine Richtlinie; er zeigt, woran Sie zu arbeiten haben. Die Dame mit dem vorherigen Traumbeispiel hat an der Transzendierung Ihrer Froschenergie zu arbeiten und Sie haben sich mit dem auseinanderzusetzen, was Sie über mehrere Leben auf der emotionalen Ebene Ihres Wesens angesammelt haben, so dass Sie über das in Ihren Gefühlen und Emotionen ruhende Potenzial verfügen können. Das bedeutet, dass Sie über diesen und weitere Träume, die Sie möglicherweise erhalten werden, tiefgründig nachdenken und meditieren müssen.

Wenn Sie dies tatsächlich tun, werden Sie in sehr kurzer Zeit große Veränderungen bei sich feststellen. Die tiefgründige Analyse der Träume und Zeichen ermöglicht ein sehr schnelles, flüssiges Vorankommen, wie auf einer Autobahn, weil man dadurch sein Karma bereinigt und Hindernisse aus dem Weg schafft. Dank der Arbeit mit den Träumen beschleunigt man die Bereinigung seiner karmischen Schichten. So kommt es häufig vor, dass das Erleben bestimmter Dinge in den Traumrealitäten uns ihr Erleben in der konkreten Wirklichkeit erspart – insbesondere, wenn man das im Traum Erlebte versteht und bewusst zur Kenntnis nimmt. Es ist wünschenswerter, in einer Nacht einen furchterregenden Alptraum zu erhalten und sich auch am nächsten Tag noch aufgewühlt und angstvoll zu fühlen, als ein Leben lang einen tyrannischen Vater oder eine tyrannische Mutter ertragen zu müssen. Mit einer tiefgründigen inneren Arbeit kann man sich ganze Leben voller Schwierigkeiten ersparen.

Man glaubt im Allgemeinen, die spirituelle Arbeit sei etwas Abstraktes. Die Kenntnis und die Anwendung der Symbolsprache führen jedoch sehr schnell zur Einsicht, dass es sich dabei um eine äußerst praktische und konkrete Arbeit handelt. Wir haben vorhin den Zusammenhang hergestellt zwischen dem Traum einer Teilnehmerin, dem Motiv auf ihrem Pulli und den Dingen, die sie zuhause sammelt. Es ist wunderbar zu beobachten, wie sich unser Bewusstsein kontinuierlich durch Symbole zu erkennen gibt.

(T: Meine Frau und ich sprachen gestern mit Ihnen über unseren Wunsch nach einem weiteren Kind durch Adoption und wie wichtig es für uns ist, sicherzugehen, dass unser Adoptionsvorhaben richtig verläuft. Ich habe Ihren Rat befolgt und diesbezüglich um Zeichen und Träume gebeten. Meine Frau und ich haben gemeinsam über diese Frage meditiert – was für uns etwas ganz Neues ist – und vor dem Einschlafen unsere Frage gestellt und um Antwort gebeten. Ich erhielt in der Nacht einen Traum, zu dem ich gerne Ihre Meinung hören würde. *Wir waren mit der ganzen Familie im Urlaub, in einem Hotel auf dem Gipfel eines Berges. Dort sprangen mehrere Kinder aus ziemlich großer Höhe in ein Wasserbecken und ich hatte Angst um sie. Ein kleines Mädchen ging unter. Das Telefon in meinem Hotelzimmer läutete und ich ging hinein, um zu antworten. Es war ein Sozialarbeiter, der anrief, um uns mitzuteilen, dass sie ein Kind für uns hatten.*) Bravo! Das haben Sie gut gemacht!

(T: Ich weiß nicht so recht... das ist so neu und ungewohnt für uns: Sollte ich um ein Zeichen bitten, das...?) (*Lachen*) Hier haben Sie Ihre Antwort, und zwar ganz und gar!

Lassen Sie uns Ihren Traum analysieren. Als erstes Element haben wir die Tatsache, dass Sie im Urlaub waren. Dieser dient der Erholung, der Erneuerung, der Entspannung und dem Ausruhen. Es ist eine Zeit, wo man auch über sein Leben und seine Zielsetzungen nachdenkt, über die Richtung, die man eingeschlagen hat oder gerne einschlagen würde. Manchmal trifft man während der Ferien wichtige Entscheidungen, weil man Zeit hat, tiefgründiger zu überlegen. Das ist die positive Seite der Ferien und des Urlaubs, während man sie in negativer Weise mit oberflächlichen Vergnügungen verbringt und ständig nach Zerstreuung und Ablenkung sucht.

Die Tatsache, dass Sie in den Bergen waren, gibt an, dass Ihnen die Möglichkeit geboten wurde, die Dinge von einem höheren Standpunkt aus zu sehen. Sie erhielten diese Möglichkeit, weil Sie gefragt hatten, ob es richtig sei, ein Kind zu adoptieren – ob dies für die Entwicklung Ihrer Seelen eine gute, förderliche Entscheidung sei.

Sie sahen Kinder, die Spaß hatten, ins Wasser zu springen. Die Kinder versinnbildlichen generell unsere Werke, weil wir sie zeugen, zur Welt bringen und für sie sorgen. Sie stellen auch unsere Zukunft dar, das, was wir werden wollen und werden können. Insofern kann ein Kind auch ein Projekt, ein Vorhaben, eine Ausbildung, ein Studium, eine innere Entwicklung oder unseren Werdegang im Allgemeinen symbolisieren. Spricht man vom inneren Kind, so bezieht man sich dabei auf das Entwicklungs- und Lernpotenzial, das jeder Mensch in sich trägt. All das versinnbildlichen die Kinder.

Das Wasserbecken stellt Ihre Emotionen dar. Sie machten sich Sorgen um die Kinder, die aus der Höhe ins Wasser sprangen. Die Höhe symbolisiert die Ebene der Gedanken, erstens deshalb, weil unser Kopf sich am oberen Ende des Körpers befindet, und zweitens, weil sich die Gedanken in der kausalen Kette ziemlich weit oben situieren. Das Ins-Wasser-Springen, eine Bewegung, die von oben nach unten abläuft, stellt eine schnelle Inkarnation oder Realisierung dar, welche in diesem Fall im Wasser erfolgt – also aus der Welt der Gedanken in die Welt der Gefühle. Eine solche Bewegung bringt einen hoffnungsvollen Wunsch zum Ausdruck. Doch Sie hatten Angst. Man wollte Ihnen folglich zu erkennen geben, dass gewisse Ängste in Ihnen Zweifel bezüglich der Adoption hervorrufen. Solche Ängste können sogar die Zeugung eines Kindes verhindern.

Ein kleines Mädchen ging unter. Das bestätigt die im Traum gefühlte Angst und zeigt, dass Furcht und sorgenvolle Emotionen Teile von Ihnen untergehen lassen. Sie fürchten sich davor, nicht auf der Höhe, der Situation nicht gewachsen, nicht fähig oder nicht gut genug zu sein. Eigentlich können es alle möglichen Ängste sein: die Angst vor Mangel oder vor der Zukunft;

die Angst, Ihren Kindern könnte etwas zustoßen oder sie könnten sich verletzen; die Angst, nicht genügend Liebe für sie zu empfinden; die Angst, Ihre eigenen Kinder könnten das neue Kind nicht akzeptieren usw.

Dann läutete das Telefon und es war ein Anruf vom Sozialamt. Erhält man in einem Traum einen Telefonanruf, so bedeutet es entweder, dass eine andere Seele mit uns kommunizieren will, dass unser Unbewusstsein uns eine Information zukommen lässt oder dass der Himmel uns eine Nachricht sendet. Das Telefon ermöglicht die Kommunikation von Ort zu Ort, gleichzeitig aber auch von Seele zu Seele.

In diesem Traum erhielten Sie eine Antwort vom Himmel. Es gibt sicher irgendwo auf der Erde ein Kind, welches darauf wartet, dass Sie die Adoption in die Wege leiten. Der Traum ist diesbezüglich ziemlich klar. Die Tatsache, dass Ihnen im Traum der Anrufer des Sozialamtes mitteilte, man habe ein Kind für Sie, bestätigt, dass in der konkreten Welt irgendwo ein Kind auf Sie wartet. Sie haben Ihre Frage an den Himmel mit ganzem Herzen gestellt und dem ehrlichen Wunsch, das Richtige zu tun. Ich konnte gestern, als wir miteinander sprachen, Ihre tiefe Ehrlichkeit spüren und ich verstehe sehr gut, warum Sie so schnell eine Antwort erhielten. Die Nachricht in Ihrem Traum rührt nicht von unbewussten Erinnerungen oder Bedürfnissen her, sie kommt direkt vom Himmel, von der Kosmischen Intelligenz. Das ist die Deutung, die ich Ihnen anbiete, und Sie sind frei, damit zu tun, was Sie für richtig halten. Ihre Entscheidung geht mit bedeutenden Folgen für Sie und Ihre Familie einher. Im Zweifelsfalle können Sie um weitere Träume und Zeichen bitten; der Himmel wird dafür volles Verständnis haben.

(T: Ich habe folgenden Alptraum vor ungefähr einem Jahr erhalten. *Ich befand mich in der Stadt. Da war ein großes, hohes Gebäude und es war dunkel. Plötzlich fiel mein Kopf zur Seite und hing nur noch an einem Faden. Ich warf einen Blick darauf und sah Blut. Der Faden riss und mein Kopf fiel ab. Ich befand mich direkt neben der Seine, dem französischen Fluss, auf einer Wolke und begann zu weinen. Dann sah ich Gott und wachte auf.*)

Oh! Das ist ein sehr intensiver und beeindruckender Traum für ein so junges Mädchen! Ich verstehe nun, wieso du den ganzen Workshop über so still geblieben bist. Wie alt bist du? (T: Ich bin

11 Jahre alt.) Das ist wunderbar. Und du erhieltest diesen Traum vor einem Jahr? (T: Ja.) Wir werden sehen, wie interessant er ist. Weißt du, meine Tochter Kasara erhält auch manchmal Träume dieser Art.

Wenn man ins Jugendalter eintritt, spürt man, wie sich neue Weiten in einem auftun. Man hat neue Ideen und empfindet ein größeres Bedürfnis, andere Dinge zu entdecken und neue Erfahrungen zu machen. Und das ist oft mehr, als die Eltern sich für ihre Jugendlichen wünschen, vorstellen können oder ihnen erlauben möchten. Diese haben allerlei Vorstellungen von Dingen, die sie gerne tun und ausprobieren würden. Das alles steigt in ihnen hoch und die Auseinandersetzung damit lässt sie die Dualität erfahren; manchmal sind die Einflüsse, denen die Jugendlichen in der Außenwelt ausgesetzt sind so zahlreich und vielfältig, dass sie nicht mehr imstande sind, selbständig zu denken. Ferner aktivieren sich im Jugendalter Kräfte im Menschen, die nicht leicht zu lenken und meistern sind und zu Hoffnungslosigkeit und Entmutigung führen können. Das ist vollkommen normal, weil sich Erinnerungen aus früheren Leben zu denen des jetzigen Lebens gesellen.

Wir wollen nun deinen Traum ausführlich deuten. Da ist als Erstes die Tatsache, dass du darin in einer Stadt warst. Die Stadt ist ein Sinnbild für Intensität und Menge, weil durch die dort dicht zusammenlebenden Menschen eine große Anzahl Gedanken, Gefühle, Ideen, Meinungen, Projekte, Möglichkeiten, Handlungen usw. intensiv zum Ausdruck kommen. Das Stadtleben ist vergleichbar mit dem Eintritt ins Jugendalter: Eine Unmenge Möglichkeiten und Wege bieten sich dem Jugendlichen an und er weiß nicht, welche Richtung er einschlagen soll. Am liebsten würde er sie alle nehmen und alles ausprobieren.

Dann fiel dein Kopf zur Seite und hing nur noch an einem Faden. Der Kopf symbolisiert unseren Kontrollposten, unser Ruder und Lenkrad; in ihm formen sich die Gedanken, die maßgebend die Wahl unserer Richtung entscheiden. Hat unser Boot kein Ruder oder unser Wagen kein Lenkrad, dann sind wir sozusagen kopflos; wir lassen uns von den anderen beeinflussen, in alle Richtungen ziehen und folgen den verschiedenen Trends und Modeerscheinungen – wir verlieren dabei oft den Kopf, wie du in deinem Traum. Und wenn man seinen Kopf nicht mehr hat, denken die anderen für uns.

Deine Freunde könnten dir beispielsweise sagen, eine tätowierte Spinne im Gesicht sei schön, und du würdest eine wollen. Oder du hörst dir eine bestimmte Art von Musik an – die nicht wirklich gut für dich ist –, weil deine Freunde es auch tun. Ähnlich verläuft es, wenn man das erste Mal raucht: Niemand, absolut niemand findet den Geschmack der Zigarette beim ersten Mal gut, jeder hustet und erstickt fast daran. Aber man macht damit weiter, um sich wichtig zu fühlen und seine rebellische Seite herauszukehren, bis es schließlich zur Gewohnheit wird. Doch das Rauchen ist eine sehr schlechte Gewohnheit und hat nichts Natürliches an sich.

Die Tatsache, dass dein Kopf nur an einem Faden hing, bedeutet, dass du zu der Zeit, als du diesen Traum erhieltest, kaum für dich selbst dachtest und auch nicht wusstest, welche Richtung nehmen. Du hast eine intensive Einweihung durchlebt, was auch daran zu sehen ist, dass der Faden riss und dein Kopf im Traum ganz abfiel. Du hattest also überhaupt kein Ruder und kein Lenkrad mehr, dein Kontrollposten war außer Kraft gesetzt. Eine Einweihung ist ein in unserem Entwicklungsprogramm vorgesehener Verwandlungsprozess, der uns Schwierigkeiten zuführen kann, die wir zu überwinden haben. Es ist zu erkennen, dass du eine solche Schwierigkeit durchlebt hast – du sahst Blut in deinem Traum, was darauf hinweist, dass du einen Energieverlust erlitten hast.

Danach befandest du dich neben der Seine in einer Wolke und weintest. Die Seine ist ein Fluss in Frankreich, der ins Meer mündet. Seine Symbolik ist folglich mit dem Wasser, also der Welt der Gefühle verbunden. Die Schwierigkeit oder verwirrende Störung, die du damals durchlebtest, betraf deshalb insbesondere deine Gefühle und Emotionen. Die Wolken sind mit der Welt der Luft – symbolisch der Welt der Gedanken – verbunden und da sie Wassertropfen enthalten, auch mit der Welt der Gefühle. Es handelte sich hierbei um aufgestiegene Gefühle und Emotionen, da die Wolken am Himmel ziehen. Das Weinen ist ein Hinweis auf traurige Gedanken und Gefühle. Du bist an jenem Tag vermutlich weinend zusammengebrochen, weil es für dich zu viel geworden war. Die Unfähigkeit, selbständig zu denken, und deshalb immer den anderen – den Freunden, Eltern und wem auch immer – zu folgen, hat in dir ein starkes Unwohlsein hervorgerufen, was zu einer Öffnung und Erhebung auf der emotionalen Ebene führte.

Das Weinen – sei es im Traum oder in der konkreten Wirklichkeit – ist eine gute Sache, weil es ein Zeichen ist, dass man sich in
Frage stellt und schmerzhafte Gefühle ans Licht bringt. Man fühlt
sich immer besser, nachdem man sich ausgeweint hat. Deshalb ist
es wichtig, seine Tränen nicht zurückzuhalten, sondern ihnen frei-
en Lauf zu lassen, falls es der richtige Ort und zur richtigen Zeit
ist. Und Gott weiß, wie viel und wie sehr wir am Anfang unserer
spirituellen Entwicklung weinen!

Ich habe während meinen Einweihungen sehr viel geweint und
stark gelitten! Es waren ausgesprochen intensive Phasen, doch mit
der Zeit beruhigen sich die Dinge. Je mehr man an sich arbeitet,
umso weniger weint man vor Schmerz und Leid, weil man die
Göttlichen Gesetze verstehen und integrieren lernt – und damit
auch den Sinn und Zweck der Prüfungen. Und irgendwann erreicht
man den Punkt, wo nichts mehr in uns Traurigkeit, Kummer oder
Schmerz hervorruft. Man kann dann immer noch weinen, doch
die Tränen sind anders, klarer, reiner, wie blühende Blumen, die
ihren Duft verbreiten. Diese Art des Weinens ist ein sehr schönes
Erlebnis und es geschieht oft im Zusammenhang mit schönen Gefühlen und erhabenen Empfindungen. Jedes Mal, wenn ich Menschen sehe, die eine große innere Schönheit ausstrahlen oder sich
von ganzem Herzen verwandeln und verbessern möchten, spüre
ich, wie meine Seele vor wahrer Freude zu schwingen anfängt und
diese Tränen der Freude in meine Augen aufsteigen.

Ein wunderbarer Aspekt in deinem Traum ist, dass du in der Wolke, als du weintest, Gott sahst. Diese Szene enthüllt, dass die spirituelle Dimension des Daseins Teil deines Lebens sein wird und
du dieses von einem erhöhten Standpunkt aus betrachten kannst.
Du wirst in der Spiritualität Kraft, Erkenntnis und ein tiefgründi-
ges Verständnis schöpfen, dadurch deine eigenen Entscheidungen
treffen und deine eigene Richtung finden können. Du bist erst 11
Jahre alt und nimmst bereits an einem Workshop über die Träume & Zeichen teil! Das ist wunderbar! Es ist eines dieser Beispiele, die mich zu Tränen rühren, weil junge Menschen wie du die
Hoffnung der Menschheit darstellen. Denn wenn wir ehrlich nach
Mitteln und Wegen suchen, um uns zu verbessern, lenken wir unser Leben unweigerlich in die richtige Richtung.

Dadurch dass du und deine Mutter beide den Weg der spirituellen
Entwicklung geht, könnt ihr über eure Erfahrungen und Entdeckungen miteinander austauschen. Das ist das Beste und Schöns-

te, was dir passieren kann. Wie viele Menschen wären froh, in ihrer Familie über die Spiritualität reden zu können! Es ist ein unschätzbares Geschenk, über unsere innersten Erlebnisse und Erfahrungen mit jemandem austauschen zu können und in der Tiefe unseres Wesens verstanden zu werden.

Meine jugendliche Tochter Kasara sagt hin und wieder zu mir: „Papa, ich habe manchmal negative Gedanken, sogar über dich. Ich liebe dich, doch als du zu diesem oder jenem meiner Begehren Nein gesagt hast, hätte ich explodieren können." Ich gebe ihr in solchen Augenblicken zur Antwort: „Es ist gut und richtig, über diese Gefühle zu sprechen, Kasara." Ich sage ihr nicht, sie sei deshalb gemein, ungezogen, undankbar oder böse. Keineswegs. Ich finde es wunderbar, dass sie so offen mit mir sprechen kann. Ich rate ihr: „Wenn du darüber meditierst, beginnst du diese negativen Gedanken und Kräfte zu bereinigen und zu heilen." Sie befolgt meinen Rat, meditiert und betet, und erzählt mir nachher, wie gut es ihr tat und wie sehr es ihr half. Sie erkennt durch ihre eigene Erfahrung, wie es ihr hilft, sich zu verwandeln und erwachsen zu werden. Auch ist sie sich bewusst geworden, wie es ihre Stimmungen und Seelenzustände verwandelt, wenn sie Gott um Hilfe bittet. Sie aktiviert diese Veränderungen in ihrem Wesen durch ihre eigene spirituelle Willenskraft. Der einfache Gedanke daran berührt mich zutiefst – wie Sie sehen (*bewegte Stimme und Tränen*) –, weil eben diese Art der spirituellen Autonomie die größten Änderungen und Verwandlungen auf unserem Planeten bewirken wird.

Die Kenntnis der Symbolsprache und die Fähigkeit, die Träume und Zeichen zu entziffern, wird der Menschheit den Weg in eine neue Entwicklungsphase eröffnen. Die Integrierung dieses wesentlichen Aspekts oder Bereichs der Kenntnis wird unsere zwischenmenschlichen Beziehungen und unsere Lebensweise in der Materie grundlegend verändern. Denn alles ist Symbol, das, was wir als physisch und als metaphysisch betrachten oder bezeichnen, ist im Grunde genommen ein und dasselbe. Eines Tages werden die Bewohner der Erde genau so leben wie die Bewohner der anderen Dimensionen: indem sie sich bewusst durch die Träume & Zeichen führen lassen.

Das alles ist in deinem Traum enthalten. Er zeigt, dass du deiner spirituellen Autonomie entgegengehst, und dadurch bist du eine Vorreiterin einer neuen Lebensweise auf der Erde.

ALLGEMEINE BEMERKUNGEN ZU DEN IN DEN WORKSHOPS BEHANDELTEN TRÄUMEN

Was kann ein besseres Bild des Entwicklungsverlaufs einer Seele vermitteln als ein umfassender Einblick in die Traumdeutung, wie dieses Buch ihn anbietet? Die ausgewählten Träume weisen verschiedene Dynamiken auf, die den Werdegang der spirituellen Entwicklung kennzeichnen.

Einweihungen: Zusammenbruch der bestehenden Strukturen und Offenbarung des Selbst

Während der Einweihungen durchleben wir auf verschiedenen Ebenen unseres Seins den Zusammenbruch überholter oder falscher, verzerrter innerer Strukturen, bevor wir uns eine neue Identität, ein neues Selbst aufbauen können. Im Verlauf dieses Prozesses müssen wir unseren unbewussten Erinnerungen gegenübertreten. Die Einweihungsträume enthüllen uns gewöhnlich die intensiven Umstrukturierungen, die unser Ego erfährt, sowie die Existenz unserer zahlreichen, meist unbewussten Persönlichkeiten.

Der Zustand der Betroffenheit war klar erkennbar bei der Teilnehmerin, die häufig träumte, dass sie sich verirrt hatte und unter einer Menge Leute, die sich ihr gegenüber gleichgültig verhielten, nach ihrem Weg suchte (Workshop *Die Symbolsprache der Träume ist sehr genau*). Sie gestand, dass sie tatsächlich manchmal nicht mehr wusste, wer sie war.

Der Traum, wo die Träumerin von einer Reise zurückkehrte und sich auf einem Bahnsteig befand (Workshop *Verdrängte Erinnerungen*), ist ein weiteres Beispiel für einen machtvollen Einweihungstraum. Die Szene, als ein Mann ihre Handtasche raubte und sie ihn bat, ihr wenigstens ihre Ausweiskarten zu lassen, offenbart einen bedeutenden Zusammenbruch ihrer Identitätsstruktur. Andere Einzelheiten dieses Traums lassen ebenfalls erkennen, wie verwundbar und desorganisiert die Träumerin sich fühlte und wie sehr ihre Stabilität erschüttert war. Auch gestand sie, dass sie sich manchmal selbst nicht wiedererkannte.

Träume, die Umstrukturierungen oder strukturelle Zusammenbrüche zum Inhalt haben, können manchmal auch begrenztere und weniger zentrale Bereiche des Selbst betreffen.

Im Traum, wo eine Rostader einen Felsen umrandete und Treppen ins Meer hinunter führten (Workshop *Die Symbolsprache der Träume ist sehr genau*), wurde der Träumerin – die als Vertreterin in den Städten Nizza und Montpellier arbeitete – gezeigt, dass sie dabei war, die Motivation für ihre Arbeit zu verlieren, und sie sich diesbezüglich umstrukturieren musste.

Der Traum des jungen Mädchens, dessen Kopf erst zur Seite kippte und dann ganz abfiel – dessen Selbst den Kopf verlor und Gott sah (Workshop *Träume: unsere spirituelle Autonomie*) –, offenbart die typische Verwirrung, die man im Verlauf einer Einweihung besonders auf der Ebene der Ideen, der Ausrichtung und der Entscheidungsfähigkeit durchleben kann.

Hier nun einige Beispiele von Einweihungsträumen, die unbewusste Persönlichkeiten enthüllen.

Der Frau, die sich in ihren Träumen häufig zwischen Menschen, welche sie nicht zur Kenntnis nahmen, verloren vorkam (Workshop *Die Symbolsprache der Träume ist sehr genau*), wurde eigentlich ihre eigene Gleichgültigkeit enthüllt. Durch diese sich wiederholenden Träume sollte sie zur Einsicht gelangen, dass sie selbst ihre Mitmenschen, ihr eigenes Wesen sowie ihre spirituelle Entwicklung ignorierte.

Der Frau, die von der Bäckerin und ihrem verantwortungslosen Vater geträumt hatte (Workshop *Die Symbolsprache der Träume ist sehr genau*) und die in ihrem Traum ein an eine Kette befestigtes Sandwich erhielt, wurden verzerrte Aspekte ihrer Kommunikationsweise offenbart: ihre Tendenz, sich der Verführung zu bedienen, um zu erhalten, was sie haben wollte, sowie ihre selbstsüchtige, keineswegs bedingungslose Art zu geben.

Im Traum, wo der Ehemann beim Steuern seines Bootes einen Unfall verursachte (Workshop *Träume: unsere spirituelle Autonomie*), wurde der Träumerin ihre eigene Tendenz, emotionale Unfälle zu verursachen, vor Augen geführt.

Der Frau, die einer in der Öffentlichkeit angegriffenen Person beistand und anschließend nach einer Reihe von Alpträumen einen

Traum erhielt, in dem sie ein sehr großes Herz war, auf das ge- schossen wurde (Workshop *Träume sind parallele Welten*), zeigte man symbolisch, dass sie in ihrem Unterbewusstsein zahlreiche durch Aggressivität gekennzeichnete Erinnerungen trug.

Verschiedene Reaktionen und Verhaltensweisen

Die Menschen reagieren nicht alle gleich auf die sie selbst betref- fenden Enthüllungen, die sie während Einweihungsphasen durch ihre Träumen erhalten. Manche zögern, zweifeln oder wenden Ausweichtaktiken an. Solche Reaktionen sind völlig normal.

Die Frau, die geträumt hatte, sie trage unter ihrem rosafarbenen Bi- kini eine Strumpfhose (Workshop *Innere Schönheit*), blockierte ihre geistige Weiterentwicklung dadurch, dass sie auf der spirituellen Ebene unbedingt gut aussehen wollte.

Der Traum, in dem die Träumerin zögerte, als sie im Durchgang eines Flugzeugs nach Kanada eine gläserne Luke im Fußboden überqueren musste (Workshop *Träume sind parallele Welten*), ent- hüllte dieser, dass ihr die große Bewusstseinsöffnung, die sie erlebte, Angst machte.

Ganz allgemein verhalten sich Menschen auf dem Weg der spiri- tuellen Entwicklung sehr unterschiedlich.

Der Mann, der von einem Autorennen geträumt hatte (Workshop *Seelenzustände*), nährte einen spirituellen Wettkampfgeist, der ihn am Weiterkommen hinderte, sobald er allein war und der An- sporn durch die Gegenwart anderer Menschen fehlte.

Eine puritanische Haltung ist ebenfalls ein zu Beginn der Einwei- hungen häufig auftretendes Phänomen. Es kommt in dem Traum zum Ausdruck, wo die Träumerin in ein schönes Appartement umgezogen war und anschließend, während sie die Straße ent- langging, angesichts der Menschen, die sie rauchen und trinken sah, einen Mangel an Toleranz zeigte, was zu erkennen gab, dass sie mit diesen Verzerrungen noch Resonanzen hatte (Workshop *Verdrängte Erinnerungen*).

Einweihungen werden oft von Prüfungen, Schicksalsschlägen oder Schwierigkeiten begleitet und es kommt häufig vor, dass ein Mensch, der eine Einweihungsphase durchmacht, negativ darauf reagiert.

Im Traum, wo es um Trennung und den Verkauf des Hauses ging (Workshop *Seelenzustände*), wurde die Träumerin gefragt, was sie mit ihren Küchenschränken vorhabe. Sie war dabei, einen neuen Lebensabschnitt zu beginnen, doch sie widerstand der Notwendigkeit, in ihrer Vergangenheit aufzuräumen, und nährte ihrem Mann gegenüber weiterhin Bitterkeit, wodurch sie einen schwierigen Weg einschlug.

Das Erwachen des Bewusstseins

Die Prozesse der Bewusstwerdung laufen nicht auf allen Ebenen gleichzeitig ab, sondern jeweils auf einer bestimmten Ebene unseres Seins. Sie werden durch Situationen, Gegebenheiten und Ereignisse ausgelöst, die manche Ebenen und Lebensbereiche stärker in Anspruch nehmen als andere.

Im Traum mit der geführten Meditation und den drei Babys (Workshop *Rückblenden*) wurde der Träumerin gezeigt, wie die Tatsache, dass sie mit dem Meditieren angefangen hatte, ihr half, sich selbst aufzubauen und ihre spirituelle Autonomie zu entwickeln.

Der Traum mit dem blauen Lichtwesen und der in der Luft schwebenden Frau (Workshop *Rückblenden*) zeigte dem Träumer, dass spirituelle Kommunikation und Verständnis sein geistiges Potenzial wachriefen und dieses Erwachen ihm mit der Zeit ein besseres Verständnis der Außenwelt vermitteln würde, da er sie von nun an mit einem spirituellen Bewusstsein beurteilen konnte.

Im Traum, in dem eine wohlhabende Frau der Träumerin eine Schachtel voller Brillen gab und diese eine Vogelschar abheben und in den Himmel fliegen sah (Workshop *Verdrängte Erinnerungen*), wurde der Träumerin mitgeteilt, dass sie eine neue Sicht des Lebens erwarb, eine neue Art, das Leben zu betrachten – mit einem kausalen Verständnis –, was ihr ermöglichen würde, im konkreten Leben weisere, einsichtsvollere Entscheidungen zu treffen. Die Träumerin erlebte eine große Öffnung auf der Ebene der Konzepte, insbesondere im Hinblick auf den materiellen Wohlstand und Reichtum.

Im Traum mit dem großen Herzen, auf das geschossen wurde (Workshop *Träume sind parallele Welten*), geschah das Erwachen des Bewusstseins sowohl auf der intellektuellen als auch auf der emotionalen Ebene, und es erfolgte über einen Reinigungsprozess sowie über die Entwicklung des Mitgefühls.

Der Traum des Autorennens, das durch einen Stall führte (Workshop *Seelenzustände*), offenbarte, dass die Bewusstseinsöffnung des Träumers durch seine Absicht und seine große Lernbereitschaft hervorgerufen wurde.

Man kann also dank der Traumanalyse die Bewusstseinsöffnung erkennen, die in einem Menschen stattfindet, bereits stattgefunden hat oder sich anbahnt, und folglich die Wirksamkeit der Schritte abschätzen, die er unternimmt, unternommen hat oder unternehmen wird.

Innere Verschiebungen

Ein Mensch, der noch nicht die Erleuchtung erreicht hat – der noch nicht mit seinem Wesenskern, seinem essentiellen Selbst zu einer Einheit verschmolzen ist –, setzt sich aus mehreren Persönlichkeiten zusammen, die er im Laufe seiner zahlreichen Leben erschaffen hat und von denen manche schon weiter entwickelt sind als andere. Bei machtvollen Bewusstseinsöffnungen kommt es vor, dass man Verschiebungen oder Überlagerungen zwischen den verschiedenen Persönlichkeiten fühlt. Manchmal kann ein Mensch auch Klüfte zwischen seiner Innenwelt und der Außenwelt wahrnehmen.

Ein gutes Beispiel dafür liefert der Traum, in dem die Träumerin ins Leere sprang, auf dem Wasser ging und in einen zauberhaften Garten eintrat (Workshop *Vorgeplante Ereignisse*). Die Analyse dieses Traums ließ die starke Diskrepanz erkennen, welche zwischen dem kürzlich erwachten Potenzial der Träumerin und gewissen verzerrten Verhaltensweisen, die sie noch berichten musste, entstanden war. Daher kam auch das intensive Gefühl der Verschiebung und Abtrennung von der Welt, das im Grunde genommen ihre eigene innere Abtrennung und Verschiebung widerspiegelte.

Das Streben nach Gleichgewicht

Im Laufe seiner Experimentiererfahrungen tut der Mensch Dinge, die ihn von der Ur-Quelle, von seinem Göttlichen Ursprung entfernen und in ihm ein Ungleichgewicht erzeugen. Das ursprüngliche Gleichgewicht in seiner Göttlichen Schönheit ist aber ein wesentlicher Faktor im Universum. Da der Geist im Menschen aber nach einem Ausgleich der verzerrten Kräfte sucht, welche die Seele geprägt und sich im Unbewusstsein eingeschrieben haben, entwickelt er Kompensationstendenzen, die mehr oder weniger bewusst in seinem Benehmen und seiner inneren Haltung zum Ausdruck kommen. Dieses Streben nach Gleichgewicht resultiert zum Teil auch aus der Wirkung des Karmas, wie das aus mehreren der analysierten Träumen hervorgeht.

Einer der häufigsten und offensichtlichsten Aspekte bei der Suche nach Gleichgewicht betrifft die Macht. Hat ein Mensch in diesem oder einem früheren Leben die Macht in der einen oder anderen Weise falsch verwendet, so wird er sie verlieren und auf dem betroffenen Gebiet machtlos oder impotent werden.

Die Frau, die von einem Mann träumte, der den Papst drängte, schneller zu gehen (Workshop *Vorgeplante Ereignisse*), schuf hinsichtlich ihrer Tendenz, die anderen – und sich selbst – bei ihrer spirituellen Entwicklung zu drängen, einen Ausgleich, indem sie ihre spirituelle Macht anderen überließ.

Im Traum, wo die Schwester der Träumerin diese dreimal drängte, ein gewisses Buch zu lesen (Workshop *Seelenzustände*), widerspiegelten die Beharrlichkeit und das gezwungene Lächeln die Tendenz der Träumerin, anderen gegenüber darauf zu bestehen, dass sie den gleichen spirituellen Weg beschreiten wie sie selbst. In der konkreten Wirklichkeit war diese Frau nicht mehr imstande, mit ihrer Schwester zu kommunizieren, was auf einen gewissen Machtverlust auf der Kommunikationsebene hinweist.

Im Traum mit dem Onkel, der Ingenieur war, und dem Dekorateur, der ein Make-up trug (Workshop *Seelenzustände*), inkarnierte der Dekorateur sowohl die gewalttätige Person als auch den ausgleichenden Aspekt, d.h. den Mann, der sich von anderen manipulieren ließ und dadurch seine Männlichkeit – das männliche, emissive Prinzip – verloren hatte, was durch die Schminke symbolisiert wurde. Die Angreifer-Opfer-Dynamik kam auch in der Szene zum Ausdruck, wo das Selbst zwei Menschen erschoss. In diesem Traum wurde ein weiterer ausgleichender Effekt gezeigt: die Tendenz der Träumerin, herumzublödeln, Witze zu reißen und verrückte, komische Situationen zu erzeugen, um ihr gewalttätiges Potenzial zu vertuschen.

Der Traum, in dem ein Mann eine Frau schlug (Workshop *Verdrängte Erinnerungen*), zeigte zwar das Opfer und den Angreifer als verschiedene Personen, beide stellten sie aber dennoch Teile der Träumerin dar. Diese Frau sagte selbst, dass sie Schwierigkeiten hatte, ihrer Tochter gegenüber ihre Autorität auszuüben, weil sie sich vor ihrer eigenen Gewalttätigkeit fürchtete.

Aus einer anderen Sicht – obwohl gleichfalls ein Beispiel für das Streben nach Gleichgewicht – zeigte der Traum über die Freundin, die in einem Architektenbüro arbeitete (Workshop *Träume: unsere spirituelle Autonomie*), die Notwendigkeit starrer Verhaltensweisen auf, und zwar zumindest so lange, bis die inneren Bösewichte, Übeltäter und Kriminelle umerzogen und gemeistert sind. Das entspricht dem Prinzip, wonach ein Zuviel auf der einen Seite ein Zuwenig auf der anderen Seite verursacht und umgekehrt.

Im Traum, wo die Träumerin in ein schönes Appartement umzog (Workshop *Verdrängte Erinnerungen*) und ihr Selbst bei einem Spaziergang durch die Straßen der Stadt Intoleranz gegenüber den Rauchern und Alkohol trinkenden Menschen manifestierte, wurde offenbart, dass diese Formen der Abhängigkeit auch in der Träumerin eingraviert waren. Mehr noch, da ihre Seele derartige Erinnerungen von Abhängigkeiten barg, manifestierte ihr Geist als Kompensation eine puritanische Tendenz.

Der Umgang mit der Lebensenergie

Ein gutes Beispiel für die natürliche Tendenz des Geistes, das Gleichgewicht wiederherzustellen, liefert die Entfesselung und der Ausbruch zerstörerischer Emotionen, die lange Zeit unterdrückt wurden.

Der Traum, in dem Löwen und Bären aus dem Meer kamen (Workshop *Träume: unsere spirituelle Autonomie*), zeigte, dass ein intensiver emotionaler Ausbruch gewöhnlich dann erfolgt, wenn die instinktiven Kräfte noch nicht transzendiert sind und lange Zeit unterdrückt wurden. Diese Kräfte werden häufig durch Bewusstseinsöffnungen und Einweihungsprozesse entfesselt. Aus diesem Traumbeispiel geht auch hervor, wie wichtig es ist, die bei der Öffnung des Unbewusstseins erwachenden negativen Kräfte zu transzendieren.

Wir wollen uns nun im Überblick diejenigen Träume ansehen, deren Handlungen durch noch nicht transzendierte Instinkte hervorgerufen wurden und welche die Notwendigkeit des richtigen Umgangs mit der Lebensenergie aufweisen. Dies stellt beim Erwachen der Kundalini eine besondere Herausforderung dar, wie der Traum mit den Schlangen, die den Rücken der Träumerin hinunterkriechen (Workshop *Das Erwachen der Lebensenergie*), bezeugt.

Insbesondere drei Träume betreffen den Einfluss der nicht transzendierten Instinkte auf den Ausdruck der Lebensenergie – ein Thema, das leicht an der Anwesenheit von Tieren in den Träumen zu erkennen ist.

Im Traum mit den kleinen Nagetieren (Workshop *Dies ist der erste Schlüssel*) wurde der Träumerin gezeigt, dass instinktgesteuerte Teile ihres Wesens ihr Bewusstsein heimsuchten und an ihrer Lebensenergie nagten.

Die Frau, die als Kind geträumt hatte, dass ein vor einem Feuer fliehender Elefant ihren Kopf zertrampelte (Workshop *Dies ist der erste Schlüssel*), und die sagte, sie leide unter großer Müdigkeit, verfügte bereits in jungen Jahren über eine sehr machtvolle Energie, die ihr Angst einflößte.

Der Mann, der vom Autorennen durch einen Stall träumte (Workshop *Seelenzustände*), unterdrückte seine Instinkte, um den Anschein zu erwecken, er sei spirituell entwickelt, und um dies selbst glauben zu können. Das jedoch hinderte ihn daran, über seine gesamte Lebensenergie zu verfügen.

Geistige Führung

Die Analyse der Träume hilft zu erkennen, welche Verhaltensweisen man auf der Reise durchs Leben berichtigen muss. Einige der besprochenen Träume heben die Aspekte hervor, die dabei zu entwickeln sind: Disziplin, Tiefgründigkeit, die Fähigkeit, loszulassen, Demut, Mitgefühl, Liebenswürdigkeit sich selbst und den anderen gegenüber, usw.

Im Traum mit dem nackten Selbst in einem Park (Workshop *Dies ist der erste Schlüssel*) wurde die Träumerin auf die Ernsthaftigkeit der spirituellen Arbeit hingewiesen, darauf, dass es falsch ist, sich bewusstseinsmäßig nackt darzubieten, um die anderen zu amüsieren oder zu unterhalten.

Im Traum mit dem rosafarbenen Bikini und der Strumpfhose (Workshop *Innere Schönheit*) wurde der Träumerin zu erkennen gegeben, dass es wichtig ist, während des Reinigungsprozesses authentisch zu sein und sich – sowie die Mitmenschen – so zu sehen und zu nehmen, wie man ist, damit die innere Arbeit der spirituellen Entwicklung und Verwandlung weitergehen kann.

Ähnlich verhält es sich mit den Träumen, wo einerseits das Pferd halb aus dem Nebel hervorragte und andererseits die Frau halb aus dem Wasser herausragte (Workshop *Dies ist der erste Schlüssel*). Diese zwei Traumszenen, die stillzustehen scheinen, so als wären sie gefroren, zeigten, dass es den Träumerinnen bei ihrer spirituellen Entwicklung an Disziplin mangelte und sie, da sie das wahre Wissen und die wahre Kenntnis nicht anwandten, keine Fortschritte mehr machten.

Im Traum mit dem Autorennen (Workshop *Seelenzustände*) wurde der Träumer darauf hingewiesen, dass die spirituelle Weiterentwicklung kein Wettkampf ist, sondern eine Arbeit darstellt, die tagtäglich geleistet werden muss. Ferner wurde ihm offenbart, dass er versuchen musste, mit sich selbst mitfühlender und sanfter umzugehen.

Der Traum mit dem abgebrochenen Absatz eines Stöckelschuhs (Workshop *Rückblenden*) gab der Träumerin zu verstehen, dass ihre alte Art, sich fortzubewegen, sowie das darin enthaltene Überlegenheitsgefühl nicht mehr wirkten. Gleichzeitig wurde sie aufgefordert, tiefgründiger zu werden und die Einsamkeit und das Alleinsein meistern zu lernen.

Das Symbol der Marionettenpuppe im Traum, wo es um die Reise ins Glück ging (Workshop *Innere Schönheit*), sollte die Träumerin darauf aufmerksam machen, dass sie ihre spirituelle Autonomie erlangen musste. Dazu war es notwendig, dass sie unechte Vergnügungen sowie Aktivitäten, die ein mangelhaftes oder fehlendes Bewusstsein offenbarten, aufgab, weil diese sie davon abhielten, ihre spirituellen Werte und Prinzipien zu leben.

Wegweiser und Leuchttürme auf unserem Weg

Zahlreiche Träume enthalten eindeutige Hinweise über das spirituelle Entwicklungsniveau, das ein Mensch erreicht hat, gerade durchläuft oder auf das er sich zubewegt. Diese Träume sind auf dem Weg der spirituellen Entwicklung sehr wertvolle Leuchttürme.

Die drei ersten in diesem Buch behandelten Träume gehören zu dieser Kategorie (Workshop *Dies ist der erste Schlüssel*). Es sind Kindheitsträume, in denen die Träumerin einen Abhang hinunterfiel, aus einem Aufzug in ein Loch stürzte und hinter einer einstürzenden Wand einen Drachen zu sehen bekam. Die ersten beiden Träume offenbarten die Schwierigkeiten, auf welche die Träumerin während ihrer Kindheit in ihrer Familie gestoßen war, während der dritte ein vorausschauender Traum war, der sie bezüglich der intensiven Umstrukturierung, die sie als Erwachsene erleben würde, vorwarnte, gleichzeitig aber auch die Gründe für ihre Schwierigkeiten darlegte.

Die Ankündigung bestimmter Situationen in Träumen wird manchmal durch Elemente wie die Nacht, die Dunkelheit oder der Schlaf begleitet, durch die angedeutet wird, dass die betreffende Person sich des einsetzenden oder angelaufenen Prozesses nicht sofort bewusst ist. Diesen Fall haben wir im Traum mit dem blauen Lichtwesen und der in der Luft schwebenden Frau (Workshop *Rückblenden*), in welchem es Nacht war und die Träumerin in ihrem Traum schlief. Wir finden das gleiche Prinzip auch im Traum der Freundin, die in einem Architektenbüro arbeitete und wo es am Anfang des Traumes dunkel wurde (Workshop *Träume: unsere spirituelle Autonomie*).

Bestimmte Situationen können auch durch geometrische Figuren oder Zahlen angekündigt werden. Diese sind gewöhnlich ein Hinweis, dass der Traum die ersten Stufen im Materialisierungsprozess einer Situation beschreibt – sie geben sozusagen den *Grundton* an. Dies ist der Fall im Traum mit der geführten Meditation und den drei Babys (Workshop *Rückblenden*), der aufgrund der Zahl 3 u.a. die ersten Etappen des spirituellen Aufbaus der betreffenden Person ankündigte.

Zu Beginn des Studiums der Traumdeutung ist es nicht immer leicht, zu erkennen, ob ein Traum nur einen selbst betrifft oder ob man darin die Seele eines anderen Menschen aufgesucht hat, mit anderen Worten, ob es sich um einen Traum der ersten oder der zweiten Kategorie handelt. Bei der Deutung des Traums mit der Großmutter, die sich mit der Träumerin in einem Einkaufszentrum befand (Workshop *Die Symbolsprache der Träume ist sehr genau*), dachten wir zuerst, es handle sich um einen Traum der zweiten Art. Weil die Träumerin im Traum aber eine Entscheidung traf, ordneten wir ihn schließlich der ersten Traumkategorie zu.

Der Traum, in dem es um eine Trennung und den Verkauf des Hauses ging (Workshop *Seelenzustände*) könnte ein Traum der zweiten Kategorie werden, falls die Träumerin auch in der konkreten Realität eine Trennung durchleben sollte.

Die Schönheit der Arbeit mit den Träumen

Träume sind eine unerschöpfliche Quelle für unsere Entwicklung. Sie stellen eine ganz intime Verbindung zu unserem Bewusstsein wie auch zum konkreten Leben dar und zeigen uns tagtäglich – besser gesagt jede Nacht und eigentlich noch richtiger Tag und Nacht (*Lachen*) – in ihren verschiedenen Szenen, wie unsere Entwicklung in den physischen und metaphysischen Welten abläuft. Indem wir sie mit der Symbolsprache analysieren und über ihre tiefgründige Bedeutung meditieren, bleiben wir bewusst mit den Abläufen verbunden, die unser Schicksal ausmachen, sowie mit dem Lernprozess, den wir in diesem Leben zu absolvieren haben. Das Verständnis unserer Träume ist in der Tat der Schlüssel zu unserer spirituellen Autonomie.

**VORTRÄGE,
WORKSHOPS
UND SEMINARE**

Um eine Veranstaltung
mit Kaya zum Thema der
Traum- & Zeichendeutung

in Englisch oder mit Übersetzung ins Deutsche

zu organisieren, kontaktieren Sie uns bitte über:
verlag@ucm.ca

INDEX

A

Abhang 1, 2
Abhängigkeit 16, 160, 239, 240
  emotionale 72, 89, 93, 185, 223,
      225, 239
  Alkohol 239, 240, 279, 301
  Drogen 8, 11, 131, 279
  Zigaretten 239, 240, 301
Absicht 6, 12, 16, 17, 40, 56, 57, 63
  unklare 71
  Wahrnehmung der 72
  Intensität der 87, 92, 101
  innere 99, 116
  Macht der 119, 150
Absturz 1
Afrika/afrikanisch, *siehe* Land
Aggressivität 5, 32, 44, 63, 109, 150, 277
Alkohol 61, 239 f., 279, 301
Alptraum, *siehe* Traum
Altruismus 9
Angriff/Aggression 62 ff., 67, 271
Angst 1, 9, 12 f., 25, 57, 87, 91, 169, 174,
    191, 219, 289
  aggressiv zu werden 118
  beschmutzt zu werden 149
  bezüglich Adoption 289
  die Interferenzen erzeugt 21
  durch A. gesteuert/beeinflusst 23
  Männlichkeit zu verlieren 145
  nachts durch Straßen zu gehen 281
  sich auszudrücken 108 ff.
  sich der Sonne auszusetzen 139
  um Kinder/Partner 91, 190, 254, 290
  sich seiner A. bewusst werden 249
  vor finanzieller Armut 249
  vor gezeigten Traumszenen 83
  vor kollektiven Energien 139
  vor Mangel 72
  vor Schlangen 199
  vor unbewussten Kräften 263, 266
  vor Unfall 254
  wie der Vater zu werden 1
  zu sterben/vor Tod 42, 64
Anruf, *siehe* Telefon

Antwort
  Antwort-Bild 220
  durch einen Traum viii, xvii, 24
  erbitten, suchen, finden,
    erhalten 19, 20, 23, 82, 152,
      170 ff., 211
  genaue A. erhalten 174, 206, 248
  in der Symbolsprache 21, 227
  keine erhalten 277
  keine klare, direkte, vollständige
    A. erhalten 19, 23
  Teilantwort 24
  vom Himmel, von Oben
      22, 34, 172, 290
  wollen, ohne an sich zu arbeiten 24
Appartement/-haus, *siehe auch* Haus/
  Wohnung u. Heim 238 f.
Arbeit/arbeiten 220, 226, 231, 247,
    267, 273
  an seiner spirituellen Entwicklung
      238, 249
  an sich selbst, innere 251, 258, 273
  an Resonanzen 234
  Arbeitskollegen 247
  auf der emotionalen Ebene 275
  der Geistigen Führer 271
  mit der Symbolsprache, den
    Träumen 232, 264, 266
  Reinigungs- und Berichtigungsar-
    beiten 272
  Routinearbeit 242
Architektenbüro 275, 280
Armband, *siehe* Schmuck
Aufzug 1, 3
Augen, *siehe* Körperteil
Auto/Wagen 1 ff., 70, 79, 84, 258
  Autoschlüssel
    (im Wagen eingeschlossen) 274
  Autounfall, *siehe* Unfall
  Rennwagen 122 f.
  Wagenrennen 121, 297, 303
Autonomie, spirituelle 171, 210, 253,
    294, 303, 305
  entwickeln 34, 124
  verlieren, abgeben 86, 188

E

F

312

O/P/Q

R

S

Wolke 292
Wolle/wollene 253, 268

X/Y/Z

Zaun 275, 278 f.
Zeichen
    bestätigendes 210
    täglich lesen 232 f.
    um Z. bitten 173
    Verständnis der 108
Zellgedächtnis 5, 6
Zigarettenrauch, *siehe* Rauchen
Zug, *siehe* Reisen
zwanghaft (Redner) 39

INHALTSVERZEICHNIS

GOLDEN ● WISDOM
RECORDS

ENTDECKEN SIE KAYAS MUSIK
UND SEIN EINZIGARTIGES, INSPIRIERENDES ALBUM

„BORN UNDER THE STAR OF CHANGE"
(GEBOREN UNTER DEM STERN DER VERWANDLUNG)

**Produziert in New York, Los Angeles und Nashville durch Russ DeSalvo
(Paul McCartney, Carlos Santana, Celine Dion u.a.)**

13 inspirierende Lieder, die Geist und Seele berühren…

Mit einem 36-seitigen Begleitbüchlein, das darlegt, was Kaya zur
Komposition dieser Lieder inspirierte.

Das CD-Album ist im Handel erhältlich und kann auch im MP3 Digital-Format auf
 iTunes
sowie auf unseren Websites:
www.kayadreams.com und www.ucm.ca
heruntergeladen werden.

Begegnen Sie Kaya auf Facebook:

KAYA (official)

WWW.UCM.CA
VERLAG@UCM.CA

EBENFALLS BEI UNSEREM VERLAG ERHÄLTLICH

DAS BUCH DER ENGEL, Band 1
Träume - Zeichen - Meditationen
Kaya und Christiane Muller
ISBN: 978-2-92397-13-8

DAS BUCH DER ENGEL
Träume - Zeichen - Meditationen
Die Heilung der Erinnerungen
Kaya und Christiane Muller
ISBN: 978-2-923097-20-6

WIE MAN DIE ZEICHEN LIEST
Eine Einweihungspsychologie
Kaya und Christiane Muller
ISBN: 978-2-923097-18-3

DIE KARTEN DER 72 ENGEL
Träume - Zeichen - Meditationen
Kaya und Christiane Muller
ISBN: 978-2-923097-15-2

UCM

IM LAND DES BLAUEN HIMMELS
Text: Kaya und Christiane Muller
Illustration: Gabriell
ISBN: 978-2-923097-22-0

DAS SPIRITUELLE TAGEBUCH EINES NEUNJÄHRIGEN KINDES
Kasara
ISBN: 978-2-923097-21-3

DAS SPIRITUELLE TAGEBUCH EINER JUGENDLICHEN
Kasara
ISBN: 978-2-922467-24-6

DIE MACHT DER ENGEL
Die Legende von Gerona
Text: Kaya / Zeichnungen:
Dominique Grelot
ISBN: 978-2-923097-99-2

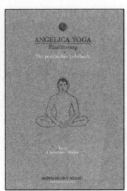

ANGELICA YOGA
Einführung
Kaya und Christiane Muller
ISBN: 978-2-923097-23-7

DIE KLIMAVERÄNDERUNGEN IM MENSCHEN
Kaya und Christiane Muller
ISBN: 978-2-923097-92-3

CD-Kollektion ANGELICA MUSICA
Instrumentalmusik von André Leclair und Kaya

CD 1: (Engel 72 bis 67) ISBN: 978-2-923097-39-8
CD 2: (Engel 66 bis 61) ISBN: 978-2-923097-40-4
CD 3: (Engel 60 bis 55) ISBN: 978-2-923097-41-1
CD 4: (Engel 54 bis 49) ISBN: 978-2-923097-42-8
CD 5: (Engel 48 bis 43) ISBN: 978-2-923097-43-5
CD 6: (Engel 42 bis 37) ISBN: 978-2-923097-44-2

CD 7:   (Engel 36 bis 31) ISBN: 978-2-923097-45-9
CD 8:   (Engel 30 bis 25) ISBN: 978-2-923097-46-6
CD 9:   (Engel 24 bis 19) ISBN: 978-2-923097-47-3
CD 10: (Engel 18 bis 13) ISBN: 978-2-923097-48-0
CD 11: (Engel 12 bis 7)   ISBN: 978-2-923097-49-7
CD 12: (Engel 6 bis 1)   ISBN: 978-2-923097-50-3

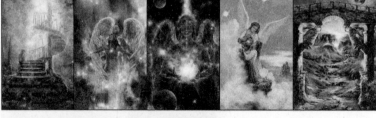

WUNSCHKARTEN
EXPOSITION ANGELICA
Kunstmaler: Gabriell
Eine Auswahl von 65 Wunschkarten